한국 케이블TV 산업정책론

나남
nanam

이상식

한국외국어대 신문방송학과 졸업
연세대 대학원 신문방송학과 석사 및 박사과정 수료
영국 셰필드대 대학원 언론학 박사
종합유선방송위원회 연구위원, 한국케이블TV방송협회 연구위원
공보처·정보통신부 자문위원, 방송위원회 이용약관심사위원
미국 펜실베이니아주립대 방문교수
〈방송연구〉〈뉴미디어저널〉 편집위원
방송위원회 미래방송특별위원회 위원 등 역임
현재 계명대 미디어영상학부 교수
　　한국케이블TV방송협회 PP협의회 자문위원
　　방송통신위원회 방송통신통합법 TF 자문위원
저서 및 논문으로《디지털시대 방송의 이해》(공저),《정보통신과 디지털법제》(공저), "The Evolution of Cable Regulatory Policies and Their Impact" 등.

나남신서·1336

한국 케이블TV 산업정책론

2008년 6월 20일 발행
2008년 6월 20일 1쇄

저자_ 이상식
발행자_ 趙相浩
발행처_ (주) 나남
주소_ 413-756 경기도 파주시 교하읍
　　출판도시 518-4
전화_ 031) 955-4600 (代)
FAX_ 031) 955-4555
등록_ 제 1-71호(79. 5. 12)
홈페이지_ www.nanam.net
전자우편_ post@nanam.net

ISBN 978-89-300-8336-2
ISBN 978-89-300-8001-9 (세트)
책값은 뒤표지에 있습니다.

나남신서 · 1336

한국 케이블TV 산업정책론

이 상 식

나남
nanam

Industrial Policies of Cable Television in Korea

by

Lee, Sahang Shik

nanam

머리말

국내 종합유선방송 출범부터 산업과 정책에 대한 연구를 하면서 영국 방송역사를 체계적으로 정리한 옥스퍼드대학의 에이사 브리그스(Asa Briggs)를 꿈꾸었다. 케이블TV에 대한 역사서를 저술하기 위해 2001년도에 한국학술진흥재단으로부터 연구비를 지원받았으나 이제야 꿈의 일부가 이루어졌다. 짧은 케이블TV 역사는 아직 시숙(時熟)하지 않아 역사라고 말하기는 이르다. 그럼에도 불구하고 이렇게라도 발간하게 된 것은 향후 본격적 역사서를 위한 기초작업으로 의미를 지닌다.

이 책은 산업정책의 시각에서 작성되었다. 정책사에 초점을 맞춘 이유는 국내 케이블TV가 국책사업으로 시작했고 다른 요인보다 정책의 설명력이 높기 때문이다. 특별히 정책과 시장 간의 관계변화에 역점을 두었다. 방송위원회와 한국케이블TV방송협회에서 《케이블TV 10년사》를 발간하였는데, 특별한 사관(史觀)이 없는 한계가 존재한다. 이 책은 '산업정책'의 관점에서 케이블TV 역사를 정리하였다는 점에서 앞선 두 권의 역사서와 차별성을 가진다.

국내 케이블TV는 외국과 다른 특수성을 지닌다. 외국의 경우 자연스럽게 중계유선에서 시작하여 종합유선방송으로 발전하고 있으나, 우리나라의 경우 인위적으로 양자를 분리하였다. 정부가 주도한 삼분할 정책이나 선(先)투자정책 등은 외국에서 발견되지 않은 사례들이다. 전국적 복점경쟁이나 등록제 역시 흥미로운 정책실험이다. 과연 이러한 정책의 현장실험들이 시장에서 어떠한 효과를 나타내고 있는지를 규명하였다.

이 글을 통해 케이블TV 역사를 학문적으로 정리했다는 의미에 더하여, '정책사'라는 관점에서 케이블TV를 조망함으로써 방송역사 연구의 지평을 넓히는 데 조금이나마 기여할 수 있기를 바란다. 국내 방송정책 연구들을 분석해보면, 방송역사와 결부된 연구는 매우 적은 비중을 차지하고 있다. 이에 방송정책 역사에 대한 연구의 의미가 더욱 강조된다.

정책연구가 갖는 한계로 인해 산업정책 역사를 관통하는 이론적 틀을 만드는 것이 결코 쉽지 않았다. 방송위원회의 '방송채널사용사업 활성화 방안'(2003. 12) 과제를 수행하면서 이 연구의 산업조직론을 이용한 기본골격을 만들었다. 2005년 연구년 기간동안 미국 펜실베이니아주립대학의 에이밋 쉐터(Amit Schejter) 교수와 공동작업을 통해 산업정책 역사분석을 위한 방법론적 틀거리를 만들 수 있었다. 통시적 접근을 기본으로 하고 공시적 접근을 통해 이스라엘이라는 거울에 비추인 우리나라 케이블TV 실상을 보다 객관적으로 볼 수 있는 계기가 되었다.

이 연구는 케이블TV 정책과 산업에 대해 비교적 체계적이고 자세하게 소개하고 있기 때문에 현업종사자들이 총체적으로 케이블TV를 이해하거나 특정주제에 대한 전문성을 가지는 데 도움이 될 것이다. 아울러 전문 학술저서의 특성으로 인해 매체연구자들에게 케이블TV에 대한 학문적 접근을 위한 안내서가 될 것이다. 학부 학생들의 경우 다소 어려운 부분들이 있지만 케이블TV 전반을 이해하기 위한 길잡이 역할을 할 수 있을 것이다.

이 책은 전체 7장으로 구성되어 있다. 제 1장에서는 한국 케이블TV의 특수성과 이에 따른 문제제기와 분석틀, 그리고 연구방법을 시술하였다. 체계적 논의를 위해 시대구분을 시도해보았다. 제 2장에서는 중계유선방송의 시기를 간략하게 살펴보았다. 제 3부에서는 종합유선방송과 중계유선이 경쟁하는 시기에 대해 집중적으로 조망하였다. 종합유선방송의 도입 이후 산업정책의 역사적 전개과정을 분석하고 시장구조에 대해 설명하였다. 제 4장에서는 시장행위를 살펴보았다. 경쟁을 중심으로 상품 및 가격, 프로그램 사용계약, 지상파방송의 재전송을 둔 갈등, 필수설비 이용을 둘러싼 경쟁, 경쟁전략과 불공정행위에 대해서 살펴보았다. 제 5장에서는 시장성과를 다양한 측면에서 분석하였다. 가입자, 경제적 성과, 사회문화적 성과, 기술발전의 시각에서 살펴보았다. 제 6장에서는 디지털 경쟁매체 시기를 다루었다. 새로운 경쟁매체가 등장하면서 케이블TV 산업에 미치는 영향을 분석하였다. 위성방송, IP TV, VoIP, MMS 등을 중심으로 살펴보았다. 제 7장은 연구 전체의 결론에 해당하는 부문으로, 케이블TV에 대한 종합적, 역사적 평가를 내리고 향후 케이블TV 발전을 위해 몇 가지를 제안하였다.

이 책이 나오기까지 적지 않은 조직과 개인들로부터 도움을 받았기에 감사를 표한다. 종합유선방송위원회와 한국케이블TV방송협회는 현재의 본인이 있게 한 고마운 조직이다. 1993년 귀국 후, 초창기 종합유선방송위원회(2000년 방송위원회와 통합)의 정책연구실을 거쳐 한국케이블TV방송협회 케이블TV연구소(해체)에 근무하면서 정책과 산업을 이해하기 시작하였고 종합유선방송 출범과 발전과정을 가까이서 지켜보았다.

다행스럽게도 직·간접적으로 정책수립에 참여할 수 있었다. 적지 않은 정책토론회에서 발표할 수 있었고 정부, 방송위원회, 기업, 국회 등에 자문할 수 있는 기회를 가졌다. 방송위원회 이용약관 심사위원으로서 시장과 정부의 역할을 객관적으로 볼 수 있어 유익하였다. 구 공보처의 선진방송위원회(1996년) 위원, 종합유선방송국 허가심사제도 개선작업(방송위원회)을 통해 백면서생(白面書生)의 한계를 극복할 수 있었다. 종합유선방송국 허가 심사위원(2001년)으로 새로운 방송국 탄생의 과정을 보고 재허가 심사(2004년)를 통해 성장과 문제점을 파악할 수 있었다.

케이블TV와 관련하여 다양한 형태로 경험과 식견을 넓힐 수 있었다. 귀한 기회를 허락해주신 분들께 진심으로 감사를 드린다. 은사이시면서 초대 통합방송위원장을 역임하신 김정기 위원장님, 제2대 강대인 위원장님, 방송통신위원회 윤혜주 과장님, 이정구 과장님, 박명진 사무관, 구본준 사무관, 귀한 제자 정재훈 군, 방송통신심의위원회의 김영수 군, 케이블TV협회 김상욱 군에게 감사한다. 특별히 방송통신위원회 오용수 과장은 본인이 정책연구자로서 기본정신을 잃지 않도록 꾸준히 도움을 주어 깊이 감사한다. 케이블TV 산업 초기부터 함께 정책과 산업을 숙의했던 TU미디어의 김영배 상무님, 중화TV의 조재구 사장님, 자문을 준 게 아니라 자문을 받은 Mnet 박광원 대표, CJ미디어 심원필 상무님, TVN 윤석암 대표님께도 감사한다. PP협의회 서병호 회장님의 배려와 자문위원들과의 매월 만남을 통해 새로운 이슈에 대해 배우게 되어 감사한다. 자료가 필요할 때마다 기꺼이 도와주셨던 구 방송위원회 임직원들과 케이블TV 업계의 오랜 친구들로부터 정책과 현업을 이해하는 데 많은 도움을 받았는데, 일일이 거명하기에는 너무 많아 생략하지만 그들의 도움이 없었다면 이 책은 현재의 모양새를 갖추기가 어려웠을 것이다. 업계사정을 들려주기 위해 애쓰는 협회 김영철 국장님과 김선미 팀장의 배려에도 감사를 빼놓을 수 없다.

앎과 삶의 세계에서 멘토(*mentor*) 역할을 해오신 여러 분들께 감사한다. 연세대 명예교수이신 박홍수 교수님은 아둔한 본인을 학문의 길로 인도하시고 훈련시킨 분으로 평생 그 은혜를 마음에 새기고 싶다. 영국 셰필드대학 고든 다니엘스(Gordon Daniels) 교수님은 은퇴하셨음에도 불구하고, 학자의 자세를 지속적으로 몸소 가르쳐주셨다. 항상 학자로서 귀감이 되시고 격려해주신 오리건대학의 염규호 교수님께도 이 기회에 감사한다. 이 분들은 지금도 나의 삶의 훌륭한 준거인(準據人)들이시다.

학계의 도움에 대해서는 너무 많아서 각주로 감사에 대신하고자 하며, 혹 출처를 제대로 밝히지 못한 부분이나 저작물 사용 동의 없이 인용한 부분에 대해서는 용서해주시길 바란다. 이 책이 그나마 이 정도 모습을 갖추고 발간될 수 있었던 것은 그동안 축적된 케이블TV 연구자들의 연구성과에 힘입었다. 그럼에도 불구하고 저자의 능력 부족으로 아직도 만족스럽지 못한 부분들이 눈에 띈다. 독자들의 양해를 구함과 동시에 좋은 조언을 부탁드린다.

매체 경제/경영론, 미디어 정책/법제론, 영상산업론을 수강한 계명대 학부와 대학원생들에게는 늘 빚진 자로 살아왔는데, 이제 갚게 되어 기쁘다. 자료정리에 도움을 준 표세동 군에게도 감사한다.

아울러 이 책의 출간을 도와주신 나남의 조상호 사장님과 원고를 꼼꼼하게 검토해주신 편집국 신승윤 과장에게도 감사한다.

앎의 근원이 되시며 삶의 힘이 되시는 하나님께서 '목적이 이끄는 삶'을 살도록 하셨다. 이 책은 그러한 삶의 결과이다. 사랑하는 나의 가족에게 어떻게 다 감사할 수 있을까. 그동안 교수로서 바른길을 살아갈 것을 늘 일러주신 부모님께 이 책을 바친다. 학문의 길에 들어선 이후 아내는 인내하며 나의 곁에서 내게 필요한 것들을 풍성히 채워준 든든한 후원자였다. 사랑스런 딸 로지는 미래 희망이자 내 삶의 활력소였다. 귀염둥이 아들 남헌은 컴퓨터 사용에 어려움이 있을 때마다 아빠를 도와주는 것을 기쁨으로 여겼다. 집필하는 동안 그들의 보다 나은 미래를 위한 나의 역할에 대해 진지하게 고민하였다. 두 자녀는 종합유선방송의 등장과 함께 이 세상에 태어났다. 앎과 삶이 분리될 수 없는 중요한 이유이다. 본인의 학문적 노력의 결과, 그들 세대의 삶이 보다 풍성해지길 소망한다.

2008년 여름
계명동산 연구실에서
이 상 식

나남신서 · 1336

한국 케이블TV 산업정책론

차 례

제 1 장
시 각

1. 연구의 목적

매체산업이나 정책의 측면에서 케이블TV는 기존 지상파방송과는 비교할 수 없는 차별적 특성을 지닌다. 케이블TV 등장 이전까지만 해도, '매체산업정책'이 존재하지 않았다. 지상파방송사들은 독점시대에 가입자 확보나 광고영업을 할 필요성이 없었다. 제작과 전송부문의 수직적 결합이나 수평적 결합으로 인한 폐해도 크게 문제되지 않았다. 경제적 측면에서 사업자 간의 불공정 경쟁행위를 규제하기 위한 정책을 수립할 필요도 없었다. 다만 공공성이나 공정성과 같은 사회문화적 차원 — 예를 들면 독립성, 폭력성, 선정성 등에 관한 규제정책들이 주목을 받았을 뿐이다. 매체정책, 채널정책, 나아가 주파수 관리정책 등은 관심의 사각지대에 머물러 있었다.

다채널, 유료서비스를 제공하는 케이블TV가 등장하면서, 산업정책적 관심이 대두되었다. 케이블TV는 기존매체와는 다른 새로운 가치사슬(*value chains*)을 창출하고 있다. 제작, 전송, 유통, 단말기와 같은 산업의 각 가치사슬에서 경쟁이 발생하였고, 경쟁정책이 어느 때보다 더 요구되고 있다.

새로운 매체의 확산과정을 살펴보면, 대부분의 국가에서 발견되는 보편성과 함께 국가 나름대로의 특수성이 나타난다. 케이블TV의 탄생과 성장과정에서도 공통적 특징이 발견된다: 지상파방송 신호수신이 어려운 지역을 중심으로 신호를 재전송하기 위해 자연발생적으로 등장하였다. 이후 다양한 전문채널들이 나타나서, '종합편성' 위주의 지상파방송에 대응하는 '전문편성' 매체로 성장하였다. 최근에는 케이블TV 망을 통해 초고속 인터넷서비스를 제공하면서 통신사업으로 영역을 확장하고 있다.

이러한 일반적 케이블TV 진화과정과는 달리, 국내의 케이블TV 발전과정에서는 고유한 특성이 발견된다. 외국의 사례에서 나타나는 자생적 성장과는 달리, 우리나라 케이블TV는 정치적 요인에 의해 도입되고 확산되는 경향을 보인다는 점이다. 케이블TV는 물론 위성방송, 그리고 지역민방의 도입결정은 모두 대통령 공약에서 시작되었다. 협소한 국내시장에서 시차를 크게 두지 않고 등장한 경쟁사업자들은 제로섬(*zero sum*) 게임에서 사활을 건 경쟁이 불가피하였다. 새로운 경쟁자들이 시장에 진입할 때마다 시장은 소용돌이에 휩싸였고, 감독자인 정부는 이해당사자간의 갈등을 조정하기 위해 과거와는 달리, 보다 강력한 조정자로서 역할이 요구되었다.

국내에서 케이블TV는 국책사업으로 시작되었다. 정부는 정보사회의 중추적 매체로 케이블TV 도입의 정당성을 강조하였다. 국책사업으로 추진된 새로운 유료매체의 도입, 산업 초기 직면한 위기 속에서 나타난 정부의 과도한 시장개입, 규제완화의 결과 나타난 시장확대는 산업정책의 관점에서 중요한 연구주제임에 틀림없다. 특히 매체시장에서 경쟁도입이 시장에 어떠한 영향을 미치는지에 대해서는 매체경제학적으로 흥미로운 연구대상이 된다. 특히 '한국형 케이블TV 정책'의 현장실험의 성공여부는 국내외적으로 시사하는 바가 적지 않다.

우리나라는 사실 다매체 다채널이 성장하기에 좋은 여건이 아니다. 일반적으로 다매체 다채널이 발전한 국가들을 보면, 베네룩스 3국이나 미국과 같이 다양한 언어, 다양한 민족, 다양한 문화가 존재하는 국가들이다. 단일언어, 단일민족인 데다, 하부문화가 다양하지 않고 인구수도 5천만 명이 못 되는 적은 시장규모에서 다매체 다채널의 필요성이 크지 않은 것이다. 이런 시장에서 추진되는 케이블TV 정책은 일종의 실험이다.

금세기에 들어오면서 세계 방송시장과 정책은 급속하게 '구질서'에서 '신질서'로 재편되고 있다. 국내 시장상황도 예외가 아니다. 이미 1980년대 이후 기술혁신과 탈규제정책, 그리고 경제·사회적 변화가 미디어정책을 근본적으로 변화시키고 있다. 구질서에서는 각각의 기술과 매체가 나름대로의 차별적 목적을 지니고 있었다. '융합'(*convergence*)의 결과 나타나는 새로운 실서하에서는 모든 뉴미디어와 통신서비스들이 상호연결되어 있고, 기술과 정책변화를 다루기 위해 통합정책이 요구된다.[1]

세계화(*globalization*), 탈규제화(*deregulation*), 자유화(*liberalization*), 융합화(*convergence*)와 같은 주요한 흐름은 우리나라를 포함한 선진국들의 모든 매체시스템에 영향을 미치고 있으며, 방송, 뉴미디어, 그리고 통신분야 전체를 아우르는 종합적 정책수립의 필요성을 더해주고 있다. 이 결과 적지 않은 국가들이 매체분야의 독점을 해체하고, 민영화(*privatization*)를 추진했다. 과거 매체정책은 도전을 받게 되었고, 정책결정자들은 새로운 커뮤니케이션 정책을 위한 패러다임을 모색하고 있다.[2] 아울러 자유시장이라는 공통된 목표를 향해 나아가고 있다.

세계에서 우리나라의 유료매체 보급률은 2002년 기준으로 세계 9위를 기록하고 있다. 유료매체 도입 10년 만에 이룬 놀라운 성과이다. 케이블TV와 위성의 보급률이 54.6%에 불과했던 2002년도 기준으로 전 세계 시장에서 2.1%를 차지하였다.[3] 2004년 6월 83.5%의 높은 보급률과 증가하고 있는 속도를 감안하고, 향후 DMB와 IP TV와 같은 새로운 매체의 가입자 확산을 고려한다면, 우리나라 유료매체 시장은 세계에서 가장 빠르게 발전하고 있는 시장으로 평가될 날이 멀지 않았다.

---

1) Katz, Yaron (2005), *Media Policy for the 21st Century in the United States and Western Europe*, NJ: Hampton Press, Inc., p. 2.

2) Cuilenburg, Jan van and McQuail, Denis (2003), "Media Policy Paradigm Shifts: Towards a New Communications Policy Paradigm", *European Journal of Communication* Vol. 18 (2), p. 181.

3) IDATE (2004), The world television market: Analysis.

이미 경이로운 광대역통신의 발전에 기여한 광대역 케이블TV는 세계에서 높이 평가받고 있다. 10여 년의 짧은 역사를 지니고 있는 케이블TV가 국내 통신산업을 세계 제일의 수준으로 발돋움하는 데 크게 기여했다. 최근 OECD의 발표에 따르면, 2004년 12월 현재 한국은 100명당 광대역통신의 가입자가 약 25명으로 OECD국가의 평균인 10명의 2.5배 수준으로 세계 1위이다.[4] 이 가운데 통신사업자들의 전화망인 DSL의 비중이 14.1명으로 가장 높고 다음으로 케이블망이 8.5명을 차지하고 있다.[5]

이러한 눈부신 케이블TV의 외적 확장 이면에는 부침이 있었다. 사업자 수, 가입자 수, 경영지표, 기업가치, 법제도 등 모든 면에 있어서 혼돈의 시기를 거쳤다. '황금알을 낳는 거위'로 기대받고 출범했던 케이블TV 산업이 IMF 경제위기 시기에는 '황금알을 삼키는 거위'로 묘사되었고, 2000년 들어오면서 '황금알을 낳기 시작하는 거위'로 투자자들의 관심을 받게 되는 매우 극적인 과정을 경험하였다.

케이블TV 발전에 영향을 미치는 요인들은 매우 다양하고 복합적이다. 강대인(1997)은 방송 70년간 한국방송을 관통하고 있는 주요원리가 정치권력과 자본이라는 두 축에 의해 분석되고 평가되어야 하며, 이를 반성하면서 미래 한국방송의 좌표가 마련되어야 한다고 주장하였다.[6] 한국 케이블TV의 짧은 역사를 설명하는 데 있어서도 이 같은 원리는 적용될 수 있을 것이다. 이 책에서는 '정치권력'과 '자본' 혹은 '경제'라는 두 가지 대칭되는 주요축을 '정부정책'과 '시장'으로 간주하고 두 요인간의 관계변화에 초점을

---

4) 네덜란드가 19명으로 우리나라 뒤를 따르고 있으며, 일본은 15명, 미국은 12.8명, 전통적 통신강국이었던 유럽국가들 가운데 프랑스 10.6명, 영국 10.5명, 독일이 8.4명으로 훨씬 뒤처지고 있는 것으로 나타났다.

5) http://www.oecd.org/dataoecd/40/16/34919335.xls. 최근 들어 발전이 이어지고 있는데, 2001년 17.2명, 2002년 21.8명, 2003년 24.2명, 2004년 24.9명으로 지속적으로 다른 OECD국가들에 비해 비교적 높은 비율로 성장하고 있어, 향후 성장가능성을 더욱 밝게 해주고 있다.

6) 강대인(1997), "한국방송 70년의 정치·경제적 특성", 한국방송학회(편), 《한국방송 70년의 평가와 전망》, 커뮤니케이션북스, p.17.

맞추기로 한다.7)

이 연구에서 살펴보게 될 시기는 종합유선방송이 출범한 1995년 이후부터 2007년까지이다. 방송사적으로 볼 때 과도기로 다양한 의미를 지닌다. 무엇보다 국내에서 유료 다채널매체가 도입되어 정착된 시기이다. 중계유선방송과 종합유선방송의 경쟁시기, 위성방송 출범으로 인한 다채널 다매체 시장에서 이종매체간 무한 경쟁시기, 그리고 케이블TV가 광대역인터넷 분야로 사업을 다각화하는 시기이다. 통신사업자들이 방송(IP TV) 영역에, 케이블TV가 인터넷전화(VoIP) 영역에 상호 진입하면서 양자간에 경쟁이 시작되는 시기이다. 기술적으로, 아날로그 방송에서 디지털 방송으로 방송기술의 패러다임이 전환되는 시기이기도 하다.

정치 · 경제 · 사회 · 문화 · 국제적으로도 격변의 시기였다. 이러한 시대적 요인은 케이블TV 산업정책에 직간접으로 영향을 미칠 수밖에 없었다. 문민정부, 국민의 정부, 참여정부를 표방한 정권의 교체와 함께 민주화가 빠르게 진행되었다. 이 결과 과거 어느 때보다 다양성과 국민의 참여가 강조되었다. DJ 정부는 신자유주의 이념을 부각시키면서 자유화와 규제완화를 통해 시장의 자율성 확대와 경쟁을 강화시켰다. 지방자치제도가 뿌리를 내리면서 지역화가 강조된 시기이기도 하다. OECD 가입과 IMF 관리체제, 그리고 WTO와 FTA 협상을 통해 대외개방이 가속화됨으로써 국내경제가 세계체계 속으로 급속하게 편입된 시기이다.

이 연구의 의미는 방송정책 역사에 대한 연구가 부재한 상태에서 방송연구의 지평을 확대하는 데 기여할 수 있다는 점이다. 정윤식(2004)은 정책연구의 지평을 다양화하는 차원에서 우리의 정책연구도 일본과 같이 한 시기에 집중되는 단기적 연구가 아니라 역사학과 결합한 장기적 정책연구가 필요하다고 지적하였다.8) 국내 방송정책 논문들을 분석한 결과, 방송역사와

7) 정치권력은 정책의 형태로 구체화될 수 있을 것이며, 자본은 시장을 구성하고 있는 한 요소에 불과하기 때문에 보다 폭넓은 시장의 개념을 사용하는 것이 케이블TV 산업 전반을 이해하는 데 적절할 것으로 생각되기 때문이다.

8) 정윤식(2004), "정책 연구 어떻게 할 것인가", 2004 한국언론학회 춘계학술대

결부된 연구는 매우 적은 비중을 차지하고 있는 것으로 나타났다. 방송정책 연구가 제대로 이루어지려면 그 이전에 방송정책의 역사가 먼저 체계화될 필요가 있으며, 그러기 위해서는 방송정책 역사에 대한 연구가 보다 활성화되어야 할 것이다.[9)]

2. 연구방법

이 책에서는 두 가지 접근방법이 이루어졌다. 하나는 케이블TV 산업정책과 시장 간의 관계를 분석하기 위해 산업조직론이 적용되었다. 또다른 하나는 역사적으로 케이블TV 산업정책의 역사적 변화와 시장의 효과를 살펴보기 위해 역사적 분석틀이 적용되었다. 쉐터(Schejter)와 이상식(2007)은 두 접근방법을 조합한 분석틀을 이용하여 우리나라와 이스라엘의 케이블TV의 국가간 비교연구를 통해, 이러한 분석틀이 '산업정책' 현상을 이해하는 데 유용하다는 점을 검증한바 있다.[10)]

1) 산업조직론

(1) 산업조직론 개관

산업조직론(*Industrial Organization*)은 정부정책과 시장 간의 관계정립을 위한 이론적 틀을 제공한다.[11)] SCP(*Structure-Conduct-Performance*) 모형으로 알려진 산업조직 모형은 시장구조(*Structure*)-행위(*Conduct*)-성과(*Perfor-*

회 특별세션 발표논문.

9) 정인숙(2007), 《방송 정책: 이론과 방법론》, 커뮤니케이션북스, p. 16.

10) Schejter, Amit & Lee, Sahangshik(2007), "The Evolution of Cable Regulatory Policies and Their Impact: A Comparison of South Korea and Israel", *Journal of Media Economics* 20(1), pp. 1~28.

11) 윤창호·이규억(1990), 《산업조직론》, 법문사, pp. 21~23.

mance)의 결정요인 및 상호간의 인과관계와 이에 대한 정부개입의 효과를 연구하는 경제학의 한 부문이다.

산업조직론의 구조→행위→성과의 인과론적 접근은 너무 단선적이고, 정태적이라는 점에서 비판을 받았다. 그리어(D. Greer, 1992) 역시 시장성과가 시장행위에, 시장행위는 시장구조에 영향을 미칠 수 있고 시장성과가 바로 시장구조에 영향을 미칠 수 있음을 가정하였다.[12] 피드백 효과(*feed-back effect*)를 고려한 것이다.

최근 경제학에서 산업조직론은 정부의 정책과 시장만 보는 것이 아니라, 정책과 시장에 영향을 미치는 외생변인까지 고려하는 방향으로 발전하고 있다. 셰퍼드(W. Shepherd, 1990)는 산업조직에 영향을 주는 외부환경 요인을 간과하고 있는 기존모델의 한계를 극복하기 위해서, 구조→행위→성과의 기본 분석틀을 유지하되 여기에 영향을 주는 외생적 조건들을 동시에 고려해야 한다고 주장하였다.[13] 외생변인이란 기본조건을 의미하는데, 예를 들면 수요의 탄력성, 대체재와 같은 소비자 수요요소나 기술, 원자재, 상품의 내구성과 같은 생산요소까지 포함한다.[14]

산업조직론을 미디어 경제학에 적용한 고메리(D. Gomery)는 산업조직론은 기본적으로 정태적이기 때문에 새로운 기술, 정치적 영향력, 사회학적·인구통계학적 변화 등의 강력하고 장기적인 영향이 고려되어야 한다고 주장하였다.[15]

---

12) Greer, Douglas F. (1992), *Industrial Organization and Public Policy* (3rd ed.), New York: Macmillan Coll. Div., p. 12.

13) Shepherd, W. (1990), *The Economics of Industrial Organization* (3rd ed.), NJ: Prentice Hall, p. 32.

14) Carlton, Dennis W. & Perloff, Jeffrey M. (2000), *Modern Industrial Organization* (3rd ed.), NY: Addison-Wesley, p. 4; 디지털 방송산업을 연구하면서 외생변인으로 HDTV와 SDTV라는 기술요인을 고려하여, 시장구조와 행위, 그리고 성과가 어떻게 차별적으로 나타날 것인지를 분석한 연구가 국내에서 이루어진 바 있다. 주정민·김국진(2000), "지상파 디지털 방송 도입에 관한 산업조직론적 연구", 〈방송연구〉 겨울호, p. 55.

산업조직론이 경제학의 한 분야로서 싹트기 시작한 것은 《경제학원리》(A. Marshall, 1980)에서 찾을 수 있다. 마셜은 기본적으로 아담 스미스(A. Smith)의 이론에 기초를 두고 있으면서 수요와 공급에 의한 가격결정을 중요시하였다. 경쟁은 가격을 생산비 수준으로 끌어내린다고 하였다. 그는 자신의 저서 《생산주체론》에서 산업조직(*industrial organization*)의 문제를 다루었다. 그렇지만 산업조직의 핵심문제인 독점을 다루지 않았기 때문에 오늘날의 산업조직론과는 거리가 있다.[16]

산업조직론이 경제학의 한 독립된 학문분야로서 성립된 것은 1930년대 말부터라고 할 수 있다. 하버드대학의 메이슨과 베인(E. S. Mason & J. S. Bain)은 오늘날의 산업조직론의 체계인 구조→행위→성과 패러다임을 정립하였다. 《경제력집중과 독점문제》(1957)에서 공공정책을 수립하기 위해서는 시장구조, 행동, 그리고 성과의 특성들을 조사해야 한다고 하였다.[17] 베인은 산업조직론의 연구범위와 방법을 정립시키고 특히 연구방법으로서 실증분석을 강조하여 오늘날의 산업조직론으로 완성하였다.[18]

산업조직론 체계의 각 구성요소들은 서로 영향을 미치고 동시에 영향을 받는 상호의존적 관계에 있다. 그러나 상호의존적 관계 중에서 어느 방향을 강조하는가에 따라 하버드학파(Harvard School)와 시카고학파(Chicago School)로 구분된다. 하버드학파는 메이슨(E. Mason)과 베인(J. S. Bain), 케이브스(R. Caves) 등 하버드대학을 중심으로 한 전통적 산업조직론의 주류적 접근방법이다. 이는 다양한 형태의 시장구조가 기업의 행동을 결정하고 이것이 시장성과를 결정한다는 것으로서 구조-행동-성과라는 패러다임

---

15) Gomery, Douglas(1989), "Media Economics: Terms of Analysis", *Critical Studies in Mass Communication* 6(1) March, pp. 43~60.

16) 이수복(2001), 《산업조직론: 경쟁과 규제의 경제학》, 율곡출판사, p. 16.

17) Mason, Edward S. (1957), *Economic Concentration and Monopoly Problem*, Cambridge: Harvard University Press. 이수복, 위의 책, p. 17에서 재인용.

18) Bain, Joe S. (1959), *Industrial Organization*, NY: John Wiley.

을 채택하고 있다.

하버드학파는 시장구조가 독립적 주요변수이므로 정책적으로 시장구조를 변화시킴으로써 성과에 영향을 미치고자 하는 구조주의적 접근방법을 채택하고 있다. 독과점적 시장구조는 바람직하지 못한 행위와 성과를 가져오므로 이를 개선하기 위해서는 기업결합을 금지하고 경우에 따라서는 독과점 구조를 여러 기업으로 분할하는 정책을 권고하고 있다. 따라서 하버드학파는 '구조규제론'의 입장에 있다.

반면에 시카고학파는 아담 스미스(A. Smith)의 자유경쟁의 전통에 바탕을 두고 있으며 시카고대학의 학자(스티글러(G. Stigler), 맥기(M. S. McGee), 포즈너(R. A. Posner))들을 중심으로 한 산업조직론의 비주류적 접근이다. 이 학파는 기본적으로는 구조→행위→성과라는 구조주의적 패러다임을 부정하고 있다. 구조, 행동, 그리고 성과 간에는 관계가 없으며 생산기술과 진입의 자유가 시장구조를 결정하며 또한 진입자유가 시장행동과 시장성과를 결정한다고 보았다. 시카고학파는 실증적 연구보다는 이론적 연구에 집중하고 있으며, 완전경쟁 모형이 경제현실을 충분히 설명한다고 보았다. 정부의 간섭이 없는 한 시장경제는 진입과 퇴출의 자유를 통하여 원활하게 작동하며 기업의 독과점적 위치는 기업이 효율성의 개선이나 기술혁신을 통하여 자연스럽게 나타난 결과라고 보았다. 정부가 진입을 억제하지 않는 한 생산효율성에 기초하지 않은 독점은 일시적인 것으로서 신규진입에 의하여 조만간 해체될 것으로 보았다. 그러므로 정부가 독점기업을 규제하거나 해체하는 것은 적절한 정책이 아니라고 보았다. 이 학파는 만일 독점으로 인하여 폐해가 발생한다면 구조적 원인보다는 폐해를 규제하는 것이 바람직하다는 '폐해규제론'의 입장에 있다.[19)]

산업조직론은 1980년대부터 이른바 '신산업조직론'(*New Industrial Organization*)이라는 이름으로 새롭게 전개되었다. 산업조직론의 새로운 연구방향은 전통적인 구조-행동-성과 모형을 비판하고 기업과 시장 행동을 중심으

---

19) 이수복(2001), 앞의 책, pp. 18~19.

로 이론적인 면으로 집중되었다. 기존의 구조-행동-성과 모형은 대체로 구조와 성과 간의 통계적 모형에 의존하고 있는데, 과거의 실증분석들은 서로 상반된 결과들을 보여주고 있다. 또한 동일한 결과를 보여주고 있다고 하더라도 이를 설명하는 이론적 근거가 취약하였다.[20]

따라서 최근의 연구동향은 기존의 실증연구들을 이론적으로 보완하기 위하여 기업의 행동연구에 중점을 두었다. 연구의 내용들은 기업이론(*theory of firm*), 게임이론(*game theory*), 경합시장이론(*theory of contestable market*), 불완전정보이론(*theory of imperfect information*) 등으로 활발하게 전개되었다. 또한 전통적 모형에서처럼 모든 산업들을 대상으로 하기보다는 개별산업을 연구의 대상으로 하고 있다.

(2) 산업조직모델을 적용한 케이블TV 연구

산업조직론이 지닌 설명력으로 인해 국내외 케이블TV 산업을 설명하는데 산업조직론의 틀이 많이 사용되었다. '제한적 경쟁'이 이루어졌던 국내 종합유선방송 산업 초기의 연구로, 정회경(1995)은 케이블TV 도입 후 1년이 지난 시점에서 케이블TV 산업구조의 특징을 수요와 공급요인들을 중심으로 실증적으로 분석하였다. 가격에 초점을 맞추어 분석한 결과, 정부에서 규정한 케이블TV 가격은 수요와 공급, 양 구조에 모두 적절하지 않은 것으로 나타났다.[21] 김국진 · 주정민(1998)은 종합유선방송과 중계유선방송의 가격과 서비스 분석을 통해 종합유선방송의 시장 실패원인을 분석하고, 수용자 복지 차원에서 정책방향을 모색하였다. 중계유선방송의 낮은 가격 전략은 종합유선방송의 보급에 장애를 주고 오히려 중계유선방송 가입자의 증가를 가져왔다는 점과 삼분할 체제에서 이러한 결과는 PP와 NO의 적자요인이 되었음을 지적하였다.[22] 이인찬(2000)은 중계유선방송과

---

20) 이수복(2001), 앞의 책, pp. 20~23을 참조할 것.

21) 정회경(1995), "한국 케이블TV산업의 구조적 특성과 경제적 효율성에 관한 연구", 성균관대학교 대학원 박사학위논문.

22) 김국진 · 주정민(1998), "종합유선방송과 중계유선방송의 경쟁구조와 정책에 관

종합유선 간에는 강한 수요 대체관계가 있으며, 실증분석을 통해 중계유선방송의 가격과 채널수가 종합유선방송의 가입률에 영향을 미침을 보였다.[23)]

배현석과 볼드윈(Bae & Baldwin, 1998)은 삼분할 체제에서 수평적, 수직적 결합이 지닌 문제점을 분석하였다. 그들은 국내 초기 종합유선방송의 삼분할 체제가 이론적으로는 매력적인 정책개혁처럼 보이지만, 실제 시장성과는 부정적인 것으로 평가하였다. 이론적으로 삼분할 체제가 주는 장점이 많음에도 불구하고 수직적 통합이나 수평적 집중에 문제가 있음을 지적하면서, 이는 특히 국내재벌의 문어발식 경영에 기인하고 대기업과 중소기업 간의 불균형성을 고려하여 정부는 PP에 국한해서 재벌소유를 허용했지만, 수직적 결합을 허용할 경우 재벌의 지배구조를 봉쇄하는 공공정책이 수립되어야 함을 주장하였다.[24)] 이 연구는 구조에 초점을 맞춤으로 인해 행위나 성과에 대한 논의가 상대적으로 미흡하고 국내산업의 특수성으로 지적되고 있는 중계유선방송과 종합유선방송의 이원화 구조를 고려하지 않았다.

본격적 경쟁이 도입되면서 케이블TV 시장의 경쟁구조가 시장효과에 미친 영향에 대해 많은 연구가 이루어졌다(Levin & Meisel, 1991; Barrett, 1995; Emmons & Prager, 1997; Ahn & Litman, 1997).[25)] 이들 연구결과

한 연구", 〈방송연구〉 겨울호, pp. 235~271.

23) 이인찬(2000), "케이블TV 산업의 이원적 시장 구조와 시장 성과", 〈경제학연구〉 제 48집 제 1호, pp. 175~194.

24) Bae, H. S. & Baldwin, T. F. (1998), "Policy Issue for Cable Startup in Smaller Countries: The Case in South Korea", *Telecommunications Policy* 22(4/5).

25) Levin, Stanford L. & Meisel, John B. (1991), "Cable Television and Competition", *Telecommunications Policy* Vol. 15, pp. 519~528; Barrett, Marianne(1995), "Direct Competition in Cable Television Delivery: A Case Study of Paragould, Arkansas", *Journal of Media Economics* 8(3), pp. 77~93; Emmons, William M. Ⅲ. and Prager, Robin A. (1997),

의 공통점은 경쟁적 시장이 독점시장에서보다 수신료가 낮고 보다 나은 서비스를 제공 — 예를 들어 제공 채널수 증가, 선택의 다양성 증대 등 — 한다는 점이었다. 국내에서도 이와 유사한 연구가 이루어졌다. 윤충한과 이인찬(2001)은 중계유선방송 시장을 대상으로 분석한 결과, 경쟁권역의 가입자들이 독점권역의 가입자들보다 수신료에 비해 훨씬 높은 품질을 누리고 있음을 실증적으로 보여주었다.[26] 공정거래위원회(2006) 분석 역시 독점과 복점지역을 계량적으로 비교 분석한 결과, 독점지역의 경우 가격은 더 비싸고 제공하는 채널수는 더 적다는 점을 발견함으로써 앞서 소개한 국내외 연구결과들이 국내시장에서 일반화될 수 있음을 보여주었다.[27] 이상우(2007)의 연구도 이러한 결과를 뒷받침해주고 있다. 독점지역에 비해 경쟁지역에서 케이블TV의 가격은 낮았고, 케이블TV의 채널수는 많았으며 케이블TV의 가입가구는 많은 것으로 나타났다. 경쟁지역이 독점지역에 비해 가격이 낮고, 제공서비스의 질(채널수)이 좋다는 것은 경쟁지역에서의 이중투자로 사회적 비용은 증가하였으나 경쟁지역에서 두 사업자가 경쟁하면서 경제적 효율성이 증가한 것을 의미하고, 이는 소비자에게 편익을 제공하는 것으로 해석하였다.[28] 한편 권호영 · 김도연(2004)은 방금 소개한 연구와는 달리 동일지역 복수 SO간에 서비스 경쟁은 미약하며 가격경쟁이 약하게 이루어짐을 밝혔다.[29]

"The Effects of Market Structure and Ownership on Prices and Service Offerings in the U.S. Cable Television Industry", *Rand Journal of Economics* Vol. 28(4), pp. 732~750; Ahn, Hoekyun & Litman, Barry R. (1997), "Vertical Integration and Consumer Welfare in the Cable Industry", *Journal of Broadcasting and Electronic Media* 41, pp. 453~478.

26) 윤충한 · 이인찬(2001), "유선방송시장에서의 경쟁권역과 독점권역의 특성 비교", 〈산업조직연구〉 제9권 4호, pp. 95~108.

27) 공정거래위원회(2006), 〈케이블TV 시장구조/가격 경제분석 결과〉, 기업결합팀 경제분석팀 미간행보고서.

28) 이상우(2007), "케이블TV 산업의 구조가 가격 및 서비스 제공에 미치는 영향에 대한 실증적 분석", 〈한국방송학보〉 제21-2호, pp. 475~505.

전혜선(2005)은 독립 SO와 MSO의 시장행위 및 성과를 분석한 결과, 규모의 경제 효과로 인해 비용투입이 적은 MSO의 기본 티어 이용요금이 독립 SO에 비해 더 비쌀 뿐만 아니라 채널수는 오히려 적은 것으로 나타났다. 반대로 경영성과에서는 독립 SO에 비해 월등한 성과를 나타냈다.[30]

PP 분야의 경쟁구조와 시장성과 간의 관계를 다룬 연구도 있다. 이화진(1997, 1998)은 한국 케이블망 산업의 사례분석을 통해 방송규제, 산업구조, 행위, 성과 간의 관계와 한국 케이블망 산업의 규제정책을 평가하였다. 문헌연구와 사례분석을 통한 연구 결과, 규제정책은 구조 차원에서 정부개입이 주도하고 있으며 행위 차원의 시장조정 정책이 거의 제도화되어 있지 않음을 밝혔다. 초기 케이블망 산업에 관한 구조 차원의 규제가 행위 규제 정책을 유발시켰고, 그 결과 경제적 성과가 부진하게 되었다는 점을 밝히고 있다.[31]

김대호·김은미·류춘렬(2001)은 케이블채널 사업의 시장성과를 검토하였다. PP 사업성과에 대해 편성과 시청률, 채널사업의 성과 간 기본관계에 관한 검증을 시도하였다. 시론적 연구의 결과, 비용과 시청률의 상관관계가 비교적 높게 나타났다. 반면 순환편성 비율, 외국 프로그램 및 자체 제작 프로그램의 비율 등 편성요소들과 시청률의 상관관계는 일관된 결론을 제시하지 못하였다.[32]

황상재와 정영주(2005)는 PP의 등록제 이후 경쟁이 강화되면서 소스나 내용 측면에서 다양성의 확대를 가져왔으나, 노출의 다양성은 감소되었음

---

29) 권호영·김도연(2005), "케이블TV 시장에서의 독점과 경쟁: 동일지역 복수 SO 정책의 효과 분석", 〈한국언론학보〉 제48권 5호, pp. 5~29.

30) 전혜선(2005), "독립 SO와 MSO의 시장행위 및 성과 분석", 〈방송연구〉 겨울호, pp. 203~229.

31) 이화진(1997), "방송규제와 시장성과: 케이블 망 산업의 사례분석", 연세대학교 대학원 박사학위논문; 이화진(1998), "케이블 망 산업의 규제와 시장성과", 〈언론과 사회〉 21호, pp. 51~82.

32) 김대호·김은미·류춘렬(2001), "케이블채널 사업의 시장성과에 관한 검토: 편성 요소, 시청률, 수입 간의 상관 관계", 〈한국언론학보〉 제45권 3호.

을 실증적으로 밝혔다.[33] 리(Li, 2001)는 대만의 사례를 분석한 결과, 경쟁구조와 문화적 성과(프로그램 다양성) 사이에는 부적관계가 있음을 보였다.[34]

그외 오바와 찬 옴스테드(Oba & Chan-Olmsted, 2005)는 한국을 포함한 동아시아 10개국의 케이블 발전에 영향을 미치는 요인을 국가간 비교를 통해 분석하였다.[35] 이들은 케이블TV의 발전을 분석하기 위해 작성한 분석틀(Chan-Olmsted & Albarran, 1998)을 이용하여[36] 산업의 특성을 파악하고, 경제, 규제/정책, 기술, 소비자, 지원활동(*support activities*), 대체요인 등의 영향력을 분석하였다. 이 연구는 2001년 이후의 급격한 변화를 담고 있지 못하며 여러 국가들을 비교하다 보니 자료의 평면적 분석에 머물고 있어 각국의 정책의 변화가 시장에 어떠한 영향을 미쳤는지에 대한 역동적이고 구체적인 분석이 결여되어 있다. 노기영(2001)은 다채널 방송시장의 제도적 진입장벽의 완화와 경쟁도입은 사업자간의 수평적, 수직적 결합을 용이하게 함으로써 시장집중화를 야기하고 있다는 점을 고찰하였다.[37]

산업조직론적 시각에서 이상과 같이 다수의 연구들이 이루어졌으나 시장

---

33) 황상재·정영주(2005), "방송채널사용사업자 등록제 이후 케이블 방송의 다양성 변화에 관한 연구", 〈한국방송학보〉 여름호 통권 19-2호, pp. 200~239.

34) Li, Shu-Chu & Chiang, Chin-Chih(2001), "Market Competition and Programming Diversity: A Study on the TV Market in Taiwan", *Journal of Media Economics* 14(2), pp. 105~119.

35) Oba, Goro & Chan-Olmsted, Sylvia M. (2005), "The Development of Cable Television in East Asian Countries: A Comparative Analysis of Determinants", *Gazette* Vol. 67(3), pp. 211~237.

36) Chan-Olmsted, Sylvia M. & Albarran, A. B. (1998), "A Framework for the Study of Global Media Economics", pp. 3~16 in A. B. Albarran and S. M. Chan-Olmsted(eds.), *Global Media Economics: Commercialization, Concentration, and Integration of World Media Markets*, Ames: Iowa State University Press.

37) 노기영(2001), "다채널 방송시장의 경쟁과 집중", 〈방송연구〉 여름호, pp. 57~93.

구조와 행위 혹은 성과 간의 관계를 분석하고 있거나, SO간 경쟁이나 PP간 경쟁에 초점을 맞추고 있다. 따라서 시장에서 이해가 다른 다양한 사업자들을 총체적으로 다루지 못한 점이 발견된다. 아울러 가격이나 채널수 등과 같은 미시적 관점에서 산업조직을 고찰함으로써 산업 전체 구조에 대한 보다 통시적이고 관련요인에 대한 종합적인 이해가 요구된다.

이 책에서는 연구대상 시기를 종합유선방송 출범 이후부터 경쟁이 본격적으로 도입된 2007년까지로 확대함과 동시에 정부의 경쟁정책, 시장구조, 시장행위, 시장성과 간의 관계를 역사적이고 총체적으로 살펴보고자 한다. 종합유선방송과 중계유선방송 사업자와의 관계는 물론 프로그램 공급업자와 종합유선방송국의 관계까지 분석의 대상으로 삼는다.

변인선정에 있어서는 한국 케이블TV 산업에서 나타나는 특수성들을 중시하여 구조분석에서는 삼분할 구조와 종합유선방송과 중계유선방송의 이원화 구조, 수평적 결합, 수직적 결합, 시장집중도, 사업자의 수 등을 중심으로 살펴보고자 한다.[38] 행위분석에 있어서는 가격 및 제품전략, 경쟁기

---

38) 정회경(1999), 《미디어 경제학의 이해》, 나남, pp. 21~25. 시장구조란 시장의 조직상의 특성을 의미하는데, 대표적으로 시장이 얼마나 경쟁적인가 혹은 독점적인가를 나타내는 시장집중도(*market concentration*)가 있다. 미디어기업이 같은 소유주 아래에 있거나 같은 통제력 아래에 있는 경우 미디어시장의 집중도는 높아진다.

시장집중도를 평가하는 방법으로는 상위기업 집중률, 허핀달-허쉬만 지수(*Herfindahl-Hirschman Index*), 시장점유 불안 정도(*Market Share Instability*), 구매자 집중 수준(*Level of buyer Concentration*) 등이 있다. 이외에도 시장구조를 결정하는 요인으로 수직적 통합(*vertical integration*)과 수평적 통합(*horizontal integration*), 제품 차별화(*product differentiation*), 진입장벽과 탈퇴장벽(*barriers to entry and exit*), 비용구조(*cost structure*) 등이 있다. 수직적 통합은 한 회사가 프로그램 생산, 보급, 광고대행 등에 이르는 일련의 다단계 과정을 모두 통제하는 경우를 말하고, 수평적 통합은 서로 경쟁적인 동종매체 혹은 매체와 관련된 부문을 상호 결합적으로 소유하는 경우를 말한다. 제품 차별화는 판매를 위해 제공하는 생산물 내용의 범위를 말하는 것으로, 일반적으로 미디어산업은 미디어 제작물(프로그램 등)의 특성상 높은 제품 차별화가 존

업에 대한 대응전략, 종합유선방송국과 프로그램 공급업체 간의 계약전략 등을 다루기로 한다.[39] 시장성과는 경제적 성과와 사회문화적 성과, 그리고 기술적 성과로 구분하여 살펴보기로 한다.[40] 경제적 성과는 가입자 확보와 경영실적을 중심으로 분석하기로 한다(〈그림 1-1〉 참조).

2) 역사적 분석틀

케이블TV 10년을 평가하는 데 미디어 역사학자인 맥퀘일(McQuail)은 한 유용한 모델을 제시하고 있다. 맥퀘일과 유럽 미디어연구 모임(1990)은 유

재한다. 진입장벽은 새로운 기업과의 경쟁 가능성 정도를 말하는 것으로, 미디어기업에는 여러 가지 조건들로 인해 높은 진입장벽이 있다. 즉, 미디어기업의 운영허가제도(면허, 프랜차이즈 등), 미디어 생산에 투입되는 높은 자본과 노동비용, 규모의 경제와 같은 비용장벽, 생산물의 공공재적 특성, 미디어의 사회문화적·역사적 성격 등이 새로운 기업의 자유로운 진입을 어렵게 만든다는 특징이 있다. 고정비용은 종사자들의 인건비, 설비 및 장치비, 프로그램 제작 및 공급비 등을 포함하며, 가변비용은 통상적으로 수용자 1인당 증가하는 단위비용을 말한다.

39) 시장행위는 시장 내에서 기업들이 취하는 행동적 측면을 말하는 것으로, 시장행위를 결정하는 요인으로는 가격정책, 광고, 제품전략, 연구와 기술혁신, 담합·인수·합병 등의 경쟁기업에 대한 전략적 대응 등이 있다. 미디어기업의 시장행위는 다른 산업의 경우와 다른 점이 많다. 미디어기업의 가격결정은 자신의 미디어 생산활동과 전혀 관련이 없거나(광고로 운영하는 순수 상업 미디어의 경우) 혹은 생산비용보다 훨씬 낮은 수준에서 가격이 결정된다. 이것은 미디어가 공공재적 상품을 생산하며 광고시장에 밀접하게 의존하고 있기 때문이다. 또한 광고 자체가 미디어의 중요한 생산물 혹은 서비스가 되기도 한다.

40) 시장성과는 미디어산업의 경우 더 다양한 잣대를 갖는다. 미디어 경영활동의 결과 나타나는 경제적 시장성과(수익성, 자원배분의 효율성, 형평, 기술진보, 국제 경쟁력 등) 외에도 다른 차원의 성과를 고려해야 하기 때문이다. 즉, 미디어 생산물의 질을 평가해야 한다는 측면에서 다양성(내용의 다양성, 수용자 접근의 다양성, 채널공급의 다양성 등), 객관성, 자유, 독립적 지위 등과 같은 사회문화적 미디어 성과를 파악해야 한다.

럽 미디어체계의 변화원인들을 찾아내고자 하였다. 이해가 걸린 사업자나 정부, 그리고 다국적매체 등으로부터 외적 압력이나 경제적, 정치적, 이념적 갈등과 같은 내적 갈등이 미디어 변화를 초래하기도 하고, 정보사회를

〈그림 1-1〉 케이블TV 산업조직의 분석틀

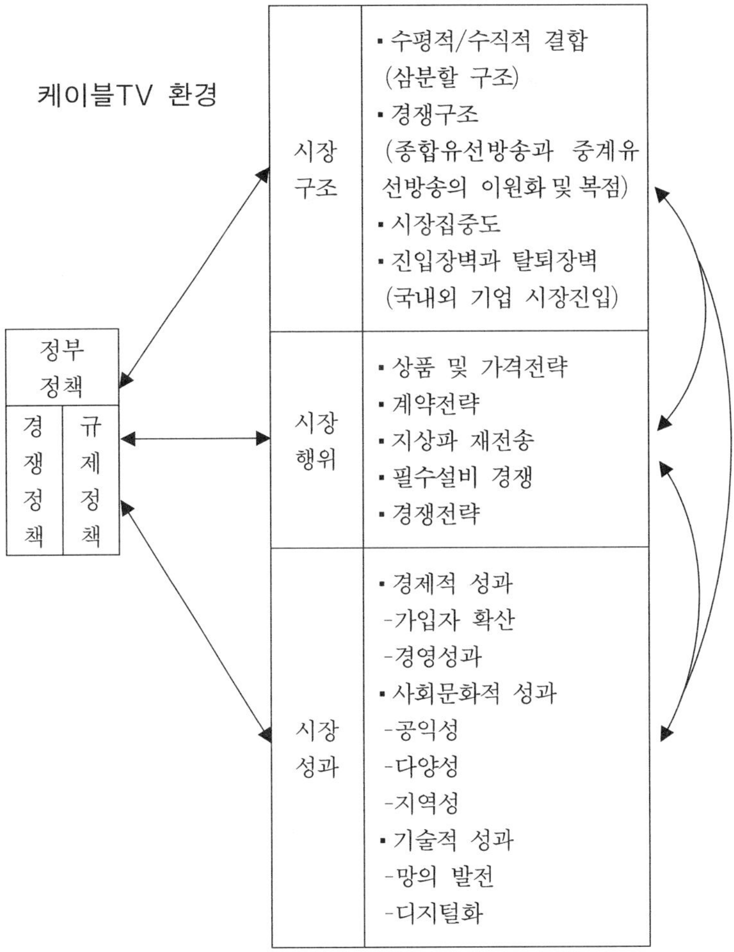

향한 사회변화, 미국에서 시작되어 확산되고 있는 탈규제의 세계적 경향 등에서 변화요인들을 찾을 수 있다고 보았다.[41]

2년 후 데 마테오 등(de Mateo & Tapper, 1992)은 미디어 지형의 변화를 연구하면서 변화의 요인들을 정리하여 모델을 보다 구체적으로 발전시켰다. 이 모델의 특징은 변화에 영향을 미치는 외적인 힘과 갈등의 정도를 확인하고, 그 결과 나타나는 시스템의 분할(*fragmentation*) 수준을 일련의 과정으로 이해할 수 있도록 해준다는 점이다.

모델에서 사용하고 있는 주요개념들은 다음과 같다. 외부성(*externality*)은 도전을 받고 있는 '구질서' 시기의 기존 미디어체제를 변화시키려는 외부로부터의 변화압력을 의미한다. 외부압력은 다양한 이슈에 대해 여러 가지 방법으로 차별적 수준에서 작용한다. 외부압력의 예를 들면, 케이블이나 위성을 이용한 새로운 분배체계의 활용, 기존 미디어기업에 대한 (주로 외

〈그림 1-2〉 McQuail, de Mateo, Tapper Model

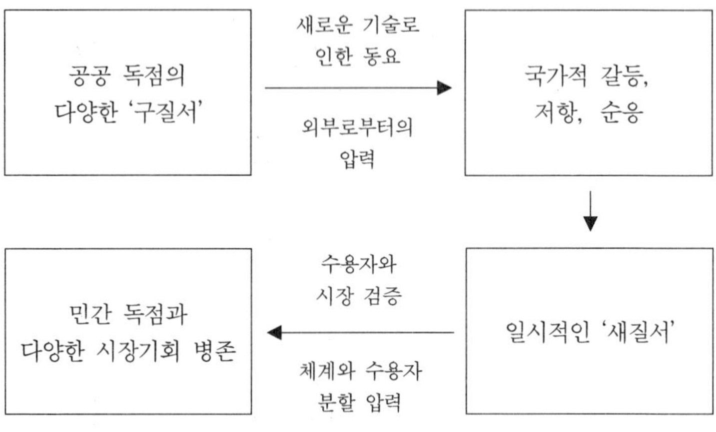

41) McQuail, Denis and the Euromedia Research Group(1990), "Caging the Beast: Constructing a Framework for the Analysis of Media Change in Western Europe", *European Journal of Communication* Vol. 5, pp. 319~321.

국) 기업들의 투자, 법적이거나 정치적인 압력, 대규모 제조업체들로부터 기술개발이나 표준화에 대한 압력 등이다. 국가적 갈등은 경제적, 정치적, 문화적, 사회적, 기술적 수준에서 설명될 수 있는데, 새로운 질서를 형성함에 있어 기득권을 가진 이해당사자와 새로운 이해당사자 간에 발생하는 갈등을 의미한다. 분할은 '새질서' 시기에 경쟁자의 숫자, 새로운 형태의 산업을 관리하는 규제나 법구조의 다양화, 과거 독점서비스에 노출되었던 수용자들의 분할로써 설명할 수 있다.[42]

이 모델은 유럽국가들을 비교하기 위해 만들어진 것으로, 아직은 개념적 수준에 머물러 있고 특정국가를 중심으로 체계적으로 적용된 후속적 연구사례는 발견되지 않고 있다. 그러나 미디어 발전을 역사적으로 분석할 때, 기존질서에서 새로운 질서로의 이행, 그리고 그 과정에서 외적인 힘, 갈등, 분할의 정도로 설명하려는 시도는 우리나라 케이블TV 산업을 역사적으로 설명하는 데 유용한 분석틀이 될 수 있을 것으로 사료된다.

3) 자료수집

연구방법은 주로 문헌연구에 의존하고 있다. 대부분의 기존연구에서 그러했듯이, 이 연구에서도 정부정책이나 시장구조와 관련해서는 정부나 유관기관에서 나온 녹서와 백서, 방송위원회나 한국방송영상산업진흥원 산업실태조사보고서, 그리고 케이블TV 관련법 등에 나타난 자료들을 분석하였다. 시장행위를 분석하기 위해서 정부문서, 법원판결문, 공정거래위원회의 심결집 등의 분석을 통해 불공정행위와 관련된 사례분석이 이루어졌다. 시장성과는 방송위원회, 한국방송영상산업진흥원, 한국정보통신산업협회, 한

42) McQuail, Denis, Rosario, de Mateo & Tapper, Helena (1992), "A Framework for Analysis of Media Change in Europe in the 1990s", pp. 8~25 in Karen Siune and Wolfgang Truetzschler (eds.), *Dynamics of Media Politics: Broadcast and electronic media in Western Europe*, London: Sage.

국광고주협회, 증권회사에서 발간된 통계자료를 분석하였다.

이러한 공식적 자료 외에 한국케이블TV방송협회와 홈쇼핑사의 비공식자료를 입수하여 자료의 신뢰성을 높이고자 하였다. 분석은 정책이나 법령의 변화시점을 중심으로 역사적 변화를 시계열적으로 평가하였다. 산업현실과 정책에 대한 평가를 위해 현업종사자를 대상으로 심층인터뷰를 실시했다.

3. 시대구분

케이블TV 역사의 시대구분은 다양한 기준이 적용되었다. 파슨즈(P. Parsons)는 미국 케이블TV 역사를 정리함에 있어 케이블TV를 통해 제공되는 서비스를 중심으로 크게 3기로 구분하였다. 도입부터 지상파 재전송 역무를 주로 담당하던 중계유선 시기, 케이블TV 방송국에 위성을 통해 프로그램을 분배하던 시기, 그리고 1996년 통신법 제정 이후 디지털 커뮤니케이션 시기로 구분하였다.[43]

국내에서도 시대구분을 위한 몇몇 시도가 이루어졌다. 케이블TV 역사를 여명기, 태동기, 기반구축기, 침체기, 재건기 등으로 시대구분하거나,[44] 유선라디오방송 등장, 유선텔레비전 등장, 유선텔레비전 혼란기, 종합유선방송 준비기, 종합유선방송 출범기, 종합유선방송 위기기, 방송법 시행시기 등으로 구분하였다.[45] 이러한 시대구분 방법은 기준도 모호하고 타당성도 결여되었거니와 10년이라는 비교적 짧은 케이블TV 역사를 설명하기에 너무 세분화하였다. 종합유선방송 출범 10주년을 기념하여 준비기, 종합유선방송법 시대, 통합방송법 시대, 방송통신융합 시대로 구분한 것도 관련법과 서비스라는 이원적 기준을 적용함으로써 일관성이 결여되어 있다.[46]

---

43) Parsons, Patric R. & Frieden, Robert M., *The Cable and Satellite Television Industries*, Boston: Allyn and Bacon, pp. 20~21.

44) 한국케이블TV방송협회(2000), 《케이블TV5년》.

45) 손창용·여현철(2003), 《한국케이블TV산업론》, 커뮤니케이션북스.

시대구분에 있어 빼놓을 수 없는 또 하나의 요인은 어느 특정매체를 중심으로 볼 것인가 혹은 다양한 경쟁매체를 종합적으로 볼 것인가라는 점이다. 만약 케이블TV를 중심으로 본다면 중계유선방송기, 중계유선방송과 종합유선방송 분리 추진기, 중계유선방송과 종합유선방송 통합기로 구분할 수 있겠다.

경쟁매체를 포함하여 새로운 매체의 진화단계를 중심으로 다음과 같이 구분할 수도 있다: 1단계 CATV(*Community Antenna Television*), 2단계 케이블TV와 위성방송의 경쟁, 3단계 디지털 시대. 우리나라 케이블TV는 비교적 오랜 기간 동안 1단계를 지나 비교적 짧은 기간의 2단계를 거쳐 이제 3단계로 진입하고 있다.

이 연구에서는 경쟁매체를 고려하여 케이블TV의 시대구분을 하고자 한다. 일차적으로 중계유선방송 시기, 종합유선방송과 중계유선방송 경쟁시기, 디지털매체 경쟁시기로 구분한다. 이 책이 케이블TV 정책분석에 초점을 맞추고 있기 때문에, 이차적으로 맥퀘일(McQuail)의 정책역사 분석모델에 근거하여 정책의 시기별 특성을 중심으로 구 질서기와 신 질서기로 구분하였다.

결론적으로 종합유선방송 전사(*pre history*)에 해당하는 중계유선방송기(기원~1990년), 종합유선방송과 중계유선방송 경쟁시기인 구 질서기(1991~1998), 그리고 복점제도의 도입으로 인한 종합유선방송 사업자간 경쟁, 프로그램 공급업의 등록제 도입 이후 PP간 경쟁을 허용하는 정책이 수립된 새로운 질서기(1999년 이후)로 구분할 수 있다. 구 질서기는 종합유선방송 도입 초기 모든 제도 마련의 근거가 되었던 종합유선방송법 제정시점(1991년)부터 종합유선방송법의 대폭 개정 이전의 시점(1998년)까지 해당된다. 새로운 질서기는 종합유선방송법의 대폭 개정시점과 통합방송법이 제정된 시점을 두고 논의의 여지는 있으나, 종합유선방송법에서 이미 구질서의 문제점 해결을 위한 주요정책의 개선안이 반영되었기 때문에 새로운 질서의

46) 한국케이블TV방송협회(2005), 《케이블TV 10년사》.

시작이라는 의미를 부여할 수 있다는 점에서 1999년으로 잡는 것이 타당해 보인다. 디지털매체 경쟁시기는 디지털 위성방송이 출현하면서 종합유선방송과 경쟁이 이루어지는 시점(2002년)으로 잡았다.

시대구분

- 중계유선방송 시기(기원~1990년)
- 종합유선방송과 중계유선방송 경쟁시기(1991~2000년 초)
  ① 종합유선방송의 구 질서기(1991~1998년)
  ② 종합유선방송의 새로운 질서기(1999~2000년 초)
- 디지털매체 경쟁시기(2002년 이후)

4. 주요개념의 정의

1) 케이블TV의 다양한 개념

중계유선이 도입된 지 40여 년, 종합유선방송이 도입된 지 10년이 지났음에도 불구하고, 용어정리가 엄밀하게 이루어지지 않은 채 여러 개념들이 혼용되고 있다. '유선방송', '종합유선방송', '중계유선'이 대표적이고, '케이블TV 방송'이나 '중계유선방송'처럼 방송을 덧붙이기도 한다.[47]

47) 종합유선방송과 중계유선방송을 구분하지 못해 일어난 역사적 일화 하나를 소개하고자 한다. 종합유선방송이 시작된 후 전국적으로 홍보가 있었다. 시청자들은 가입을 위해 전화국에 종합유선방송국 전화번호를 문의하였다. 당시 컴퓨터로 전화번호 안내를 하기 이전의 상태여서 교환원들은 머릿속으로 암기해두었던 중계유선방송사들의 번호를 안내하기 시작하였다. 이 결과 종합유선방송 홍보효과가 중계유선방송사에게 돌아감으로써, 종합유선방송이 시작하면 중계유선방송 가입자가 크게 줄어들 것으로 기대하였으나 오히려 증가하는 역효과가 나타났다.

케이블TV는 종합유선방송과 중계유선방송을 모두 포함하는 광의의 의미로 사용된다. 중계유선방송 대신에 '중계유선'이 사용되었는데, 단순한 지상파방송의 재송신 사업자로 간주하였기 때문이다.

비슷한 용어로 '유선방송'의 경우 케이블TV와 구분하지 않고 사용하고 있다. 외국에서는 종합유선방송과 중계유선방송을 포괄하는 광의의 케이블TV 개념을 의미한다. 중계유선방송에서 종합유선방송으로 자연스럽게 진화하였기 때문에 통칭한 것이다. 가용 주파수폭을 기준으로 중계유선방송은 협대역 케이블TV(*narrowband cableTV*), 종합유선방송은 광대역 케이블TV(*broadband cableTV*)로 구분하기도 하였다. 일본에서는 지상파방송을 재전송하는 중계유선방송과 구분하기 위해 일정 수 이상의 가입자를 가지고 있고 자체 제작물을 방영하는 자주채널을 운영하는 경우에는 도시형 케이블TV라고 한다.

국내에서는 종합유선방송 사업자들이 중계유선과 차별화하기 자신들을 케이블TV라고 부르고, 중계유선방송은 차별화하여 유선방송이라고 부르기도 한다. 유선방송에 '종합'이라는 접두어가 붙었는데, 이는 두 가지 의미를 지니고 있다. 하나는 중계유선과 구분하기 위해서였고, 보다 중요한 이유로는 여러 가지 전문채널들을 종합하여 보내주는 유선방송이라는 의미에서 종합을 강조한 데 기인한다.

케이블TV의 사업구성은 케이블TV의 프로그램을 제작하는 프로그램 공급업자(PP: *Program Provider*)[48]와 이것을 전송하기 위해 케이블TV 망을 부설하는 케이블TV 전송망 사업자(NO: *Network Operator*), 그리고 프로그램 공급업자로부터 프로그램을 전송망을 통해 제공받아서 수용자들에게 송신하는 종합유선방송국 사업자(SO: *System Operator*)로 이루어져 있다. 사업자 구성 측면에서 볼 때, 중계유선방송 사업자는 케이블망을 이용한다는 측면에서는 케이블TV 사업자이지만 시대적 상황을 고려한 엄밀한 의미에서는 케

48) 2000년 통합방송법 제정 시 방송채널사용 사업자라는 법률용어로 바뀜. 방송법 제 2조(용어의 정의) 2항 라호.

이블TV 사업자가 아닌 단순한 중계유선 사업자(RO: *Re-transmission Operator*)였던 것이다.

이러한 연유로 종합유선방송 출범 초기에 중계유선 사업자를 케이블TV 사업자라고 부르지 않았다. 종합유선방송 사업이 진행되면서, 중계유선 사업자들이 종합유선방송 프로그램 공급업자의 프로그램을 불법으로 전송하였고, 다수의 중계유선방송 사업자들이 종합유선방송 사업자로 전환되자 종합유선방송과 중계유선방송의 제공서비스의 구분이 모호해지기 시작하였다. 이후 케이블TV는 종합유선방송과 중계유선방송을 모두 포함하는 개념으로 사용되었다.

종합적으로 판단할 때, 관련된 모든 산업을 포괄하기 위해 '케이블TV'라는 용어가 무난하다. 다만 이 개념이 다르게 사용될 필요가 있을 경우에는 시기와 상황에 맞게 구분하여 사용하고자 한다.

2) 산업정책과 산업조직정책의 개념

산업정책의 의미는 다양하게 사용되었다. 산업정책은 단일한 이론이라기보다는 산업현상에 대한 진단과 제안들을 모아놓은 것에 가깝다.[49] 산업정책들은 일반적으로 국가나 지방정부 혹은 국제기구들에 의해 수행된다. 산업정책은 시장만 가지고 경제안정이나 성장, 무역균형을 달성할 수 없다는 인식을 반영한다. 산업정책은 생산산업에 대한 총체적 지원을 의미할 수도 있고, 케이블TV 산업과 같은 특정산업에 대한 구체적 지원을 의미하기도 한다.[50]

쿠즈넷(P. Kuznets)은 산업정책이란 국제경쟁력을 유지하기 위한 다양한

---

49) Schultze, Charles L. (1983), "Industrial policy: A dissent", *The Brookings Review*(Fall), p. 3.

50) Kleinsteuber, Hans J. (1986), "The industrial imperative", pp. 180~191 in Denis McQuail and Karen Siune(eds.), *New Media Politics: Comparative Perspectives in Western Europe*, London: SAGE Publications.

산업을 발전시키기 위한 활동들로 정의했다.[51] 기존연구에서 산업정책을 조작적으로 정의한 사례들을 살펴보면, 산업정책을 수행하기 위해 다섯 가지 수단을 제시하였다: 직접지원, 상품의 공공구매, 차별적 가격, 보호조치, 기술정책을 위한 R&D(H. Kleinsteuber, 1986). 코미야(M. Komiya)는 일본의 산업정책의 요소들—수입쿼터, 수요창출, 세금우대, 반독점 금지, R&D—을 분석하였다.[52]

슐츠(C. Schultze)는 산업정책이란 "승자를 뽑고 패자를 보호"하는 두 가지 측면을 지니고 있다고 주장하였다. 승자를 뽑는다는 의미는 높은 잠재성장 가능성이 있고 노동자당 높은 부가가치를 보이는 산업을 강화하는 것을 의미하는데, 투자나 연구지원을 하며 기존기업이나 신생기업들을 돕는다. 패자를 보호한다는 의미는 쇠퇴하고 있는 산업들을 회생시키기 위해 지원하는 것이다. 이러한 목적을 수행하기 위한 정부조치의 예를 들면, 수입의 결과 발생하는 경쟁에 대응하기 위해 장벽을 설치하거나 특별감세, 보조금 성격의 대출, 선별적으로 우호적인 규제조치 등을 포함한다.[53] 김광두(1989)는 이러한 일반적 조치들과 대조적으로 통신서비스 분야의 우리나라 산업정책을 분석한 바 있는데, 세 가지 주요 정책변인—진입장벽, 회선사용의 통제, 그리고 가격통제들을 다루었다.[54]

종합적으로 정리하자면, 산업정책은 경제성장, 국제경쟁력 강화 등의 목적을 달성하기 위하여 산업에 대한 지원, 조정, 규제 등의 정책수단을 통하여 산업일반 또는 특정산업의 생산, 투자 또는 거래활동에 대하여 직접 또는 간접적 영향을 주려는 정부의 경제정책으로 정의할 수 있겠다. 지원이

51) Kuznets, Paul W. "Contemporary Korean Macroeconomic and Industrial Policies," in Robert A. Scalapino & Hong Koo Lee(1988) (eds.), *Korea-U.S. Relations*, Berkeley: University of California, p. 132에서 재인용.

52) Komiya, Megumi, "The Japanese Computer Industry: An Industrial Policy Analysis," *The Information Society* Volume 6, p. 1.

53) Schultze, Charles L. (1983), *op cit.*, pp. 1~20.

54) 김광두(1989. 10), "Korean Industrial Policy in Telecommunicaitons Services", 정보통신부 주최 국제학술회의 발표논문, pp. 181~211.

란 진입장벽, 회선사용의 통제, 가격통제, 보조금 형식의 대출, 규제조치, 상품의 공공구매, 보호조처, 관세장벽, R&D, 수입쿼터, 수요창출, 반독점 규제, 그리고 세제정책 등과 같은 다양한 정책들을 포함한다.

산업조직정책(*industrial organization policy*)은 산업정책(*industrial policy*)과 명확하게 구별되지 않은 채 사용되고 있다. 산업조직정책은 광의의 산업정책에 포함된다. 산업조직정책은 개별산업의 시장구조, 기업행동, 그리고 시장성과를 대상으로 하여 각각에 영향을 미칠 목적으로 추진되는 제반 정책을 의미한다. 산업조직정책은 정책의 수단에 따라 경쟁정책(*competition policy*)과 규제정책(*regulation policy*)으로 나눌 수 있다.[55]

경쟁정책은 다시 경쟁을 유지하고 촉진하는 정책과 경쟁의 환경을 조정하는 정책으로 나눌 수 있다. 기업결합 규제와 독과점기업에 대한 규제는 시장구조에 미치는 정책이며, 가격담합행위, 가격차별행위, 배타적 거래행위 등에 대한 규제는 기업행동에 영향을 미치는 정책이다. 이러한 정책들은 경쟁을 유지하고 촉진하는 것을 목적으로 하고 있다.

규제정책은 경쟁정책과 달리 방송산업과 같은 공익산업에 대하여 시장을 직접 규제하는 정책이다. 진입규제는 산업에의 신규진입을 직접 규제하는 정책으로서 구조에 직접적으로 영향을 미치는 것이며, 가격규제나 공급규제는 행위에 직접적으로 영향을 미치는 정책이다.

---

55) 이수복(2001), 《산업조직론: 경쟁과 규제의 경제학》, 율곡출판사, p. 25.

제 2 장

중계유선의 시기(기원~1990년)

우리나라에서 중계유선은 유선라디오방송에서 시작되었다. 1962년부터 농어촌에 "라디오 및 스피커 보내기 운동"을 강력하게 추진하여 1961년 107,740대였던 스피커가 1967년에는 814,855대로 늘어났다. 그러나 그 이후에는 방송망 확장사업으로 가청지역이 넓어졌고, 라디오의 급격한 보급으로 인하여 스피커의 수는 격감되기 시작하였다.

방송망 확장과 라디오의 보급증대로 사양길로 접어든 유선라디오방송은 텔레비전 방송망의 확장과 TV수상기의 보급증대로 또 한 번의 전기를 맞게 되는데, 그 이후 유선라디오방송은 방송을 중계하는 방식이 사라지고 음반을 틀어주는 유선음악방송으로 변모하여 간신히 그 명맥을 유지하고 있었다.1)

우리나라에서 언제부터 유선TV방송이 시작되었는지에 대하여는 명문기록이 없다. 1970년 12월에 가서야 유선방송수신관리법 시행령을 개정하여 TV방송의 중계방송에 관한 규정을 추가하였음을 볼 때, 1960년대 말에 등장하였을 것으로 추정할 수 있을 뿐이다. 법제정 직후인 1962년 1월 기준으로 TV수상기가 약 8,000대 정도밖에 이르지 못하였고 시행령에 TV방송중계가 포함된 1970년 말에는 TV수상기 등록대수가 40만 대를 밑돌았으며

1) 황현탁(1983), 《유선방송개설》, 집문당, p. 25.

대부분 서울, 부산, 대구, 광주 등 대도시지역에서만 TV방송을 시청할 수 있었을 뿐이므로 최초의 설치지역은 이들 대도시지역 인근으로 추정할 수 있다. 문화공보부가 1973년 12월 31일 조사한 전국의 유선방송 사업자와 가입자 수는 〈표 2-1〉과 같다.

특기할 만한 것은 1980년 언론통폐합 후까지도 1970년대 초에 시달한 행정지침에 따라서 유선TV방송을 지상파TV의 보조매체로 생각하고 또 TV시청료와 유선방송 수신료의 이중징수 문제 때문에 해당지역이 난시청지역이라는 KBS의 증명서를 첨부하여야만 유선방송 수신사업을 허가하도록 한 바 있는데, 이는 유선TV방송을 단순한 난시청 해소 목적용으로 생각하였다는 증거이다.[2] 그러나 허가 후 출력증강 등의 사유로 난시청이 해소된 경우, 난시청 상태의 해소를 이유로 허가를 취소할 수 없다는 해석을 하고 있

〈표 2-1〉 전국 중계유선 현황 (1973. 12. 31)

	라디오		텔레비전	
	업자수	가입자 수	업자수	가입자 수
서울특별시	11	2,200	0	0
부산시	23	10,871	26	1,502
경기도	19	4,220	10	1,000
강원도	44	11,192	21	3,000
충청북도	36	11,100	6	600
충청남도	52	13,585	4	719
전라북도	26	6,599	0	0
전라남도	23	6,351	2	321
경상북도	49	7,362	9	800
경상남도	122	48,186	9	1,861
제주도	3	330	0	0
합 계	408	121,896	87	10,203

출처: 황현탁(1989: 27).

2) 황현탁(1983), 앞의 책, p. 29.

어 허가 시에 부관으로 "난시청이 해소되면 허가를 취소할 수 있다"는 사항을 명시하도록 하였다.

1988년 문화공보부가 시, 도지사에게 허가권을 위임할 당시에 허가받은 유선방송업자의 허가를 신청 중인 사업자를 합한 숫자는 모두 1,250개사로서 유선방송 종류별, 지역별 현황은 〈표 2-2〉와 같다.

중계유선방송은 난시청지역을 중심으로 꾸준히 사업자와 가입자 수를 증가시켜나갔다. 종합유선방송의 출범을 전 국민에게 알리기 시작한 1993년을 기준으로, 전국적으로 875개의 중계유선방송 사업자가 존재했으며, 약 4,500,000가구를 대상으로 서비스를 제공하고 있었다.

중계유선방송사들은 1990년 초부터 전송시설들을 개선하기 시작하여

〈표 2-2〉 지역별 중계유선 사업자 현황 (1988. 6. 30)

시·도별	운영실태			
	중계유선	음악유선	자가유선	계
서 울	241	3	11	255
부 산	98	22	2	122
대 구	17	17	-	34
광 주	6	4	-	10
인 천	17	6	2	25
강 원	72	6	3	81
경 기	146	26	6	178
충 북	49	4	1	54
충 남	55	11	3	69
전 북	55	6	-	61
전 남	59	5	-	64
경 북	126	9	8	143
경 남	127	11	1	139
제 주	3	4	8	15
계	1,071	134	45	1,250

출처: 황현탁(1989).

〈표 2-3〉 중계유선방송 사업자 증가추세

(단위: 개사)

88.12	89.12	90.12	91.12	93.1	94.1	95.8	96.8	98.6
532	741	830	846	875	896	908	852	860

출처: 구공보처, 정보통신부 및 관련단체 자료 취합.

1994년 당시 몇몇 업체들은 300Mhz까지 송출할 수 있을 정도로 채널용량을 증가시켰다. 하지만 당시 전송채널들은 주로 지상파 방송(KBS1, 2, MBC, EBS 등)을 재전송하는 수준이었다.[3]

1995년에 전국 유선방송 허가업체 수는 총 908개 업체로, 1994년 1월 대비 12개사가 증가한 것으로 나타났다. 1988년 유선방송관리법 제정 이후 급증했던 허가업체 수가 1990년을 정점으로 해서 수적으로 완만한 증가세를 보였다. 그러나 종합유선방송 출범 이후 시점인 1996년 이후 약 50여 개사가 감소되었다(〈표 2-3〉 참조).

중계유선과 관련된 자료는 신뢰성이 결여되어 있어 정확한 집계가 어려웠다. 사업자, 협회, 정부가 발표하는 자료마다 적지 않은 차이가 존재하였다. 사업자들이 국세청에 보고하는 자료와 대외 홍보용으로 발표하는 자료 간에는 심지어 수백만 가구의 차이가 있을 정도였다. 중계유선사업자협회인 한국유선방송협회가 발표한 자료에 따르면, 1995년 말 중계유선방송 업체수는 872개였으나, 1996년 8월 초 현재 852개로 20여 업체가 감소하였다. (〈표 2-4〉 참조). 1995년 말 중계유선방송 종사자 수는 11,510명이었으나, 1996년 8월 기준 1,034명으로 약 1,500명 정도 감소하였다. 종합유선방송의 등장으로 인한 인력시장의 변화에 기인하는 것으로 추정된다.

동협회에 따르면, 총 가입자 수는 96년 8월 6,693,000가구이고, 약 25,000,000명 이상의 시청자를 확보하였다고 주장하였다. 전국적으로 가입대상 가구 중 47%가 중계유선방송에 가입해 있다는 것이다.[4] 지난 1962년

3) 〈한국유선TV신문〉(1994.5.16), "길따라 線따라, 포항유선, 고려유선방송국(편)", 5면.

이후 지난 34년간 약 300,000km 이상의 전송망을 확보하였다고 발표하였다. 그러나 이러한 수치는 세무당국에 보고된 가입자 수 150만[4] 가구와는 상당한 차이를 보인다. 공보처에 보고된 각 시도지사 자료와 해당지역 SO의 조사자료를 근거로 한 가입자 수는 1994년에는 1,332,346가구이며, 1995

〈표 2 4〉 전국 중계유선방송 사업자 현황(1996. 8. 1)

행정구역 (지부)	업체현황			관내 가구수	유선가입자 수	
	업체수	회원사	종업원 수		가입자 수	가입비율(%)
서 울	41	41	969	3,417,880	1,140,360	33
부 산	58	58	1,288	1,125,987	841,000	74
대 구	18	18	363	713,263	211,000	30
인 천	8	8	466	697,869	365,000	52
대 전	7	7	274	339,627	146,000	42
광 주	5	5	172	378,804	102,600	27
경기(北)	53	53	1,848	630,207	417,282	66
경기(南)	56	56		1,844,238	940,718	51
강 원	84	84	468	458,605	176,000	38
충 북	56	56	390	428,940	143,000	33
충 남	50	50	512	550,383	186,000	33
전 북	42	42	321	584,901	153,000	26
전남(東)	49	49	472	326,724	156,673	47
전남(西)	49	49		341,439	158,327	46
경북(北)	76	76	781	450,909	383,439	85
경북(南)	50	50		407,313	351,561	86
경남(東)	20	20	1,599	327,854	226,837	66
경남(西)	117	117		844,227	548,163	64
제 주	13	13	101	157,005	46,100	29
총 계	852	852	10,034	14,026,175	6,693,060	47

출처: 가구수는 《'96 행정구역총감》; 한국유선방송협회 자료(1996) 참조.

4) 참고로 1998년 2월에 가서는 가입가구가 830만 가구에 달하였다고 발표하였다.

년에는 1,368,871가구가 증가한 2,701,217가구로 집계되었다.[5] 종합유선방송 출범을 전후로 해 중계유선의 존재를 알리기 위해 가입자 수를 부풀렸다고 보인다.

중계유선 가입가구에 대한 자료는 2000년대 들어서 두 차례에 걸쳐 중계유선 사업자들이 종합유선방송 전환승인을 하면서 비교적 정확한 가입자 수치가 밝혀졌는데, 그 이전까지는 불투명하였다.

---

5) 1년 동안에 백만 가구 이상이 증가한 이유는 종합유선방송의 홍보효과가 중계유선방송에서 발생하는 부메랑 효과(*Boomerang*)에 기인한다. 1994년 2월과 1994년 6월 사이에 종합유선방송의 홍보가 집중적으로 이루어졌는데, 중계유선방송의 가입자가 50% 이상 증가하였다는 점이 이를 뒷받침해주고 있다.

제 3 장

종합유선방송과 중계유선방송 경쟁시기

(1991~2000년대 초반)

1. 종합유선방송의 구 질서기 (1991~1998년)

1) 종합유선방송 도입배경

노태우 대통령후보는 1987년 제13대 대통령선거 공약사항 중의 하나로 종합유선방송 도입을 처음으로 언급하였다. 그러한 공약이 뚜렷한 경제적 논리 위에서 출발했다고 볼 수 있는 근거는 발견되지 않는다.[1] 정치적 목적에 의해 제기된 종합유선방송 도입 필요성이 논리적 골격을 갖추게 된 것은 1989년 5월 구성된 방송위원회의 방송제도연구위원회의 기본방향이 제시되면서부터이다. 이른바 '방제연 보고서'(1990)라고 일컫는 보고서에서 문화적 필요성과 산업적, 기술적 파급효과를 위해 종합유선방송 도입이 제안되었다.[2]

1) 종합유선방송 산업의 경제적 효과에 대한 심층적 검토는 종합유선방송 도입이 결정되고 난 이후 한 차례 이루어졌으나, 이 연구결과가 실제 정책수립에 반영된 흔적은 보이지 않는다. 경제적 전망에 대해서는 종합유선방송위원회(1993. 11), 〈종합유선방송 산업 발전 5개년 전략〉을 참조할 것.

당시 정부의 모든 관심과 역량은 정보화사회 건설에 결집되어 있었다. 정부가 종합유선방송의 도입을 서두르고 매우 빠른 속도로 추진시켰던 명목적 이유는 1993년 6월의 대국민 발표문에 잘 나타나 있다. 정부가 발표한 우리나라에서 케이블TV 도입배경은 다음과 같다.[3)]

첫째, 눈부신 방송기술의 발달에 따라 급격하게 변화되고 있는 방송환경에 부응하기 위해 뉴미디어의 도입, 실시가 필수적이며, 이와 같은 세계적 추세에 더 이상 낙후될 수 없다.

둘째, 지상파방송의 주파수가 포화상태에 있는 현실에서 지상파방송만으로는 다양한 전문정보 욕구를 충족시킬 수 없다. 따라서 다채널 활용이 가능한 케이블TV, 위성방송 등 뉴미디어의 도입, 실시는 필연적이라고 볼 수 있다.

셋째, 향후 우리 사회는 대량정보 전달수단으로 종합정보통신망 구축이 필요불가결하며, 케이블TV는 그 중추매체로서의 역할수행을 하게 될 것이다.

넷째, 우리나라에 침투하고 있는 외국 위성방송에 대응하기 위해서는 케이블TV의 조속한 시행이 필요했다. 현재 일본, 홍콩, 중국 등 외국 위성방송이 무차별적으로 전파월경(*Spillover*)하고 있는 상황에서 외국문화 종속현상을 더 이상 방치할 수 없으므로 적극적 대응 차원에서 새로운 미디어 도입을 추진한 것이다.

공보처의 종합유선방송의 실제적 도입목적은 보다 정치적인 데 있었다. 정인숙(1995)의 연구에 따르면, 1987년 노태우 대통령후보의 공약사항으로 도입을 결정했으나, “케이블을 서두르게 된 정치적 이유는 KBS의 장기 제작거부에 있었다. 통폐합으로 방송 경쟁구도가 없어지면서 시청률이 올라가고 광고수입이 안정되자 돈 많고 시간 많은 방송인들이 정부에 도전했고, 그에 위기를 느낀 정부가 SBS를 탄생시켰고 결국 힘의 분산화를 위해 케이

2) 방송제도연구위원회(1990. 6), 〈2000년대를 향한 한국방송의 좌표〉, pp. 206~207. 이 보고서에서도 도입의 필요성만 주장했지, 종합유선방송 도입의 경제적 타당성이나 산업적, 기술적 파급효과에 대한 구체적 검토는 없었다.

3) 공보처(1996), 《케이블TV백서》, pp. 11~12.

블도 탄생된 것이다"고 설명한다.[4)]

정부는 1990년 2월 공보처의 업무보고 과정을 통해 종합유선방송의 추진 방침을 밝히고, 같은 해 4월 당시 공보처 내 '종합유선방송추진위원회'를 설립하면서 케이블TV 도입을 위한 구체적 계획이 수립되기 시작하였다. 1990년 6월 정부가 방송제도 개편안을 공식 발표함으로써 케이블TV 사업이 본격적으로 추진되있다.

이 세부계획에 의거하여 케이블TV 본격실시를 위한 제도적 기반인 법률 제정 등 각종 제도 마련 작업이 착수되었고, 이에 앞서 공보처가 주관한 공청회를 포함하여 총 27회에 이르는 공청회를 통해 국민여론의 수렴절차도 거쳤다. 1990년 12월 14일 공보처가 입법예고한 종합유선방송법안은 6차례 공청회를 거쳤다.[5)]

종합유선방송법안을 통해 구체화된 초기 산업구조에 대해 적지 않은 논란이 공청회에서 있었다. 종합유선방송은 기본적으로 지역방송이기 때문에 지방자치단체가 이를 허가하는 것이 외국의 일반적 추세인데, 종합유선방송의 허가와 관련, 정부의 독점적이고 배타적인 허가권을 인정한 것은 정부가 이를 장악함으로써 정권 차원의 이권화를 노리고 있다는 지적이 나왔다. 허가권을 정부가 장악하겠다는 것은 독소조항으로 지적되었다.

종합유선방송위원회의 유명무실화도 문제로 지적되었다. 위원회가 종합유선방송 허가와 관련, 단순히 참고의견만을 낼 수 있도록 한 것은 정부의 자의와 전횡의 소지를 남겨둔 것이기 때문에 허가권을 이 위원회에 주거나 적어도 추천권을 부여해야 한다는 지적이 있었다. 위원 추천권을 공보처장관이 갖도록 한 것도 남용의 소지가 크기 때문에 국회동의를 얻도록 하는 등의 절차가 필요하다는 지적이 많았다.

이와 함께 이 시안은 프로그램 공급업의 허가와 관련, 허가권을 공보처장관이 갖고 프로 공급 및 제작능력을 보유 유지할 수 있는 법정기준에 맞

4) 정인숙(1995), "방송정책결정과정에 관한 연구: 케이블TV 정책 사례를 중심으로", 한국외국어대학교 신문방송학과 박사학위논문, p. 101.

5) 정부 3회, 학계 2회, 국회 1회.

는 업체에 허가하며 프로 공급의 다양성과 균형유지를 위해 허가 시 공급분야를 조정토록 했다. 다시 말해 수익성이 높은 영화, 스포츠 채널 등에 공급업체가 집중되는 현상과 재벌에 의한 소유독점을 막고 어린이, 정보, 교양, 문예 등에도 여러 업체가 고루 참여토록 하겠다는 것이었다.

그러나 외국 어느 나라도 공급업체를 허가하는 경우가 없고 자유시장 원리에 맡기고 있는 점과 이에 대한 허가가 기본적으로 정부가 뉴스 공급업체를 비롯한 각 공급업체의 성향을 미리 파악, 일정한 방향으로 통제할 위험이 있는 점 등이 지적되었다. 특히 프로그램 공급부분은 완전 자유시장 원리에 맡겨야 한다는 주장이 제기되었다.

종합유선방송 운영구역은 행정구역과 공중전기통신사업의 업무구역을 기준으로 대통령령으로 정해 분할토록 돼 있었다. 이와 관련, 정부는 약 50만 가구당 1개의 종합유선방송을 허용, 서울에 5~10개 등 전국에 1~2백개의 종합유선방송을 허용할 방침이었다. 이렇게 구역 숫자가 많았던 것은 경제적이거나 사회문화적, 지리적인 특성을 고려하였다기보다는 정치적인 점을 많이 고려했다는 비판이 제기되었다. 즉, 국회의원 선거구를 고려하여 구역을 분할하였다는 것이다.

가장 큰 관심거리인 재벌과 언론의 종합유선방송 참여문제에 대해서는 겸영금지와 이의 허용 등 복수안을 내놓았다. 재벌참여와 관련, 정부와 학계에서는 정보독점 등 폐해에 대한 우려와 기존 방송법에서의 재벌배제 등에 비춰 이를 금지해야 한다는 의견과 현실적으로 종합유선방송국 설립에 70억 원 이상의 돈이 들고 단기적 수익이 없다는 점에서 이를 허용해야 한다는 의견이 엇갈렸다.

그러나 언론사에 대해서는 이를 허용해야 한다는 의견이 우세하였다. 언론사에 겸영을 허용하되 발행지역은 피하고 언론사가 각 지역사회의 이익집단과 공동투자형식으로 종합유선방송국을 소유토록 하는 방안이 검토되었다. 일부에서는 지방자치제에서 지방의회 회의 중계, 지역뉴스 및 정보전달 등이 종합유선방송의 주요역할이기 때문에 신문사의 발행지에 이를 허용하는 것이 오히려 합리적이란 견해도 있었다.

종합유선방송 초기 제도 특징

- 종합유선방송국(*System Operator*), 프로그램 공급업(*Program Provider*), 전송망(*Network Operator*) 사업을 분할하여 운영하며, 각 분야 간의 겸영 금지
- SO의 복수 소유 금지. 방송법상의 무선국과 일간신문, 통신 등의 SO 소유 금지 등 엄격한 소유규제
- PP는 공보처장관의 허가를 받아야 하고, 보도채널 PP는 참여 자격 제한
- 현행 중계유선방송은 유선방송관리법이 정하는 바에 따라 계속 운영함으로 이원화

정부는 기존 중계 및 음악유선방송과 종합유선방송은 성격이 판이하기 때문에 기존업자의 기득권은 인정하지 않을 방침이지만 영업권 보호 차원에서 이들이 현행구역 내에서의 기존영업을 계속하도록 하고, 능력을 갖춘 경우 종합유선방송에 일정 지분으로 참여토록 하는 방안 등을 검토하였다.[6] 아울러 이 제도 시행과 함께 소외될 처지에 있는 880개의 기존 중계유선방송들도 적절한 방법으로 종합유선방송 시대에 포용해야 한다는 점도 지적되었다.[7]

이러한 공론화 과정을 거친 후, 최종 종합유선방송법은 1991년 12월 17일 국회통과를 거쳐 같은 달 31일에 제정되었다. 1992년 7월에 종합유선방송법 시행령이 국회를 통과하였다. 이때 이른바 한국형 케이블TV 제도가 만들어졌는데, 다른 나라에서는 볼 수 없는 독특한 특징을 지니고 있다.

정부는 법령 정비작업에 앞서 1991년 7월부터 기술적 실험을 통한 현장 적응력 제고를 위해 목동과 상계동 지역의 1만 가구를 대상으로 케이블TV 시험방송을 실시하였다. 케이블TV의 공공성과 윤리성을 유지하고 프로그램의 질적 향상을 도모하기 위한 목적으로 1992년 8월 14일 종합유선방송

6) 〈동아일보〉(1990. 12. 14) 3면.

7) 〈조선일보〉(1990. 12. 15) 3면 사설.

위원회를 발족하였고, 1994년 4월 20일 한국종합유선방송협회도 설립하였다.[8)]

관계법령 제정, 추진기구 설립 등 제도정비에도 불구하고 본방송 실시를 위한 구체적 추진일정에 대해서는 조속도입을 주장하는 의견과 시기상조라는 입장이 맞섰다. 이러한 상황에서 문민정부 출범은 케이블TV 도입을 위한 새로운 국면을 조성하는 계기가 되었다. 14대 대통령선거 공약으로 종합유선방송의 도입을 본격 추진하겠다는 방침을 국민에게 공식적으로 선포한 바 있는 문민정부는 1993년 4월 1일 '종합유선방송 실시 추진'에 관한 대통령 업무보고를 통해 1993년 말 이내 종합유선방송 사업자 선정, 프로그램 공급자 및 종합유선방송국 단계적 허가와 1995년 초 본방송 실시 등과 같은 구체적 추진방침을 수립했다.

추진일정 확정에 앞서 정부는 1993년 4월부터 실시된 총 5회에 걸친 토론회 결과 각 쟁점별로 어느 정도 집약된 의견도출에 성공하였다고 판단하고, 이러한 국민적 합의내용을 정부는 1993년 5월 14일 국회에 보고한 후 1993년 6월 1일 드디어 대국민 발표를 통해 종합유선방송의 실시를 공표하였다.

사업실시 시기에 대한 논란의 증폭에도 불구하고, 정부는 1994년 6월 15일 공보처장관 발표문을 통해 케이블TV의 시험방송을 1995년 1월 5일부터 시작하며 3월 1일부터 본방송을 실시키로 결정하였음을 공표하였다.

마침내 1995년 1월 5일 프로그램 공급사 21개사 및 종합유선방송 39개사가 참여한 가운데 총 시청가구 9,625세대를 대상으로 시험방송을 개시하였다. 수원시 2개 방송구역에서 1994년 8월 17일부터 10월 14일까지 하루 4시간씩 방송하였다. 시험방송의 목적은 ① 한국형 케이블TV의 조기정착을 통한 국내 방송, 전자, 통신산업의 유기적 발전과 확산, ② 국산 방송기기 개발과 사용의 최대 확충, ③ 한국형 케이블TV 시스템의 기술적, 경제적

---

8) 이후 중계유선방송과의 혼돈을 피하기 위해 1995년 8월 27일 한국케이블TV방송협회로 개명하였다.

타당성의 사전검증으로 초기 문제점 도출, 해결 및 방송사업의 신뢰도 구축, ④ 뉴미디어 관련기술의 시험센터로 활용, 주문형 방송서비스(VOD), 쌍방향 케이블TV, 고품위 방송기기, 광전송장비의 개발환경 조성이었다.[9]

시험방송 실시 결과, 기술적으로 몇 가지 문제점이 나타났다. 컨버터 사용법이 복잡하다는 지적이 있었다. 아파트 내 가구별 전송망을 설치하는데 애로점이 발견되었다. 시청자들은 프로그램에 민감하게 반응하였는데, 시험방송 프로그램의 경우 재방 프로그램이 대부분이었기 때문이다.[10]

시험방송에서 드러난 문제점들을 보완하여 3월 1일 역사적인 본방송을 시작하였다. 2개월간의 무료운영을 거쳐 5월 1일부터 유료방송에 들어감으로써 우리나라에서 본격적 다채널 미디어로서 종합유선방송 시대가 개막되었다.

2) 종합유선방송 사업자의 선정

(1) 삼분할 구도 결정의 근거

우리나라 종합유선방송 사업자 구도의 가장 큰 특징 중의 하나는 이른바 '삼분할' 구도의 원칙하에 정책이 수립되고 시행되었다는 점이다. 즉, 가입자에게 프로그램 송출, 지역채널 운영, 마케팅, 댁내시설 설치 및 가입자 관리를 담당하는 종합유선방송국, 각 채널의 프로그램 편성, 제작, 공급을 담당하는 프로그램 공급업자, 그리고 방송국에서 가입자까지의 전송설비를 설치, 운영 및 담당하는 전송망 사업자 사이의 엄격한 역무규정이 적용되었다.

종합유선방송의 도입과 함께 이루어진 케이블TV 초기 시장구조는 삼분야 사업자간의 상호 겸영을 엄격히 금지하였다. 방송제도연구위원회에서는 케이블TV 도입과 관련된 몇 가지 기본입장을 제시하면서 삼분할 체제의 도

9) 한국종합유선방송협회(1994. 9), 《종합유선방송 국산기기 시범방송국 운영 백서》, pp. 1~2.

10) 공보처(1994. 2), 《종합유선방송허가백서》, p. 134.

입이 바람직하다고 제시하였다. 이 연구결과가 삼분할 체제를 도입하는 데 결정적 영향을 미쳤다.[11] 삼분할 체제에 대한 방송제도연구위원회의 논의는 그 중요성에 비추어 그다지 심도 있게 이루어진 것은 아니었다. 그 이후 공보처 및 관련조직에서 주최한 27회에 걸친 공청회에서 겸영 허용에 대한 부분적 논의만 이루어졌을 뿐, 근본적 변화 없이 그대로 추진되었다. 삼분할 제도는 산업 초기 관련전문가들이 부족한 상태에서 정책이 수립, 추진된 대표적 정책실패 사례가 되었다. 이에 대해서는 추후 보다 자세하게 논의토록 한다.

삼분할 제도 수립의 배경에 대해서 좀더 살펴보면, 케이블TV는 방송의 특성도 지니고 있지만 산업적 특성도 함께 지니고 있음에도 불구하고, 당시 언론정책을 관장하던 공보처 주도로 사업추진이 이루어짐에 따라 처음부터 방송의 측면만 강조되면서 산업적 측면에 대한 고려가 부족했다. 그 결과 종합유선방송 도입에 관련된 정책결정 과정에서 특히 SO를 기존의 지상파방송과 같이 사회적 영향력이 큰 언론매체로 간주하였다. 따라서 대기업이나 언론사가 이러한 언론매체를 소유함으로써 생길 수 있는 부작용을 최소화해야 한다는 점이 강조되었다. 종합유선방송국 사업에는 중소기업만이 참여할 수 있게 되었고, 중소기업은 자본력, 기술력이 부족하기 때문에 대규모 투자가 요구되는 프로그램 제작에는 대기업의 참여가 불가피하였고, 케이블TV를 국가 기간통신망으로 활용하기 위해서 공기업의 참여가 필요하다는 정책적 판단이 삼분할 구조를 형성하는 데 작용하였다.[12]

(2) 삼분야 사업자 허가

① 종합유선방송국 허가

1993년 5월 29일 공보처는 종합유선방송국 선정을 위해 116개 종합유선

11) 공보처(1996), 《케이블TV백서》, pp. 12~13.

12) 조신외(1996), 〈케이블TV 산업 활성화를 위한 정책 방향〉, 통신개발연구원, p. 10.

방송구역을 고시하였다. 행정구역을 중심으로 전기통신 회선설비, 지리적 여건, 생활권 등을 고려하였다. 같은 해 8월 30일 종합유선방송국 사업자 1차 허가구역 54개를 발표하여 1993년 10월 30일 해당지역에 대한 허가신청 접수를 마감하였다. 총 151개 신청법인 중 허가대상 구역 53개 가운데 50개 구역에 대해서, 1994년 1월 14일 각 구역당 하나씩 모두 50개 사업자를 1차 허가구역 사업자로 선정하였다. SO 선정을 위한 심사기준으로는 지역문화 매체적 특성, 방송의 공공성, 방송국 운영능력 및 자질 등이 고려되었다. 1차 허가 당시 신청자가 없었던 세 구역에 1994년 10월 8일 추가사업자를 선정하였으며, 수원의 장안/팔달구와 권선구의 SO가 통합됨으로써 총 53개의 SO가 서비스를 개시하였다.

ㄱ. 기존 중계유선방송 사업자 처리

기존 중계유선방송 사업자에 대한 정부의 대원칙은 관내 탈락업체의 주주로 참여하였거나 미참여한 중계유선방송 사업자를 수용하는 것이었다.[13]

즉, 관내 2만 가구 이상 가입자를 확보하고 있는 중계유선방송 사업자에 대해서는 매입, 컨소시엄 구성, 수신설비 보수 위탁, 기타 협력관계 유지 등의 방법으로 기존 사업자를 수용토록 하였으며, 중계유선방송 사업자 수용 등 시행에 필요한 사항의 이행에 대해 서류 검토 후 허가장을 교부할 것을 제시하였다.

그럼에도 불구하고 중계유선방송 사업자가 종합유선방송 사업자로 선정되기 위해서는 30~60억 원이라는 막대한 자본금 출자가 필요했으므로 대부분 영세사업자였던 기존 중계유선방송 사업자가 종합유선방송 사업에 참여하여 직접 경영권을 획득하기에는 부족한 사항이 많았다.

1차 허가지역에서 종합유선방송국 선정 시 중계유선방송국을 소유한 사업자에 가산점을 주어 중계유선방송 사업자에 의한 종합유선방송 사업의

---

13) 위계출(1994. 1), “종합유선방송 운영에 관한 정부 정책: 방송국 설립 및 운영 방안”, 〈종합유선방송국 운영 설명회 자료집〉, 한국종합유선방송협회, p. 21.

참여를 유도하였다. 총 51개 종합유선방송국 허가대상 구역 중 35개 구역에서 참여하였고 16개 구역에서 미참여하였다.

중계유선 사업자들의 참여도가 낮았던 이유 중의 하나는 종합유선방송의 미래전망이 불확실하다는 점이었다. 특히 망이 없는 종합유선방송 사업에 대해 부정적으로 평가한 것이다.[14]

중계유선방송 사업자는 종합유선방송의 도입에 따라 기존의 사업 차질을 우려하여 도입 자체를 반대하거나 또는 3년 후 시행할 것을 요구하였다. 즉, 기존 중계유선방송 사업자는 영세업자 생존권 보호 차원에서 배려를 요청하였고 종합유선방송법과 기존의 유선방송관리법을 일원화하는 것이 필요하며 법 일원화 수용 곤란 시 기존 중계유선방송에 지상파방송 독점중계권을 부여하고 프로그램 공급자들의 프로그램을 기존 중계유선방송국에 공급하는 것을 허락해줄 것을 요청하였다.

1992년 6월 17일 사단법인 한국유선방송협회가 〈조선일보〉에 발표한 성명서의 주요내용을 보면, 거액의 외화낭비를 자초할 것으로 예상되는 종합유선방송의 시행을 유보, 그 시기를 국산장비 개발, 방송인력 확보, 예상되는 문제점 분석과 보완 후 시행할 것을 요구하였다.

공보처에 따르면, 정부는 종합유선방송국 허가대상 법인 선정·발표(94. 1. 14)에서 가능한 한 기존 중계유선방송 사업자들의 이익을 반영하도록 노력하였으며, 우선 시·도 심사의 배점기준과 공보처 심사단계에서도 정책적으로 고려하였다고 밝혔다(〈표 3-1〉 참조). 그 결과 구역 내 기존 중계유선방송 사업자 모두가 참여한 법인이 12개 구역에서 선정되었고, 기존 중계유선방송 사업자 일부가 참여한 법인이 21개 구역에서 선정되었으며, 또한 선정된 허가대상 법인으로 하여금 가능한 한 미참여 기존 중계유선방송 사업자를 수용토록 권유하여 종합유선방송국 사업에 관한 이행각서를 제출받는 등의 행정조치도 취하였다고 발표하였다.

---

14) TCN 이현태 회장과의 인터뷰. 이회장은 중계유선사를 운영하다가 3차 전환승인 시 종합유선방송 사업에 참여하였음.

중계유선방송의 참여유도에도 불구하고 미참여(탈락자 포함) 중계유선 사업자에 대한 사후처리가 완전하게 이루어지지 않았으며, 또한 참여한 중계유선 사업자와 새로운 종합유선방송 사업자와의 협력관계도 미흡한 상황에서 종합유선방송이 실시됨에 따라 중계유선방송과 종합유선방송이 양립하게 되는 결과를 초래하였다.

〈표 3-1〉 종합유선방송국 허가 시 심사기준

	평가항목	평 점
시 · 도 심사기준	지역사회 공헌도, 지역적 신망	150
	▪ 공익, 자선사업 등에의 참여 실적	40
	▪ 출자자, 임원의 신상의 적합성	50
	▪ 주주구성 분포, 지역연고 여부	40
	* 1개 행정구역이 1개 종합유선방송인 경우에는 지역연고만으로 평가	
	▪ 종합유선방송 발전 기여도	20
	재정적 능력, 자본구성의 적합성 및 자본의 건전성	150
	▪ 주주의 재정적 능력	50
	▪ 재산축적 과정의 건전성	50
	▪ 사업 운영의 건전성	50
	케이블TV 방송 또는 방송사업 실적, 경험 및 전문성	150
	▪ 중계유선방송 사업자 참여 여부(단일 기업으로 통합 전제)	60
	▪ 방송 유관업종 참여 여부	40
	▪ 유선방송, 방송사업 유경험 여부	50
	합 계	450
공보처 심사기준	사업목적의 건전성(방송의 공공성 및 공익성)	150
	채널 운용계획의 적정성	80
	▪ 운용채널 수	30
	▪ 지역채널 운용계획	50
	가입자 확보계획의 적정성	40
	재무계획의 적정성	100
	시설설치계획의 적정성	100
	조직, 인력 운영계획의 적정성	40
	수신자 불만처리 계획의 적정성	40
	합 계	550

출처: 공보처(1994. 2: 43), 《종합유선방송국 허가백서》.

대도시를 중심으로 본방송을 실시하고 난 이후, 나머지 중소도시와 농어촌 구역에 대한 SO를 2차로 허가하기로 하였다. 1차 SO에 비해서 2차 SO는 지역의 특성상 사업성을 위해 사업권역을 광역화시켜야 한다는 주장이 꾸준히 제기되었다. 이에 공보처는 1차 SO 구역을 광역화하여 24개 구역으로 조정하였다. 1997년 5월 29일 2차 SO로 24개 사업자를 선정하였다. 2차 SO 허가의 특징은 1차 SO와 협업을 맺을 경우 추가점을 준 것이다. 기존 SO와 시설장비 공동사용에 대한 기술협약을 맺은 경우 국산화율로 인정하였다.

② 프로그램 공급업체 허가

정부는 프로그램 공급업의 허가신청을 공고하여 총 35개 신청업체 중 20개 업체를 1차로 선정하여 1993년 8월 31일자로 발표하였다. 프로그램 공급업체는 프로그램 제작산업의 활성화를 위해 보도채널을 제외하고 대기업의 적극적 참여를 유도하였다. 업체선정 시에 프로그램 공급업의 목적 및 내용의 적정성, 방송프로그램 제작, 공급능력 구비, 신청분야의 적정성과 필요성 등을 우선적으로 고려하였고, 분야별로 복수 사업자 선정을 원칙으로 대기업과 중소기업이 형평성 있게 참여할 수 있도록 하였다. 허가대상을 보도, 영화, 스포츠, 교양, 오락, 교육, 문화예술, 음악, 어린이 등 분야별로 공고하였고, 국내의 제작, 공급능력과 신청자 수를 감안해 분야별로 복수의 사업자를 선정하였다.

허가받은 업체들의 구성을 보면, 언론기관이 2개사(〈연합통신〉, 〈매일경제〉), 정부산하단체 2개사(체육진흥공단, 교통안전진흥공단), 대기업 27개사(삼성, 대우, 현대, 두산, 동아, 진로 등), 중소기업 7개사, 종교단체 2개사(천주교, 불교)로 이루어져 있다.

이후 1994년 10월 8일 문화예술, 홈쇼핑, 바둑, 만화 분야에 5개 사업자를 추가로 선정하여 본방송 실시 때에는 공공채널을 포함하여 총 15개 분야에서 26개의 사업자가 등장하였다. 이 과정에서 기독교 채널은 '종파나 종단별로는 허가하지 않는다'는 정부방침에 따라 개신교 종합유선방송사업단,

기독교방송, 제칠일안식일 예수재림교 등의 3개 업체에 대해 선정을 유보하였다. 결국 기독교 채널은 정부가 제시한 대로 20개 주요교단이 주축이 된 기독교 컨소시엄을 형성하여 1994년 12월 21일에야 선정되는 우여곡절을 겪었다.

〈표 3-2〉 프로그램 공급업자 선정결과 (1993. 8. 31)

분 야	허가대상자	편성내용	비 고
보 도	연합TV뉴스 매경유선TV	종합보도 경제보도	언론기관 언론기관
영 화	삼성물산 대우전자	유료영화 기본영화	삼성계열 대우계열
스포츠	국민체육진흥공단	종합스포츠	정부산하단체
교 양	제일기획 센추리TV	교양다큐 (상 동)	삼성계열 중소기업
오 락	금강기획 제일영상	가정오락 드라마전문	현대계열 중소기업
교 육	동아출판사 미래교육 한국교육영상	사회교육 주편성, 학습 부편성 (상 동) (상 동)	두산계열 중소기업 중소기업
음 악	현대음향 한국음악TV	대중음악, 국악/공연예술 (상 동)	중소기업 중소기업
어린이	아이뷰망	어린이전문	중소기업
여 성	동아마스타비젼 새그린	여성 (상 동)	동아계열 진로계열
종 교	평화방송 불교유선TV	천주교 불교	종교단체 종교단체
교통관광	교통안전진흥공단	교통/관광	정부산하단체
11개 분야	20개 업체		

출처: 공보처(1994).[15]

허가심사의 기준은 세 가지에 초점을 맞추었다.16)

ㄱ. 복수 사업자 선정

- 국내 방송프로그램의 제작기반을 구축하고, 경쟁을 통해 양질의 프로그램이 방송될 수 있도록 하기 위하여 단독 신청한 경우를 제외하고는 가급적 각 분야별로 복수 사업자를 선정.
- 새로 도입하는 종합유선방송 사업이 장기성 사업인 만큼, 대기업의 참여를 수용하되, 중소기업이나 전문인의 창의력과 참여의사도 존중한다는 정책적 차원에서 대기업과 중소기업의 균형 있는 참여를 보장.

ㄴ. 종합유선방송의 공공성 확보

- 방송의 공공성, 공익성 확보라는 차원에서 컨소시엄 구성 주주 중 사회적 물의를 야기한 업체가 있는 경우에는 배제.
- 일부 자본금이 미비하거나 부실하다고 평가되는 업체는 허가대상에서 제외.

ㄷ. 종합유선방송의 전문성 확보

- 기존 공중파TV 방송의 경우에는 종합유선방송과의 프로그램 차별화라는 차원에서 1단계 허가대상에서 일단 배제.
- 교육채널의 경우 국민적 역량을 제고하고 국제화시대에 대비한다는 차원에서 사회교육 및 외국어 프로그램을 대폭 확충하는 방향으로 조정

③ 전송망 사업자 선정

1993년 12월 30일에는 전송망 사업자로 총 8개 신청자 중 6개 법인을 사업자로 지정하여 종합유선방송 1단계 사업을 위한 3분야 사업자 선정을 사실상 마무리지었다. 전송망 사업자의 경우에는 체신부에서 관장하였다. 종

---

15) 공보처(1994. 2), 《종합유선방송허가백서》, p. 31.

16) 공보처, 위의 책, p. 29.

〈표 3-3〉 1차 NO 지정(1993. 12. 30)

법인명	소재지	사업허가 구역	비 고
한국통신	서 울	전국 54개 SO 전구역	21개 SO 계약
한국전력	서 울	(상 동)	32개 SO 계약
데이콤	서 울	서울 4개 SO 구역	사업 포기
금성동신공사(LG기공)	서 울	서울 21개 SO 구역	(상 동)
금양통신	부 산	부산 2개 SO 구역	(상 동)
강남텔레비콤	서 울	서울 1개 SO 구역	(상 동)

출처: 한국케이블TV방송협회(1998).

합유선방송국 허가권은 공보처가 갖고, 허가 시 시설설치 계획에 대하여는 체신부와 '합의'하고, 시설 검사권과 전송망 사업자 지정권은 체신부가 행사하되 전송망 이용료는 공보처와 '합의'하도록 한 데 따른 것이다. 이 가운데 한국통신과 한국전력을 제외하고 나머지 사업자들은 포기하였다.

체신부는 1993년 12월 전국 77개 종합유선방송국 구역 중 53개 구역에 1차 전송망 사업자를 지정하였다. 그 결과 한국통신, 한국전력, 그리고 데이콤이 사업자로 지정받았다. 한전은 53개 구역에 전송망 사업자로 지정받아 그중 33개 종합유선방송국과 계약하였고, 한국통신 역시 53개 구역에 전송망 사업자로 지정받아 21개 종합유선방송국과 계약하여 시설을 설치하였다. 데이콤은 4개 구역에서 전송망 사업자로 지정받았으나 계약실적이 없어 사업을 포기하였다. 그외 금성통신공사, 금양통신, 강남텔레비콤 등이 전송망 사업자로 지정받았으나 모두 사업을 포기했다(〈표 3-3〉 참조).

정보통신부는 1997년 7월 15일 나머지 24개 구역에 2차 전송망 사업자를 지정하였다. 한국전력, SK텔레콤, 데이콤, 한국통신, 중계유선 사업자 등 20개 업체들이 전송망 사업자로 지정받았다(〈표 3-4〉 참조). 2차 지역에서 전송망 사업자의 선정은 1차 지역과 달리 전송망 사업자 구조에 있어 몇 가지 특징을 지니고 있다.

〈표 3-4〉 2차 NO 지정결과

법인명	소재지	SO 구역수	비 고
한국통신	서 울	6개	사업 중단
한국전력	서 울	22개	사업 지연
데이콤	서 울	4개	사업 관망
SK텔레콤	서 울	12개	(상 동)
삼양텔레콤	서 울	3개	(상 동)
한국무선CATV	서 울	3개	(상 동)
하나넷	-	1개	법인 미설립
중계유선 사업자	-	8개	8개 구역 13개 사업자 중 (성남망만 사업)

출처: 한국케이블TV방송협회(1998).

첫째, 2차 NO의 지정은 방송구역별로 사업자를 지정함으로써 1차 때에 비해서 보다 많은 민간기업들의 참여를 유도하였으며, 구역별 심사에 의해 2개 사업자를 지정하는 것을 원칙으로 하였다. 중계유선방송 사업자의 신청이 있는 경우, 보유시설의 50% 이상이 '전기통신설비의 기술기준에 관한 규칙'에 적합할 경우, 이미 시설이 설치된 지역에 한정하여 전송망 사업자로 지정해서 망설치 기간을 단축하고 투자비를 절감하며 중계유선방송과의 통합을 도모하고자 한 점이 특징적이었다.

둘째, 비교평가방법에 의하여 종합유선방송국 구역별로 2개 업체가 전송망 사업자로 지정받게 되었다는 점이다. 이에 유·무선 사업자들이 한 지역에서 동시에 전송망 사업자로 지정받았다. 2차 지역은 지역의 특성상 인구밀집도가 낮은 농어촌지역이 포함되어 있는 점을 감안하여 경제성 있는 전송망 구축을 위해 6개 무선사업자들을 전송망 사업자로 지정하였다.

셋째, 중계유선 사업자들이 전송망 사업자로 지정받게 되었다는 점이다. 이는 신규투자비를 절감하고 중복투자 방지 및 장비수입 수요를 억제한다는 취지로, 13개 중계유선방송 사업자들이 전송망사업에 참여했다.

2. 종합유선방송 초기 운영의 특징과 변화압력

1) 초기 운영의 특징

정부는 사업 시작 1년 만에 총 시청 100만 가구를 확보한 점을 들어, 세계에서 유례없는 큰 성공을 거두었다고 홍보하였다. 공보처는 케이블TV 출범 1년을 맞아 다음과 같이 주요성과를 평가하였다: ① 케이블TV의 독자적 위상을 정립, ② 케이블TV 전송망은 서울~부산 거리의 420배, ③ 출범 1년 만에 시청가구 70만 확보, ④ 국내영상기반 확충에 크게 기여, ⑤ 고용창출 등 국가경제발전에 일익을 담당, ⑥ 광고시장은 보급률 확대에 따라 수직적 신장세 전망.[17] 한편 종합유선방송 업계나 광고계는 유료수신가구가 30만에도 채 미치지 못하고 있어, 1년 동안에 개혁확산의 조기 채택자(전체 대상가구 중 5%)의 확보에도 실패하였다는 비판을 제기하고 있어 좋은 대조를 보였다.

종합유선방송 시작 후 총 시청가구 수는 꾸준히 증가하였다.[18] 방송 첫 해인 1995년 말 12월에는 506,348가구로 정부에서 목표로 설정한 50만 가구를 약간 상회하였다. 총 시청가구 수에 비해 컨버터를 설치한 가구수는 많은 차이를 보여 311,066가구에 불과하였다. SO들에 의해 홍보용으로 설치한 경우를 제하고 수신료를 내는 유료가입자의 증가는 별로 이루어지지 않았다. 방송 초기 99,785가구였던 것이 1995년 12월 말 19만 가구에 불과하였다. 이는 상대적으로 무료시청 가구수가 많이 증가하였기 때문이다.

종합유선방송위원회에서 방송시작 전에 케이블TV 가입률을 예측한 자료에 따르면, 방송시작 해인 1995년 말에 가장 낙관적인 가정치는 155만 가구, 가장 비관적인 가정치는 37만 가구로 유료수신가구를 기준으로 도입 초기 가입자 수의 증가는 예측치 중 가장 비관적인 수치를 밑돌고 있었

---

17) 공보처(1996. 3), 〈케이블TV 출범 1년의 주요 성과〉, 보도자료.

18) 총 시청가구란 컨버터 설치 유무와 관계없이 케이블TV를 보고 있는 모든 가구를 의미하며, 공동시청안테나(MATV)를 통해 시청하는 가구까지 포함한다.

다.[19] 사업 전에 행해진 방송사업자들의 예측들과 비교할 때, 초기 가입자 수는 애당초 기대에 미치지 못했다.

공보처는 종합유선방송사업 1년을 평가하면서 대량의 전송망을 단기간에 구축하여 정보화사회 진입을 크게 앞당겼다고 주장하였다. 케이블TV 전송망이 1년 5개월의 단기간에 약 177,980km가 설치되었고, 미국, 캐나다 등 선진국들이 30~40년에 걸쳐 90% 이상의 홈패스율을 달성한 반면, 우리의 경우 불과 1년 5개월 만에 45% 이상의 홈패스율을 확보하였다는 자료를 제시하였다.[20] 홈패스율이 급속하게 증가하였음에도 불구하고, 10만 가구 이상이 신청 후 전송망 연결이 되지 않은 채 대기하고 있었다.

정부는 사업 전에 우려하였던 케이블TV 기기의 공급이 원활하게 이루어지고 있고, 국산화율이 높은 수준에 달하였다고 주장하였다. 그럼에도 불구하고 도입 후 1년 동안 종합유선방송위원회나 해당 방송국에 접수된 가입자들의 불만 중 상당수가 기기에 관한 내용이었다. 그리고 방송국에서 사용하고 있는 기기의 외양은 국산표식을 하고 있지만, 실제 내용은 수입한 제품들의 비율이 높아 수치상의 기기 국산화율은 별 의미가 없다는 지적도 있었다.[21]

김창룡(1996: 259)은 케이블TV 도입에 앞서 전송망사업, 방송기술 개발, 전문인력 확보, 독립프로그램 제작 활성화 등 사회 하부구조가 제대로 돼 있지 않은 상태에서 서둘러 출범한 결과 부작용이 발생하였고 정부의 과욕과 과장이 시장기능을 해쳤다고 주장하였다. 이상과 같이 종합유선방송 초기사업에 대한 상반된 평가들을 보면서 국책사업으로 진행된 종합유선방송에 대한 정부와 민간의 시각 간에 큰 괴리가 존재하였다.

---

19) 종합유선방송위원회(1993), 〈종합유선방송산업 발전 5개년 전략〉.

20) 공보처(1996. 3), 앞의 보도자료, p. 11.

21) 김창룡(1996), "CATV 출범 1년 점검: 과욕과 과장이 시장기능을 해치고 있다", 〈월간조선〉 1996년 7월호.

공보처 은하수 계획

- 전송망의 획기적 증설
- 사무용 고층건물과 아파트 상가에 선투자
- 프로그램 질 향상 및 채널 특성화 추진
- 판촉활동 강화로 경쟁력 제고
- 자판기(코인 텔레비전) 설치
- 교육채널 판촉설명회 등 개최
- 전송망 안정 및 화질 개선
- 중계유선방송 대책 강력추진(각 지역 중계유선방송의 불법운영 적발)
- SO 2차 허가 조기시행(방송구역 광역화로 남은 62개 지역을 20~30개로 재조정)
- SO 지역채널에 보도기능 허용 추진

2) 정부의 시장개입

종합유선방송사업은 초기 국책사업으로 시작되었지만 부진을 면치 못하자 공보처는 1995년 4월 1일부터 7월 9일까지 '케이블TV 특별대책반'을 구성하여 매일 대책회의를 강행했고 같은 해 8월 19일에는 특별기구로 공보처 안에 '케이블TV 추진기획단'을 구성, 시청자 확보계획을 추진했다. 한편 각 SO 지역에 '현장점검반'을 투입하고 매일 시청자 확보를 점검하였다. 이어 9월 5일 공보처는 '은하수 계획'을 발표하였고 적극적으로 시장에 개입하였다.

3) 초기 보급률에 영향을 미친 요인

종합유선방송의 발전에 영향을 미친 요인들이 있는데, 크게 수요와 기술 차원으로 구분할 수 있다. 이러한 요인들을 좀더 구체화해서 초기 가입자와 홈패스율에 어떤 영향을 미쳤는지 살펴보기로 한다(〈그림 3-1〉 참조).

(1) '수요창출'(*Demand pull*)의 차원에서 본 보급률 저조원인

초기 보급률 저조의 원인으로 한국형 제도의 문제점들을 들 수 있다. 삼분할 제도, 중계유선과 종합유선방송의 분리추진 등은 초기 가입자 확보에 큰 장애요인으로 작용하게 된다.

① 삼분할 제도의 문제점

삼분할 체제는 케이블TV 시장에서 적지 않은 문제를 야기하였다. 독립된 NO가 존재하고 공보처가 적극적으로 독려하여 사업 초기 단시간에 높은 홈패스율을 달성할 수 있었으나, 전송망의 설치를 둘러싸고 SO와 NO 간에 협조가 제대로 이루어지지 않은 경우가 있었다. 전송망 공사는 SO가 댁내시설을, NO가 나머지 구간을 담당하였는데 NO는 수요보다는 정부가 요구하는 높은 홈패스율을 달성하는 데 주력하였다. 이 결과 아파트와 같

〈그림 3-1〉 케이블TV 보급률에 영향을 미치는 요인

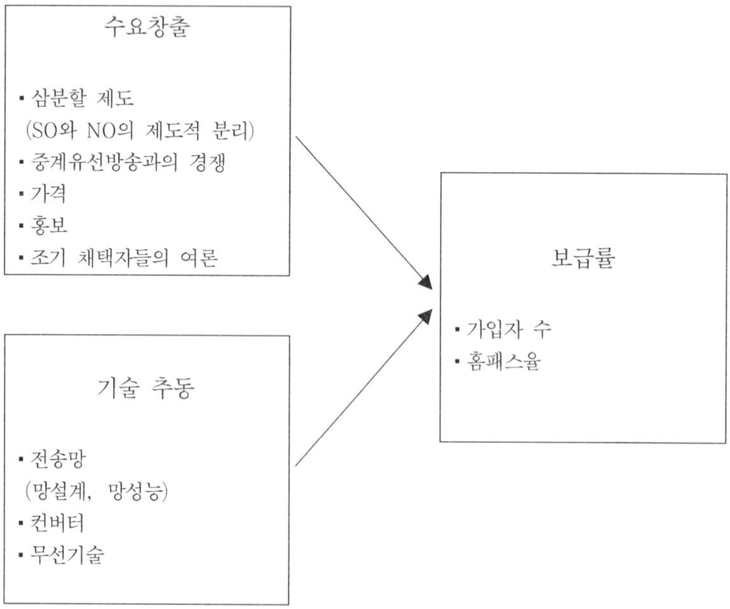

은 공동주택 위주의 공사에 역점을 둠으로써 단독주택 거주 가입자 확보에 차질을 초래하였다. NO는 신규수요의 발생에 따른 SO의 추가 전송망 설치 요구와 무관하게 당초 설계대로만 시공하거나 전송망 이상으로 A/S 요청 시 수리가 이루어지기까지 장시간이 소요되는 비효율성이 나타났다. 또한 기술적 사고의 발생 시 정확한 원인진단이 어려워 SO와 NO 간에 서로 책임을 전가하는 사례도 많이 발생하였으며 종합적 A/S 시스템을 구축하는 데 어려움이 있었다.

이의 원인으로는 공보처가 기술인력 등의 여건을 고려하지 않고 무리한 일정을 강요하였고 SO와 NO가 분리되어 있어 기술적 사고에 대해 상호 책임전가를 할 유인이 존재하였다. NO는 통신사업에 초점을 두고 있었기 때문에 원가 이하로 제공하고 있는 전송망 설비를 활발하게 부설할 유인을 갖지 못했고 NO가 공기업이기 때문에 갖는 경영상 경직성도 그 원인으로 작용하였다.[22]

② 중계유선과 제도적 분리로 인한 문제점

중계유선은 종합유선방송의 확산에 큰 장애요인이 되었다. 종합유선방송이 조금씩 정착되면서 중계유선사들의 불법사례들도 크게 증가하기 시작하였다. 중계유선 사업자들은 종합유선방송 또는 케이블TV로 상호를 변경하여 사업을 함으로써 시청자들이 종합유선방송과 유선방송을 혼동하는 경우도 많았다. 종합유선방송과 설치비, 시청료 등을 비교하여 과장, 왜곡하는 각종 광고물이 배포되었다. 향후 종합유선방송 채널도 송신하겠다고 광고함으로써 가입을 권유하였다. 아파트 등 공동주택에 대한 무료 공동가입을 권유하거나 아파트 주민, 관리인을 회유하여 종합유선방송 사업자들의 출입을 봉쇄하는 사태가 발생하였다. 종합유선방송 전송로를 절단하거나 방송사고 시에는 종합유선방송국에 책임을 전가하여 소송이 제기되었다.

중계유선 사업자들은 현재 해외 위성방송 및 AFKN 등을 포함하여 10~

22) 조신외(1996), 〈케이블TV 산업 활성화를 위한 정책 방향〉, 통신개발연구원, p. 10.

30여 개의 채널을 송신하였다. '유선방송 기술기준에 관한 규칙'(체신부령 제839호, 1992. 2. 1)에 의하면 이들은 VHF 2~13번만 사용가능하다. 그러나 종합유선방송에 허가한 채널번호(14~61번)도 사용하였다. 또한 KBS 등 여러 방송사의 프로그램을 분야별로 편집하여 방송하거나 공지사항 이외의 뉴스 또는 광고방송을 하였다.[23)]

중계유선 사업자들은 앞으로 105개의 케이블TV 채널을 시청할 수 있다고 강조했다. 심지어 종합유선방송 채널 중 불교방송, 평화방송, 바둑방송, 여성채널, 영화채널 등을 95년 후반기부터 방송할 예정이라고 광고했다.[24)] 이는 '유선방송관리법' 제17조에 따라 송신 금지사항에 해당되었다.

공보처는 일부 중계유선방송 사업자들이 허가 이외의 채널을 운영하는 등 불법실태가 만연해지자, 지난 1995년 6월부터 3개월 동안 부산 등 전국 7개 도시를 중심으로 중계유선방송 실태조사를 실시한 결과, 총 37개 업체에 의한 52건의 불법사례를 적발했다.[25)]

적발된 '불법사례'를 유형별로 구분해보면, 외국위성방송을 중계하는 사례가 29건으로 가장 많았고 불법 비디오 및 노래방을 송출한 사례가 18건으로 나타났으며 또한 무허가업체도 3건이 적발되었다.[26)] 그리고 자체 스튜디오를 운영하거나 지역뉴스를 보도하는 1개사가 있는 것으로 나타났다.[27)]

---

23) 〈한국유선TV신문〉(1996. 7. 29), "중계유선의 부가가치 높인다".

24) 부산 삼익유선방송사, 부산 남천 케이블유선방송사, 목포 유선방송사의 광고물 문안, 1995.

25) 적발된 업체 중 법규위반 정도가 현저한 20개 업체(외국위성방송 채널 운용, 불법 비디오 방영 등)에 대해서는 형사고발하고, 위반사항이 경미한 17개 업체는 해당 시·도에서 과징금 부과 등을 통해 행정처분하였다.

26) 중계유선방송 사업자들에 의한 외국위성방송의 송출은 부처간에 이견이 존재하였다. 공보처는 불법으로 규정하고 있는 반면, 정보통신부는 위성방송 수신을 규제할 수 있는 법률이 제정돼 있지 않으므로 명백한 불법은 아니라는 상반된 입장을 보였다. 중계유선방송 사업자가 위성방송을 송출함으로써 추가이득이 발생했다면 세법상의 문제일 뿐 유선방송관련법으로 송출 자체를 규제할 수 있는 것은 아니라는 주장이 제기되었다. 보다 자세한 내용은 〈전자신문〉(1996. 2. 13), "위성방송 송출 합법성 논란", 15면을 참조할 것.

공보처는 법을 중시하는 중계유선방송 사업자는 보호하되, 불법·탈법사례에 대해서는 강력하고 지속적인 단속을 실시함과 동시에 케이블TV 2차 허가 시 불법중계유선방송 사업자의 참여를 배제시키겠다는 방침을 발표하였다.[28]

이러한 공보처의 정책에 대해 중계유선방송 사업자들은 강력하게 반발하고 나섰다. 종합일간지에 약 10여 차례에 걸쳐 호소문과 성명서를 게재하였다. 나아가 1995년 5월에는 대통령에게 탄원서를 제출하기에 이르렀다.[29]

중계유선 사업자들에 의한 불법사례는 근절되지 않았다. 1998년 정통부 국감자료에 따르면, 유선방송관리법 및 관계법령에 위배하여 처벌받은 사례는 96년 이후 총 27건이며 과징금 부과 8건, 경고 18건, 주의 1건으로 나타났다. 위반사례 유형을 살펴보면, 중계유선방송의 법 위반사례는 크게 종합유선방송 PP 채널 무단송출, 채널 초과운용, 정부의 승인 없는 요금인상, 방송송출 중단 등 4가지로 구분할 수 있다.

ㄱ. 케이블TV PP 채널 송출

중계유선방송 사업자는 무선방송국의 방송에 한해 중계송신(녹음·녹화하여 중계송신하는 경우를 포함)하는 것으로 규정되어 있으나, 일부 중계유

---

27) 공보처(1995), 〈국정감사요구자료 Ⅰ, Ⅱ〉, p. 433.

28) 공보처(1995. 9. 20), 〈불법중계유선방송에 대한 단속 실시〉, 보도자료.

29) 이들의 주장은 다음과 같은 6가지로 요약된다.

첫째, 현재 종합유선방송에 공급되는 프로그램을 중계유선방송에도 공급하도록 허용한다. 둘째, 중계유선방송용 선로망을 정부가 주도해 부설해주고 전기통신 시설에 준한 보호를 받도록 법적 근거를 마련한다. 아울러 자가설비한 유선방송의 전송망 사용료를 받을 수 있는 법적 근거를 마련한다. 셋째, 유선방송의 동축전송망과 관련된 각종 부가서비스 사업을 허용한다. 넷째, 유선방송사업자들이 한국전력의 전력 및 전주를 사용할 수 있도록 허용한다. 다섯째, 2차 지역 종합유선방송구 허가 시에는 기존 유선방송사업자에게 허가를 주어야 한다. 여섯째, 중계유선방송 사업자들이 위성방송의 중계를 할 수 있도록 허용한다.

선방송 사업자들이 케이블TV PP 채널을 송출.

ㄴ. 채널 초과운용

유선방송사업자는 기술기준에서 정한 12개 채널 범위 내에서 채널을 사용하여야 하나, 이를 초과하여 운영하는 사례.

ㄷ. 정부의 승인 없는 이용요금 인상

유선방송사업자는 이용약관을 승인받아 수신료를 징수하여야 하나, 이용약관의 변경승인 없이 임의로 이용요금을 인상.

ㄹ. 방송송출 중단

유선방송사업자는 사업구역 안에서 정당한 사유 없이 유선방송 역무의 제공을 거부할 수 없도록 하고 있으나, 유선방송사업자가 임의로 방송송출을 중단하여 주의조치.

불법전송과 관련하여 정부부처간 협조가 긴밀하지 못했다. 이로 인해 중계유선방송의 불법사례에 대한 단속은 그다지 효과적으로 이루어지지 못했다. 구공보처는 불법중계유선방송 업체에 대해 형사고발 및 행정처분을 의뢰하였다. 그러나 검찰청에서는 외국위성방송의 중계가 불법이긴 하나, 오래전부터 관례화된 점을 감안, 처리에 소극적 입장을 보였다. 무허가 영업행위에 대해서도 가벼운 벌금부과로 종결하였고 담당검사도 공보처가 종합유선방송 육성 차원에서 기존 중계유선방송의 불법행위를 고발한 것으로 인식하였다. 시·도에서는 중계유선방송 시청자의 집단반발을 우려하여 허가취소 또는 사업정지 처분 없이 과징금만 부과하였다.

③ 가격과 티어링 (*tiering*) 제도

케이블TV 사업 개시 초기에 잠재 가입자를 실제 가입자로 확보하는 데 최대의 장애요인은 가입자 비용의 부담이었다. 실제로 케이블TV 수용성 조사와 관련된 당시 연구결과들을 종합해보면, 케이블TV에 대한 가입의사가 없는 사람들은 비가입 이유로 비싼 비용의 문제를 들고 있는 비율이 매우 높았다.

공보처는 '선진방송 5개년 계획(안)' 속에서 채널 패키지를 구성해서 수신료를 차등화하겠다는 정책안을 공표하였다. 이에 케이블TV협회에서는 수신료 자등화를 위한 여러 안들을 검토하였다. 기본방침은 당시 수신료 체계를 원칙으로 하고 SO에게 채널선택권이 부여될 때 — 방송시작한 지 3년 후 — 까지 수신요금과 프로그램 내용을 시청자가 일부 선택할 수 있게 함으로써 기존 중계유선방송과의 경쟁력을 높일 수 있는 방안을 제시했다.

이런 제안에 대해 SO들은 호의적으로 반응한 반면, 삼분야 사업자들 중에서 PP와 NO들이 강하게 반발하였다. PP들의 반대요지는 다음과 같다.

첫째, 본방송을 실시한 지 겨우 6개월에 불과한 시점에서 프로그램의 패키지화를 추진하는 것은 열악한 국내 방송산업의 여건을 고려하여 초기 3년간은 SO의 편성권을 유보한 당초의 취지와 상반된다. 시청자 수를 패키지별로 구분하면 PP사별 시청자 수는 약 3분의 1 이상으로 감소하게 될 것이며 광고주로부터 외면당하게 되어 막대한 자금을 투입한 PP사들에게 경영압박을 가중시켜 도산위기를 불러올 가능성이 크다.

둘째, 채널간의 과당경쟁으로 인한 소모성 경비의 증가와 대중적 인기에 편승한 저질 프로그램을 양산할 가능성이 있다.

셋째, 패키지별 서비스를 위해서는 컨버터, 가입자 관리시스템, 스크램블 등 SO 시스템의 기술적 체계 확립이 전제되어야 한다. 현재의 SO 수준이 이에 미치지 못하고 있음에 따라 가입자 불만사항이 폭증하게 될 것이며 결국 가입자 이탈을 초래하게 될 것이다.

한편 SO들은 조기도입을 주장하였는데, 가장 중요한 이유는 케이블TV가 중계유선방송에 비해 가격경쟁력이 약하다는 점과 가족 중 학생이 있는 경우 교육에 불필요한 채널을 사전에 차단할 수 있기 때문에 가입자 확보에 도움이 된다는 점을 들었다. 그리고 NO들은 티어링 제도의 도입은 현행 수신료 배분기준 — SO 52.5%, PP 32.5%, NO 15% — 의 유지를 전제로 해야 한다는 점을 강조하였다.[30] 이후 몇 차례 SO와 PP의 실무대표들은 모임을 갖고 1996년 7월부터 지역별로 6개월 정도 티어링 제도를 시범적으로 실시한 후 확대여부를 결정키로 하였다.[31]

티어링 제도는 현행 수신료 체계의 문제점을 개선하는 데 도움을 줄 것으로 기대되었다. 티어링 제도는 시청할 채널에 대한 비용 지불방식이기 때문에 수신자의 입장에서 합리적이고 실질적으로 가격인하 효과를 가져올 수 있기 때문이다. 그러나 삼분야 사업자간의 수신료 배분문제를 다시 다루어야 하는 복잡성, 프로그램 공급업자들로부터의 강력한 반발, 방송국이 허가갱신 시까지 전 채널을 의무 전송하도록 한 허가장의 내용을 번복할 경우 정부의 공신력 실추 등이 선결과제로 남았다.

가격의 인하효과를 가져왔던 제도변화는 종합유선방송 사업에 대한 부가가치세의 면세였다. 종합유선방송협회는 수차례에 걸쳐 재정경제원(구재무부)과 공보처, 국세청 등 관련기관에 케이블TV의 활성화를 위해 부가가치세의 면제를 요청했다. 종합유선방송협회에서는 ① 기존방송과의 과세형평이 맞지 않음, ② 조세부담의 역진성이 심화됨, ③ 국책사업인 정보고속도로 구축에 장애가 됨, ④ 종합유선방송의 조기정착을 통해 외국방송의 국내 침투에 대응하여야 함, ⑤ 유사용역과의 형평이 고려되지 아니하였다는 등의 근거를 제시하면서 부가가치세를 면세해줄 것을 줄기차게 요구했다.

이러한 협회의 주장에 대해 재무부장관은 중계유선방송은 특정가입자의 필요에 따라 대가를 지급하고 시청하는 방송으로서, 현재도 '유선방송관리법'에 의한 음악유선방송에 대하여는 부가가치세를 과세하고 있으며 '종합유선방송법'에 의한 종합유선방송에 대하여 부가가치세를 면제하는 것은 과세형평상 어려움이 있음을 통고하였다.[32]

---

30) 종합유선방송협회(1995), 〈종합유선방송 수신료 체계에 대한 전문가 토론회〉, 미간행 자료.

31) 종합유선방송협회(1995), 〈수신료 체계에 대한 SO, PP 실무대표자 회의 결과보고〉, 미간행 자료.

32) 재무부장관, 〈부가가치세 면제 건의에 대한 회신〉, 1994. 6. 29, 소비 46074-

공보처장관은 1995년 3월부터 종합유선방송이 본방송을 개시한 이래 월 수신료가 18,700원에 이르러 유료가입자 확보가 기대 이하임을 강조하고 종합유선방송의 보급에 상당한 차질을 빚고 있음을 주장하면서, 종합유선방송이 당기 손익분기점에 이를 것으로 예상되는 시기(5년 이내)까지만 한시적으로 부가가치세의 면세를 재정경제원에 요청하였다.[33]

이러한 과정을 거쳐 1995년 12월 국무회의에서 '부가가치세법시행령'의 개정이 이루어짐으로써 부가세 면제는 1996년 1월부터 3년 동안 한시적으로 시행했다.

④ 과도한 컨버터 생산과 선투자 정책

정부는 수요를 창출하기 위해 과도한 목표를 설정하였고 이러한 목표를 달성하기 위해 산업정책을 강력하게 추진하였다. 구체적 추진방법은 컨버터의 생산을 제조업체로 하여금 독려하거나 제조업체와 SO로 하여금 가입자 확보를 위해 컨버터를 선투자하도록 하는 것이었다. 정부는 방송시작 전 과수요를 예상하고 제조업체로 하여금 생산에 차질이 없도록 요구하였다. 그리고 생산된 제품의 수요를 창출하기 위해 SO로 하여금 국산 컨버터의 사용을 권장하였다.

1994년 3월 공보처는 체신부, 한국통신 등을 대상으로 국산 방송기자재, 특히 컨버터를 적극 사용할 것을 요구하였다. 같은 해 6월에도 공보처는 상공자원부에 '종합유선방송 국산기기 수요량 확보를 위한 협조공문'을 발송하였는데, 주된 내용은 컨버터의 총 수요량이 100만 대 정도 예상되어 과수요 발생이 우려되기 때문에 적극적 대처방안을 강구하여 달라는 것이었다. 또한 공보처는 상공자원부에 국산기기 사용확대를 위한 협조를 요청하였다. 그 내용은 주문형 반도체칩을 사용한 컨버터 50만 대를 1994년 11월까지 공급할 것을 요구하였다.

그 이후에도 과수요 발생을 우려하여 컨버터 생산을 독려하는 요청을 공

152.

33) 공보처장관, 〈종합유선방송 부가가치세 한시면세 협조 요청〉, 1995. 6. 28.

보처는 상공자원부에 수차례 발송하였다. 같은 해 7월에 공보처는 국내 공급능력을 감안하여 외국산 컨버터 사용도 허용해 달라는 요청까지 했다.

1994년 11월에는 공보처가 전 종합유선방송국을 대상으로 협조요청을 하였다. 종합유선방송국 사업자들이 국산 컨버터에 대한 성능을 불신하게 되었고 제조업체들의 시제품 생산지연으로 종합유선방송 개시에 차질이 우려된다는 내용이었다. 그러나 방송시작 전 예상되었던 컨버터 과수요는 방송이 시작되면서 기대 이하의 컨버터 수요량으로 인해 다시 한번 공보처는 컨버터 수요창출을 위한 또다른 정책을 추진했다.

정부는 각 컨버터사로 하여금 1개 SO당 최소 1,000대 이상을 대금회수에 대한 아무런 보장도 없이 '선투자'라는 명목으로 공급하도록 하였다. 이로 인해 1996년 6월 말까지 평균 3,000~4,000대, 최대 7,000대 정도 선투자하여 1개 SO의 전체 컨버터 공급대수의 30~50%를 선투자로 공급했다.

정부는 컨버터 제조업체가 SO에게 컨버터를 선투자하는 것 외에 SO들이 가입자 확보를 위해서 선투자하도록 유도하였다. SO에 의한 선투자 가구란 가입자들의 가입의사와는 관계없이 홍보용으로 컨버터를 2~3개월 동안 무료로 달아주는 것이었다. 1995년 4월에 선투자 가구는 6,914가구에 불과하였으나 1996년 6월 말 355,518가구에 달하였다. 따라서 해당기간 동안 선투자 가구수는 약 51배 증가하여 총 시청가구나 유료가구의 증가속도에 비하면 선투자가 엄청나게 많이 이루어졌다.

높은 시장성과를 조기에 가시화하기 위한 정책의 결과, 시장이 사업초기부터 파행의 조짐을 보이기 시작하였다.[34] 1998년도 한 해 동안 종합유선방송 가입가구가 약 150만 가구로 감소했던 이유도 선투자 정책에서 찾을 수 있다. 케이블TV 출범 이후 선투자 정책에 따라 무료 시청가구 수가 1997년 말에는 170만 가구까지 치달았다.[35] 종합유선방송을 무료로 보급

34) 이상식(1996), "케이블TV 보급률에 영향을 미친 요인에 관한 연구", 〈언론과 사회〉 제 13호(가을호), pp. 49~50.

35) 공보처는 케이블TV 출범 2년을 맞이하여 총 시청가구가 170만 가구, 유료 시청가구가 55만 가구를 달성했는데, 이는 미국, 캐나다의 경우 10% 시청가구 확

하는 선투자 가구가 SO들의 경영압박 요인이 되었다. 이에 1998년 선투자 정책을 중단하자, 무료 시청가구 수가 17만 가구로 크게 감소했던 것이다.

케이블TV 가입자 확보를 위한 정부의 선투자 정책은 시장에 적지 않은 역기능을 초래하였다. 선투자 가구가 실가입자로 연결되지 않을 경우에는 컨버터 철거에 따른 인력, 비용상의 낭비요소가 발생하였다. 즉, 선투자를 많이 하는 SO일수록 손실의 폭이 컸다. 따라서 선투자는 SO 경영압박에 직접적 요인이 되었다. 왜냐하면 선투자를 함으로써 기대할 수 있는 수익의 증가보다 그에 따른 비용발생이 훨씬 컸기 때문이다. 선투자 가구 중에서 해지율이 높기 때문에 잠재 가입자들에게 나쁜 영향을 미치기도 하였다.

무료시청자 가정의 이사에 따른 컨버터의 망실 우려와 함께 시청자들이 책임감이 없음으로 인해 사용 부주의에 따른 피해비용의 책임전가가 컨버터 업체와 SO 사이에 일어났다.[36] 케이블TV 도입 초기 정부의 과도한 시장개입이 초래한 부작용의 대표적 사례였다.

⑤ 홍보로 인한 과수요 창출과 1차 붐 실패

케이블TV의 홍보는 전국적 차원에서는 종합유선방송협회와 PP사들이 담당하였고 지역주민을 대상으로는 SO사들이 담당하는 역할분담이 이루어졌다. 이에 따라 협회에서는 다양한 방법으로 1994년 하반기부터 홍보활동을 전개하였다. 95년도에는 전파매체에 17억 원, 인쇄매체에 19억 원을 홍보비로 지출했으며 "케이블TV촉진 500비결" 외 총 22종의 홍보물을 배포하였다. 기타 홍보사업으로 영상홍보차량을 운영했으며 음성정보안내 시스템을 설치, 운영하였다. 또한 1994년 10월부터는 전광판 홍보를 실시하여 전국 주요 터미널 및 표출효과가 높은 13개 지역에 전광판을 설치하였다. 이

보에 약 8~10년이 소요되었으며 일본은 6% 시청가구 확보에 8년이 소요되었고 우리의 경우 12.3%(유료가입기준 4.0%) 확보에 2년이 소요되었다고 성과를 발표하였다. 공보처 방송지원과(1997. 2. 28), 〈케이블TV 출범 2년의 성과와 전망〉, 보도참고자료.

36) 종합유선방송위원회(1996), 〈컨버터 기능개선방안 검토 연구〉, 미간행 보고서.

외에도 이벤트성 홍보로는 전시회나 심포지엄 등을 개최하였다. 또한 이동 홍보차량 운행을 통해 홍보를 실시하였다.

이러한 홍보효과는 일반국민들의 케이블TV에 대한 인지도 제고로 나타났다. R&R의 조사결과에 의하면, 케이블TV에 대한 인지도가 93년 3월 38.4%에서 94년 5월 65.2%로 증가하여 1년 사이에 약 26.8%의 증가율을 나타냈다. 한강케이블TV가 조사한 결과, 1994년 10월 응답자의 51%가 케이블TV를 인지하고 있는 것으로 나타났고 역시 51%가 조속히 가입하거나 '다른 사람이 가입하는 것을 보고 가입하겠다'라는 응답을 하였다.[37]

그러나 가입자들은 가입신청 후에 전송망이 부설되지 않은 경우에는 무한정 기다려야 하기 때문에 SO 사업자들의 입장에서는 가입신청이 들어와도 이러한 기술적 문제로 인해 가입신청을 접수하지 못하는 사례가 상당수 있는 것으로 나타났다. 대기 가입자 수가 1996년 2월에 121,804가구에 달하였다. 전국적 홍보로 인한 산발 수요가 실제 가입자 유치로 바로 이어지지 못하는 한계를 나타냈다. 수요는 발생하였으나 기술이 뒷받침되지 못한 것이다.

⑥ 조기 채택자들의 높은 불만

신규가입자를 확보하는 것도 중요하지만 기존 가입자들의 이탈을 막는 것도 그에 못지않게 중요하다. 이들은 조기 채택자이기 때문에 그들의 의견은 후기 채택자들에게 영향을 미칠 수 있기 때문이다. 따라서 조기 채택자들로 하여금 불만을 파악하고 이를 신속하게 처리해주는 이른바 A/S는 케이블TV 마케팅에서 매우 중요한 요소가 된다.

1996년 1월부터 3월까지 53개 SO에서 총 처리된 A/S는 70,000여 건에 달했고, 월평균 23,400여 건에 달했다. SO당 월평균 1,300여 건임 셈이고 최고 많은 A/S 요청을 받은 강남케이블TV의 경우 11,675건을 기록하였다.

유형별로 보면 설치와 관련해서 7,356건, 가입자 서비스와 관련된 것이

---

37) 한강케이블TV(1994), 〈전화상담을 통한 케이블TV 인지도 조사〉, 미간행 보고서.

33,845건, 망설비와 관련된 것이 28,916건을 차지하였다. 이러한 불만으로 인해 서울지역 19개 SO에서만 동기간 중에 해지된 컨버터 설치 가구가 무려 6,569건에 달하였다.[38)]

보다 구체적으로 가입자들의 불만내용들을 살펴보면, 1995년 6월 1일부터 7월 31일까지 2개월간 전국 50개 종합유선방송국에 접수, 처리된 가입자들의 불만사항과 그 처리현황은 다음과 같다(〈표 3-5〉 참조).

총 51,472건 중 전송망 이상에 관한 민원이 11,857건(23%)으로 가장 많았고, 그 다음으로 화질불량이 9,396건(18.3%), 컨버터 조작미숙 7,531건(14.6%), 컨버터 불량이 6,174건(12%)으로 나타났으며, 이들 4가지 민원

〈표 3-5〉 케이블TV 조기 채택자들의 불만내용

구 분	1995년(6, 7월)	
	빈 도	%
화질불량	9,396	18.3
음향불량	1,588	3.0
리모컨불량	1,088	2.1
컨버터불량	6,174	12.0
전송망 이상	11,857	23.0
댁내 단자 미설치	479	0.9
주파수 간섭	1,297	2.5
컨버터 조작미숙	7,531	14.8
스크램블 미해지	3,318	6.4
VCR 녹화 기능	1,591	3.1
위성방송 수신불량	341	0.6
A/V 기기 접속	934	1.8
민원처리 지연	1,617	3.1
이전 설치	531	1.0
기 타	3,755	7.3
합 계	51,472	100.0

38) 종합유선방송위원회(1996), 〈수신자 고충처리 현황〉, 미간행 보고서, p.2.

이 전체 민원 중 67.9%를 차지했다. 전체 민원 중 70% 이상이 기술과 관련된 문제가 차지하였다.

이상의 불만들은 가입자들의 해지로 이어졌다. 전국 SO의 평균 가입해지율은 29.9%로 나타났다. 위원회 조사 결과, 앞으로 중도해약하겠다는 의사를 밝힌 가입자도 23.9%로 적지 않았다.[39] 이와 같이 비교적 높은 해지율의 원인은 일부 방송국들의 경우 컨버터 선투자 분 회수, 가입신청자의 시설설치 지연, 무리한 가입유치로 인한 대규모 해약사태 등으로 해지가 많았던 것으로 나타났다. SO별로는 해지율이 100% 넘는 경우도 2개사가 있었고 최고 173%에서 최저 0.56%로 큰 편차를 보이고 있어 각 사의 경영 및 영업전략에서 많은 편차가 내재해 있음을 알 수 있다.[40]

1996년도에 들어오면서 기술과 관련된 민원의 비중은 줄어들었다. 종합유선방송위원회에서 처리한 시청자 고충현황을 살펴보면, 1996년 상반기 동안 가입자로부터 총 415건의 고충이 접수되었는데, 기술과 관련하여 설치지연이 44건으로 제일 많았고 망사고로 인한 방송중단 사고가 42건, 주파수 문제로 인한 화질불량이 38건, 오디오 불량이 28건, 기기불량이 8건, 컨버터 기능의 불만이 11건을 차지하였다.[41] 따라서 전체 고충 중에서 기술과 관련된 불만비율이 약 50%를 차지하고 있어, 앞서 살펴보았던 SO들이 처리한 불만과 비교할 때 6개월 만에 약 20% 정도 감소한 것으로 나타났지만 여전히 많은 문제점들이 케이블TV 기술부문에서 발생하고 있었다.

(2) '기술추동'(*Technology push*)의 차원에서 본 보급률 저조원인

좀더 자세히 도입 초기 종합유선방송 기술의 문제점을 살펴보자. 종합유선방송 기술은 크게 전송망과 분배망, 댁내 수신설비, 그리고 방송국 설비 등으로 구분된다. 종합유선방송협회에서는 1995년 8월 25일부터 9월 6일까

39) 종합유선방송위원회(1995), 〈'95 수신자 고충처리 보고서〉, p.103.

40) 해지율 계산공식은 해지율 = 해지자 / 가입자였는데, 100%가 넘는다는 의미는 새로운 가입자보다 해지자 수가 더 많다는 것을 의미한다.

41) 종합유선방송위원회(1996), 〈수신자 고충처리 현황〉, 미간행 보고서.

지 삼분야 사업자의 기술책임자와 외부 기술전문가로 합동점검반을 구성하여 케이블TV 시스템에 관한 종합기술점검을 실시한 바 있다.[42] 본조사의 결과는 케이블TV 기술의 당시 수준을 잘 보여주고 있다.

단독주택의 경우에 입력신호 품질은 대부분 양호한 것으로 나타났지만, 채널간 레벨 균형이 맞지 않고 고역채널과 저역채널 간 심한 신호왜곡 현상이 발생하였고 가입자 TV화면에 줄무늬 현상이 발생하였다. 공동주택의 경우에는 단독배선, 우수 관을 이용하여 배선한 댁내 수신설비에 입력되는 전송신호 특성은 우수한 품질로 나타났으나 공시청 안테나(*Master Antenna Television*: MATV)와 결합한 아파트에서는 신호품질이 크게 열화되어 나타났다.[43]

프로그램 송출이나 프로그램 분배망과 관련하여서는 양호한 수준인 것으로 나타났지만, 방송국 헤드엔드(H/E) 시설에서 H/E 변조기의 출력레벨이 채널별로 불균등하게 설정되어 있어, 향후 채널증가 시에는 채널간 비트 방해현상이 발생할 것으로 예상되었다. 또한 일부 H/E 시설에서 영상 및 음성에 영향을 주는 신호 열화현상이 발생하기도 하였다.[44]

사업 1차 년도에 망사업자들이 가장 중요하게 지적한 사항은 전송망 소요자재의 적기 조달의 어려움이었다. 전 세계적 케이블TV 붐으로 소요자재의 세계적 품귀현상이 발생하였기 때문이다. 그리고 단기간 내에 대규모 전송망 구축을 위해 방대한 물량을 제때에 조달하기가 곤란하였다는 점이 한계로 나타났다.

불완전한 제도 역시 망 발전에 장애요인으로 작용하였다. 초고속정보통신망에서 케이블TV망은 기간망이어야 한다. 이러한 당위성에도 불구하고 정보통신부가 추진하고 있는 초고속정보통신망 구축은 공보처가 주도하고

---

42) 한국종합유선방송협회(1995), 〈케이블TV 화질개선 대책〉.

43) MATV와 결합 시공하는 방법은 원칙적으로 불가하였다. 이렇게 시공한 경우 지상파방송 신호 및 FM 방송신호가 혼입되어 간섭현상이 발생하는 것 등으로 인해 화질에 나쁜 영향을 미치는 요인으로 작용하였다.

44) 한국종합유선방송협회(1995), 〈케이블TV 화질개선 대책〉, pp. 15~18.

있는 케이블TV망 사업과 분리되어 진행되었다. 대표적 예가 한국전력은 기간망 사업자가 아니기 때문에 한전의 케이블TV망은 초고속정보통신망이 될 수 없다는 것이었다.[45] 또한 종합유선방송법상 케이블TV 전송망을 통해서 케이블TV 목적 외에 부가서비스를 할 수 없도록 규정되어 있어, 인터넷이나 멀티미디어 부가서비스 제공 역시 당시 제도하에서는 불가능했다.

대표적 댁내 수신설비인 컨버터와 관련하여서는 크게 화질불량, 음질불량, 사용불편 및 부가기능들이 미흡하다는 점들이 지적되었다. 한국형 컨버터의 경우, 스크램블한 화면을 가입자 가정의 컨버터에서 디스크램블하는 과정에서 화질 복원력이 95% 정도밖에 되지 않아 화면에 줄무늬·잔상(*ghost*) 현상이 나타났다.

음질에 있어서는 컨버터 입출력 레벨이 차이가 났고 예약녹화 방식에 있어서도 동시녹화가 불가능하였다. 제어규격 표준화가 이루어지지 않아 컨버터간의 호환성이 낮았다.

그리고 컨버터의 높은 불량률도 심각한 문제로 등장했는데, 1차 허가된 53개 SO에 공급된 6개사 컨버터의 불량률은 방송 초기에는 상당히 높아 일부 업체의 경우 공급대수의 20% 이상을 차지하기도 하였다. 1996년 1월 이후에는 5% 이내의 불량률을 나타내 점차 개선되고 있었던 것으로 나타났다.[46]

컨버터상의 문제는 생산과 공급의 불균형에서 비롯되기도 했지만, 보다 근본적으로는 케이블TV 기기의 무리한 국산화 정책에서 비롯되었다.

1995년 정부는 케이블TV 기기 시장을 외국업체에게 빼앗길 수 없다는 취지에서 한국형 케이블TV를 개발하기로 하였다. 상공부는 1992년 5월 'CATV기기 국산화추진협의회'를 구성하였으며 전자부품종합기술연구소 내에 개발사업단을 설치하였다.[47]

민간 차원에서는 삼성전자가 1985년 방송기기 사업 시작 이래 1994년까

45) 전기통신사업법 제 4조.

46) 종합유선방송위원회(1996), 〈컨버터 기능개선방안 검토연구〉, 미간행 보고서.

47) 한국종합유선방송협회(1994), 〈수원 국산기기 시범방송 평가 심포지엄〉, p. 4.

지 약 300여억 원을 투입하여 방송용 카메라, VCR 및 모니터의 국산화에 주력했다. 이외의 단일 기기류는 국내 중소기업이 주축이 되어 개발 및 생산을 하였다.

이러한 정부와 민간기업의 노력 결과, 1994년 8월 케이블TV 도입을 눈앞에 두고 수원방송국에서 국산기기에 대한 시범방송이 이루어졌다. 시범방송에 사용된 주요장비의 국산화 현황을 살펴보면, 진폭변조기를 포함한 주전송장치의 국산화율은 97%에 달하는 것으로 발표되었고 카메라 시스템을 포함한 스튜디오 및 부조정실, 그리고 헤드엔드 송출실 장비의 국산화율은 76%인 것으로 발표되었다.[48]

시범방송 중 체신부의 기술기준안에 따라 기기의 성능을 평가한 결과, 기술규격보다 우수하게 나타나서 국산기기로 갖추어진 수원 국산기기 시범방송국의 시설은 성공적으로 평가되었다. 그러나 성능인증에도 불구하고 과거 팽배해 있던 국산기기에 대한 불신임 및 인식 부족, 외국산 선호사상 등으로 인하여 국산기기에 대한 인지도는 매우 떨어져 있었다.[49]

컨버터의 국산화는 상공부가 주도하였지만 나머지 기기의 국산화 문제와 관련하여서는 당시 체신부와 구공보처가 간여하였는데, 양 부처간에는 이견이 존재했다. 체신부는 광케이블 시스템 상용화에 대비하여 초기 허가국수를 최소화하고 광케이블TV 도입에 대비하는 것이 중요하다고 주장하였다. 한편 구공보처는 당장 필요치도 않고 장래수요도 불투명한 기기들까지 시급하게 개발할 필요는 없으며 현재 개발된 비용도 고가이어서 경제성도 없으므로 단방향 케이블TV용 기기개발에 중점이 주어져야 한다고 주장하였다.[50]

양 부처간의 이견에도 불구하고 케이블TV 사업은 구공보처가 실질적으로 주도했다. 기술관료가 부재한 공보처의 정책에서 혼선이 일어났는데, 대표적 사례가 쌍방향 기기의 국내개발이었다.

---

48) 종합유선방송협회(1995), 《국산기기 시범방송국 운영 백서》, pp. 17~19.

49) 종합유선방송협회, 위의 책, p. 27.

50) 공보처(1996), 《케이블TV백서》, p. 55.

앞서 기술했듯이 단방향 케이블TV 기기 개발에 역점을 두겠다던 공보처가 케이블TV 사업 1년이 지난 후 상반된 입장을 발표하였다. '현재로서는 향후 2~3년 내에 인터넷, 홈뱅킹, 팩스 서비스가 케이블TV 전송망을 이용하게 될 것이며, 3~4년 안에는 VOD 및 국내외 전화서비스도 케이블TV 전송망을 이용할 수 있게 될 것'이라고 공보처가 미래 케이블TV에 대해 전망한 것이다.[51]

국내산업의 보호와 육성이라는 정부시책에 의해 케이블TV 산업이 국책산업으로 지정되었고 컨버터, 증폭기 등 수요가 많은 품목을 국산화 전략품목으로 선정하였다. 그러나 초기기술이 뒤지고 부품과 장비가 품질 면에서 미흡하더라도 70% 이상 국산장비를 사용토록 한 결과, 컨버터의 기술적 문제가 많이 발생하였다. 또한 전국 53개 방송국이 일시에 개국함에 따라 케이블TV에 소요되는 864종의 장비와 66,300여 개에 달하는 각종 핵심부품의 생산과 공급이 적기에 이루어지지 않아 사업 자체가 지체되는 한 원인이 되었던 것이다.

(3) 소결론

케이블TV의 사업 초기 보급률이라는 측면에서 사업을 평가하고 보급률에 영향을 미친 요인들을 규명해보았다. 케이블TV의 보급과 관련하여서는 유료시청자 수를 기준으로 볼 때 기대 이하였다. 예상보다 저조한 케이블TV 보급률에 영향을 미친 요인들로 기술과 수요라는 요인을 가정했다. 케이블TV 사업의 초기 당면한 문제는 '기술추동'(*technology push*)과 '수요창출'(*demand pull*)이라는 기술발전의 요인들간에 균형이 정립되지 않은 혼돈에서 비롯되었음을 지적할 수 있겠다. 이에 대한 대안으로 미래 케이블TV의 발전을 위해서는 '선 기술추동, 후 수요창출'이라는 우리나라 과거 정보산업의 역사적 발전 패러다임을 따르는 것이 중요하다는 것을 다시 확인시켜주었다.[52]

---

51) 공보처(1996), 〈케이블TV 출범 1년의 주요 성과〉, 보도자료, p. 7.

52) 이 연구에서는 기술발전이란 기술 자체의 추동력에 의해 이루어진다고 보는 역

수요와 관련해서는 케이블TV 관련기술 수준이 뒷받침되지 않은 상태에서 과도한 수요가 창출되었다는 점이 나타났다. 기술개발이 충분히 이루어지지 않은 상황에서 정부의 산업정책이나 '사회견인정책'(*Societal pull strategy*)은 케이블TV에 대한 대규모 수요를 발생시켰다.[53] 이에 더하여 사업 개시연도에는 홍보에 역점을 둠으로 인해 기술발전 수준에 비해 시장수요가 과도하게 창출되었던 것이다.[54] 이로 인해 공급이 수요를 따라가지 못해 1차 케이블TV 붐에 부응하지 못하여 조기 보급에 차질을 빚게 된 것이다.[55]

사학자의 시각과 시장수요에 의해 기술발전이 결정되어진다고 주장하는 경제학자들의 시각에 기초해서 우리나라에서 케이블TV의 도입과 발전과정을 설명하고자 하였다. Bates, Benjamin J.(1990), "Information as an Economic Good: A Reevaluation of Theoretical Approaches," *Mediation, Information, and Communication Information and Behaviour* Vol. 3, pp.379~394.

53) 사회견인정책이란 직접적 '수요창출'과는 달리, 의식 등을 홍보를 통해 변화시킴으로써 경제적 수요를 창출하기 위한 정책과 구분하기 위해 사용한 개념임. 이에 대한 보다 자세한 설명은 Lee, Sahangshik(1990), "The Development of the Information Industry in the Republic of Korea, 1980~1991; with Special Reference to Telecommunications and Broadcasting", University of Sheffield, D. Phil Thesis, 제7장을 참조할 것.

54) 우리나라 과거 정보산업 발전의 패러다임은 '선 기술추동, 후 수요창출'이었다. 1980년 이후 본격적으로 발전하기 시작한 정보산업, 예를 들면 컴퓨터 주변기기, 반도체, 전화의 TDX 교환장치, 소비자 가전제품 등 대부분 주요산업의 발전은 기술개발이 선행되었던 것이다. 그리고 정부에서는 다양한 산업지원 정책을 통해서 개발된 기술의 상업화를 도모했다. 산업정책과 함께 '사회적, 경제적 수요를 창출하기 위한 계도활동'(*Demand pull strategy*)이 수반되었던 것이다.

55) 이에 대한 보다 자세한 이론적 논의는 이상식(1996), "케이블TV의 보급률에 영향을 미친 요인에 관한 연구: 기술추동과 수요창출을 중심으로", 〈언론과 사회〉 제13호 가을호, pp.37~69를 참조할 것.

4) 중계유선방송과 종합유선방송의 경쟁과 변화압력

앞서 종합유선방송의 저조한 초기 보급률에 중계유선방송이 원인이 되었음을 간략하게 살펴보았다. 양 매체의 이원화는 초기 케이블TV 산업의 특징을 이해하는 데 매우 중요하기에 여기서 보다 자세히 살펴보기로 한다. 중계유선방송과 종합유선방송을 분리 추진한 것은 종합유선방송을 추진한 공보처의 기본정책에서 비롯되었다. 공보처는 중계유선과 종합유선방송은 전혀 별개의 매체로 인식하였다.

즉, 중계유선은 난시청 해소를 목적으로 공동안테나를 세워 멀리 있는 지상파방송의 전파를 수신하여 케이블로 각 가정에의 분배 공급을 위주로 하나, 종합유선방송은 ① 독자적 프로그램을 내보내는 자주방송, ② 서로 정보의 교환이 가능한 양방향 케이블TV, ③ 유료 케이블, ④ 데이터 뱅크와 가정용 컴퓨터가 결합하여 형성하게 될 종합정보통신망 형태로 발전함에 있어 중추매체로서의 역할수행을 할 것이라고 본 것이었다.[56)]

이러한 표면적 목적과는 달리, 공보처는 종합유선방송을 국책사업으로 추진하면서 중계유선은 이러한 국책사업으로 연계하기에 적합하지 않다고 판단하였다. 그후 중계유선은 종합유선방송과 매체성격이 다르다는 명분을 제기하면서 정보통신부로 업무를 이관하였다. 중계유선을 방송으로 본 것이 아니라 일반 전송업무인 공중전기통신(*common carrier*)으로 간주하고 통신으로 분류한 것이다.

케이블TV 산업 초기 5년을 평가하면서 당시 공보처 케이블TV 정책수립의 실무책임자는 다음과 같이 양 매체의 분리추진 정책을 평가하였다.[57)]

> “케이블TV 도입 당시 다채널, 고품질의 케이블TV가 도입되면 시설이 노후화되고 지상파방송의 재전송에 한정된 중계유선은 자연적으로 소멸되거나 케이블TV에 흡수, 합병될 것으로 보았던 것 같다. 1991년 12월 종

---

56) 공보처(1996), 앞의 책, p. 11.

57) 김기홍(2000), 《한국케이블TV 5년》, 한국케이블TV방송협회, pp. 86~87.

합유선방송법 제정 당시 3분할 사업자를 도입하면서 상호간 겸영을 금지함으로써 원천적으로 기존 중계유선망을 활용할 수 없도록 만들어버렸던 것이다. 그리고 1994년 1차 SO 선정 당시에도 좀더 적극적으로 중계유선을 흡수하는 방안을 마련할 필요가 있었던 것으로 보인다. 이러한 결과 1차 SO 사업을 추진함에 있어 케이블TV와 중계유선은 생존을 건 치열한 경쟁을 전개했고 이로 인해 케이블TV의 발전에 걸림돌이 되는 것으로 지적되었다.

이러 경험을 바탕으로 1997년 2차 SO 사업자 선정 때에는 중계유선을 포함한 사업자에게 가점을 좀더 적극적으로 부여함으로써 중계유선을 통합하려는 방안을 추진한 바 있다. 이와 같은 정책과 더불어 지역에서 화합을 도모하고 공존공영의 길을 찾으려는 양 사업자간의 노력으로 협업 또는 인수, 합병이 활발하게 추진되고 있는 것은 무척 다행스러운 것으로 생각된다. 현재 약 2백 50만 중계유선 가입자가 케이블TV로 전환할 수 있는 인프라가 확장되었다."

(1) 종합유선방송 출범 이후 중계유선 운영실태

종합유선방송 출범 이후 중계유선방송의 사업현황을 살펴보면, 사업자 수는 중계유선방송이 약 860개 업체로 종합유선방송 77개 업체수보다 훨씬 많았다. 1997년 정보통신부의 조사에 따르면, 총 가입가구 수는 7,005,090(가입율 50.1%)로, 할인 가구 수를 포함한 유료 가입가구 수는 6,542,905가구였다. 사업자당 평균 8,145가구이다. 같은 시기 종합유선방송국의 총 시청가구 수는 2,494,816가구이고, 유료가구 수는 821,561가구이며, 사업자당 평균 15,500가구로 평균 가구수는 종합유선방송국이 약 두 배 정도로 많았다. 월 수신료를 기준으로 전체 매출액을 비교하면, 종합유선방송은 126억 원 규모이고 중계유선방송은 245억 원 규모로 중계유선방송의 시장규모가 약 두 배 정도 큰 것으로 나타났다(〈표 3-6〉 참조).

중계유선방송 사업체가 종합유선방송 사업체 수에 비해 많은 것은 사실이지만, 가입자 수를 고려하여 양 사업자의 규모를 비교해보면 종합유선방송국의 경우 46.8%가 가입자 1~2만 5천 가구를 확보하였다. 2만 5천~5

〈표 3-6〉 종합유선방송과 중계유선방송의 사업자 및 가입자 현황비교

구 분	종합유선방송	중계유선방송
사업자 수	전국 77개 SO (2차 SO 내 24곳 중 6개 개국)	전국 860개 사업자
가입가구(대)	840,000가구	7,005,000가구
월 수신료 매출예상	대략 126억 원 유료가구 × 15,000원	대략 245억 원 유료가구 × 3,500원

출처: 방송개혁위원회 최종보고서(1999: 160); 케이블TV 가입자 현황 1999년 6월 케이블TV방송협회 자료; 중계유선방송 실태분석, 1997년 12월 정보통신부 조사자료를 취합한 것임.

만 가구를 확보하고 있는 업체의 수는 4개 업체로 5.2%에 불과하였다. 한편 중계유선방송국의 경우에 대부분의 업체들은 5천 미만의 영세사업체가 70.6%를 차지함으로 인해, 전체적 경향은 종합유선방송국들에 비해 규모가 작은 것으로 나타났다. 하지만 가입가구 수가 1~2만 5천 가구 사이 규모가 108개 업체, 2만 5천~5만 가구의 규모가 33개 업체로 전체에서 16.4%를 차지하였다. 5만 가구 이상을 확보한 대규모 업체들을 살펴보면, 5~10만 가구 이하가 22개 업체, 10만 가구 이상 업체가 4개나 되어 26개 업체는 종합유선방송국에 비해 훨씬 많은 가입자를 확보한 대규모 업체인 것으로 조사되었다(〈표 3-7〉 참조).

종합유선방송과 중계유선방송 사업의 전송망 사업자와 망설치 수준을 비교하면 〈표 3-8〉과 같다. 종합유선방송의 경우 전송망 사업자가 별도로 존재하였으나 중계유선은 자가망을 보유하고 있었다. 망설치 수준을 보면, 종합유선방송의 간선망은 광케이블, 지선망과 인입선은 450MHz 이상의 동축케이블로 부설하였다. 중계유선의 경우에는 450Mhz 이상과 이하의 망이 공존하였다.

중계유선방송 사업구역을 읍면동 단위로 허가하여 중계유선방송 사업자 대부분이 개인형태(점유율 91.5%)로 운영하고 있었다. 따라서 규모가 영세하였고 사업운영도 투명하지 못했다.

〈표 3-7〉 종합유선방송과 중계유선방송의 가입가구의 규모비교

구 분	종합유선방송			중계유선방송			비 고
	업체수	%	가입자 수 (천)	업체수	%	가입자 수 (천)	
5천 미만	5(18)	29.9	7	607	70.6	1,135	1만 이하 693개 업체 (1,762천 가구)
5천~1만 이하	14	18.2	116	86	10.0	627	
1~2.5만 이하	36	46.8	560	108	12.6	1,514	1만 이상 167개 업체 (5,243천 가구)
2.5~5만 이하	4	5.2	145	33	3.8	1,617	
5~10만 이하	0		0	22	2.6	1,479	
10만 이상	0		0	4	0.5	633	
합 계	77	100.0	828	860	100.0	7,005	
비 고	전국 77개 업체 (유료 가입자 기준)			전국 860개 업체 (유, 무료 구분 없음)			

출처: 방송개혁위원회 최종보고서(1999: 160); 케이블TV 가입자 현황 98.8.9일자 케이블TV방송협회 자료, 중계유선방송 실태분석, 1997.12 정보통신부 조사자료들을 취합하여 재구성하였음.

〈표 3-8〉 종합유선방송과 중계유선방송의 전송망 사업자 및 망설치 수준비교

구 분	종합유선방송	중계유선방송	비 고
전송망 사업자	▪ 간선망 — NO ▪ 지선망 — NO 및 SO ▪ 인입선 — SO	▪ 중계유선 선로망(지선망 + 인입선) 중계유선 사업자	
망설치 수준	▪ 간선망 — 광케이블 ▪ 지선망 — 450MHz 이상 동축케이블 ▪ 인입선 — 450MHz 이상 동축케이블	▪ 중계유선 선로망 — 지선, 인입선 공통 — 450MHz 이상, 450MHz 이하의 동축케이블 공존	450MHz 케이블망은 2~61번 채널 사용가능

출처: 방송개혁위원회 최종보고서(1999: 164).

* 부가통신서비스(상향) 대역: 450~750MHz.

〈표 3-9〉 중계유선 사업형태

구 분	형태별			점유율(%)		
	개인형태	법인형태	계	개인형태	법인형태	계
업체수	787	73	860	91.5	8.5	100

출처: 정보통신부(1997).

월 수신료는 3,000~5,000원으로 대도시지역은 4,000원이며, 중소도시 지역은 3,000~3,500원, 소규모로 운영하는 오지 지역은 월 5,000원을 징수하고 있었다. 시설설치비는 25,000~30,000원이며 이전비는 5,000~15,000원으로 사업자별로 달리 징수하였다.

채널운용 실태를 보면, 중계유선방송 사업자의 59.9%인 515개 업체가 허가채널(12개 채널)을 초과하여 운영하고 있었다. 최저 3개 채널에서 최다 65개까지 채널을 운용하는 사업자도 있었다. 지상파 중계송신을 위해 KBS1, 2, MBC 외에 SBS와 인접지역의 민영방송채널을 중계송신하고 있었다. 외국위성방송에 대부분 스타TV, NHK, CNN을 포함하고 있었으며 허가된 채널의 수용범위를 벗어나는 채널을 사용하고 있었다. 사업자당 평균 3.4개의 외국위성채널을 중계하고 있었으며 최다의 경우 35개 채널까지 재전송했다.

녹음, 녹화 채널의 경우, 전일의 방송내용을 낮시간에 재방송 또는 프로그램 종류별로 분류(드라마, 영화, 바둑 등)하여 운영하고 있었는데, 사업자당 평균 2.5개 채널, 최다 경우 18개 채널을 운영하고 있었다. 중계유선방송 사업자들이 제공하고 있는 채널의 특징은 〈표 3-10〉과 같다.

(2) 종합유선방송과 중계유선에 대한 차별적 정책

① 법규상에 나타난 차별성

종합유선방송과 중계유선 사이에는 규제 측면에서 적지 않은 차별성이 존재하였다. 종합유선방송법의 '99년 1월 개정 이전까지는 종합유선방송에 대한 규제가 중계유선방송에 비해 심하였으나 법개정으로 인해 차별성이 많이 없어졌다.

중계유선 사업자들에 대한 규제가 심하게 이루어지고 있는 분야가 채널운영 및 제공역무였다. 중계유선은 지상파방송의 재송신 매체로 그 역무를 엄격히 제한받았다. 중계유선 사업자들에 의한 종합유선방송 프로그램 전송 및 광고영업은 전면 금지됐다. 지역채널 운영에서 취재보도 허용은 종합유선방송은 1998년 1월부터 허용됐으나 중계유선방송은 여전히 금지됐다.

'99년 종합유선방송법 개정 이전에 사업구역 및 소유제한과 관련하여 종합유선방송이 매우 엄격한 규제를 받았던 반면, 중계유선방송은 외국자본 유입금지를 제외하고 탈규제가 이루어져 있어 좋은 대조를 보이고 있었다. 종합유선방송은 MSO가 금지되었고 대기업이나 외국인 참여를 허용하지 않았다. 산업을 활성화시키기 위한 법개정의 결과, 삼분야 사업자간 수직

〈표 3-10〉 중계유선방송 사업자들이 제공한 채널현황

채널명	채널수	방송내용
지상파 재송신	4~6	지역별 중계송신채널로 허가받은 3~4개에 더하여 SBS와 인접지역의 민영방송 채널
녹음 녹화	2~12	전일의 방송내용을 낮시간에 재방송 또는 프로그램 종류별로 분류하여 운영함 다큐멘터리/교양 채널, 만화/어린이 채널, 오락 채널 등
공지사항	1~13	자막에 의한 공지사항을 방영 지방자치단체와 연계하여 지역 홍보사항을 자체 제작하여 방영
외국위성 재송신	1~13	대부분 STAR SPORTS, NHK1과 2, 홍콩스타, 홍콩뮤직, CNN, STAR PLUS, STAR MUSIC, 북경방송, MTV, ANBC, NECO 등
총 채널수	최소 8개~최대 44개	

적 교차소유가 허용되었고[58] MSO도 가능하며[59] 대기업 및 언론사의 소유와[60] 외국인 소유도 가능하게 되었다.[61] 한편 중계유선은 MSO나 대기업의 참여를 불허하는 규제가 존재하지 않고, 중계유선은 사업구역 광역화에 대한 제한도 약함으로 인해 대규모 사업자들이 등장할 수 있었다.

망 부설 및 이용과 관련하여서도 중계유선방송은 탈규제가 이루어져 있는 반면에 '99년 1월 종합유선방송법 개정 전까지 종합유선방송에 대한 규

〈표 3-11〉 종합유선방송과 중계유선방송의 주요규제 비교

<table>
<tr><th colspan="3"></th><th>종합유선방송</th><th>중계유선방송</th></tr>
<tr><td rowspan="5">채널운영 및 제공역무</td><td colspan="2">종합유선방송 프로그램 전송</td><td>○</td><td>×</td></tr>
<tr><td colspan="2">지역채널 운영 (취재보도 허용)</td><td>○</td><td>△</td></tr>
<tr><td rowspan="2">지상파 재전송</td><td>동시</td><td>○</td><td>○</td></tr>
<tr><td>이시</td><td>○ (유권해석)</td><td>○</td></tr>
<tr><td colspan="2">광고영업</td><td>○</td><td>×</td></tr>
<tr><td rowspan="5">사업구역 및 소유제한</td><td rowspan="2">광역화</td><td>1차</td><td>×</td><td rowspan="2">○</td></tr>
<tr><td>2차</td><td>△</td></tr>
<tr><td colspan="2">복수 SO 겸영(MSO)</td><td>× → ○ (개정)</td><td>○</td></tr>
<tr><td colspan="2">대기업 참여
언론사 참여</td><td>× → ○ (개정)</td><td>○</td></tr>
<tr><td colspan="2">외국자본 참여</td><td>× → ○ (개정)</td><td>×</td></tr>
<tr><td rowspan="4">망 부설 및 이용</td><td colspan="2">종합유선방송 전송망 사용</td><td>○</td><td>○</td></tr>
<tr><td colspan="2">중계유선망 사용</td><td>△ → ○ (개정)</td><td>○</td></tr>
<tr><td colspan="2">자가망 구축</td><td>× → ○ (개정)</td><td>○</td></tr>
<tr><td colspan="2">부가 서비스</td><td>△</td><td>× (개정 중)</td></tr>
</table>

* ○: 탈규제, △: 부분 규제, ×: 규제.

출처: 이상식(1999).

58) 종합유선방송법('99. 1 개정), 제4조 제1항.

59) 종합유선방송법('99. 1 개정), 제4조 제2항.

60) 종합유선방송법('99. 1 개정), 제4조 제4항, 제5항.

61) 종합유선방송법('99. 1 개정), 제6조.

제는 엄격하였다. 개정 이전의 종합유선방송법에 따르면, 종합유선방송 사업자는 자가망을 소유할 수도 없거니와 중계유선망을 사용할 수도 없고 오직 종합유선방송 전송망만 사용토록 하였다. 반면에 중계유선 사업자들은 종합유선방송 전송망, 중계유선망 사용이 모두 가능하고 자가망의 구축이 가능하였다. 그러나 종합유선방송법 개정 이후에 종합유선방송의 망에 대한 규제는 대폭 완화되어 중계유선과의 차별성이 거의 없어졌다. 전송망사업은 지정제에서 등록제로 진입장벽을 완화하였고 종합유선방송국의 자가망 설치 및 기간통신사업자 전기통신설비 이용을 허용한 것이다.[62]

② 차별적 규제의 의미[63]

종합유선방송법 개정 이전까지는 양 매체에 대한 규제의 차별성이 두드러지게 나타났다. 이와 같은 차별적 규제는 종합유선방송 출범 이후 종합유선방송과 중계유선의 발전 정도를 설명하는 중요한 요인이 된다. 종합유선방송은 예상외로 가입자 확보가 부진한 반면,[64] 중계유선은 종합유선방송이 시작되면 쇠퇴할 것이라는 예상을 뒤엎고 가입자 수가 증가하였다.[65]

---

62) 종합유선방송법('99. 1 개정), 제 17조, 제 18조.

63) 이에 대한 자세한 내용은 이상식(1999), "종합유선방송과 중계유선방송의 법규 비교 연구", 〈한국언론학보〉 제 43-3호 봄호, pp. 142~181을 참조할 것.

64) 케이블TV 시작 전에 종합유선방송위원회는 98년 말에 4,115,782가구, 선진방송정책자문위원회는 1998년 말에 6,173,673가구를 확보할 것으로 예측하였으나, 98년 말 기준으로 실제 가입자 수는 820,000가구에 불과하다. 새정치국민회의 방송산업활성화정책기획단(1998. 8), 〈케이블TV 산업 활성화 방안〉, 미간행 정책보고서.

65) 유선방송협회 발표에 따르면, '96년 8월 중계유선의 가입가구 수는 6,693,000이었던 것이 98년 2월 830만 가구로 증가하였다. 중계유선 가입자의 수는 많은 편차가 있다. '97년 정보통신부의 조사에서는 중계유선 총 가입자가 700만 5,000가구, 유료가입자가 654만 3,000가구, 정보통신진흥협회 등(1988)의 통계에서는 585만 가구로 유선방송협회의 발표 숫자와는 차이를 보이고 있다. 96년 자료는 한국유선방송협회(1996), 〈전국 중계유선방송 사업자 현황〉; 98년 자료는 한국유선방송협회(1998. 3), 〈중계유선방송의 실체와 위상정립〉 참조.

종합유선방송 시장진입에 대한 과도한 규제이유는 방송의 공익성을 강조하였기 때문이었다.[66] 근본적으로 종합유선방송을 지상파방송과 같이 사회적 영향력이 큰 언론매체로 간주하였기 때문에 종합유선방송국을 통한 특정단체나 개인의 영향력을 확대하는 것을 방지하기 위하여 참여대상이나 소유를 엄격히 제한하였다.

차별적인 법규제의 보다 근본적인 이유로 소관부처의 이원화를 지적할 수 있다. 주무부처의 이원화로 케이블TV에 대한 정책의 일관성이 결여되었고 양 매체의 통합을 더욱 어렵게 만들었다. 정보통신부는 중계유선을 담당하고 구공보처는 종합유선방송을 국책사업으로 추진하였다. 종합유선방송이 출범하던 해에 중계유선에게 지상파방송의 녹음·녹화 채널을 허용한 정보통신부의 유선방송관리법 개정은 중계유선에게 결정적으로 도움이 되었다. 한편 제도의 문제점들이 시행과정에서 적지 않게 나타났음에도 불구하고, 구공보처가 종합유선방송 출범 후 4년이 지나도 단 한 차례의 법개정을 하지 않은 점이 종합유선방송 사업에 부정적 영향을 미쳤다.

일반적으로 지적된 구공보처와 정보통신부의 주도권 다툼 외에 양 매체를 보는 차별적 인식 역시 문제점으로 지적될 수 있다. 양 매체에 대한 인식의 차이가 차별적 정책으로 나타난 것이다. 구공보처는 기존 지상파방송의 연장에서 종합유선방송을 보았다. 따라서 공익성이라는 지상파방송(*broadcasting*)의 이념을 종합유선방송에도 적용하였던 것이다. 이로 인해 '규제 속의 육성 원칙'이라는 다소 모순된 정책으로 일관했다.[67] 이에 반해 정보통신부는 중계유선을 공중전기통신(*common carrier*)으로 보았다.[68] 이

---

66) 종합유선방송법 제1조에 법목적을 '건전한 육성', '이용자의 편의', '국민문화의 향상', '공공복리의 증진' 등으로 명시함으로써 종합유선방송의 이념이 지상파방송의 공익이념과 거의 차별성이 없음을 알 수 있다.

67) 구공보처의 종합유선방송에 대한 육성정책들은 공보처(1995. 7), 〈선진방송 5개년계획(안) : 1995년-1999년〉; 공보처(1996. 1), 〈1996년도 주요업무보고〉를 참조할 것.

68) 케이블TV를 방송 혹은 공중전기통신으로 볼 것인지에 대한 논쟁은 미국에서도 있었는데, 다음 저서를 참조할 것. Parsons, Patrick R. and Robert M.

결과 통신산업에 적용되었던 '자유시장의 원칙'과 이에 근거한 탈규제정책을 일관되게 추진한 것이다.[69)]

1999년 1월 종합유선방송법의 개정으로 양 매체간에 존재하였던 규제의 차별성은 많이 줄었다. 종합유선방송국의 소유와 전송망사업에 대한 탈규제로 인해 중계유선과의 차별성은 거의 없어졌다. 〈표 3-8〉에서 보듯이, 이제 양 매체와 관련하여 가장 큰 차이점이란 중계유선의 역무 제한이다. 지상파방송의 재송신에 역무가 제한되어 있는 중계유선업계는 프로그램 공급업체의 프로그램 송신을 금지하고 있는 현행법을 개정해줄 것과 현행 216MHz로 제한되어 있는 가용 주파수대역을 750MHz까지 확대해줄 것을 지속적으로 요구했다.[70)] 나아가 종합유선방송국의 지역독점권을 폐지해줄 것을 요청하였다.[71)]

정보통신부는 중계유선업계의 의견을 반영하여 종합유선방송 프로그램을 전송하는 것을 허용하겠다고 발표하였다.[72)] 프로그램 공급업체들도 현재의 당면위기를 극복하기 위해 중계유선방송 가입자에게 프로그램 송신을 허용하여 시장을 확대해줄 것을 요구하였다.[73)] 종합유선방송위원회 역시 능력 있는 중계유선을 종합유선방송국으로 추가 허용해야 한다는 보고서를 발표하였다.[74)]

Frieden(1998), *The Cable and Satellite Television Industries*, Boston: Allyn and Bacon, 제 2장.

69) 대표적인 예로 정보통신부의 복수 종합유선방송국을 허용하려는 정책을 들 수 있다.

70) 한국유선방송협회(1998. 3), 〈중계유선방송의 실체와 위상정립〉, 미간행 보고서, p. 12.

71) 〈한국방송신문〉(1998. 11. 2), "SO 프랜차이즈 해제 · 채널 제한 철폐요구", 1면.

72) 〈전자신문〉(1998. 8. 7), "케이블TV 빅뱅온다"; 문화관광부(1998. 8. 18), 〈케이블TV 현안 및 회생지원대책〉, 정책발표문, p. 2.

73) 프로그램공급사 협의회(1998. 7), 〈통합방송법 제정에 즈음한 프로그램공급사 정책대안〉, 미간행 보고서.

74) 종합유선방송위원회(1998. 7. 24), 〈케이블TV 위기극복과 정책방향에 관한 연

정보통신부의 정책발표에 이어 문화관광부는 중계유선의 종합유선방송 프로그램 송출 및 단일구역 내 복수 종합유선방송국을 허용하는 것은 부당하다고 주장하였다.[75] 전국의 종합유선방송국들은 정보통신부와 종합유선방송위원회의 정책방안에 대한 반박성명을 냈다.[76] 이러한 와중에 한국케이블TV협회는 위기에 처한 종합유선방송 산업을 회생시키기 위해 프로그램을 중계유선에게 주는 방안을 비공식적으로 관계부처에 제출함으로써 삼분야 사업자간의 조화는 현실적으로 어렵다는 것을 보여주었다.[77]

서로 다른 이해 속에 여당이 1998년 10월에 마련한 통합방송법안에 따르면, 1차 종합유선방송국 지역의 경우 2년, 2차 종합유선방송국 지역은 3년의 유예기간을 둬 유예기간이 지난 후에는 현재의 지역독점사업권을 해소, 복수 종합유선방송국 체제로 전환할 것을 결정하였다.[78] 이에 대해서는 추후 자세하게 논의하기로 한다.

(3) 종합유선방송과 중계유선방송의 과당경쟁과 부처간 갈등

정보통신부가 중계유선방송을 담당하면서부터 1995년 12월에 유선방송관리법을 개정하여 중계유선방송에게 녹음·녹화를 통한 이시 재전송을 허용하는 등 육성정책을 전개하자, 양 매체간의 경쟁은 물론 공보처와 정보통신부 간의 경쟁으로 비화하게 되었다. 법개정 취지에서 "유선방송사업자가 방송국의 방송을 녹음, 녹화하여 중계, 송신하는 것은 유선방송사업자

구〉, 미간행 정책보고서.

75) 문화관광부(1998. 8. 18), 〈케이블TV 현안 및 회생지원대책〉, 정책발표문, pp. 5~6.

76) 〈조선일보〉, 〈동아일보〉, 〈중앙일보〉, 〈한국일보〉, 〈국민일보〉(1998. 8. 3~4, "케이블TV 말살기도를 철회하라".

77) 한국케이블TV방송협회(1998. 6), 〈케이블TV 현안과 회생방안〉, 미간행 내부보고서.

78) 1998년 10월 31일 국민회의 및 자민련 정책위원회의장, 문화관광부장관, 정통부장관의 고위 당정회의 결과를 토대로 작성된 여당의 최종 통합방송법안에 반영된 내용임.

및 저작권자 간의 저작권과 방송국, 실연자 등의 저작인접권의 이용에 따른 사적 계약관계에 해당하여 공적 규제의 대상이 아니므로 중계유선의 녹음, 녹화에 대한 중계 송신시간 제한의 근거규정을 폐지한다"고 밝혔다.

중계유선에 의한 이시 재송신의 허용은 중계유선의 종합유선방송에 대한 경쟁력을 확보하는 데 결정적 역할을 하였다. 중계유선 사업자들은 종합유선방송과 유사한 전문채널을 운영할 수 있게 되는 법적 근거를 마련하게 되었기 때문이다. 중계유선 사업자들이 영화, 드라마 등 지상파방송을 녹음, 녹화하여 이시 재송신하는 채널의 수는 평균 2.5개, 많게는 18개에 달하는 것으로 조사되었다.[79] 이로 인해 종합유선방송은 중계유선과의 차별성을 크게 부각시키는 것이 어렵게 되었고 저렴한 가격으로 다채널 서비스를 제공하게 된 중계유선은 경쟁력을 가지게 된 것이다.[80]

종합유선방송과 중계유선방송에 대한 법령 및 규제기관이 이원화되고 사업자들이 난립함으로써 그동안 케이블TV 시장에서 아래와 같은 적지 않은 문제점들이 발생하였다.[81]

- 양 사업자들의 갈등으로 인한 잦은 민원 초래
- 중계유선방송 사업자들의 망 업그레이드로 인해 수입 기자재 증가 및 국제수지 악화
- 종합유선방송 사업에 참여하고 있는 주주들간의 마찰(중계유선방송 사업을 겸영하고 있는 주주들의 경우)
- 중계유선방송 사업자들의 종합유선방송 영역 침범

79) 정보통신부(1998), 〈중계유선방송 현황분석〉, 미간행 조사보고서.

80) 한태열 · 조은기 · 현진석(1997), 〈케이블TV 시장분석 및 중장기 수요모델 연구〉, 한국케이블TV방송협회, p. 126. 중계유선 가입자 225명을 대상으로 조사한 결과, 이시 녹화방송에 대한 중계유선 가입자의 선호도가 매우 높은 것으로 나타났다.

81) 이상식(1999), 〈중계유선방송과 종합유선방송의 효율적 통합방안〉, 한국무선국관리사업단, p. 2.

- 기대에 못 미치는 종합유선방송의 가입자 확보
- 유사매체에 대한 법의 이원화로 인한 법체계성 결여
- 종합유선방송 프로그램 공급업체들의 프로그램 판로 제한
- 주무부처의 이원화에 따라 초고속정보통신 사업과 케이블TV 사업이 별도로 추진
- 동일 사업구역 내에서 중계유선망과 종합유선방송망의 복선화, 전송망 구축의 이중투자로 인한 경제적 손실

5) IMF 외환위기와 종합유선방송 산업의 위기

1997년부터 한국 사회에 불어닥친 IMF 경제위기로 인해 1998년에는 케이블TV 산업이 존폐 직전의 위기에 직면했다. 정보사회의 기간매체가 될 것이라는 낙관적 전망과 함께 정부주도로 도입, 추진되었던 케이블TV가 가입자 확보의 부진, 케이블TV 프로그램 공급업체들의 잇단 도산, 기업들의 구조조정으로 인한 인력감축, 전송망 사업자들의 사업포기, 공보처 폐지 이후 행정의 공백과 정책의 표류 등 복합적 요인들이 영향을 미침으로 인해 시장위기에 빠졌던 것이다. 이후 종합유선방송 사업이 국책사업이라는 표현도 점차 사라졌다.[82]

실업사태와 임금삭감으로 소득이 줄어든 가입자들에게는 케이블TV 수신료도 부담스러울 수밖에 없었다. 해약자가 급증했을 뿐만 아니라 신규가입자도 대폭 줄어들었다. 환율폭등으로 인해 각종 방송장비 등을 외화 리스

---

82) 국가 전체가 외환위기에 따른 경제침체로 구조조정 작업에 나서고 있는 시점에서 국책사업이니 정부가 계속 돌보아야 한다는 논리는 더 이상 정당성을 얻기가 어렵다고 주장하면서 차제에 경쟁력이 없는 기업은 시장에서 퇴출할 수 있도록 함으로써 국가경제 전체에 주름을 주지 않을 것을 제안하였다. 김도연(1998. 8. 26), "종합유선방송과 중계유선방송의 경쟁원리 정착 방안: 하나의 케이블TV를 향하여", 정보통신정책연구원 주최 정책토론회 발제논문, 프레스센터, pp. 14~15.

로 들여온 케이블TV 사업자들은 엄청난 환차손을 입게 되는 상황에 처했다. 20%가 넘는 고금리는 차입에 의존했던 사업자들의 금융비용을 상승시켰다. 극도로 위축된 소비심리와 기업의 구조조정은 광고시장에도 찬바람을 불러일으켰다.

이러한 좌초 직전의 케이블TV 사업 실상은 정권교체를 계기로 1998년 가을 국회 국정감사 등을 통해 낱낱이 드러났다.[83] 개국 초의 장밋빛 청사진과는 달리, 문민정부의 방송정책 실패로 인한 손실액이 누적적자 규모로 1조 원 이상으로 나타났다. 분야별로는 PP 8,726억 원, SO 1,494억 원, NO 2,828억 원으로 나타났다.

(1) PP 분야의 위기

IMF 경제위기는 PP들을 더욱 어려운 상황으로 몰아넣었다. 삼분야 사업자 모두 적자인 상태였지만, PP의 적자는 SO나 NO와는 비교가 안 될 정도로 그 규모가 컸다. 1997년 4월 진로그룹의 부도로 계열사이자 케이블TV 여성채널인 GTV가 29개 PP 가운데 첫 부도를 낸 데 이어, 경제위기가 본격적으로 불어닥치기 시작하면서 다솜방송, 기독교TV, 동아TV, CTN 등 4개 PP가 연이어 부도를 냈다. 이 가운데 동아TV는 1998년 10월 31일 정규방송을 중단하였다.

순수 흑자를 낸 채널은 유통업 채널인 LG홈쇼핑 85억 2,300만 원, 39쇼핑 82억 9,700만 원, 다른 채널에 비해 제작비가 별로 들지 않는 MBN이 4억 원의 흑자를 내는 등 3개사뿐이었다. 각 채널의 당기 손실 규모액은 50억 원 이하 10개사, 50~100억 원 7개사, 100억 원 이상이 4개사로 나타났다. 매출액이 증가한 채널은 7개사(28%)였고 나머지는 매출액이 감소하였다.[84]

이러한 상황은 결국 사업자간의 인수합병과 같은 새로운 시장질서의 출현을 불가피하게 만들었다. PP 업계에 진출하였던 삼성, 대우, 현대, 진로

83) 종합유선방송위원회(1998. 10), 1998년도 국정감사 요구자료.

84) 한국케이블TV방송협회(2000), 《한국케이블TV5년》, pp. 54~55.

등 대기업들이 1998년부터 1999년에 걸쳐 퇴출하였다. 케이블TV 출범 당시와 비교해서 소유주나 대주주가 바뀌었거나 채널명 혹은 채널장르가 바뀐 경우가 빈번하였다(〈표 3-12〉 참조). 허가 당시의 대주주가 바뀐 경우는 KTV, dbc, Channel Next, OCN 등으로 출범 당시 허가를 받았던 29개 채널 중에서 20개에 해당하는 PP들이 소유주 및 대주주가 바뀌었다. 1996년 10월 YTN에 대한 최대 주주가 연합통신에서 한전정보망으로 바뀐 것을 시작으로, 여러 건의 최대 주주의 주식인수, 영업권 양수 양도, 법인신설 및 흡수합병이 이루어졌다. 또한 DCN과 DSN은 각각 OCN과 JN23TV로 채널명을 바꿨다. 다솜방송은 의료+건강26으로 채널명을 바꾸었을 뿐만 아니라 서비스 장르도 출범 당시의 교육에서 건강, 의료로 전환하였다.

이후 제일제당은 1997년 4월 M-net과 2000년 5월 (주)삼구쇼핑을 인수·합병함으로써 MPP로의 구조변화를 시도하였다. 동양그룹의 경우 1999년 4월 OCN과 캐치원을 인수하여 몸집 부풀리기를 시작하였다. 지상파방송 3사의 PP 시장 진출에 이어 MPP화를 도모하기 시작한 점도 주요한 특징 중의 하나이다. 지상파방송사의 PP로의 진출은 SBS가 1999년 6월에 한국골프채널(구마이TV)을 인수하면서 시작되었다.

PP가 직면한 불황은 프로그램의 편성, 제작 면에도 자연히 심각한 타격을 줄 수밖에 없었다. 1998년 10월 국회 국감자료에 의하면, 26개 채널 가운데 19개 채널의 총 방송시간의 50% 이상을 순환편성(재방송)한 것으로 나타났다.[85)]

(2) 전송망 분야의 위기와 대응책

① 전송망사업의 위기

한국전력은 통신사업을 위한 방편으로 케이블TV망 사업에 참여했다. 내부적으로는 원격검침, 원격 부하관리 등에 전력사업의 보조적 수단으로 케

---

85) 종합유선방송위원회(1998. 10), 앞의 책.

〈표 3-12〉 허가 PP의 출자자, 채널명 등의 변화

장 르	내 용
영 화	· DCN: 대우전자→대우(96. 3) → 동양그룹(99. 4. OCN으로 변경) · 캐치원: 삼성물산→중앙일보(99. 10) → 동양그룹(99. 11. 캐치온으로 변경)
드라마	· 제일방송: 심현우→39쇼핑(97. 2. 드라마넷으로 채널명 변경) → 제일제당(2000. 3) → MBC(2001. MBC드라마넷으로 채널명 변경)
뉴 스	· YTN: 연합통신 → 한전정보망(96. 10)
음 악	· Mnet: 고니정밀 → 영유통(97. 1) → 제일제당(97. 3) · KMTV: 현대음악사업본부→현대음향(94. 10) → 코리아음악방송(96) → 현대오토넷(97) → 대영AV(2001. 6) → CJ미디어(2005)
교 육	· 두산수퍼스테이션: 동아출판사→오리콤(96. 4. 영업권 인수) → 재능교육(98. 3. 영업권 인수하여 JEI스스로방송으로 변경) · 마이TV: 시사영어사→SK(97. 3) → 곽일훈(99. 한국골프채널로 상호변경 및 장르변경) →SBS(99. 6. SBS골프채널로 채널명 변경) · 다솜방송: 한샘(98 의료+건강 채널로 공급분야 변경) → 화의개시(99, 2002년에 라이프플러스TV로 법인명 변경) →TV코리아(2003. 5. DIY 채널로 변경) →CJ미디어(2003. 10. 영업권 인수하여 XTM으로 변경)
다큐멘터리	· Q채널: 삼성영상사업단→중앙방송(99. 4)
오 락	· 현대방송: 금강기획→현대종합상사, 현대엘리베이터(97. 6) → 넥스트미디어(1999, 2000년에 NTV로 채널명 변경) →Mnet(2001. 홈CGV로 공급분야와 채널명 변경)
여 성	· 동아TV: 동아건설(98. 10. 정규방송 중단) → 데이콤인터파크(99. 3, 99. 5에 방송재개, 2002년에 여성채널에서 패션뷰티채널로 장르변경) · GTV: 진로그룹(97. 4. 부도) →세종증권계열(99. SDNTV로 채널명 변경) →김영철(2003. 3. 인수, 2003. 7에 GTV로 채널명 변경)
문 화	· A&C코오롱: 코오롱건설→예술영화TV로 공급분야 변경(1999) → 월드와이드넷(2000) →무비플러스(2002. 2. 채널명 변경) →YTN 인수(2004. 1) → YTN스타(2004. 12. 채널명 변경)
스포츠	· KSTV: 국민체육진흥공단→SBS(2001. 1. SBS스포츠30으로 채널명 변경)
교통관광	· 교통관광TV: 교통안전관리공단(98. 관광레저로 방송분야 변경, 채널명을 리빙TV로 변경) →KEP전자(2000) → 로케트전기(2000)
홈쇼핑	· CJ39쇼핑: 삼구그룹→제일제당(2000. 3)

이블TV망을 활용한다는 명분을 가지고 망 사업에 참여했다. 그러나 케이블TV 전송망사업에 1997년 말까지 2,871억 원을 투자하였고 사업개시 후 3년간 순손익이 약 1,131억 원에 달하자 사업성을 재검토하기에 이르렀다.

한국통신은 채산성을 이유로 1997년 2차 전송망사업 허가신청을 포기하였고 한국전력 역시 1998년 10월 공기업 구조조정의 일환으로 망 사업을 비롯한 통신망 사업을 포기하고 고유의 전력사업에만 역점을 두겠다고 밝혔다. 2차 SO의 전송망 구축을 위해서는 모두 1조 원 이상의 대규모 투자가 집행돼야 하는 만큼 자칫 한국전력의 존립근거가 되는 안정적 전력공급을 저해할 수 있기 때문이라는 이유였다. 1997년 5월에는 23개의 2차 SO 지역에서 SO를 선정하였지만, 전송망이 깔리지 않아 방송시설과 신규인력을 확보하고도 개국을 못하는 사태가 발생하였다.

1997년 7월 15일에는 2차 SO 구역에 포함된 전국 188개 시, 군 지역을 대상으로 전송망을 설치할 2차 전송망 사업자로 총 20개 사업자를 정보통신부가 선정하였다. 2차 SO 허가와 NO의 지정이 이루어졌으나 1997년 말에 불어닥친 IMF 경제위기는 케이블TV 산업을 위기로 몰아넣었다. 초기투자가 막대한 전송망사업의 투자중단은 2차 SO 사업자 선정에도 불구하고 방송개시를 불가능하게 만들었다. 정보통신부는 부진한 전송망 부설을 위해 1998년 중반부터 전송망 사업자를 수시로 지정하는 정책을 채택하였다. 1998년 말까지 26개의 사업자를 추가 지정하였다. 그러나 1999년도에도 전송망 투자는 여전히 부진하여 2차 SO 중 서비스를 개시한 사업자는 6개에 불과했다.[86]

2차 SO 지역에서 중계유선 사업자들이 8개 SO 지역에서 13개 사업자가 전송망 사업자로 지정받았다. 그러나 실제적으로 중계유선 사업자에 의한 전송망 부설은 성남유선방송만 자체망을 이용하여 전송망을 부설하였다. 그 이유는 중계유선을 매입한 종합유선방송국 운영업자들도 종합유선방송

---

86) 이인찬·김도연·고동희(1999), 《케이블TV 산업연구》, 정보통신정책연구원, pp. 85~91.

법상 종합유선방송국과 망 사업의 겸영금지 규정으로 인해 망 활용을 하지 못하였기 때문이다.

MMDS(*Multichannel, Multipoint Distribution Systems*)나 LMDS(*Local Multipoint Distribution Service*)와 같은 무선망사업자 역시 2차 SO 지역에 전송망 사업자로 참여하였다. 이들은 전송망사업보다는 WLL(*Wireless Local Loop*) 등 무선통신용 주파수 확보를 위해 5개의 전송망 사업자가 지정받았으나, SO들이 HFC(*Hybrid Fiber Coax*)망을 선호함으로 인해 무선망사업자와는 단 한 건의 계약도 성사되지 못했다. 특히 IMF 경제위기가 도래한 이후 무선망사업자들이 사업을 중단함으로 인해 무선망의 활용이 거의 이루어지지 않았다. 1998년 무선망사업자인 삼양 텔레콤은 도산하였다.

② 전송망사업에 대한 정부대응책

삼분야 사업자 구도로 특징지워지는 한국 케이블TV 사업의 어려움은 삼분야 사업자에 따라 조금씩 그 어려움은 차이가 있지만 전체적 파국을 예고했다. 특히 전송망사업의 포기는 여타 두 사업자에게 연쇄적 영향을 미칠 수밖에 없었다. 전송망 없는 케이블TV 사업이란 존재하지 않기 때문이다.

망 사업을 관장하였던 정보통신부는 NO 사업의 수익성 제고를 위해 이용요금을 상향조정하고, 정통부는 외국자본의 참여를 33%까지 허용토록 하며, 추가적으로 방송법 개정안에 NO 지정제를 등록제로 완화하고, NO와 SO의 겸영을 허용한다는 내용을 발표하였다. 아울러 SO와 중계유선 등이 한전 전주를 사용하는 것을 허용하되 적절한 안전대책을 강구하면서 유료로 이용하는 방안을 강구하였다. 이러한 노력의 결과, 1999년 1월 21일자로 '정보화촉진기본법'이 개정되어 중계유선방송 사업자 및 종합유선방송 사업자들은 한전의 전주를 99년 7월부터 합법적으로 사용할 수 있게 되었다.[87] 또한 종합유선방송과 중계유선방송의 통합을 위해 SO의 자체 전송,

87) 정보화촉진기본법 제32조(초고속정보통신망 확충을 위한 협조 등) "전기통신기본법 제7조의 규정에 의한 기간통신사업자, 유선방송관리법에 의한 유선방송사업자 및 종합유선방송법에 의한 종합유선방송 사업자(이하 11조에서 '기간통신

선로의 설치를 허용하고 중계유선과 전송선로시설의 상호이용을 허용하는 것을 통해 M&A를 가속화시킨다는 계획을 가지고 있었다.

상기 계획에 대해 문화관광부는 전송망 이용료의 인상안과 관련하여, 전송망 이용료는 가입자의 수신료 중에서 일정한 부분을 NO에게 분배하는 것이므로 전송망 이용료의 일방적 인상은 수신료의 인상요인으로 작용할 것이며, 경제침체기에 케이블TV 가입자 확대를 위하여 채널 티어링을 통한 가격인하가 검토되고 있는 만큼 전송망 이용료는 사업자간 이해관계 조정을 전제로 채널 티어링 방식과 연계한 종합적 검토가 필요하다고 지적하였다. 기본적으로 고정적 시설투자를 요하는 전송망사업의 특성상 수신료와 무관하게 최소한의 전송망 이용료는 보장되어야겠으나, 삼분할 사업 구도상 NO가 수신료의 3분의 1 이상을 차지하는 것은 곤란하다는 입장을 밝혔다.[88]

정보통신부,[89] 종합유선방송위원회,[90] 한국유선방송협회[91] 등에서는 중계유선을 추가 전송망 사업자로 지정하는 방안을 제안하였다. 한국전력이 망 사업을 중단함으로 인해 2차 SO 지역에서 케이블TV 사업의 부진성을 해결하기 위한 방안으로 제안한 것이다. 이에 대해 문화관광부도 중계

사업자 등'이라 한다)는 도로, 철도, 지하철도, 상·하수도, 전기설비, 전기통신 회선설비 등을 건설, 운용, 관리하는 기관의 장에 대하여 필요한 비용부담을 조건으로 전기통신 선로설비(유선방송관리법에 의한 유선방송시설 및 종합유선방송법에 의한 전송선로 시설을 포함한다)의 설치를 위한 관로 등의 건설 또는 대여를 요청할 수 있다."

88) 문화관광부(1998. 8. 18), 〈케이블TV 현안 및 회생지원대책〉, 발표문.

89) 정보통신부는 전송망 사업자 사업구역 확대 및 추가지정을 위한 의견수렴을 한 바 있다. 정보통신부는 1차 확대 및 2차 SO 지역에서 한통과 한전의 전송망 설치가 지연됨에 따라 전송망의 원활한 공급을 위해 유선 NO(중계유선 포함)의 추가지정 및 무선 NO의 사업구역 확대 필요성을 제기하였다. 정보통신부(1998. 8. 12), 〈전송망 사업자 사업구역 확대 및 추가지정 계획(시안)〉.

90) 종합유선방송위원회(1998. 7), 〈케이블TV 당면 위기 극복 및 활성화를 위한 정책 의견〉, 미간행 내부 보고서.

91) 〈한국유선TV신문〉(1998. 6. 10).

유선을 복수 NO로 추가지정하는 것은 현행법으로도 가능하다고 보았다. SO와 망 사용 계약을 체결한 중계유선방송은 별도의 심사 없이 전송망 사업자로 추가지정함으로써 종합유선방송과 중계유선이 협력적 관계정립을 할 수 있다고 본 것이다.[92] 중계유선의 NO 지정에 대해 한국전력의 반발이 예상됐으나 한전의 전송망사업 중단으로 불가피한 조치인 만큼 중계유선의 한전수 사용 합법화 및 사용료 협상을 중재할 필요가 있다고 보았다.

중계유선 사업자들을 NO로 지정하는 정책방안과 관련하여 찬성과 함께 이의들도 제기되었다. 중계유선 사업자들이 무단으로 전력주를 이용하여 망을 부설한 경우, 중계유선 사업자들이 망사업자로 지정된다면 망사업자인 중계유선 사업자와 한국전력, 그리고 SO들 간의 갈등은 더욱 심화될 것이라는 주장이었다. 한국전력의 입장에서는 망의 복선화로 인해 이미 부설한 자체 망의 활용도가 낮아질 것이며 SO의 경우에는 적대사업자의 망을 이용하여 가입자 유치를 한다는 것은 불가능하다는 현실론을 제기한 것이다.[93]

중계유선의 경우 가입가구 수가 1만 가구 미만인 사업체가 693개로 전체 중계유선의 80.5%에 달하고 있는 바와 같이 대부분 소규모로 운영하고 있다. 따라서 영세사업자들의 망을 연결하여 사용하는 것은 비효율적이라는 지적도 있었다.[94] 1997년 정보통신부의 조사 결과, 전송선로 설비현황을 살펴보면 대부분이 동축케이블로 부설되어 있으며 전체 557,000km 중 인입선이 84.2%를 점유하고 있었다.[95]

1998년 8월 1차 SO 지역의 경우, 케이블TV 전송망 설치율이 70% 이상

---

92) '97년 2차 SO 허가 시 151개 중계유선(220만 가입가구)이 SO 법인에 참여하였으나, 전송망 문제로 가입자 확보를 못하고 있는 실정이다. 문화관광부(1998.8.18), 앞의 발표문, p.7.

93) 한국케이블TV방송협회(1998.6), 〈한전, 한통 전송망사업 현황〉, 미간행 내부자료.

94) 한국케이블TV방송협회, 위의 자료.

95) 정보통신부(1997), 〈중계유선방송 현황 분석〉, 미간행 조사보고서.

을 넘어서는 상황에서 중계유선 전송설비를 종합유선방송 수준으로 고도화하는 것은 중복투자로 국가적으로 볼 때 낭비였다. 망 산업은 중복투자 여부가 경쟁도입 결정에 중요한 고려요인인데, 이 경우 경쟁의 효과가 중복투자를 정당화할 정도로 크지 않기 때문이다.[96] 그러나 전송망 설치가 5%에 불과한 2차 SO 지역의 경우는 상황이 달랐다. 따라서 중계유선 사업자를 망사업자로 지정함에 있어 이러한 차별적 현실이 정책에 반영될 필요성이 있었다.

6) 지역채널 취재보도 규제

종합유선방송은 허가 시 SO의 지역채널의 성격을 보도, 언론매체로 보지 아니하고 '지역생활정보매체'로 규정하여 비보도, 비정치의 원칙을 적용하였다. 공보처에 의한 종합유선방송 허가 시 이러한 원칙이 적용되었다.[97]

허가 당시 비보도, 비정치 원칙이 적용된 것은 종합유선방송이 정착되기 전 취재보도 허용의 부작용, 예를 들면 사이비 기자의 난립 가능성, 과잉투자 가능성 등으로 인한 폐해를 방지하는 데 그 목적이 있었다. 종합유선방송위원회는 '지역생활정보방송프로그램에 관한 규정'(1994. 6. 24 제정)을 제정하여 순수한 생활정보만을 제작, 방송토록 하였다.

지역밀착 매체인 종합유선방송 활성화를 위해 취재보도를 허용해 달라는 SO들과 전문가들의 지속적 요구가 받아들여져서, 종합유선방송위원회는 전문가 토론회 등을 통하여 취재보도 허용시기와 방법을 검토하였다.[98]

종합유선방송위원회는 취재보도의 전면적 시행보다는 취재보도 및 정치논평 등을 단계적으로 허용하는 것이 바람직하다고 판단하였다. 위원회는

---

96) 정보통신정책연구원(1996. 7), 〈케이블TV 산업 활성화를 위한 정책 방향〉.

97) 종합유선방송위원회(1998. 10), 〈1998년 국정 감사 요구자료집〉, p. 205.

98) 두 차례에 걸쳐 전문가 토론회가 개최되었는데, 1996. 5. 20, 1996. 6. 13일 개최되었다.

종합유선방송 개시 2주년을 넘어선 1997년도 후반기부터 정치보도를 제외한 취재보도 허용을 추진하여 1997년 12월 19일 '지역생활정보방송프로그램에 관한 규정'을 개정하였고, 지역채널 취재보도를 1998년 1월 1일자로 허용하였다.

그렇지만 당시 SO들은 경영상태가 열악한 사정이어서 취재보도를 제대로 하기에는 역량이 턱없이 부족하였다. 종합유선방송위원회 조사 결과, 각 SO의 지역채널 편성, 제작인원은 평균 6~8명이었고 대부분이 PD, 카메라, 아나운서, 편집 등 1인 다역을 맡고 있었다. 일부 SO에서는 IMF 경제한파로 인해 인원감축을 통한 구조조정을 실시하고 있는 상황이어서 지역채널 운영이 제대로 이루어지지 않았다.[99]

하지만 규정개정을 통해 지역생활정보의 범위를 광역자치단체까지 확대하였다는 점은 종합유선방송의 영향력을 확대하는 데 기여할 것으로 기대되었다. 즉, 원칙적으로는 지역채널의 취재, 보도대상 범위는 SO가 허가받은 방송구역을 벗어날 수는 없지만, 지역주민의 공동 관심사항으로서 지역사회 발전과 주민편의를 위해 그 범위를 광역자치단체까지 확대한 것이다. 따라서 광역시는 전체를 대상으로 인접구역의 SO가 연합하여 취재보도할 수 있는 가능성을 열어놓은 것이다. 무엇보다 중요한 것은 취재보도 허용으로 인해 지방자치제 선거에 종합유선방송이 중요한 역할을 하게 되었다는 점이다.

7) 국책사업에 대한 정부지원

공보처는 국책사업으로 케이블TV 사업을 추진하면서 케이블TV 기기의 국산화 시책에 부응하고 영상산업의 국제경쟁력을 강화시킨다는 명분으로 케이블TV 사업에 대한 각종 세제 및 금융지원을 꾸준히 추진하였다. 1994

---

99) 김병록(1998. 2), "지역채널 취재 보도 정상화", 〈뉴미디어저널〉 통권 제53호, p. 17.

년 12월 31일에는 '특별소비세법시행령'이 개정되어 케이블TV 컨버터의 특별소비세가 면제되었고, 1995년 7월 10일에는 통상산업부 고시가 개정되어 케이블TV 컨버터가 외화표시 국산기계 구입자금 융자대상품목으로 지정받아 8,800억 원에 달하는 금융지원을 받게 되었다.

같은 해 종합유선방송 사업을 지원하기 위해 다양한 관련법들이 개정되었다. 7월 1일에는 '중소기업기본법시행령'이 개정되어 유선방송업과 방송프로그램 제작업이 중소기업 범위에 포함되었으며, 7월 6일에는 '공업발전법시행령'이 개정되어 유선방송업과 프로그램 제작업이 동법의 적용대상에 포함되었고, 12월 29일에는 '조세감면규제법'이 개정되어 첨단지식산업의 범주에 유선방송업과 방송프로그램 작업이 추가되었다.[100]

이로 인해 '유선방송업 및 방송프로그램 제작업'이 제조업 수준의 각종 세제, 금융혜택을 받을 수 있게 되었다. 조세감면규제법에 의해 창업중소기업에 대한 소득세 및 법인세 감면이 이루어졌으며 중소기업 투자 세액공제가 이루어졌고 공업발전기금에 의한 장기저리의 기술개발자금 지원, 중소기업은행의 기술개발자금 융자를 받을 수 있게 되었다.

1995년 12월 27일 개최된 국무회의에서는 케이블TV 수신료와 컨버터 사용료에 부과되던 부가가치세를 한시적으로 면제(1996. 1. 1~1998. 12. 31)할 것을 결정하였다. 이후 부가세가 계속 면제되다가 부가세법시행령 개정에 따라 2002년 7월에서야 수신료의 10%가 부과되었다.[101] 그 이후 문화관광부는 1998년 8월 21일에 2003년 방송영상 선진국 진입을 목표로 방송영상산업을 국가전략산업으로 키워나가기 위해 '방송영상산업진흥대책'을 발표하였다. 지원정책으로는 1999년부터 수입용 방송기자재에 대한 특소세 감면을 추진하고 방송프로그램 제작업을 현행 서비스업에서 제조업으로 변

100) 공보처(1996), 《케이블TV백서》, pp. 163~166.

101) 재정경제부는 국가세수 확대 및 방송매체의 과세형평성을 기하기 위하여 현행 180개 부가세 감면 대상종목 중 59개 감면대상을 축소 폐지하였으며, 이러한 세법개정 조치로 종합유선방송과 중계유선방송 사업자가 과세사업자로 전환되었다.

경해 세제혜택을 부여하고 중소기업 육성기금 지원도 가능토록 한다는 내용이었다.[102)]

3. 새로운 질서의 형성: 신자유주의와 규제완화

금융위기 발생과 더불어 등장한 김대중 정부는 경제적 차원에서 신자유주의적 개혁을 시도하였다. IMF는 한국의 국가경쟁력 강화라는 명목을 앞세워 한국에 신자유주의를 정착시킨다. 김대중 정부는 민주적 원리에 의하여, 즉 민간인들의 자율성에 의하여 작동하는 경제체제를 건설하고자 하였다.[103)] 국민의 정부는 국가의 정상화가 가장 시급한 과제였으며 국제적 조류에 적응하기 위해 신자유주의를 자연스럽게 받아들였다. 그리하여 김대중 정부는 구조개혁 정책, 탈규제화 정책, 민영화, 사유화 정책, 자유화, 개방화 정책 등을 실행에 옮겼다.[104)] 신자유주의가 한국 사회 전반에 자리잡음에 따라 시장주의가 미디어 영역을 지배했다.[105)] 케이블TV 산업도 예외는 아니었다.

1) 새로운 정책의 도입을 위한 추기 움직임

1995년 7월 14일 방송과 통신의 융합현상에 대비하기 위해 새로운 방송질서에 부합되는 법, 제도를 마련하기 위해 당시 문민정부하의 공보처는

---

102) 한국케이블TV방송협회(2000), 《케이블TV5년》, pp. 61~62.

103) 이연호(2001), "김대중정부의 경제개혁과 신자유주의적 국가등장의 한계", 〈한국정치학회보〉 33집 4호.

104) 최종민(2000), "한국에서 신자유주의의 유효성과 본질적 한계", 〈지역사회〉 제8권 제1호, p. 146.

105) 한동섭(2005), "신자유시대의 공영방송: 모순과 위기", 〈방송문화연구〉 제17권 제2호, p. 113.

'선진방송 5개년 계획'을 수립하였다. 이 보고서 제안을 토대로 1995년 12월 1일 '통합방송법안'으로 일단 입법예고까지 되었으나, 방송위원 선임방식 등 정치적 갈등으로 1996년 5월 29일 폐기되었다. 같은 해 11월 20일 다시 국회에 상정되었지만 같은 이유로 통과하지 못했다.

법제정이 미루어지는 상황에서 문화관광부는 케이블TV를 활성화시키기 위한 정책들을 발표하였다. 1998년 8월에 '방송영상산업진흥대책'을 발표하면서 PP를 허가제에서 등록제로 전환하기로 결정하였다. 같은 달 18일 문화관광부는 '케이블TV 현안 및 회생지원대책'을 발표하였다.[106] 본 대책의 수립배경에 당시 정부가 느꼈던 케이블TV의 위기가 다음과 같이 잘 나타나 있다:

> "우리나라의 케이블TV 산업은 본방송 3년여 만에 초기투자에 따른 누적손실 및 IMF 경기침체 등 복합적 요인으로 전면적 위기상황이 도래하였다. 더구나 1997년 5월 2차 SO가 허가되어 1998년 초 2차 SO 개국으로 가입자의 획기적인 증가를 예상했으나, 한전의 전송망사업 중단으로 케이블TV의 전반적인 부실이 가속화되고 있다. 도입 초기 안정적 정착을 위하여 전채널의 의무전송 등 각종 규제를 통한 보호, 육성책을 실시하였으나, 중계유선 장애문제나 3분야 사업자간 갈등 등으로 실효에는 한계가 있다. 현행체제를 유지하는 경우 PP의 경영난 가중 및 부실이 가속화되어 케이블TV 산업의 붕괴 초래가 예상된다. 당면 위기 극복을 위해 시급한 과제인 새방송법 제정이 지연되고 있는 가운데, 현행법 테두리 내에서라도 정책적 규제의 완화 등 회생지원방안 추진이 불가피하다."

회생대책의 핵심내용은 종합유선방송과 중계유선방송의 단일법화, 중계유선의 복수 NO 지정, 케이블TV 채널 티어링 허용, 중계유선 역무제공범위 명확화 및 불법행위 엄중단속 등이었다.

정부의 이러한 정책처방에도 불구하고 통합방송법안이 국회를 통과하지

---

106) 문화관광부(1998. 8. 18), 〈케이블TV 현안 및 회생지원대책〉.

종합유선방송법 개정(1999)을 통한 주요 탈규제 정책

- 삼분야 사업자간 겸영 허용
- 대기업, 언론사 및 외국인의 SO 소유 허용
- PP의 외국인 지분제한 완화
- 전송망의 지정제에서 등록제로 완화
- SO의 자가망 설치 허용

못하자, 큰 위기에 직면한 케이블TV 산업을 회생시키기 위해 종합유선방송법만 1999년 1월 개정하였다. 이때 그동안 발전의 걸림돌로 지적되었던 적지 않은 제도들의 개선이 이루어졌다. 개정된 종합유선방송법에서는 소유규제가 대폭 완화되었다.

중요한 내용으로는 삼분야 사업자간의 겸영이 허용되고 복수 종합유선방송국(MSO)이 허용되는 등 수평적, 수직적 결합이 허용되었다. SO는 전체 PP 중 5분의 1 이내에서 겸영할 수 있고 PP는 전체 SO 중 10분의 1 이내에서 겸영할 수 있게 되었다. SO는 전체 대상가구의 10분의 1을 초과하지 아니하는 범위 이내에서 다른 종합유선방송국을 겸영할 수 있고, PP는 전체 프로그램 공급업의 5분의 1 이내에서 다른 프로그램 공급업을 겸영할 수 있게 되었다. 또한 개정 전에는 대기업, 언론사 및 외국인이 SO를 소유할 수 없었으나 개정 후 33%까지 소유할 수 있게 되었고, PP의 외국인 지분제한이 15%에서 33%로 완화되었다. 전송망에 대한 규제도 완화되어 전송망사업은 지정제에서 등록제로 변화되었고 SO 자가 망설치 및 기간 통신사업자의 전기통신설비 이용이 허용되었다.

2) 규제완화 정책과 시장회생

(1) 지역독점 제도의 포기와 갈등

복수 프랜차이즈의 허용에 대한 논의는 케이블TV 도입 초기인 1995년으로 거슬러 올라간다. 중계유선방송 사업자는 1995년 6월 대통령 앞으로 탄원서를 제출했는데, 이 가운데 중계유선 사업자들도 종합유선방송의 프로그램 공급을 허용해 달라는 내용이 포함되어 있다.

> "국민의 대다수인 중계유선방송 가입자에게 보다 유익하고, 다양한 프로그램이 공급되어 빈부의 격차에 따라 정보가 차등 제공되어서는 아니 된다. 뉴스 프로그램과 교육, 종교, 어린이 및 청소년 등의 교양에 대한 프로그램은 그 수요자를 확대하여야 하며, 자율 경쟁의 원리를 존중하여야 한다.
>
> 많은 비용을 들여, 프로그램을 만들면 일단은 유리한 조건으로 팔 수 있는 자유 경쟁 시장 원리에 의한 시장이 형성되어야 한다. 종합유선방송의 가입자가 극히 미미한 이때에는 프로그램 공급업자라도 의욕적인 제작으로 살아날 수 있는 활로를 개방해 주는 일석이조의 효과를 거둘 수 있어야 한다."[107]

한편 종합유선방송국협의회는 1996년 7월에 이어 동년 11월에 '종합유선방송 사업자와 중계유선업자의 효율적 업무권한 부여를 위한 건의'를 구공보처에 제출하였다. 주요한 내용은 종합유선방송과 중계유선방송의 역무 구분을 엄격하게 해줄 것을 요구한 점이었다.

> "종합유선방송과 중계유선방송의 역무가 거의 구분되지 않는 형편이고, 양 사업자의 사업 취지가 변질되어 단시일 내에 실질적으로 양 사업자의 역무 구분을 폐지하는 방향으로 정책 방향이 흐르는 것 같습니다.
>
> 대다수 중계유선방송이 현재 다섯 개 이상의 해외방송과 한 개 이상의 PP 프로그램을 송출하고 있고, 종합유선방송위원회나 단체의 심의도 없이 자체 프로그램을 제작하여 여과없이 자체 채널을 운영하고 있습니다. 더욱이 종합유선방송 도입의 가장 큰 장점이었던 부가통신서비스도 실시할 수 있도록 규정화되어 있습니다.

---

107) 한국유선방송협회(1995. 6), 〈김영삼 대통령께 드리는 탄원서〉.

특히 97년도 위성방송이 본격화될 시 현행법으로 중계유선의 위성방송 재송신을 규제할 법조항이 없으므로, 그나마도 종합유선방송이 비교 우위를 차지했던 '다양한 자국어 프로그램 채널 확보'란 최대의 마케팅 도구도 유명무실하게 될 것입니다.

특히 입법 예고된 방송법은 현행 PP의 위성방송 채널 프로그램 공급 자격 부여를 규정하고 있습니다. 그리고 대다수의 PP는 현재 위성방송 프로그램 공급을 기정사실화하고 있는 형편인 바, 이 같은 상황은 SO의 프렌차이즈권을 붕괴시키게 될 것으로 예상됩니다. 이는 PP, SO, NO의 현 삼분할 체제의 붕괴를 의미함은 물론이고 SO 사업의 위축을 초래, 우리나라 종합유선방송의 발전은 물론 정착마저도 위태롭게 할 것으로 예상됩니다.

… 중략 … 특히 현 중계유선방송 600여 만 가구와 종합유선방송 40만 유료 가구의 가입 규모를 비교할 때, 현 종합유선방송은 중계유선방송에 대한 경쟁력을 상실, 업무 구분의 폐지는 실질적인 종합유선방송의 포기를 초래하게 될 것입니다. 또한 대다수 중계유선방송은 개인 사업자의 형태로 되어 있는 바, 사업적 논리 못지않게 공익적 책임성이 요구되는 방송 사업자로 중계유선방송이 실질적으로 참여케 된다면, 이는 크나큰 사회적 문제를 야기시킬 가능성이 농후하다고 예측됩니다.

따라서 정부는 종합유선방송과 중계유선방송의 도입 취지에 상응하는 명확한 역무 구분을 하여 주실 것을 재삼 건의하는 바입니다."[108]

이러한 양 사업자들의 일련의 논의가 그치지 않은 상태에서 종합유선방송과 중계유선 사업자 간에 통합을 위한 논의가 지속적으로 진행되었다. 특히 양 사업자간에 M&A가 이루어진 경우나 협업이 이루어진 경우, 그리고 중계유선 사업자가 종합유선방송 사업의 허가를 받은 경우, 중계유선 가입자들에게 종합유선방송 프로그램을 전송해 달라는 요구가 드셌다.

그리고 이와는 별도로 중계유선 가입자를 상당수 확보하고 있는 중계유

108) 종합유선방송국협의회(1996. 11), 〈종합유선방송 사업자와 중계유선방송 사업자의 효율적 업무권한 부여를 위한 건의〉, 미간행 자료.

선 사업자들은 경쟁력 확보 차원에서 복수 SO를 주장하였다. 이러한 논의가 본격적으로 활성화된 것은 정보통신부가 복수 SO를 허용할 방침이라는 정책발표와 방송개혁위원회의 복수 SO 허용방침이 발표되고 나서부터이다. 이에 대한 여러 이해집단의 입장차이는 매우 크게 나타났다.

(2) 이해당사자들의 갈등

① 중계유선방송 사업자의 입장

중계유선방송협회는 복수 SO 허용에 대해 즉각적으로 환영을 표시하면서 즉시 허용해줄 것을 요청하였다. 그리고 즉시 허용할 필요성에 대해 다음과 같은 이유를 들었다.[109]

- 만약 유예기간을 두었을 시 그 기간 동안 양 사업자간 중복투자로 인한 국가재원 낭비 발생
- 복수 SO 즉시 허용 시 양 사업자간 첨예한 대립 조기 해소
- 방송개방(2000년)에 따른 국내 위성방송 산업발전에 기여할 수 있음(저렴한 비용으로 위성방송 수신 혜택 기회로 작용)
- 양 방송매체간 자연스런 통합(M&S) 협업 활성화
- 도농까지 정보화로 가는 인프라 구성에 기여
- PP 활성화에 기여(유료 80만에서 즉시 700만 가입자 확대 가능)
- 지역구분 없이 시청자의 방송선택권 즉시 허용

아울러 소지역 규모의 복수 SO도 허용해줄 것을 요청하였는데, 소규모 복수 SO는 지방산업 발전의 순기능 역할 및 기초 지방자치단체의 매체역할을 수행할 수 있을 것이라는 주장이었다.

---

109) 한국유선방송협회(1999. 2. 5), 〈유선방송 쟁점사항관련 의견제시〉, 방송개혁위원회 실행위원회 제시자료.

② 종합유선방송 사업자의 입장

한국케이블TV방송국 협의회는 정보통신부의 발표가 나간 이후, 전국 주요일간지에 이에 대한 반박성명을 5단 광고로 게재하였다. 그리고 방송개혁위원회의 방침이 알려지자, 방송개혁안 중 케이블TV 부분이 크게 잘못되어 있다는 반박문을 발표하였다. 그 내용 중 관련내용을 발췌하여 소개하면 다음과 같다.

> "… 최초 허가 시 소정의 방송발전기금을 납부한 것은 물론 개국 준비과정에서부터 적정시설과 인력의 확보, 운영 및 해당 방송권역 관리를 위해 수십억 원씩의 자금을 쏟아 넣으며, 오직 이 땅에 첨단매체를 활착시키기 위해 노력해왔고, 그 성과 또한 머지않아 기대할 수 있는 시점에 와 있습니다.
>
> 그 엄청난 유, 무형의 투자와 수만 종사자가 참여한 재산권에 대해서는 누가 보상해 줄 것입니까? 동일지역 내에 SO가 복수로 있다면, 과연 어느 누구가 케이블TV 발전의 사업주체가 되어 모든 것을 사심 없이 투자하고 헌신하겠습니까?
>
> 복수 사업자의 시너지 효과보다는 부실화, 공동화(空洞化)를 초래하고 복수 사업자간의 과잉경쟁으로 인한 사회문제까지 야기시키고 지난 3년여간 구축해온 PP프로그램의 정상적인 유통경로마저 일시에 와해시키게 될 것임이 또한 명약관화할진대, 그렇다면 복수SO를 하겠다는 것이 중계유선업자와 일부 PP사 그리고 몇몇 인사 외에 도대체 누구에게 도움을 준다는 것입니까?"110)

SO 사업자들이 주장한 핵심내용은 케이블TV의 발전주체의 상실과 사업자 재산권의 침해로 요약된다. 즉, 동일 사업구역 내 과잉경쟁으로 인해 부실화, 나아가 사회문제의 야기 가능성을 제시했으며 사업승인 시 출연한 기금, 5년 가까이 투자한 유무형의 재산권 문제를 제기하였던 것이다.111)

---

110) 한국케이블TV방송국협의회(1999. 2), 〈호소합니다〉, 미간행 발표문.

111) 한국케이블TV방송국협의회(1999. 1. 18), 〈케이블TV관련 현안 해결방안: 방송,

③ 프로그램 공급업자의 입장

프로그램 공급업자들의 입장에서는 복수 SO의 허용을 근본적으로 찬성하였다. 복수 SO의 허용이란 프로그램 판매시장의 확대를 의미하기 때문이다. 다만 복수 SO가 되기 위한 선행조건으로 방송사업자로서의 적격여부를 요구하였고, 권역권은 시군구 단위 이상의 기초자치단체 지역으로 기존 SO 구역 중심으로 SO 전환기준을 마련할 것을 제안하였다. 또한 가입가구 수는 최소한 광역시 지역은 1만 가구 이상, 기타 지역에서는 5천 가구 이상을 확보한 경우로 제한할 것을 요청하였다. 아울러 쌍방향 서비스 또는 450 MHz 이상의 망을 구축하도록 요구하였다.112)

복수 SO 운영방안과 관련하여 복수 SO로 케이블TV 시장에 진입한 이후 PP는 복수 SO에게 동일가격의 프로그램 사용료로 공급하고, 복수 SO로 진입한 이후에는 중계유선 역무보다 케이블TV 역무를 본격화할 수 있는 운영기준의 마련이 필요하다고 제안하였다. 재허가 갱신 시에 복수 SO를 일원화하기 위한 방안으로는, 케이블TV 운영 수준, 망기술 수준, 자산평가 등을 종합적으로 고려해 평가기준을 정립하는 것이 필요하다고 제안했다.

④ 정부의 최종결정

김대중 정부는 1998년 12월 14일 대통령 직속으로 '방송개혁위원회'를 구성하여 법령 및 규제기관의 일원화 및 양 사업의 단계별 통합방안을 제시했다. 1단계 조치로 동일 사업구역 내 복수 종합유선방송 사업자를 인정하고 2단계로 동일 사업구역 내 복수 종합유선방송 사업자 통합을 전제로 재허가를 갱신한다는 것이었다. 시장에 의한 자율적 통합이 안 될 경우, 제3자의 자산평가 실시 후 단일법인을 구성하도록 제안하였다. 이러한 방송개혁위원회의 건의가 받아들여져서 2000년 1월 새 방송법 제정 시 양 사업에 대한

영상산업진흥을 위한 제언(1)〉, 미간행 방송개혁위원회 제출 의견문.

112) 한국케이블TV 프로그램공급사 협의회(1999.6), "통합방송법 시행령 제정방향: 국내영상산업 기반조성을 중심으로", 〈케이블TV 실무대표 워크숍 자료집〉, pp. 99~100.

관련법 및 규제기관이 일원화되었으며, 중계유선방송 사업자에 대한 종합유선방송 사업승인 제도가 신설되었다.[113] 이 결과 종합유선방송법과 유선방송관리법이 통합되었고 방송위원회와 종합유선방송위원회가 통합되었다.

(3) 전환승인 정책의 추진과 갈등

케이블TV 정책실패를 보완하는 의미에서 대통령령이 정하는 기준에 해당하는 중계유선방송 사업자의 경우 방송위원회 승인으로 종합유선방송 사업자의 지위확보가 가능해졌다. 일차로 종합유선방송사업 53개 지역은 1년, 나머지 종합유선방송사업 24개 지역은 2년 6개월의 유예기간을 두었다.[114] 전환 신청한 중계유선 사업자는 해당 SO 지역 전체 가구 대비 15% 이상 가입자를 확보하도록 사업참여 기준을 설정하였다.[115]

전환승인 정책의 목표는 능력 있는 케이블TV의 시청기회를 확대하고 시장통합 기반을 조성함으로써 케이블TV 산업을 활성화시키는 데 있었다. 즉, 그동안 종합유선방송과 중계유선방송에 대한 법 규제기관의 이원화 및 양 사업의 분리추진으로 발생한 사업자간의 왜곡된 경쟁구조를 개선하고, 케이블TV 시장확대를 통한 매체 경쟁력 강화 및 다채널방송의 수용범위 확장에 따른 시청자의 케이블TV 시청기회를 확대하고자 한 것이다.[116]

방송위원회가 중계유선방송의 전환승인 정책을 추진하자, 한국케이블TV 협회는 방송위원회를 상대로 하여 법률적으로 강하게 대응하였다. 같은 방

---

113) 방송법 제 9조 제 3항.

114) 방송법 제 7조, 시행령 제 9조.

115) 당해 사업구역의 범위와 특성을 고려하여 가입자 수 비율을 차등화할 수도 있으나 방송법상 허가방송구역별로 유예기간을 두어 전환 SO 승인을 하도록 한 점과 유예기간 동안 당해 SO 사업능력에 따라 잔여 중계유선 가구수가 결정되고 승인신청 가능여부도 좌우된다는 측면을 감안할 때 지역별 차별적인 진입조건은 형평성 문제를 유발하게 되므로 지양한다는 원칙이 수립되었다. 황부군, "중계유선의 SO 전환에 따른 정책과 현안", 〈케이블TV회보〉 2002년 7월호, p. 2.

116) 방송위원회(2000), 〈중계유선방송의 종합유선방송 사업 승인 방안〉, 공청회 자료집.

송구역 안에 또다른 복수 사업자가 불합리하게 등장함으로써 정당한 합법적 기득권이 불공평하게 제한되는 등 그 법적 지위에 있어 회복하기 어려운 치명적인 법적 불이익을 당하고 말 입장에 놓여, 결과적으로 승인처분이 원고들의 '평등권, 직업선택의 자유, 재산권' 등의 기본권을 침해하였다는 것이다.[117]

방송위원회는 종합유선방송 사업자들의 이러한 반발에도 개의치 않고 전환승인을 추진하였다. 종합유선방송 43개 프랜차이즈 지역에서 54개 사업자가 신청하였다. 2001년 4월 30일 38개사를 승인대상자로 선정하여 최종 33개 사업자에게 승인장을 교부하였다. 이에 헌법소원과는 별도로 서초종합유선방송 외 27인은 2001년 5월 3일 방송위원회를 상대로 해서 기존 SO가 중계유선 사업자들의 종합유선방송사업 전환승인의 전체를 취소하는 소송을 청구하였다.[118] 이 소송은 2차례에 걸친 전환승인이 종료된 2003년 2월 27일 원고가 소를 취하함으로써 종결되었다. 이들은 전환승인과 관련하여 2001년 8월 2일 종합유선방송사업 승인과 관련된 심사정보를 공개할 것을 청구하는 소송을 제기하였다. 방송위원회가 2001년 6월 청구정보 중 일부만을 공개하자, 일부 정보 비공개처분의 취소를 구하는 소송을 제기한 것이다. 이 사건은 같은 해 11월 16일 원고가 역시 소를 취하함으로써 일단락되었다.

1차 전환승인 심사는 수익성이 높을 것으로 예상되는 대도시지역의 다수의 사업자를 대상으로 이루어져 경쟁이 심하였다. 따라서 전환승인 탈락 사업자들은 심사에 승복하지 않고 방송위원회를 상대로 줄이어 소송을 제기하였다. 2001년 5월 29일에 아산케이블방송,[119] 2001년 5월 21일에는 수원네트워크,[120] 2001년 6월 9일에는 도봉, 강북 지역의 배국철 외 3인

---

117) 유재홍 외 30인, 헌법소원심판청구서, 2001.

118) 종합유선방송사업승인거부처분 취소건, 서울행정법원2001구16780.

119) 종합유선방송사업승인거부처분 취소건, 서울행정법원2001구20659; 종합유선방송사업승인거부처분 취소건, 서울행정법원2001구25517; 행정처분효력정지가처분신청건, 서울행정법원2002아40.

(가칭 한국케이블TV하나로방송(주))은 각각 방송위원회를 상대로 전환승인에서 탈락하자 승인거부처분의 취소를 구하는 소송을 제기하였다.[121] 이러한 와중에도 방송위원회는 예정대로 2차 사업지역에서 2002년 11월 4일 8개사에 대해 종합유선방송 전환정책을 추진하였다.

승인에서 탈락한 일부 중계유선방송사는 종합유선방송 사업승인의 법적 성격은 새로운 법률상의 권리 등을 설정하는 형성적 행정행위가 아니라, 이미 헌법적으로 인정되어 있는 자유권을 적법하게 행사할 수 있도록 개별법상의 잠정적, 일반적 금지를 해제하는 명령적 행정행위이기 때문에 방송위원회가 법령에서 규정하고 있는 승인의 요건을 모두 갖추어 승인신청을 하였으므로, 방송위원회가 이를 승인해야 함에도 법령상의 근거 없이 '방송구역별 1개 사업자 이내 승인'이라는 내부방침을 마련하고 이에 따라 승인을 거부하였기 때문에 이러한 승인불가 처분은 승인신청을 한 중계유선방송사들의 영업의 자유 내지 직업의 자유를 침해한 것일 뿐 아니라, 헌법상의 경제질서 원칙에 반하는 것으로 위법하다고 주장하였다.

이에 대해 방송위원회는 종합유선방송 사업승인의 법적 성격은 승인신청자에게 종합유선방송 사업을 영위할 수 있는 권리 등을 부여하는 설권적 행정행위로서 방송위원회는 그 승인을 함에 있어 폭넓은 재량을 행사할 수 있고, '방송구역별 1개 사업자 이내 승인'이라는 방침을 정하고 이에 따라 승인을 한 것은 방송위원회의 재량권의 범위 내이므로 신청자들의 영업의 자유 내지 직업의 자유를 침해하였다거나 헌법상의 경제질서 원칙에 반하는 처분이라고 할 수 없다고 주장하였다.

이 사건에 대해 서울행정법원은 심사사항 범위 내에서 방송위원회가 구체적 심사항목 및 항목별 배점을 정하고 적정 사업자 수를 고려하여 승인사업자 수를 제한하는 것 등은 방송위원회의 재량에 속하는 것이고, 그 구체

120) 종합유선방송사업승인거부처분 취소건, 서울행정법원2001구19246; 종합유선방송사업승인거부처분 취소건, 서울행정법원2002구합691; 행정처분효력정지가처분신청건, 서울행정법원2001아912.

121) 종합유선방송사업승인거부처분 취소건, 서울행정법원2001구22464.

적 심사기준의 설정이나 사업자 수의 제한이 방송법령의 규정에 반하거나 객관적으로 합리성이나 타당성을 결여하여 재량권의 한계를 일탈하거나 이를 남용한 것이 아닌 이상, 위법하다고 볼 수 없다고 판시하였다.[122)]

방송위원회는 2001년 4월 30일 38개 사업자를 선정 발표하였다. 그중 최종적으로 33개 사업자가 승인을 받아 사업을 진행했다. 유예기간을 거친 두 번째 전환승인은 2002년 11월 4일에 이루어졌는데, 남은 13개 지역에서 9개 중계유선 사업자를 추가로 종합유선방송 사업자로 선정하였다. 이 결과 전국에서 118개 종합유선방송 사업자가 등장하였다. 전체 77개 지역 가운데 42개 지역이 SO간의 경쟁체제로 전환되었다. 1차 전환을 통해 98개 중계유선방송 사업자, 2차 전환을 통해 83개 중계유선방송 사업자가 각각 종합유선방송 사업자로 전환함으로써 전체 중계유선방송 사업자 가운데 23%가 전환한 것으로 나타났다.

방송위원회의 기본입장은 가능한 한 많은 중계유선 사업자들에게 전환승인의 기회를 부여하는 것이었다. 이 결과 종합유선방송 사업의 지역독점구조는 대부분의 신청지역에서 복점경쟁 구조로 이행했다. 이러한 구조적 변화는 중계유선방송을 종합유선방송이라는 제도권 내에서 수용함으로써 혼란한 시장을 정비한다는 의도에서 시작되었지만, 정책을 집행함에 있어 적지 않은 갈등과 혼란이 발생하였다.

특히 전환승인 심사에서 탈락한 세 사업자들이 제기한 종합유선방송사업 승인처분 취소 1심 소송에서 방송위원회가 패소함으로써 과거 인허가와 관련하여 사업자와 법률적 다툼이 별로 없었던 방송위원회를 당혹스럽게 만들었다.[123)] 2000년 초 전환승인으로 촉발된 방송위원회의 매체정책에 대한 사업자들의 법률적 대응은 그후 다른 정책사안과도 관련하여 연이어 발

---

122) 방송위원회 대 아산케이블방송주식회사, 서울행정법원, 2001.10.31, 2001구20659.

123) 아산케이블TV가 청구한 종합유선방송사업승인거부처분 취소건(서울행정법원 2001구25517)은 방송위원회가 일부 패소하였다. 또다른 종합유선방송사업 승인처분 취소 청구(서울고등법원2002누1252)건은 각하되었다.

생하였다. 방송위원회는 2000년 이후 2005년까지 100여 건 이상의 소송에 시달려야 했다. 방송정책 수립권한을 문화관광부로부터 이양받은 방송위원회의 책임성과 전문성이 더욱 강화되어야 함을 일깨워주는 계기가 되었다.

복점 사업자간에 경쟁이 심해지면서 사업자간 인수합병이 추진되었다. 원광재(2006)가 조사한 바에 따르면, 2003년 이후 2006년 말까지 국내 SO간 기업결합의 현황은 〈표 3-13〉과 같이 총 36건이 일어난 것으로 나타났다. 2003년에는 태광그룹이 한빛아이앤비의 9개 SO를 인수하는 것을 비롯하여 11건이 일어났으며, 2004년에는 10건, 2005년에는 9건, 2006년 6건이 일어났다. 이중 방송구역의 경쟁 SO를 인수하거나 2개의 SO를 M&A하여 경쟁관계가 해소된 SO는 무려 11개 방송구역에 달하였다.[124)]

이 결과 〈표 3-14〉에서 보듯이, 35개 지역에서 52개 SO가 독점적 시장구조를 지니고 있으며, 42개 지역 50개 SO가 복점 경쟁적 구조를 보인다.

두 차례에 걸친 종합유선방송국 허가, 또다른 두 차례에 걸친 중계유선방송 사업자의 종합유선방송 전환승인으로 인해 중계유선 사업자 수에 있어서도 적지 않은 변화가 있었다. 중계유선방송 사업자 수는 종합유선방송 출범 이전인 1993년 875개였던 것이 종합유선방송 일차 허가시점인 1994년 896개사로 증가하였고, 1997년 이차 SO 허가시점인 1997년 860개사로 감소한 이후 지속적으로 줄어들고 있는 경향을 발견할 수 있다. 중계유선방송사의 종합유선방송사로의 일차 전환승인이 이루어졌던 2001년에는 696개사로 대폭 감소하였고 2002년 이차 전환시점에서는 다시 638개사, 2007년 6월 기준으로 볼 때 139개사로 크게 줄어들었다(〈표 3-15〉 참조). 규모가 큰 대부분의 중계유선방송 사업자들은 종합유선방송으로 전환했고, 남은

---

124) 티브로드 전주방송 - 티브로드 온케이블방송, 티브로드 동남아방송 - 티브로드 남부산방송, 티브로드 강서방송 - 티브로드 지에스디방송, 대구중앙케이블TV 북부방송 - HCN 금호방송, 에이치씨앤 - 관악케이블방송, 충북방송 - HCN충북방송, CJ케이블넷 해운대기장방송 - 동부산방송, 충남방송 - 모두방송, 씨엠비웹앤티비 - 씨엠비서광주방송, 금정방송 - 제일케이블방송, 한국케이블TV 서남방송 - 한국케이블TV 호남방송 등임.

〈표 3-13〉 종합유선방송 분야의 기업결합

구 분	2003년	2004년	2005년	2006년
태광산업	티브로드한빛방송(2) 티브로드기남방송(2) 티브로드새롬방송(1) 티브로드전주방송(1) 티브로드온케이블(3) 티브로드낙동방송(1) 티브로드동남방송(1) 티브로드 남부산방송(3) 티브로드 서부산방송(1)	티브로드 동대문방송(1) 티브로드강서방송(1) 티브로드서해방송(1)	티브로드 GSD방송(3) 티브로드 남동방송(1)	
C&M		중앙케이블방송(1) 서서울케이블방송(1) 서초남부미디어넷(3)	경기방송(2)	
HCN			대구북부방송(3) 씨씨에스(2) 에이치씨앤(3) 충북방송(3)	
CJ계열	해운대기장방송(1)	북인천방송(1) 동부산방송(3)		드림씨티방송(2) 드림씨티 방송(은평) (1) 충남방송(2) 모두방송(4) 영남방송(2)
큐릭스		큐릭스대구방송(3)		
CMB		CMB웹앤TV		
GS홈쇼핑			강남케이블방송(1)	
NGN	금정방송(1)			
호남방송			서남방송(1)	
포항방송				신라케이블방송(2)

출처: 원광재(2006), 정인숙(2007: 143)에서 재인용.[125]

125) 원광재(2006), "케이블TV 사업자(SO)의 기업결합이 재무성과에 미치는 영향 연구", 정인숙(2007), 《방송정책 이론과 방법론》, 커뮤니케이션북스, p. 143에서 재인용.

〈표 3-14〉 국내 케이블TV 방송구역 및 SO 경쟁현황

(2007년 12월 1일 기준)

방송구역	구역수	SO 수	1994년 1차 SO (대도시지역)	1997년 2차 SO (시, 군지역)	2001년 3차 SO (대도시지역)	2002년 4차 SO (시, 군지역)
독점지역	35	52	30	18	3	1
복점지역 (동일 MSO 포함)	42	50	20	5	21	4
합 계	77	102	50	23	24	5

출처: 한국케이블협회(2005), 《케이블10년사》 재구성.

사업자의 숫자는 많으나 실제 그 사업규모는 그다지 크지 않아 자연스럽게 도태될 것으로 예상된다.126)

전환승인으로 중계유선 사업자들이 종합유선방송 사업자로 전환하자, 그 지역에 또다시 중계유선 사업자로 신규 신청하는 사례가 발생하였다. 이에 대해 방송위원회는 전환승인 정책의 연장선에서 신규허가를 하지 않자, 이에 대해 중계유선 신청사업자가 소송을 제기하였다. 이에 대해 서울행정법원에서는 2005년 10월 12일 방송위원회의 중계유선방송사업 신규허가 추천 거부처분의 절차적 정당성과 유선방송시장의 통합과 효율성을 도모하기 위한 정책의 타당성을 인정하여 방송위원회 승소판결을 내렸다.127)

이번 판결은 방송위원회가 시청자 의견청취 절차 잘못으로 인한 패소 후에 시청자 의견청취 절차를 보완하여 새롭게 중계유선방송사업 신규허가 추천을 거부한 사례에 대한 최초의 법원판결에 해당한다. 그동안 중계유선방송사업 신규허가 추천거부에 따른 행정소송에서 방송위원회 홈페이지만

126) 2002년 6월 가입자 수를 기준으로 중계유선방송사의 평균 가입가구 수는 약 7,000 정도에 불과하던 것이 2004년 6월에는 1개 사당 평균 약 3,000가구로 감소하여 매우 영세한 모습을 보이고 있는데, 예외적으로 약 10만 가구를 확보한 중계유선사도 있지만 1,000가구 이하 사업자도 매우 많다.

127) 방송위원회(2005.10.12), 〈중계유선방송 신규 허가 추천 거부 소송 승소〉, 보도자료.

을 통한 시청자 의견청취는 방송법의 취지에 반한다는 이유로 방송위원회가 패소한 바 있어, 중계유선방송사업 신규허가 정책방향에 대한 논란이 제기되었다.

서울행정법원은 노덕환 외 2인과 방송위원회 간 중계유선방송사업 허가추천 거부처분 취소사건에서[128] 방송위원회가 방송위원회 홈페이지, 관보,

〈표 3-15〉 케이블TV 방송국 사업자 현황

	종합유선	중계유선	허가/승인	시기 특성	케이블TV 경쟁구조
1993	-	875	-	-	중계유선 독점
1994	53	896	53	1차 SO 허가 (광역시도)	종합유선방송과 중계유선방송 경쟁
1995	53	908	-	-	
1996	53	852	-	-	
1997	77	860	24	2차 SO 허가 (중소도시)	
1998	77	860	-	-	
1999	77	855	-	-	
2000	77	821	-	-	
2001	109	696	33	3차 SO 전환승인 (광역시도)	종합유선방송 복점과 독점 공존
2002	110	638	9	4차 SO 전환승인 (중소도시)	
2003	119	408	-	-	
2004	119	299	-	-	
2005	119	198	-	-	
2006	111	160	-	-	
2007	107	139	-	-	

출처: 중계유선방송 사업자 수는 구공보처, 정보통신부, 관련단체 자료로 재구성; 종합유선방송 사업자 수는 방송위원회(2006), 〈2006 방송산업 실태조사 보고서〉.

128) 서울행정법원 2005구합14981.

관련 지자체 홈페이지를 통하여 시청자 의견을 충분히 수렴하였으므로 절차적 정당성이 인정되고 중계유선방송사업의 신규허가 추천을 거부하는 것은 유선방송시장 통합과 효율성을 도모하기 위한 타당성이 인정되므로 재량권을 일탈·남용한 것으로 볼 수 없다고 판단하였다.

서울행정법원의 판결에 따라 방송위원회는 유선방송시장에 대한 공정경쟁 기반 조성, 시장질서 교란 및 전송망 중복투자 방지, 유선방송시장 활성화 및 통합유도의 정책을 보다 적극적으로 추진하는 한편, 중계유선방송사업자의 종합유선방송사업 전환승인을 통해 중계유선방송사업 허가권을 반납한 지역에서 중계유선방송사업 신규허가 추천신청을 자제하는 것이 국민의 편익 및 행정낭비 방지를 위해 바람직하다고 밝혔다.

(4) MSO의 등장과 소유 집중

1999년 1월에 종합유선방송법이 개정되어 복수의 SO와 PP의 소유가 가능해지자 인수·합병이 본격화되었다. 우선 1999년 3월 대호가 서울지역의 서초, 동작, 동서울, 관악 등 4개 SO와 청주, 금호, 경북, 부산 등 지방의 SO를 통합하여 MSO를 형성하였고, 이어 7월 조선무역이 강동케이블TV의 주식 55%를 인수하였는데, 이로써 조선무역은 경동, 북부, 노원, 구로, 마포방송 등 7개 SO를 소유하는 MSO가 되었다. 이밖에도 2차 SO를 중심으로 한 중계유선방송과 SO 간의 협업도 활발히 진행되었다.

2000년 6월 기준으로 조선무역의 SO가 C&M으로 이름을 바꾸고 SO를 추가로 인수하여 국내 최대 MSO로 자리를 잡았다. 대호와 두루넷이 각각 7개 SO를, 아이팩이 4개 SO를 소유하였고 서울문화사, 중앙유선, 태광산업, 기남, 신원이 각각 2개의 SO를 소유하였다. 2001년 이후의 MSO 소유 현황을 〈표 3-17〉에 정리하였는데, C&M은 SO를 12개까지 소유한 적이 있으며, 대호가 소유하던 MSO는 현대백화점 계열로 넘어갔다. 아이팩이 소유하던 MSO는 온미디어가 인수하여 SO를 추가하였다. 기남 MSO는 한빛아이앤비로 이름을 바꾸면서 SO의 수를 늘려나갔다. 큐릭스(미래), CJ케이블넷, 드림씨티(유진기업) 등이 MSO로 등장하였고, 과거에 중계유선을 많이 소유하고 있었던 사업자들이 전환정책의 결과 MSO의 소유주로 등장하였다. 2004년 가을에는 태광이 한빛아이앤비를 인수함에 따라 C&M을 제치고 국내 제1의 MSO로 등장하였다.

MSO가 허용된 1999년 이후 종합유선방송 산업의 시장집중도가 빠르게 증가하였다. MSO의 수가 증가하였고 MSO들이 소유한 SO의 수도 증가하였으며, 전체 SO 매출액에서 MSO들이 차지하는 비중도 증가하였다. 8대 MSO들의 소유 SO가 2001년 46개에서 2005년 87개사로 증가하였다. 8대 MSO들의 매출액 점유율은 2001년 42.6%에서 2005년 72.8%로 증가하였다. 4대 MSO들의 시장점유율 역시 같은 기간 크게 증가하여 2001년 24.8

〈표 3-16〉 주요 MSO 수와 매출액 점유율의 연도별 변화추세

	MSO 명	2001년 6월		2002년 6월		2003년 6월		2004년 6월		2005년 6월		2006년 12월	
		SO	매출액 점유율 (%)	SO	매출액 점유율 (%)	SO	매출액 점유율 (%)	SO	매출액 점유율 (%)	SO	매출액 점유율 (%)	SO	매출액 점유율 (%)
1	태광	4	4.7	4	5.1	4	4.5	5	5.3	22	20.8	17	21.9
2	씨앤앰 커뮤니케이션	12	12.4	12	12.4	10	29.4	10	12.7	17	17.4	15	15.9
3	CJ 케이블넷	3	3.4	5	5.1	5	6.3	7	7.9	8	9.0	15	18.1
4	CMB	10	4.3	14	7.3	13	7.9	10	5.4	17	8.6	13	5.9
4대 MSO		29	24.8	35	29.9	32	48.1	32	31.3	64	55.8	60	61.8
5	HCN	7 (대호)	10.3	5	7.2	5	5.6	8	8.5	8	5.5	11	7.1
6	큐릭스	3 (미래)	3.7	6	4.8	6	2.8	5	4.1	8	5.5	6	5.2
7	온미디어	5	0.6	5	4.3	5	3.8	6	3.9	6	3.7	4	2.6
8	드림씨티 미디어	2	3.2	2	5.5	2	6.2	2	5.4	-	-	-	-
8	지에스 홈쇼핑	-	-	-	-	-	-	-	-	2	2.3	2	4.4
8대 MSO		46	42.6	53	51.7	50	66.5	53	53.2	87	72.8	83	81.1

출처: 방송위원회 방송실태조사보고서(2001, 2002, 2003, 2004, 2005, 2006).

%에 불과하던 것이 2005년에는 55.8%로 크게 늘어났다. 이러한 집중도 증가는 태광 MSO가 한빛 MSO를 인수하면서 규모가 큰 폭으로 증가하였고 제 2대 MSO인 C&M이 지속적으로 서울 및 경기 일원 SO를 인수하였고 CMB가 대전, 전남을 중심으로 지역적 통합을 추진하면서 MSO의 비중이 증가한 데 기인한다.

2006년 기준으로 4대 MSO의 매출액 점유율은 61.8%, 8대 MSO 점유율은 81.1%로 크게 증가한 것으로 나타났다.[129]

한국 케이블TV 산업의 집중도 수준을 미국 케이블TV 산업의 집중도와 비교해보기로 한다. 비교에 있어 고려해야 할 점은 미국의 경우 2004년 미국의 다채널 방송산업(MVPD: *Multi-channel Video Programming Delivery*)의 점유율 분포에서 상위 4대 사업자 중에 2개 사업자가 DBS 사업자이다. 미국에서는 1980년대 중반부터 MSO에 의한 시장집중이 꾸준히 증가하였다. 1995년 현재 최대 MSO의 시장집중도는 26.5%이고 상위 4개 MSO의 점유율이 58% 정도이다. 흥미로운 것은 1995년 미국 케이블TV 산업의 집중도 수준이, 미국의 최대 MSO의 점유율이 한국의 최대 MSO보다 약간 더 높은 것을 제외하면 한국 케이블TV 산업의 집중도 수준과 비슷한 것이다.

(5) 프로그램 공급업의 등록제 도입과 시장경쟁

PP들의 어려움을 타개하기 위해서 1999년 1월 6일 구 종합유선방송법을 통해 PP의 허가제에서 등록제로 전환하였다. 그렇지만 케이블TV 관련 다른 정책의제에 비해 등록제 논의는 상대적으로 소홀히 이루어진 감이 없지 않다. 정보통신부는 '유선방송 발전대책'을 발표하면서 PP의 장르변경을 허용하고 자체제작 비율을 완화하고 PP에 대한 규제완화를 통해 복수 PP, PP와 SO의 겸영허용, PP의 등록제, 지상파방송, 위성방송 등에도 프로그램 공급을 허용한다는 내용을 발표하였다. 이에 문화관광부도 1999년 PP 추가승인을 포함한 '케이블TV 활성화 지원계획'을 발표하였다. 김대중 정권

---

129) 방송위원회(2007), 〈2007년 방송산업 실태조사 보고서〉, p.347.

〈표 3-17〉 PP의 인허가 제도 변화

시 기	1993~1999. 2	1999. 2~2000. 2	2000. 3~2000. 12	2001. 1~2005. 4
제 도	허가제	승인제 *등록제 유예	(좌 동)	등록제 *홈쇼핑, 종합, 보도분야 승인제
근거법	종합유선방송법 제 13조 (1991. 12 제정)	종합유선방송법 제 13조 (1999. 2 개정)	(좌 동)	방송법 제 9조 5항(2001. 1 개정)
담당 부처	공보처(문화관광부)	문화관광부	방송위원회	방송위원회
채널수	29개 PP 허가(1993)		15개 PP 추가 승인(2000. 5)	372 PP 등록
비 고	진입 규제 강함	탈규제 과도기		진입 규제 약함

은 방송개혁위원회를 구성하여 방송개혁의 방향과 과제들을 정리하면서 PP에 대한 허가제를 2001년 1월부터 등록제로 전환하겠다는 계획을 발표하였다.130)

통합방송법에서 이러한 정책을 반영하여 2000년 12월 31일까지 유예한 뒤 2001년부터 등록제를 시행키로 했으나, 법 시행령 개정이 2001년 3월 20일에 이루어지는 바람에 2000년 12월 31일까지 한시적으로 방송위원회의 승인을 받도록 하였다. PP의 인허가 제도는 〈표 3-17〉과 같은 과정을 거쳐 변화하였다.

PP의 시장진입 정책이 허가에서 승인, 승인에서 등록으로 점진적으로 규제가 완화된 것은 다양한 콘텐츠를 공급할 수 있는 능력 있는 참여희망 사업자들에게 기회를 부여하여 영상산업 진흥을 도모하고자 한다는 정책의도가 있었다. 즉, 진입장벽 철폐를 통한 PP 분야에서의 시장원리 정착을 근본취지로 하고 있었다. 또한 MPP의 육성을 통한 규모의 경제 실현과 방송산업 관련자원의 효율화를 유도하기 위해서였다.

---

130) 방송개혁위원회(1999), 〈방송개혁의 방향과 과제〉, p. 65.

PP 등록제 시행을 위해 방송위원회는 2001년 3월 20일 시행령의 신설(제7조의 2)을 통해 PP 등록요건으로 ① 자본금 5억 원 이상, ② 주조정실, 부조정실, 종합편집실 및 송출시설의 구비가 필요하다고 정했다. 이는 일정한 자본금과 최소한 시설기준을 요건으로 함으로써 경쟁력이 낮은 PP의 난립현상을 막고자 한 조치였다. 이러한 진입장벽을 크게 낮춘 조치는 수많은 PP들이 시장에 등장하도록 했다.

등록제 실시 첫해인 2001년은 방송채널사용사업의 등록제의 효과가 확실하게 나타났다. 한 해 동안 방송위원회에 신규로 등록한 채널은 TV채널이 116개였고 오디오 채널만 97개에 달하였다. 승인제를 유지하고 있는 홈쇼핑의 경우에는 2001년 4월 신규사업자로 한국농수산방송, 우리홈쇼핑, 연합홈쇼핑 3개 사업자가 선정되었다.

2002년 PP 채널의 수는 187개로 대폭 증가했다. 2002년 11월 방송위원회에 등록한 PP의 공급분야를 보면 영화 15.6%, 교양 9.7%, 경제 및 정보 8.6%, 교육 9.1%, 오락 7.5% 등의 분포를 보였다. 틈새장르, 마니아를 대상으로 하는 장르 등 다양한 장르가 출현했지만 영화장르의 채널수가 크게 늘어난 점이 특징적이었다. 그후 PP의 수는 폭증하여 2005년 4월 현재 171개의 법인이 415개의 채널(텔레비전, 라디오, 데이터 채널 포함)을 운영하고 있는 것으로 나타났다(〈표 3-18〉 참조). 이렇게 짧은 기간 동안 수많은 PP들이 등장하게 된 이유는 위성방송의 출범으로 인해 출구확대가 이루어질 것이라는 예상과 새로운 매체의 출현으로 인해 영상산업에 대한 미래전망이 밝을 것이라는 전망이 작용한 것으로 보인다.

등록제로 인한 다수 사업자의 출현은 PP간 본격적인 프로그램을 통한 질적 경쟁을 강화하였고 PP와 SO 마케팅을 강화하는 전기로 평가되고 있다. 그렇지만 PP 등록제가 심각한 부작용을 낳고 있는 것도 부인할 수 없다. 그것은 ① 지상파방송 3사 계열의 PP가 시장을 지배하는 경향, ② 채널구성이 특정장르에 편중되고 있어 방송법과 정책이 추구하는 다양성과 균형성이 위축되는 경향, ③ 과거 PP의 허가제는 SO 채널 편성권을 유명무실하게 한 반면, PP의 등록제는 SO의 채널 편성권의 남용이라는 부메랑 효과를 낳고 있다는 점이다.[131] 그외 등록만 해놓고 방송을 하지 않는 서류상으로만 회사인 경우도 발생하는 등 부작용도 수반하였다.

(6) MPP의 등장과 지상파방송사의 진출

PP의 경영난과 IMF 경제위기 한파로 PP의 매물이 많이 나와 있는 상황에서 1999년 1월에 MPP가 합법화되었다. 2005년 현재 국내 최대의 MPP

〈표 3-18〉 방송채널사용 사업자 현황

(2005년 4월 기준)

구분			전체	폐업	취소	현재
1차('93~'95)		법인수	27	1	0	26
		채널수	29	1	0	28
2차(2000)		법인수	13	2	0	11
		채널수	14	2	0	12
신규 홈쇼핑(2001)		법인수	3	0	0	3
		채널수	3	0	0	3
3차 등록 (2001.3~)	텔레비전	법인수	184	86	3	106
		채널수	239	104	3	132
	데이터	법인수	30	1	0	30
		채널수	40	1	0	39
	라디오	법인수	15	4	0	11
		채널수	262	61	0	201
총계		법인수	268	94	3	171
		채널수	587	169	3	415

출처: 방송위원회.[132]

1. 1차 29개 채널: 구공보처, 문화관광부의 허가 및 승인 채널('93, '94, '95)
2. 2차 14개 채널: 방송위원회 등록제 유예기간 내 승인 채널(2000.5)
3. 3차: 등록제 시행 이후 등록 채널(2001.3~)

131) 김정기(2003), 《전환기의 방송정책》, 한울아카데미, p.318.

132) http://www.kbc.go.kr/data/part_view.asp?number=128&page=2, 2005년 7월 21일 접근.

는 온미디어인데, MPP가 허용되자마자 가장 적극적으로 MPP를 추진했다. 투니버스를 운영하던 동양그룹은 경제위기의 영향으로 매물로 나온 DCN, 바둑TV, 캐치원을 1999년 6월, 8월, 11월에 각각 인수했다. 2000년 6월에 MPP 미디어 지주회사인 '온미디어'를 설립하였고 그 이후 채널을 추가했다. 채널수에서 두 번째인 CJ미디어는 1997년 4월에 Mnet을 인수하면서 MPP화를 시작했다. 2000년 6월에 채널F(푸드채널)를 출범시켰고

〈표 3-19〉 주요 MPP

지배주주	채널수 (2004)	채널수 (2007)	운영채널
온미디어	10	17	OCN, SUPER ACTION, Catch On, Catch On Plus, On Style, 스토리온, 투니버스, Ongamenet, 퀴니, On&On, MTV, NICK, 바둑TV, 온바둑, ON PPV, ON Demand, ON Demand Family
CJ	8	19	Mnet, my Mnet, Channel CGV, CGV CHOICE, XTM, 올리브 네트워크, CJ on Damand(VOD), OZIC Mnet(음악채널), OZIC Mnet PLUS(음악채널), CH. CGV DMB, Entertainment on Demand, tvN, KM, National Geographic Channel, CJ홈쇼핑, 챔프, Xports, Showcase, Showcase On Damand
KBS	3	5	KBS Drama, KBS N Sports, KBS Prime, KBS Joy, U-KBS HEART
MBC	4	4	MBC드라마넷, MBC-ESPN, MBC게임, MBC무비스
SBS	3	6	SBS골프, SBS스포츠, SBS드라마플러스, 포유스포츠, 포유골프, 포유티브이
YTN	3	2	YTN, SCIENCE TV
중앙일보사	3	4	Q채널, 히스토리채널, J골프, 카툰네트워크
EBS	2	4	EBS플러스1 수능전문, EBS플러스2 중학/직업, EBS English, EBS U

출처: 방송위원회 방송실태조사보고서(2004, 2007).
* PPV와 온디맨드 채널은 제외, 동일한 채널을 위성을 통해 제공하는 경우도 제외함.

2001년 6월에 NTV를 인수하여 2002년 7월에 홈CGV로 채널명을 바꿨다.
한편 지상파방송사의 PP로의 진출은 SBS가 1999년 6월에 한국골프채널(구 마이TV)를 인수하면서 시작되었다. SBS는 2000년 1월에 한국스포츠TV도 인수하였다. MBC는 드라마 채널이던 제일방송을 2001년 3월에 인

〈표 3-20〉 계열별 MPP와 단독 PP

(2006년 12월 기준)

PP 계열	채널수	채널명
CJ계열 MPP	8 (9.0%)	Mnet(NONSTOP), XTM, 올리브, Channel CGV, CGV CHOICE, KMTV, National Geographic Channel, Xports
동양계열 MPP	9 (10.1%)	ON Demand(ON PPV), 바둑TV, CatchOn(PLUS), SUPERAction, OCN, On Style, ongamenet/퀴니, MTV, 투니버스
지상파계열 MPP	10 (11.2%)	SBSGolf, SBS드라마플러스, SBS Sports, MBC-ESPN, MBC게임, MBC드라마넷, MBC MOVIES, KBS Korea, KBS N Sports, KBS Drama
소규모 MPP	26 (29.2%)	생활경제TV, 리얼TV, 어린이TV, AniOneTV, 매일경제TV/라디오MBN, CRTV, CinemaTV(Plus), CH〔V〕KOREA, 실버아이, I.NET, EDUON(Edu1 2 3), MGM(PLUS), YTN, YTN STAR, 코미디TV, e채널, EtN연예티브이, JEITV, English TV, Sky 바둑, Q채널, History Channel, J 골프채널, Sky HD, Sky HD Movie, 애니맥스
단독 PP	36 (40.4%)	CINEON, 게임TV, GAG Station, 동아TV, DTN드라마, 디원, 채널칭, MEDITV(Orient BeBe), 애완TV, 무협TV, MCN, MountainTV, 생활건강TV, 스타무비, 스파이스TV, CMCTV, 실버TV, ABS농어민방송, FHTV, 육아방송, 이토마토 TV, 중화 TV, 웨이브 TV, GTV, 부동산방송RCN, Car TV, 비타민 TV, 가이드 TV, 한국경제TV(DTV), FTV, 브레인 TV, 복지 TV, KCN 무협채널, Hao TV, 부동산 TV, 한방건강 TV
	100%	전체 89개사

수하면서 PP업에 진출하였고 KBS는 가장 늦게 PP업으로 진출하였다. 이후 지상파 계열 PP들은 채널을 추가하여 현재의 모습을 갖추었다. 한편 KBS는 2003년 말과 2004년 봄에 걸쳐 오락채널과 다큐멘터리 채널을 신설하려고 했으나 기존 PP와 여론의 반발로 무산되었다. 지상파방송 3사가 스포츠, 드라마 등 인기장르에 경쟁적으로 진입하기 시작한 것이다.

2006년 채널수를 기준으로 CJ가 19개 복수채널을 운영하는 최대 MPP사가 되었다. 온미디어 역시 채널수를 경쟁적으로 늘려 17개 복수채널을 소유하고 있다. 지상파방송사로서는 KBS와 SBS가 각각 5개와 6개 채널을 운영하고 있다. 신문사 역시 방송분야로 적극 진입하고 있는데, 중앙일보사가 2006년 기준으로 4개의 복수채널을 운영함으로써 가장 앞서 있다.

2006년 12월 기준으로 전체 분석대상 89개 채널 중에서 단독 PP가 36개(40.4%) 채널로 가장 많은 것으로 나타났으며, 그 다음으로 소규모 MPP 26개(29.2%) 채널, 지상파계열 MPP 10개(11.2%) 채널, 동양(온미디어)계열 MPP 9개(10.1%) 채널, 마지막으로 CJ계열 MPP 8개(9.0%) 채널 순으로 나타났다.

① 강화되고 있는 MPP의 시장집중도

현재 국내 케이블TV PP 산업은 MPP를 중심으로 형성되어 있다. 국내 최대의 MPP를 구성하고 있는 온미디어와 CJ미디어, 그리고 지상파방송 계열의 3개 MPP들이 시장의 주축을 이루고 있다. 온미디어와 CJ미디어는 영화산업에서 배급부문에서의 영향력을 바탕으로 2~3개의 채널을 운용하고 있으며, 음악, 만화, 오락 등 인기채널들을 운용하고 있다. 지상파계열의 PP들은 자사 지상파방송 프로그램의 재구성을 통해 드라마 채널을 중심으로 스포츠, 영화채널에 진출하고 있다. 스포츠 채널은 많은 장비와 인력이 필요하여 지상파방송사들이 과점하고 있다.

PP 산업에서 시장 참여자별 집중도를 매출액 기준으로 살펴보면, 시장 집중도가 점점 증가하고 있는 것을 살펴볼 수 있다. 2001년 상위 4개 MPP 사업자가 전체 프로그램 시장 매출액의 15.1% 정도를 점유하였으나, 그

〈3-21〉 매출액 기준 PP 산업의 시장집중도 변화

(단위: %)

CR n	2001	2002	2003	2004	2005	2006
CR3	13.5	22.1	26.3	26.9	35.1	36.0
CR4	15.1	25.9	30.7	32.5	38.0	39.2
CR5	16.4	27.7	35.1	37.9	40.5	42.2
CR6	17.6	29.5	37.3	40.5	41.7	44.5
CR7	18.4	30.6	38.7	41.6	42.4	45.8
CR8	19.1	31.7	39.9	42.5	42.9	46.9
전체 MPP	20.1	33.7	43.2	45.3	43.8	50.7

출처: 당해연도 방송위원회 방송산업 실태조사 보고서.

비중은 점차 증가하여 2006년 절반을 상회하는 50.7%에 달하였다. 이 가운데 4대 MPP의 비중은 2006년 39.2%를 차지하고 있고, 8대 MPP 기준으로는 46.9%를 차지하고 있다. 즉, 4대 MPP 외에는 비중이 그다지 크지 않다는 것을 의미한다.

(7) 프로그램 공급업과 종합유선방송국의 결합

1999년 1월 종합유선방송법의 개정으로 법이 정한 한도 내에서 종합유선방송 사업자와 방송채널사용 사업자, 전송망 사업자 간 인수, 합병이 자유로워지자 수직적 결합이 활성화되기 시작하였다. MSP(*Multiple System Operator and Program Provider*)는 SO의 채널 선택권이 보장되면서 방송채널사용 사업자들의 자사 프로그램을 안정적으로 공급하기 위한 전략의 일환으로 추진되었다. 특히 2000년에 MSP가 시작되어 2001년에 들어오면서 MSP가 활성화된 것은 SO들이 티어링 제도를 활성화하기 시작하자 PP들이 유리한 티어(*tier*)에 포함되기 위한 전략으로 이해된다. MPP들이 MSP 전략에 적극적인 것으로 나타났는데, 패키지 전략으로 채널을 묶어서 판매하면 다른 경쟁채널에 대해 배타적 지위를 확보할 수 있기 때문이다.

MSP는 두 가지 형태로 진행되었다. 하나는 PP가 SO를 인수하는 것이고 또다른 하나는 전략적 제휴이다. 대표적 인수사례로 2000년 6월 온미디어는 영동방송을 포함하여 5개 SO를 인수함으로써 MPP사가 MSO사를 보유하게 되었다.

채널간 경쟁이 심한 분야인 홈쇼핑사들 역시 MSP에 매우 적극적이었다. 홈쇼핑사들은 주로 전략적 제휴의 형태를 선호하는 것으로 나타났다. LG홈쇼핑은 PP 가운데서도 MSP 전략에 가장 적극적이었다. 2000년 씨씨에스(충북)를 포함하여 12개 SO의 지분에 참여하였는데, 2001년 들어 추가로 9개 SO의 지분에 참여하였다. 2001년 6월 LG홈쇼핑은 디지털위성방송의 지분에 참여함과 동시에, 21개 SO에 전략적 제휴를 체결함으로써 추가 홈쇼핑사들의 시장진입에 따른 경쟁에 가장 적극적으로 대비하였다. 〈표 3-22〉에서 보듯이, 2004년에 이어 2005년 6월 현재 온미디어, CJ, 그리고 대

〈표 3-22〉 주요 MSP 운영현황

(2004년 6월 기준)

지배주주	채널수	운영 채널 및 사업자
온미디어	PP(12)	OCN, OCN 수퍼Action, 캐치온, 캐치온 plus, On Style, 바둑TV, 투니버스, 온게임망, MTV, 퀴니, ON PPV, On Demand
	SO(6)	서남, 전남동부, 동구, 서대구, 수성케이블, 영동
CJ	PP(9)	Mnet, Mnet Nonstop, Home CGV, CGV CHOICE, XTM, Food Channel, KMTV, National Geographic Channel, CJ홈쇼핑
	SO(7)	양천, 중부산, 경남, 해운대기장, 가야, 북인천방송, 마산
LG홈쇼핑	SO(12), 위성	경북, 관악, 금호, 부산, 한빛새롬방송, 서초, 씨씨에스, 한강, 천안, 서남, 영동, 전남동부
우리 홈쇼핑	SO(4)	안양, 영남, 천안, 영동
현대 홈쇼핑	SO(10), 위성	강남, 경북, 관악, 금호, 디씨씨, 부산, 서초, 수원, 청주, 한빛아이앤비
한국농수산방송	SO(4)	한빛아이앤비, 한빛기남방송, 안양, 큐릭스네트웍스

〈표 3-23〉 수직적 결합(MSP)의 가입세대

(2006년 12월 기준)

SO 가입세대 수	채널명
2,380,972세대 (CJ계열 8개 채널) (16.9%)	Mnet(NONSTOP), XTM, 올리브, channel CGV, CGV CHOICE, KMTV, National Geographic Channel, Xports
400,527세대 (동양계열 9개 채널) (2.9%)	ON Demand(ON PPV), 바둑TV, CatchOn(PLUS), SUPERAction, OCN, On Style, ongamenet/퀴니, MTV, 투니버스
2,562,253세대 (태광계열 2개 채널) (18.2%)	e채널, 티브로드폭스코리아
전체 케이블TV 14,067,681가구 (100%)	전체 19개 채널

부분의 홈쇼핑사들이 수직적 결합에 적극적인 것으로 나타났다.

홈쇼핑사를 제외하고 일반 PP들을 중심으로 MSP사가 소유한 SO 가입세대 수를 살펴보았다. 태광계열 2개 채널이 2,562,253세대(18.2%)로 가장 많은 세대수를 보유하고 있었으며, 그 다음으로 CJ계열 8개 채널이 2,380,972세대(16.9%), 마지막으로 동양계열 9개 채널이 400,527세대(2.9%) 순으로 가입세대를 보유하고 있는 것으로 나타났다. 세 개의 MSP사가 전체 케이블TV 가입가구 중 38%를 확보하고 있다.

4. 대외개방 현황과 정책

1) 대외개방 현황

(1) WTO와 케이블TV

세계무역기구(WTO) 체제의 출범(1995년)을 전후해 자유무역협정(FTA: Free Trade Agreement)의 적용범위도 크게 확대되어 대상범위가 점차 넓어

〈표 3-24〉 WTO 협정에서 한국의 시청각 분야 양허현황

분 야	양 허	비양허
시청각 서비스 (6개 업종)	▪ 영화 및 비디오 제작·배급업 ▪ (유선방송 프로그램 공급업 제외) ▪ 음반 제작업(2개 업종)	▪ 영화 기획, 라디오·TV 서비스 ▪ 라디오·TV 전송 ▪ 기타 서비스(4개 업종)

출처: 방송위원회 방송정책기획위원회(2001: 105).

졌다. 상품의 관세철폐 이외에도 서비스 및 투자 자유화까지 포괄하는 것이 일반적 추세로, 구체적으로는 한미 FTA 협상과정에서 미국 업계대표들은 미 무역대표부(USTR) 주최 공청회(2006. 3. 14)에서 향후 한미 협상에서 쌀을 비롯한 모든 작물을 농산물 협상대상에 포함시킬 것을 요구하는 한편 미디어, 방송, 통신, 법률 등 한국에서 성장성이 높은 서비스 분야에 대한 개방확대를 요구하였다. 방송은 큰 틀에서 WTO가 규율하는 서비스 교역의 대상에 포함되어 있다. WTO 체제가 들어선 이후 수년간의 논의를 거쳐 1997년 2월에 기본통신협상이 마무리되었다.

WTO 차원의 논의와는 별개로 이해당사국 사이에 양자간 혹은 다자간 논의는 수시로 진행되었다. 미국은 1990년대 초반부터 우리나라의 방송 시청각 서비스 시장의 개방을 요구했다.[133] 우리나라는 WTO 서비스 협정(GATS)에 따른 부문별 양허에서 시청각 서비스에 대해서는 6개의 서비스 업종 가운데 영화 및 비디오 제작 및 배급 서비스 2개 분야에 대해서 양허하였으며, 케이블TV 프로그램공급업은 양허에서 제외한 바 있다.[134]

---

133) 미국은 지상파방송과 영화와 같은 방송서비스를 전통적으로 여타의 교역 가능한 재화나 서비스와 같이 취급했다. 이러한 입장에 따라 미국은 양국간 비공식 협의채널인 DEC(Dialogue for Economic Cooperation) 등을 통해 우리나라의 시청각 서비스 시장개방을 요구했다. 방석호(1995. 8), "WTO와 방송 서비스 산업", 〈통상법률〉 제 4호, pp. 790~80 참조.

134) WTO(GATS) (1994. 4), REPUBLIC OF KOREA Schedule Specific Commitments, GATS/SC/48, p. 19. 외교통상부(1999. 4), 〈우리나라의 WTO 서비스

(2) 해외 사업자들의 국내방송 진입규제

현행 방송법에 의하면 해외 사업자들의 국내방송 사업진출 가능성은 다음과 같은 다양한 방식이 가능하다. 첫째, 직간접 투자, 둘째, 프로그램 수입, 그리고 외국채널 재전송 등과 같은 방법이 있다.

현행 방송법 제8조, 제9조 및 제14조에서는 문화정체성 유지, 방송의 공익적 측면 등을 복합적으로 고려하여 통신사업과는 달리 소유지분을 엄

〈표 3-25〉 해외 사업자들의 국내방송 진입규제

구분	사업형태	법적 근거
방송사업	위성(33%), 종합유선방송국(49%) 등 지상파를 제외한 방송사업에 투자	방송법 제14조 제2항
방송채널 사용사업	종합편성 또는 보도에 관한 전문편성 분야는 제외한 방송채널사용사업에 투자(49%)	방송법 제14조 제2항
채널 재전송	채널 재전송 계약(전체 채널의 20% 이내) 방송위원회의 승인 필요함	방송법 제78조 제4항 시행령 제53조 제1항 시행령 제61조 제3항 및 제4항
프로그램 수출	지상파방송 사업자(100분의 60 이상 100분의 80 이하) 종합유선방송 사업자 및 위성방송 사업자(100분의 40 이상 100분의 70 이하) 방송채널사용 사업자(100분의 20 이상 100분의 50 이하) 음악, 애니메이션, 영화는 별도로 규정	방송법 제71조, 시행령 57조, 방송프로그램 편성비율 고시

협정(GATS) 양허표 및 양허표에 대한 이해〉, p.67 참조. 왕상한(2002), 《디지털방송과 법》, 나남, p.29에서 재인용.

격히 제한하고 있다.

지상파방송 사업 전체와 뉴스 전문채널에 대해서는 외국자본의 진입이 금지된다. 종합편성 채널 역시 보도가 포함되기 때문에 금지된다. 중계유선방송의 경우에도 금지하고 있는데, 이는 지상파방송을 그대로 재송신하는 것이 주된 역무인 점을 고려해서이다. 위성방송에 투자할 수 있는 외국자본의 주식 또는 지분투자 한도는 33%이다(방송법 제 14조 제 2항). 종합유선방송 사업에 있어서는 49%로 지분을 제한하고 방송채널사용 사업에 있어서는 49%로 외국인 소유지분을 제한하고 있다. 종합유선방송 출범 당시 PP 사업자(종합편성, 보도전문 채널 제외)에 대해 15%의 외국자본 투자가 허용되었던 것을 감안한다면 상당한 대외개방이 이루어졌다.

외국자본으로 보는 대상은 외국의 정부나 단체, 외국인, 그리고 외국의 정부나 단체 또는 외국인이 최다 출자자이거나 주식 또는 지분 총수의 50%

〈3-26〉 방송과 통신사업별 소유제한 현황

소유대상 \ 소유주체		대기업	외국자본	일간신문/통신	1인 지분
방송	지상파방송 사업자	금지	금지	금지	30%
	종합유선방송 사업자	-	49%	33%	-
	위성방송 사업자	33%	33%	33%	-
	일반 PP	-	49%	-	-
	종합편성, 보도 PP	금지	금지	금지	30%
	중계유선방송 사업자	-	금지	-	-
	전송망 사업자	-	49%	-	-
통신	기간통신 사업자	-	49%	-	-
	부가통신 사업자	-	-	-	-
	별정통신 사업자	-	-	-	-

출처: 방송법 제 8조 및 제 14조 정리.

이상을 보유하고 있는 법인이다.[135] 따라서 외국인 지분이 50%가 넘는 회사가 방송사업에 투자하는 것은 방송법상 외국인 지분투자로 해석되는 것이다.

통신시장과 달리,[136] 방송시장에는 엄격한 외국인 비율이 존재하는 것은 그만큼 방송이 정치적·문화적 측면에서 외국자본으로부터 자유로워야 한다는 것을 의미한다. 이러한 방송의 매체특성을 고려하여 현재 우리나라에서는 매체별로 차별적 규제기준을 설정하고 있다.

외국의 경우에도 방송의 공익적·문화적 특성을 고려하여 대부분의 국가에 〈표 3-27〉과 같이 외국인 투자에 대한 제한규정이 존재한다. 물론 종합편성이나 보도전문 편성을 하는 경우는 제한되어 있지만 우리의 이러한 입법은 다른 나라의 경우와 비교해볼 경우 많이 앞서 있는 것은 아니라 하더라도 상당한 정도의 시장개방이라고 할 수 있다. 이는 무엇보다도 우리 경제가 IMF 관리체제에 들어선 이후 '외국 투자자본 유치'를 국가적 절대명제로 수용한 결과일 수도 있을 것이다. 따라서 이러한 외국자본에 대한 시장개방이 방송시장의 세계화를 비롯한 통상환경에 대한 명확한 분석을 통해 이뤄졌는지에 대해 의문을 제기할 수 있다. IMF 관리체제를 거치면서 외국자본에 대한 거부감이 희석된 것이 외국자본에 대한 시장을 개방하게 된 제일 큰 이유가 아니냐는 분석은 이러한 배경에서 설득력을 얻을 것이다.[137]

(3) 외국 미디어기업의 국내시장 진입

① 해외 사업자들의 국내 진입방식

미국 미디어기업이 한국에 어떠한 형태로 진입하느냐에 따라서 한국의

---

135) 방송법 제14조 제1항 및 동법 시행령 제14조.

136) 통신시장의 경우 기간통신사업에만 49%의 외국인 지분비율 제한규정이 있고 여타의 통신사업유형(별정 및 부가통신)의 경우에는 아무런 소유지분 제한이 없다.

137) 왕상한, 앞의 책, p. 32.

〈표 3-27〉 주요국의 방송에 대한 외국인 투자제한 현황

국 가	규제내용
호주	상업공중파방송: 15% (총 외국자본 제한: 20%) * 총 외국인이사: 전체의 20% 이내 유료방송: 20% (총 외국자본 제한: 35%)
오스트리아	지상파, 케이블, DBS: 49% * EEA (European Economic Area) 국민: 제한 없음
캐나다	20% (지주회사의 경우 33.3%까지 인정)
핀란드	제한 없음
독일	제한 없음
그리스	지상파방송: 25%
헝가리	제한 없음
이탈리아	EEA 국민 제한 없음(이외 국가는 상호주의)
일본	지상파, DBS 방송프로그램 제공업자: 20% (간접투자 포함) DBS 설비 제공업자: 33%
룩셈부르크	제한 없음
멕시코	지상파방송: 금지 MMDS, DBS, 케이블: 49%
네덜란드	제한 없음
뉴질랜드	제한 없음(단, 외국인 투자는 정부승인 필요)
노르웨이	제한 없음
포르투갈	제한 없음
스페인	25% (EEA 국민 제한 없음), 상호주의에 따라 상향 가능
터키	라디오, 텔레비전: 25%
미국	지상파: 직접투자 20% (간접투자: 25%)
중국	완전 금지
싱가포르	지상파, 케이블: 49%
말레이시아	지상파, 케이블: 30%
태국	지상파, 케이블: 50%

출처: OECD (2006), Communication Outlook 2005; 중국, 싱가포르, 말레이시아, 태국 현황 - KIEP (2006), 〈동아시아 지역의 방송산업 진출전략〉.

〈표 3-28〉 해외 미디어기업의 국내 진입유형

진입유형	제휴내용	제휴대상 기업
프로그램 수출	국내 수입대행사를 운영하기도 함	수입대행사
콘텐츠 제휴	국내기업과 콘텐츠만 제휴	PP
콘텐츠 및 자본제휴	국내기업과 콘텐츠 및 자본제휴	MSP, SO, 위성방송, PP
자본투자	국내기업에 자본만 투자	SO, 위성방송, PP
국내채널로 독자 진입	광고영업 및 채널런칭 파트너	MSP, SO, 위성방송사, PP
해외 재전송 채널로 진입	채널런칭 파트너	MSP, SO, 위성방송사

출처: 권호영(2007).

유료방송시장의 구도는 상당히 영향을 받을 것으로 보인다. 미국 미디어기업이 한국에서 수익을 거두는 방안으로는 프로그램의 판매, 콘텐츠 제휴, 채널로 직접 진입, 해외 재전송 채널 등을 생각할 수 있다. 콘텐츠 제휴는 자본의 참여 없이 콘텐츠만 결합하는 것으로 통상 라이센싱 채널이라고 부르는 것이 이에 해당된다. 채널로 직접 진입할 경우에 독자적으로 진출할 수도 있고 국내기업과 합작할 수도 있으며 합작할 경우에도 MSP, SO, 위성방송사, PP 등의 여러 경우가 있을 수 있다. 해외 미디어기업이 국내에 진입할 경우에 가능한 유형은 〈표 3-28〉과 같다.

미국 미디어기업의 합작대상으로 가장 선호하는 대상은 MSP가 될 것이다. MSP는 도달가구를 확보하는 데 용이할 뿐만 아니라 광고영업도 해줄 수 있기 때문이다. 그리고 법률규정을 준수하기 위해서 필요한 콘텐츠의 구매도 용이하게 할 수 있을 것이다. 실제로 최근에 디즈니는 국내 3대 MSP와의 합작 가능성을 타진하고 있는 것으로 알려지고 있다.[138]

합작의 대상으로 SO를 선택할 가능성도 높은데, 그 이유는 쉽게 상당한

---

138) 권호영(2007), "PP 시장의 개방의 영향과 대응 방안", 한국방송영상산업진흥원 주최 세미나 발제문, 2007.5.28, 방송회관, pp.7~8.

크기의 도달이 가능하기 때문이다. 미국 PP의 경우 커버리지 확보를 관건으로 보고 있다. 대형 MSO의 경우 200만 이상의 가입자를 확보하고 있고, MSO간에 채널을 교환할 경우에 1천만 이상의 가입자를 확보할 수 있다. 한국보다 먼저 PP 시장이 개방된 대만의 경우에도 해외 PP는 대부분 SO와 협력해서 대만에 진입하였다. 대만의 경우 대부분의 SO는 PP를 소유한 MSP이고 MPP의 지배주주는 외국인이다.

한국에 진출한 미국 PP의 입장에서 국산 콘텐츠의 확보가 쉽지 않은 장르의 경우에는 국산 콘텐츠의 저작권을 보유한 기업과 합작하거나 제휴할 가능성이 많다. 예를 들면 영화장르의 경우 한국 영화 저작권의 대부분을 온미디어와 CJ미디어가 보유하고 있기 때문에 미국 영화채널은 온미디어와 CJ미디어와 합작할 가능성이 많다. 그리고 CJ미디어와 온미디어는 SO를 보유하고 있기 때문에 채널런칭이 용이하고 한국 광고주도 쉽게 확보할 수 있는 장점이 있다.

그리고 미국 미디어기업이 국산 프로그램의 확보 용이성에 중점을 두면 국산 프로그램의 저작권을 대부분 보유하고 있는 지상파방송사 계열 MPP와 합작할 가능성도 있다. 그리고 지상파계열 PP는 상대적으로 SO 런칭이 용이하고 국내 광고주도 확보하고 있다. 그러나 지상파계열 PP의 입장에서는 합작할 유인이 장르별로 다르다. 지상파계열 드라마 채널의 경우에 모회사가 저작권을 보유하고 있는 드라마에 대한 의존도가 높기 때문에 미국 채널과 합작을 반길 이유가 별로 없다. 지상파 드라마 채널이 미국 PP와 합작할 경우에 국산 드라마의 홀드백 기간의 동일화를 요구할 가능성이 높기 때문이다. 반변에 지상파계열 채널 중 드라마 이외의 채널(특히 스포츠, 영화장르)은 미국의 콘텐츠에 상당히 의존하기 때문에 미국 채널과의 합작을 반길 가능성이 높다.[139]

하지만 이러한 예상에도 불구하고 회의적인 전망도 있다. 두 가지 관점이 있는데 첫째, 국내시장의 SO의 마케팅 비용이 매우 크고 지금처럼 콘텐

---

139) 권호영(2007), 앞의 글, pp. 9~10.

츠 단위 판매를 통해 적지 않은 수익을 얻고 있는데, 이것을 포기하면서 채널로 진출할 매력이 별로 크지 않을 것이라는 점이다. 둘째, 자본이 들어온다 해도 방송자본이 들어오는 것이 아니라 일종의 투기성 자본이 잠깐 들어

〈표 3-29〉 미국 미디어기업의 진입방식에 따른 장단점

진입방식	장 점	단 점	유망채널
프로그램 판매	현재의 사업구도 유지, 프로그램 판매수입 확보, 관리 측에서 편리	채널 확장의 기회 부족	메이저 영화사 중 독자 채널이 없는 회사
채널 진출: 단독	채널브랜드의 홍보, 채널 아이덴티티 유지	신뢰할 수 있는 한국인 CEO를 확보해야 함, 채널 런칭과 광고주 확보에 어려움, 세금 2중 부담	채널브랜드를 중요시하면서 한국 파트너를 신뢰하지 않는 기업
채널 진출: SO와 합작	채널브랜드의 홍보, 원활한 런칭, 대규모 가입자 조기 확보	국산 프로그램 확보, 광고주 확보, 합작사와의 의견 조정	채널브랜드를 중요시하면서 한국 파트너를 신뢰하는 기업
채널 진출: 위성방송사와 합작	채널브랜드의 홍보, 원활한 런칭	국산 프로그램 확보, 광고주 확보, 합작사와의 의견 조정	채널브랜드를 중요시하면서 SO와 합작한 경험이 있는 기업
채널 진출: PP와 합작	채널브랜드의 홍보, PP의 마케팅 능력 공유(채널 런칭과 광고주 확보), 국산 프로그램 확보	플랫폼과 합작하는 경우에 비해서 런칭이 불리, 합작사와의 의견 조정	채널브랜드를 중요시하면서 국산 콘텐츠의 확보가 어려운 장르의 기업
해외 재전송: 단독 또는 제휴	채널브랜드의 홍보, 채널 아이덴티티 유지	한국 광고주로부터 수입을 기대하기 어려움, 런칭 불리	국내 진입이 허용되지 않은 뉴스 채널

출처: 권호영(2007).

왔다 나갔다 할지도 모른다는 시각도 있다. 개방으로 인해 방송자본의 국내 진입이 이루어질 것이라는 가정과 관련하여 개방 이전에 허용한도까지 자본이 들어왔어야 하는데, 해외기업들이 투자유인을 크게 느끼지 못하고 있다는 점을 근거로 들 수 있다.

② 국내 유료매체 산업의 외국인 투자현황

외국자본의 국내 방송산업에 대한 투자는 그다지 활발하지 못하였다. 이는 방송위원회를 중심으로 방송에 대한 공익적 패러다임이 지배적 규제철학으로 설정되면서 시장개방이 활성화되지 못한 이유 때문이다.

PP 분야는 타 방송분야와 비교할 때 비교적 앞서 외국자본 유치에 나섰다. 특히 홈쇼핑사와 온미디어사가 적극적이었다. CJ삼구쇼핑은 업계 최초로 1997년 10월 자사지분 8.96%에 해당하는 43억 원을 유치하였으며, 투니버스는 1999년 9월 미국 타임워너의 한국 자회사(TBS Korea)로부터 자사지분 17.5%에 해당하는 600만 달러를 유치하는 데 성공하였다.

2000년부터 종합유선방송국에 대한 본격적 외자유치가 이루어지기 시작하였다. 씨앤엠커뮤니케이션은 미국 Olympus Capital C&M 사로부터 2000년 9월 자사지분 3.02%에 해당하는 1,020만 달러의 외자유치에 성공했다.[140]

〈표 3-30〉에 나타난 것과 같이, 최근 외국자본에 대한 규제완화로 인해 유료방송 분야에는 프로그램 제작이나 MSO 분야에 외국자본이 투자되고 있다. 현재 외국인 지분을 보유한 PP 업체가 12개사(22개 채널)로 확대되었다. CJ의 내셔널지오그래픽(미국 33%), MBC-ESPN(홍콩 33%), MGM·MGM플러스(미국 33%), 온미디어의 MTV(싱가포르 33%)와 투니버스(미국, 홍콩 25.3%), 대원 디지털 방송의 애니원 TV(일본 24.75%) 등이 대표적으로 외국자본이 집중적으로 투자한 채널들이다.[141]

현재 한국 방송시장에 대한 외국자본의 소유 및 투자현황의 특성을 살펴

140) 방송위원회(2001), 〈2001년 방송산업 실태조사 보고서〉, p.44 참조.

141) 〈경향신문〉(2004.8.13).

〈표 3-30〉 외국자본 출자 및 주요 결합사업자 현황

(2006년 4월 기준)

사업체	외국업체	국가	초기투자				2004. 12 지분 (%)	지분 변동 주요 사유
			시기	방식	금액	조건		
엠비씨 이에스에스 스포츠	ESPN Asia(s) Private Ltd	싱가폴	2001. 11	보통주	4,703천$	795,545주	33	
애니멕스 브로드 캐스팅	AXN Investment Inc	일본	2006. 2	우선주	490,000$	49%		
드림씨티 방송	AIF-MSO Ltd	말레이시아	2000	전환 사채	220억 원	주당 25,000원 전환	30.90	2006. 2 이순 산업에 양도
	AIF-MSO Ltd	말레이시아	2000	보통주	15억 원		30.90	
씨제이 케이블넷	AA Merchant Banking B.V	네덜란드	2005	우선주	60,559천$	3,340,869주	12.50	
	Formosa Cable Investment Limited	몰타	2005	우선주	44,000천$	2,471,295주	9.20	
	Macquarie Intermational Holdings Limited	영국	2005	우선주	25,000천$	1,378,976주	5.20	
씨앤엠 커뮤니 케이션	OlympusCapital C&M Ltd	말레이시아	2000. 9	자본 투자	10.200천$	3.02% 신주 발행	1.96	유상 증자
	OlympusCapital C&M Ltd	말레이시아	2000. 9	자본 투자	4,800천$	1.43% 신주 발행	0.92	유상 증자
	A에C&M Holdings L.L.C	미국	2000. 9	자본 투자	3.200천$	0.94% 신주 발행	0.61	유상 증자
	CHINA INDUSTRIE S.LTD	홍콩	2002. 3	보통주	9,250천$	4.74%	2.80	유상 증자
	GSCP 2000 Onshore C&M Holding B.V	네덜란드	2004. 4	우선주	59.921천$	16.95%	16.95	
	GSCP 2000 Onshore C&M Holding B.V	네덜란드	2004. 4	보통주	7,191천$	16.95%	16.95	
	GSCP 2000 Onshore C&M Holding B.V	네덜란드	2004. 4	우선주	47,838천$	13.53%	13.53	

〈표 3-30〉 계 속

씨앤엠 커뮤니 케이션	GSCP 2000 Onshore C&M Holding B.V	네덜란드	2004.4	보통주	5.741천$	13.53%	13.53	
한국 디지털 위성방송	J.P.Morgan Whitefriars	미국	2005.12	보통주	460억 원	460억 원 9.5% (우선주 포함)	9.5	

출처: 강태영 외(2006).142)

보면 다음과 같다. 첫째, 국내 방송산업의 해외 자본개방은 실제 케이블TV 사업자에게 집중되어 있다. 스카이라이프사에는 9.5%만 해외자본이 투자되어 있다.

둘째, 대체로 유럽이나 일본의 방송산업에 투자한 외국자본은 주로 미국자본이다. 그러나 국내 방송산업에 투자한 자본은 미국, 유럽, 일본, 아시아 등 다양한 국가로 분포되어 있다. 유럽과 일본에 투자한 자본은 미디어 전문자본이기 때문에 "자본투자 + 프로그램투자"가 동시에 투입되는 경향이 있다. 그러나 국내 방송산업에 투자한 해외자본은 일부 미디어 전문기업의 자본도 있으나 대체로 해외 금융자본이 다수이다.

셋째, 방송법상 케이블TV 사업자는 49%, 스카이라이프는 33%까지 개방을 허용하고 있으나 실제 일부 케이블 사업자를 제외하고는 그 투자비율이 대체로 미미한 수준이다. 이상의 외국자본 출자 출연 현황을 볼 때 아직 해외자본이 국내 방송산업에 미치는 비중이나 비율이나 현 단계로서는 매우 미미한 수준이다.

③ 미국계 채널의 한국 시장 진출현황

한미 FTA 이전에도 국내 유료방송 시장에 진입한 채널들은 다양하다. 우선 영화와 드라마, 스포츠, 다큐멘터리, 음악, 애니메이션 장르를 중심으로 합작 채널 및 해외 재전송 채널들이 있다. 구체적으로 합작 채널은 폭

142) 강태영 외(2006), 〈외국인 자본투자 및 콘텐츠가 방송산업과 수용자에 미친 영향 분석〉, 방송위원회 자유연구과제 2006-19.

스, MGM, AXN 등의 영화장르 채널을 포함해서 닉, 카툰네트워크, 애니맥스, 스페이스툰 등의 애니메이션 및 어린이 채널 등을 포함한다. 기타 스포츠는 ESPN, 다큐멘터리는 내셔널지오그래픽, 히스토리 채널, 음악장르에는 MTV, STC, 채널(V)코리아 등이 이미 국내시장에 진입하여 총 12개의 합작 채널이 있다. 해외 재전송 채널은 디즈니 채널, 플레이하우스 디즈니, 디스커버리 채널, CNN, CNBC, 블룸버그 등 어린이와 다큐멘터리, 경제뉴스 분야를 중심으로 7개 채널이 국내시장에 진입해 있다.[143]

신규진입이 유력한 채널은 HBO를 비롯해 약 30개에 달할 것으로 전망되고 있다.[144] 해외 사업자의 국내 진입전략과 관련하여 두 가지 시나리오가

〈표 3-31〉 미국계 채널의 한국 시장 진출현황

장르	진입한 채널		개수
	합작 채널	해외 재전송 채널	
영화, 드라마	Fox, MGM, AXN		3
애니메이션/어린이	닉, 카툰네트워크, 애니맥스, 스페이스툰	디즈니채널, 플레이하우스 디즈니	6
스포츠	ESPN		1
다큐멘터리	내셔널지오그래픽, 히스토리 채널	디스커버리 채널	3
음악	MTV, STC, 채널(V)코리아		3
뉴스		CNN, CNBC, 블룸버그	3
합계			19

출처: 권호영·하윤금(2007).

143) 권호영·하윤금(2007. 5. 28), "유료방송시장 개방이 PP와 콘텐츠 제작에 미치는 영향과 대응 방안," 한국방송영상산업진흥원 주최 세미나 발표문, 방송회관; 권호영·하윤금(2007. 5. 15), "한미 FTA: 유료방송시장 개방의 영향과 대응방안," 〈KBI포커스〉 07-10, 한국방송영상산업진흥원.

144) 권호영·하윤금(2007. 5. 15), 위의 글, pp. 8~9.

설득력을 얻고 있다. 하나는 국내 거대 플랫폼과의 제휴를 통해 진입하는 전략이다. 초창기에는 특정 플랫폼에서 어느 정도 인지도를 키운 다음에 점차 들어오는 단계적 전략이 예상된다. 또 하나는 브랜드 이미지가 형성되어 있거나 기존의 국내시장에 콘텐츠 판매를 통해 인지도가 있는 PP들의 경우에는 조심스럽게 독자적인 PP 사업을 전개할 것이라는 전망이다. 두 가지 시나리오 중 해외 PP들이 직접 들어와서 운영하기보다는 SO 합작을 선호할 것이라는 예측이 우세하다. 합작을 하더라도 외국 브랜드는 그대로 사용할 것이다. 그렇게 해야 국내에서 만든 것을 가지고 해외시장에 역수출을 할 때 이득이 되기 때문이다.

(4) 프로그램 수출입 현황

2000년 들어와서 우리나라 영상물들의 해외수출도 활성화되기 시작하였다. 한국의 방송프로그램의 해외시장 진출은 최근 크게 신장을 하였다. 중국, 일본, 홍콩, 싱가폴 등 아시아 전역에서 한류(韓流)를 불러왔다. 방송프로그램의 해외수출은 매년 20% 이상 성장을 지속하고 있고 중국, 베트남, 타이완 등 동아시아 지역의 한류열풍 조성에 견인차 역할을 했다.

〈그림 3-2〉에서 제시되고 있듯이 '한류'의 성장은 방송프로그램 수출액의 변화에서도 나타나고 있다. 2000년 방송프로그램의 해외수출은 1,300만 달러에서 2005년 1억 2,349만 달러로 무려 841.9%의 성장을 이룩하였다. 방송영상물 수입과 수출의 무역수지도 2002년 수출이 수입을 역전하면서 갈수록 흑자폭이 증가하고 있다. 방송영상산업진흥원의 방송영상 수출입 통계에 따르면 2005년 방송프로그램 수출액은 2004년보다 73%가 증가한 1억 2,349만 달러였으며 프로그램 수입액은 3,698만 달러에 머물러 약 8,652만 달러의 흑자를 기록하였다.

매체별로는 지상파방송사가 전년대비 78.7%가 증가하였으며, 케이블TV와 독립제작사는 24.7%(9,757천 달러)의 수출증가가 이루어졌다. 수입은 전년대비 18.9%가 증가하였으며, 지상파방송은 전년대비 11.5% 감소(14,298천 달러→12,657천 달러)가 이루어졌으나 케이블TV·독립제작사는

〈그림 3-2〉 최근 7년간 수출입 추세

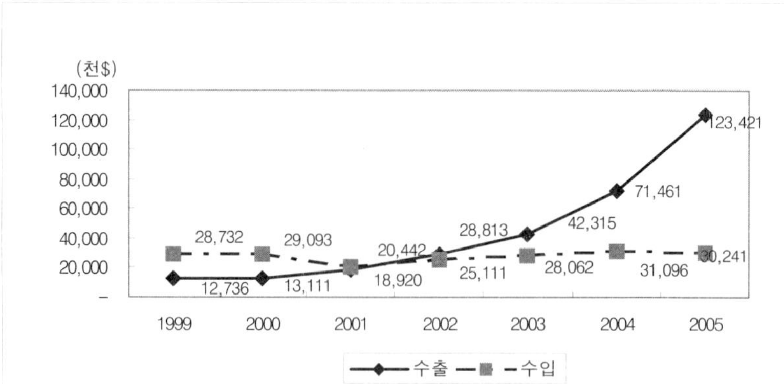

출처: 문화관광부(2006), 《2005문화미디어산업백서》.

〈표 3-32〉 방송영상물 수출입 추이

(단위: 천 달러)

구 분		지상파방송사		케이블TV/ 독립제작사 등		합 계	
		금 액	증가율(%)	금 액	증가율(%)	금 액	증가율(%)
수 출	'00	11,664	7.6	1,447	△23.8	13,111	2.9
	'01	17,147	47.0	1,773	22.5	18,920	44.3
	'02	26,187	52.7	2,626	48.1	28,813	52.3
	'03	36,889	40.9	5,246	99.8	42,135	46.2
	'04	63,638	72.5	7,823	49.1	71,461	69.6
	'05	113,736	78.7	9,757	24.7	123,493	72.8
	총 계	287,853		32,833		320,686	
수 입	'00	26,743	33	2,350	△72.8	29,093	1.3
	'01	18,032	△32.5	2,410	2.6	20,442	△29.7
	'02	18,768	4.1	6,343	163.2	25,111	22.8
	'03	18,344	△2.3	9,718	53.2	28,062	11.8
	'04	14,298	△22.1	16,798	72.9	31,096	10.8
	'05	12,657	△11.5	24,318	44.8	36,975	18.9
	총 계	144,322		82,226		226,548	

출처: 문화관광부(2006), 《2005문화미디어산업백서》.

〈그림 3-3〉 장르별 수출 구성비

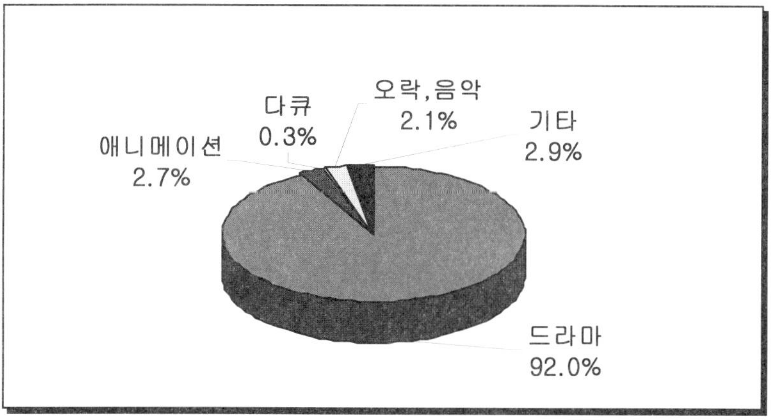

출처: 문화관광부(2006), 《2005문화미디어산업백서》.

44.8% 증가(16,798천 달러→24,318천 달러)하였다.[145]

한편 장르별로 수출의 경우, 드라마 수출 비중이 계속 우위를 유지(드라마 비율: '04년 91.8%→'05년 92.0%)하는 가운데 편당 수출단가도 상승한 것으로 나타났다. 드라마의 수출도 기존 미니시리즈 외에 주말·일일드라마, 사극 등으로 다양화되는 추세였다.

애니메이션의 경우, '04년에 비해 편당 수출단가는 '03년 수준으로 하락(편당 평균단가: '04년 3,359천 달러→'05년 1,668천 달러)하였으나 수출규모는 '04년에 비해 두 배 이상 상승('04년 861편→'05년 1,761편)하였다. 다큐·음악·오락물 등의 수출비중은 전년대비 다소 상승('04년 3.4%→'05년 5.3%)했다.

국가별로 국내 방송프로그램의 수출은 아시아지역 편중현상이 더욱 심화(전체 95.3%)된 것으로 나타났다. 수출국가는 일본(60.1%), 대만(11.4%), 중국(9.9%), 필리핀(3.7%) 등의 순으로 일본의 수출점유율이 증가('04년 57.4%→'05년 60.1%)하였다. 이는 일본 '겨울연가', '배용준' 특수가

145) 문화관광부(2006), 《2005문화미디어백서》, pp. 143~146 참조.

〈그림 3-4〉 국가별 수출 구성표

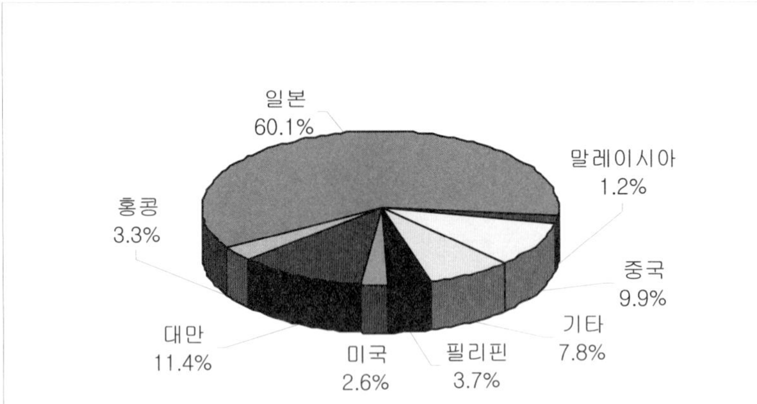

출처: 문화관광부(2006), 《2005문화미디어산업백서》.

일부 축소되었지만 새로운 콘텐츠와 배우로 수용자 선호가 확대되었고 일본 문화개방에 따른 한일 양국간 방송 콘텐츠 교류가 활발해지면서 수출은 더욱 증가할 것으로 전망된다.

한편 아시아의 기존시장과 신규시장인 필리핀, 태국, 캄보디아, 몽골, 우즈베키스탄, 러시아 등에서 수출량과 가격 모두 증가하였으며 대만의 경우, 점유율이 '03년까지 수년간 선두를 유지하며 중화권 수출을 주도하고 있으나 최근 한국 드라마 과잉공급, 수출가격 급상승, 대만의 자체 제작능력 향상 및 현지의 전반적 시청률 저하 등에 따라 '04년부터 수출이 위축되고 있는 것으로 나타났다. 비동아시아 지역 시장개척은 활발히 진행되어 남미(멕시코, 브라질), 중동(터키, 요르단), 인도, 탄자니아 등 시장이 확대되고 있다.

방송영상물의 수입은 미국(62.5%), 일본(18.4%), 영국(6.9%) 등의 순이며 주로 영화와 애니메이션 장르가 수입물의 대부분을 차지하고 있다. 국가별로 2005년도 미국의 수입점유율은 전년보다 다소 하락한 수준이고 (77.8%→62.5%), 캐나다를 비롯한 미주지역과 영국, 독일 등 유럽지역은 소폭 상승하였다. 아시아 지역의 경우, 일본에 대한 수입이 전년보다 무려 9.9% 포인트 증가하였는데 이는 만화 채널의 증가에 따른 애니메이션의 수입에 기인한다.

케이블TV의 경우, 지상파에 비하면 수출규모가 작고 수출증가율도 둔화되어 있다. 국내 케이블TV 프로그램 시장은 레드 오션(*red ocean*)이다. 이에 사전 기획단계에서 블루 오션(*blue ocean*)인 해외수출을 겨냥한 전략이 요구되는 시점이다. CJ미디어는 2006년을 국제화의 원년으로 삼고 중국과 일본에 현지법인을 설립하는 등 국제화에 박차를 가하고 있다.

2) 한미 FTA의 케이블TV 영향

(1) 시장개방 내용

2006년 6월 5일부터 워싱턴에서 시작된 한미 FTA 협상이 2007년 4월 2일 제2차 한미 FTA 고위급 협상에서 타결되었다.[146] 미국은 뛰어난 제작 및 배급기술과 막대한 자본을 바탕으로 영화, 방송분야를 중심으로 세계 시청각 서비스 시장의 40% 이상을 점유하고 있는 가운데 자유무역을 공격적으로 추진하였다.

한미 FTA에서 미디어 시장개방의 핵심 요구사항은 다음과 같다.

- 외국방송 재송신 채널의 우리말 더빙 및 국내광고 허용
- PP에 대한 외국인 지분제한(직접투자 49%) 철폐
- 국내 제작 영화·애니메이션·대중음악 편성쿼터 철폐
- 수입물 중 1개 국가 제작 프로그램 쿼터 철폐
- 방송관련 규제사항 전체 현행 유보 기재

이외에도 미국의 주요 요구사항으로는 IP TV에 대해서 현행 유보를 주장했고 해외 채널에 대해 더빙 및 국내 광고방송을 허용해줄 것을 요구했다

146) 방송위원회(2007. 4. 23), 〈한미 FTA 방송분야 협상 결과〉. 국회 보고내용을 중심으로 요약한다.

(〈표 3-33〉 참조). 특히 국내에서는 융합 서비스를 방송이냐 혹은 통신이냐를 놓고 그 정의에 논란이 일고 있지만, 미국은 부가 서비스임을 분명히 하고 개방을 요구하였다.

협상 결과, 최종적으로 합의한 주요내용은 다음과 같다.

- PP에 대한 외국인 투자제한 관련, 외국자본이 50%를 초과하거나 외국인이 최다주주인 국내법인에 대한 외국인 의제 배제
  - * 보도 · 종합편성 · 홈쇼핑 PP: 현행 유지
  - * 적용시점: 협정 발효일부터 3년 후
- 비지상파(PP 위성 SO) 부문 국제제작 영화 애니메이션 편성쿼터 완화
  - * 국내제작 영화(현행 25% → 20%)
  - * 국내제작 애니메이션(현행 35% → 30%)
- 수입 방송물에 대한 1개 국가 편성쿼터 완화
  수입 영화, 애니메이션 및 대중음악(현행 60% → 80%)
- 방송관련 규제사항을 현행 유보와 미래 유보로 구분(〈표 3-33〉 참조)

(2) 경제적 영향

계량적으로 FTA 시장개방의 경제적 효과에 대한 추정작업이 이어졌다. 추정단체마다 차이가 있다. 대외경제정책연구원이 한미 FTA 국회특위에 제출한 자료에 따르면, 쿼터 축소로 인한 영화, 애니메이션 콘텐츠의 쿼터 축소 비율은 각각 20%, 14.3%에 달할 것으로 보았다. 그리고 방송쿼터 축소에 따른 영화, 애니메이션 산업 소득감소 규모는 2008~2022년까지 연평균 약 36.7억 원(실질가치 26.9억 원)으로 추정하였다.[147] 방송영상산업진흥원은 방송쿼터 축소에 따른 피해액 규모는 2005년 구매액 기준으로 영화 산업의 경우 약 21억 3천만 원, 방송시간 기준으로 애니메이션의 피해액은 약 53억 원으로 예상하였다. 1개국 쿼터의 축소로 영화는 미국, 애니메

147) 한미 FTA 국회특위(2007. 4. 27), 〈한미 FTA의 경제적 효과 분석〉, 대외경제정책연구원, 방송위원회, 정보통신정책연구원 외 8개 기관 참여.

〈표 3-33〉 한미 양측의 요구와 최종 타결내용

한국 요구	미국 요구	타결내용
포괄적 미래 유보	외국방송 재송신 채널 한국어 더빙 및 국내광고 허용	▪ 미국 요구 수용 안 됨(더빙 및 국내광고 금지)
	PP에 대한 외국인 지분제한 폐기	▪ 직접투자 규제 현행(49%) 유지 ▪ 간접투자 허용: 외국자본이 50%를 초과하거나 외국인이 최다주주인 국내법인의 PP 투자 100% 허용(단, 보도, 종합편성, 홈쇼핑 PP는 금지), 협정발효일로부터 3년 후 적용
	지상파 및 비지상파 방송의 영화·애니메이션·대중음악 편성쿼터 철폐	▪ 비지상파(PP, 위성, SO) 국내제작 쿼터 일부 완화, 영화 25% → 20%, 애니메이션 35% → 30%
	수입 방송프로그램 중 1개 국가 프로그램 쿼터 철폐	▪ 1개국 쿼터 60% → 80% 완화
	시청각서비스의 비차별대우 적용	▪ 시청각서비스의 경우 공공성·사회적 영향력을 고려하여 전자상거래장에서 파생되는 비차별 의무(내국민 대우 및 최혜국 대우)에서 배제 ▪ 양측은 서비스의 디지털화된 콘텐츠는 서비스·투자개방안(유보안)에서 개방하지 않으면 전자상거래장을 통해 우회 개방되지 않는다는 원칙에 합의
	인터넷을 통한 방송콘텐츠 전송 시 배타적 저작권 부여	▪ IP TV와 같은 폐쇄망을 통한 서비스의 경우 배타적 저작권 부여 배제
	공기업(KBS, EBS)에 대한 차별적 혜택 금지	▲ 공기업(KBS, EBS)에 대한 차별적 혜택 미래 유보 ▪ 상호겸영 규제 예외 인정 ▪ 방송발전기금 징수 및 사용 ▪ 수신료 등 재정지원 ▪ 채널의 구성과 운용에 있어서 의무재송신 ▪ 편성규제에 있어서 혜택 부여
	방송관련 규제사항 포괄적 현행 유보	▲ 현행 유보 1. 고위경영자 국적제한 ▪ 방송사업의 대표자, 편성책임자 국적제한 ▪ KBS, EBS 이사 국적제한

〈표 3-33〉 계 속

한국 요구	미국 요구	타결내용
포괄적 미래 유보	방송관련 규제사항 포괄적 현행 유보	2. 진입제한 ▪ 외국인은 방송사업, 중계유선·음악유선, 전송망사업 운영 불가 ▪ 법인설립요건(중계유선, 음악유선은 자연인도 가능) ▪ 허가(지상파, 위성, 케이블, 보도·종합편성·홈쇼핑 PP, 중계유선) ▪ 등록(음악유선, PP, 전송망사업) 3. 외국인 투자제한 ▪ 지상파, 보도·종합편성, 중계유선: 금지 ▪ 위성방송: 33% ▪ PP, SO, 전송망사업: 49% ▪ 지상파, 보도·종합편성 PP에 대한 1인 지분 제한 4. 콘텐츠 쿼터 ▪ 일반 쿼터 ▪ 장르별 쿼터(대중음악, 영화, 만화) ▪ 1개 국가 쿼터 ▪ 지상파 DMB, 교육·종교 채널은 별도 쿼터 적용 ▲ 미래 유보 1. 방송일반 사항 ▪ 매체간 겸영(교차소유) ▪ 지상파방송, 위성방송, 케이블방송, 보도·종합편성·홈쇼핑 PP, 전송망 사업자에 대한 간접투자(외국인 의제) ▪ 방송사업자 이사에 대한 국적·거주요건 제한 ▪ 케이블·위성 등 플랫폼 사업자의 채널 구성·운영 ▪ 애니메이션 총량제 ▪ 외국제작·제작비·주시청시간대 쿼터 등 대안(代案)적 편성 규제 ▪ 방송사업자가 제공하는 VOD 쿼터 규제 ▪ 외국방송 재송신 제도 철폐(PP 직접투자 개방 등 전제) ▪ 국내물 인정기준 제정 및 개정

〈표 3-33〉 계속

포괄적 미래 유보	방송관련 규제사항 포괄적 현행 유보	2. 방송통신융합 관련사항 • 방통구조개편에 따른 규제체계 변화에 따른 규제권한 확보 • IP TV 관련, 지분에 대해서는 케이블TV · 기간통신 현행 유보 수준을 유지하고 콘텐츠에 대해서는 케이블TV 현행 유보 수준 허용 3. 해외공동제작 • 방송위원회가 체결하는 공동제작협정에 따라 제작된 공동제작물에 대한 차별적 내국민 대우 부여

출처: 황근(2007: 65~66).[148]

이션은 일본에 편중되어 있는 현실에서 더욱 문화적 다양성이 저해되고 불균형과 편중현상이 악화될 수 있을 것으로 내다보았다.[149]

방송위원회가 추정한 자료에 따르면, 방송시장 개방 확대에 따라 매출액은 연평균(2012~2022년) 448.1억 원, 부가가치 규모는 연평균 154.6억 원 정도 증가할 것으로 보았다. 한미 FTA 체결에 따라 외국계 PP의 점유규모는 2012~2022년 기간 동안 연평균 매출액 기준으로 1,276.6억 원, 부가가치 기준으로 440.4억 원 정도 증가할 것으로 예측하였다. 점유율 기준으로는 방송시장 개방 확대에 따라 2022년에는 약 6.7% 증가하고 연평균(2012~2022년)으로는 약 4.7% 증가할 것으로 전망하였다.[150]

국내 PP 관련 시장구조가 현 상태를 유지할 경우 150여 개의 PP 가운데 CJ미디어, 온미디어와 같은 대기업의 MPP, 지상파계열 PP, 재능이나 경제TV와 같은 장르 경쟁력을 확보한 채널을 제외하고는 어려움이 예상된다.

148) 황근(2007.5.28), "한미FTA 방송시장 개방이 플랫폼 사업에 미치는 영향", 한국방송영상산업진흥원 주최 세미나 발제문.

149) 권호영 · 하윤금(2007.5.15), "한미 FTA: 유료방송시장 개방의 영향과 대응방안", 한국방송영상산업진흥원, 〈KBI포커스〉 07-10(통권 29호).

150) 정재하 외(2007.12), 〈방송부문 한미 FTA의 영향평가 연구〉, 방송위원회, pp.90~91.

(3) 사회문화적 영향

한미 FTA 방송시장 개방으로 인해 미국 자본의 방송시장 침투와 그로 인한 미국 프로그램의 증가가 단기적으로는 특별히 부정적 영향을 가져오지 않을 것이나 장기적으로 볼 때 크게 다음과 같은 두 가지 측면에서 우려된다.151)

첫째, 문화정체성의 약화에 대한 강한 우려이다. 문화정체성은 영상 콘텐츠에 의해 이미 어린 시절부터 형성되는 것이다. 이 때문에 국제시장에서 가장 인기 있는 장르 중의 하나이자 어린이들이 가장 많이 보는 장르인 애니메이션의 외국 콘텐츠 범람은 특히 우려가 되는 부분이다. 애니메이션은 자체 제작보다는 수입품이 훨씬 저렴한 데다가 디즈니로 대표되는 다국적 미디어기업들의 애니메이션은 질 또한 우수하기 때문에 미국 지향적 정체성을 일찍부터 형성시키고 한국적 문화정체성의 형성에 부정적 영향을 미칠 충분조건을 형성하고 있다.

둘째, 국내 제작물의 다양성 감소 및 질적 저하에 대한 우려이다. 방송시장의 개방은 장기적으로 다양성보다는 동질성을 가져올 가능성이 높다. 형식상의 다양성은 증가한다 해도 내용상의 다양성은 그렇지 않을 것이며 제작기반의 붕괴로 시사, 다큐 영역의 축소가 우려된다. 그 이유는 전적으로 프로그램 유통시장의 경제논리에 기반하고 있다. 다양성과 질을 고려한 편성보다는 값싼 프로그램의 수입이나 인기 있는 외국물의 포맷 카피가 시청률을 제고하는 데 유리하기 때문에 프로그램 전반적으로 악화가 양화를 구축하게 되는 현상이 나타날 것으로 전망된다. 특히 외국자본의 유입에 따른 직접적 영향보다는 포맷 카피와 같은 이차적 제작관행의 확산이 우려된다.

151) 정재하 외(2007. 12), 앞의 글, pp. 102~103.

(4) PP 시장개방이 플랫폼 산업에 미치는 영향[152)]

외국 사업자들은 국내 플랫폼 사업자와 관계설정에서 현실적으로 접근할 것으로 보인다. 현실적 방안으로 상반된 두 가지 전략이 가능하다. 하나는 커버리지를 중요하게 생각하는 전략이고, 또다른 하나는 시장진입의 용이성을 보다 비중 있게 고려했을 때의 전략이다. 즉, 커버리지가 넓은 케이블 MSO를 선택할 것인지, 아니면 새로운 플랫폼을 선택할 것인지에 대한 선택의 문제이다.

첫 번째 커버리지 측면에서 볼 때, 협업대상으로 MSO가 우선순위에 있다. 외국 사업자들의 입장에서 커버리지를 넓힐 수 있는 플랫폼을 선택해서 현실 가능한 수익원을 확보하는 전략을 취할 수 있다. MSO들의 입장에서는 디지털 전환을 하면서 콘텐츠 확보를 하는 것이 필요하다. 디지털 상품의 경우 가격인상이 불가피하고 양질의 콘텐츠 확보가 불가피한데, 외국의 킬러 콘텐츠를 가진 사업자들이 들어오면 긍정적 효과로 작용하게 될 것이다. 양쪽의 이해가 맞아떨어지는 것이다.

두 번째, 시장진입의 용이성을 고려했을 때 예상되는 전략으로 국내 MSO들과 제휴하기보다 신규 플랫폼들과 제휴할 가능성이 높다. 국내 MSO가 이미 수직적 통합이 이루어져 있는 상태에서 해외 메이저일지라도 시장에 진입하는 것이 어렵다는 것을 알고 있기 때문에 진입이 상대적으로 쉬운 대안 플랫폼을 찾을 가능성이 있는 것이다. 이 경우 국내 플랫폼 사업자들인 위성방송이나 IP TV 사업자의 입장에서 해외 콘텐츠 확보를 통한 시장 파워를 올릴 수 있는 기회가 될 것이다. 즉, 위성방송이나 IP TV 사업자의 경우 배타적 독점계약이 이루어지고 있는 국내 PP 시장에서 부족한

---

152) 이 내용은 방송위원회 FTA 영향평가 연구의 플랫폼 부문 자문단과의 집단인터뷰 내용을 정리한 것이다. 플랫폼 부문 자문단은 이상식 교수(계명대), 박상호 박사(방송협회), 김상욱 팀장(케이블TV방송협회), 양용석 팀장(티브로드), 이상호 차장(KT), 이영국 팀장(CJ케이블넷), 이화진 박사(SBS 정책연구실), 채학석 팀장(스카이라이프), 윤경만 팀장(TU미디어), 장영환 팀장(C&M)으로 구성되었음.

콘텐츠를 해외 PP와 제휴를 통해 확보할 수 있는 좋은 기회가 될 수 있다. 그러나 후발 플랫폼 사업자의 입장에서는 수신료를 더 줘야 좋은 PP들을 유치할 수 있다. 위성방송의 경우 외국 사업자들이 와서 광고수익을 대체할 수 있을 만큼의 수신료를 요구한다면 해줄 수가 있는 여건이 아니다. 자본금 여력이 있는 IP TV의 경우에도 수익성이 맞지 않는 과도한 프로그램 사용료 인상을 통한 채널 라인업은 현실적으로 부담이 될 것으로 보이지만, 플랫폼 사업자간의 경쟁이 예상되기 때문에 해외 프로그램 가격인상은 불가피해 보인다.

케이블TV와 위성방송을 비교할 때 위성방송의 경우 외국 사업자와 제휴할 가능성도 높고 제휴 필요성도 존재하지만, 현실적 가능성은 낮아 보인다. 해외 사업자의 경우 위성방송에 대한 매력이 떨어진다. 위성방송의 가입자는 200만 가구이고 CJ케이블넷도 200만 가구가 약간 넘지만, 티브로드와 제휴를 하면 CJ케이블넷은 500만 가입가구를 확보할 수 있다. 한편 위성방송의 경우 커버리지가 작으니까 수신료 수익에 의존해야 하는데, 위성방송사가 수신료를 줄 수 있는 한계가 있다.

국내 플랫폼 사업자간 경쟁이 심해짐과 동시에 해외 PP가 진입할 경우 다음과 같은 두 가지 문제점이 우려된다.

① 배타적 거래의 심화

플랫폼간 경쟁의 결과, 특정 플랫폼이 매우 영향력 있는 콘텐츠를 독점하고자 하는 상황이 연출되어서 배타적 거래가 이루어질 수 있다. 미국 입장에서도 영향력이 있는 플랫폼과 우호적 관계를 형성하려고 할 것이다. 단기적으로는 특정 사업자에게 유리한 결과를 주겠지만, 중장기적으로 보면 외국 콘텐츠 사업자에게 종속되는 결과를 초래할 수 있다. 따라서 배타적 거래 부분에 대해서는 사업자들도 조심스럽게 접근하고 정부도 효과적인 제재수단을 강구할 필요가 있다.

② 플랫폼간 경쟁으로 인한 가격인상

국내 MPP들의 경우에 편성의 80% 이상이 미국을 비롯한 외국 프로그램이다. 현재 국내 PP끼리 경쟁이 붙어 콘텐츠 수입원가를 높여놓았다. 플랫폼 사업자간의 콘텐츠 확보를 위한 경쟁 역시 가격인상의 요인이 된다. 하나TV가 처음으로 VOD 수급을 시작하였고 KT는 2004년부터 VOD 콘텐츠를 수급하고 있는데, VOD 콘텐츠 수급단가가 적게는 200%에서 많게는 1,000%까지 인상되었다. 경쟁사업자인 하나로나 LG 등과 같은 후발사업자들은 경제성보다는 시장을 선점한다는 데 의미를 두고 콘텐츠 확보를 위한 가격인상을 주도하고 있다. 향후 IP TV가 본격화되면 VOD 시장에서 경쟁이 채널확보 경쟁 쪽으로 전이될 것으로 예상된다.

IP TV 산업의 초기단계에서 VOD 콘텐츠를 확보하기 위해 지상파 콘텐츠를 많이 활용하고 있다. 시장개방이 되고 나면 해외 PP로부터 프로그램 수급량이 크게 증가할 것이다.

(5) 한미 FTA 개방의 영향에 대한 종합적 평가

FTA 협상과정은 물론, 타결 이후에도 개방효과에 대한 논의가 적지 않게 이루어졌다. 시장개방이 케이블TV에 미칠 영향은 〈표 3-34〉와 같이 긍정적 측면과 부정적 측면이 공존할 것으로 예상된다.153)

한미 FTA 체결 결과, 분야별로 영향은 다르게 나타날 것으로 예상되며 FTA에 대한 대책을 어떻게 하느냐에 따라 영향력의 정도에 있어 차이가 있을 것으로 보인다. 지금까지 논의를 토대로 종합적 평가를 내리면 〈표 3-35〉와 같다.

153) 정재하 외(2007.12), 〈방송부문 한미 FTA의 영향평가 연구〉, 방송위원회; 정인숙(2006.10), "시장 개방에 따른 방송 산업의 변화와 전망", 한국케이블TV방송협회 주최, 광주디지털미디어포럼 발제문 참조.

〈표 3-34〉 FTA의 시장개방의 명암

긍정적 효과	부정적 효과
▲소비자 후생 증가 ▪PP 시장의 개방에 따라 소비자 후생은 연평균 21.4억 증가 ▲PP 산업 생산규모의 증가 ▪PP 산업의 매출은 연평균 448.1억 원, 부가가치로는 154.6억 원 증가하는 효과가 예상 ▲국민총생산의 증가 효과 ▪국민경제 전체 차원에서 GDP가 연평균 27.5억 원의 증가 효과	▲국내 PP의 매출점유 비중 감소 ▪PP 시장 개방으로 인해 국내 PP의 시장점유 비중이 연평균 기준으로 4.7% 감소할 것으로 추정 ▪매출액 기준으로는 연평균 1,276.6억 원, 부가가치 기준으로는 440.4억 원 규모의 외국계 PP 매출점유 비중 증가 예상 ▲국내 유료 플랫폼 업계의 비용부담 증가 ▪PP 시장 개방으로 연평균 215억 원 규모의 플랫폼 업계 비용이 증가하는 효과가 발생할 것으로 추정 ▪이는 PP 매출증가의 약 48.0% 규모에 해당하며, 대부분의 PP 매출증가가 플랫폼 부문의 비용부담으로부터 기인하는 것을 시사 ▲국내 프로그램 제작업계의 위축 ▪PP 시장 개방으로 인해 국내 프로그램 제작업계의 매출이 연평균 64.4억 원 규모 정도 감소하는 효과가 발생할 것으로 추정 ▲무역수지를 악화시키는 효과 ▪장기적으로 연평균 288억 원의 무역수지를 악화시키는 효과가 발생할 것으로 추정 ▲국내 제작물의 다양성 감소 및 질적 저하 ▪장기적으로 다양성보다는 동질성을 가져올 가능성이 높음 ▲문화정체성의 약화 ▪한국적 문화정체성의 형성에 부정적 영향을 미칠 가능성이 높음

출처: 정재하 외(2007: 103~104).

〈표 3-35〉 한미 FTA의 영향 종합평가

영향 부문	FTA의 효과 1(미대책 시)	FTA의 효과 2 (적극적 대책 시)
PP 산업	▲매출액 및 부가가치 증가 ▪매출액: 연평균 448.1억 원 증가 ▪부가가치: 연평균 154.6억 원 증가 ▲외국계 PP의 점유율 증가 ▪2022년에 최대 6.7% 증가 ▪연평균 약 4.7% 증가	▲매출액 및 부가가치 증가 ▪매출액: 연평균 224.1억 원 증가 ▪부가가치: 연평균 77.3억 원 증가 ▲외국계 PP의 점유율 증가 ▪2022년에 최대 3.4% 증가 ▪연평균 약 2.4% 증가
소비자	▲소비자 후생 증가 ▪연평균 21.4억 원 증가	(좌 동)
유료 플랫폼 산업	▲외국계 채널 송출비용의 증가 ▪PP 매출증가의 약 48.0%인 215.0억 원 규모의 연평균 비용 증가	▲외국계 채널 송출비용의 증가 ▪87.3억 원 규모의 연평균 비용 증가
지상파방송 사업자	▲지상파방송에 대한 개방의 단기적 효과는 미미할 것으로 예상	(좌 동)
국내 프로그램 제작산업	▲국내 프로그램 제작사의 매출감소 ▪연평균 60.4억 원 규모의 감소	▲국내 프로그램 제작사의 매출감소 ▪연평균 38.9억 원 규모의 감소
거시경제	▲GDP 증가효과 ▪연평균 27.5억 원 증가 ▲무역수지 적자효과 ▪연평균 288억 원 적자	▲GDP 증가효과 ▪연평균 13억 원 증가 ▲무역수지 적자효과 ▪연평균 170억 원 적자

출처: 정재하 외(2007: 105).

5. 케이블TV 지원정책의 변화: 콘텐츠에 대한 높은 관심

종합유선방송 도입 초기에 지원정책들은 주로 SO에 대한 지원이 주를 이루었다. 종합유선방송 산업이 발전하면서 콘텐츠에 대한 지원 필요성이 대두되면서 여러 정부부처에서 경쟁적으로 지원정책을 발표하였다. 현행 콘텐츠 정책 및 지원실행 기구체계는 〈표 3-36〉과 같다.

문화관광부는 방송법, 문화산업진흥기본법에 입각해 방송영상진흥 정책을 수립하고 지원사업을 실시한다. 문화관광부는 1998년 '방송영상산업 진흥대책'과 2003년 6월 '방송영상산업진흥 5개년 계획'을 토대로 각종 지원사업을 추진했다. 방송영상산업 5개년 계획에 따르면, 문화관광부는 2007년까지 약 5천억 원 이상을 투입해 방송영상 선진권에 진입하는 동시에, 아시아 방송영상시장의 허브로 도약하겠다는 목표를 제시하였다. 구체적 지원

〈표 3-36〉 콘텐츠 정책 및 지원기구

(2007년 기준)

	문화산업	온라인콘텐츠산업	방송영상산업
법적 근거	문화산업진흥기본법	온라인디지털콘텐츠 산업발전법	방송법
기금 및 규모(2007년 기준)	문화예술진흥기금 4,747억 원	정보통신진흥기금 12,840억 원	방송발전기금 2,169억 원
정책기구	문화관광부	정보통신부	방송위원회, 문화관광부
지원실행 기구	문화콘텐츠진흥원	소프트웨어진흥원	방송위원회, 방송영상산업진흥원

출처: 기금 및 규모는 기획예산처, "기금별 수입 계획" 참조, http://www.mpb.go.kr/servlet/loadMenu?menuFlag=K354 2007.5.26 접근.

사업은 한국방송영상산업진흥원이 제작비 지원, 인프라 구축, 인력 양성, 해외유통 지원 등을 하고 있다. 구방송위원회는 2001년 11월에 '방송산업 진흥대책'을 수립해 실시하였다. 구방송위원회가 대부분 직접 지원사업을 수행하지만 방송영상산업진흥원을 통해서 지원하였다.

문화관광부는 1994년 문화산업국을 신설하고 1999년 '문화산업진흥기본법'을 제정하여 디지털 콘덴츠—게임, 애니메이션, 음악 등 주요 콘텐츠 산업에 대한 정책적 지원체계를 구축하였다. 지원실행 기구로 문화콘텐츠 진흥원이 있다. 디지털 콘텐츠와 관련하여 정보통신부는 2002년 '온라인디지털콘텐츠산업발전법'을 제정하고 음성/영상 등의 온라인 콘텐츠를 지원하기 위한 정책을 수립하고 실행기구로 소프트웨어진흥원을 설립하였다.

문화관광부나 정보통신부가 디지털 콘텐츠 산업을 지원영역으로 하고 있어 이중 지원의 가능성이 존재한다. 그러나 문화산업이나 온라인 콘텐츠 산업의 경우 수직적으로 정책기구와 지원실행 기구 간의 갈등은 없다. 그러나 방송영상산업에서는 정책기구가 방송통신위원회와 문화관광부로 이원화되어 있고 지원실행 기구로 방송통신위원회와 방송영상산업진흥원으로 이원화되어 있다. 문화산업이나 온라인 콘텐츠 산업, 그리고 방송영산산업 진흥부문 간의 중복성도 문제로 제기되고 있지만, 방송영상진흥 부문 내에서 발생하는 중복성이 좀더 심각한 것 같다.

현행 수직적 규제체계에서 수평적으로 향후 규제체계가 전환하게 될 경우, 콘텐츠에 대한 규제 및 진흥정책과 관련하여 정책 및 지원실행 기구가 흩어져 있어 통합의 필요성이 제기되었다. 규제기구 못지않게 진흥기구의 통합과 관련하여 이해관계가 첨예하다. 문화관광부, 정보통신부, 방송위원회는 각각 자신들의 관할권 속에서 콘텐츠 진흥정책을 두기 위해 민감한 반응을 보였다.[154] 방송통신추진위원회는 2006년 12월 각 부처의 콘텐츠 기

---

154) 정보통신부(2007. 1), 〈방송통신 기구통합을 위한 입법 추진〉; 정보통신부(2006. 12), 〈방송통신 기구개편 추진방향〉에서 정보통신부는 콘텐츠는 현행부처간 역할분담 체제를 유지하되, 궁극적으로 방송통신망, 서비스, 단말기의 불가분의 관계를 고려하여 통합기구로 일원화하는 것이 타당하며 순수 문화예술,

능을 하나의 독임제 행정부처로 통합하는 방안을 검토, 추진토록 정부에 건의하였으며 방송통신 관련 콘텐츠 소관문제는 기구 개편방안 마련 후 추후 논의키로 하였다.[155]

방송영상 진흥은 문화산업 진흥이나 온라인 디지털 콘텐츠 진흥과 비교할 때 근본적 차이점이 있다. 첫째, 법적 측면에서 문화산업진흥기본법, 온라인디지털콘텐츠산업발전법은 각각 문화관광부와 정보통신부가 특별법으로 제정하여 콘텐츠 진흥정책을 시행하는 데 반해, 방송위원회는 방송법의 기금관련 조항에 근거하여 콘텐츠 진흥정책을 시행하였다. 문화산업과 온라인 디지털 콘텐츠 산업은 정책과 수행조직이 분리되어 있지만, 방송영상산업의 진흥정책과 수행조직은 방송통신위원회, 문화관광부, 방송영상산업진흥원으로 다기화되어 있다.

여기서 문제는 방송영상 진흥정책의 수립주체가 이원화되어 있다는 점이다. 진흥정책 수립과 관련하여 방송의 기본계획 중 방송영상정책과 관련된 사항, 예를 들면 방송영상산업 진흥에 영향을 미치는 방송제도의 수립, 방송프로그램 제작, 수급 및 유통 등에 영향을 미치는 방송사업자 구도의 변경, 방송시장 개방 또는 국제협력 증진 등을 위하여 정부 차원의 협조가 필요한 사항, 새로운 방송환경의 형성, 변화에 따른 정부 차원의 지원이 필요한 사항 등에 대해서 문화관광부와 합의하도록 하고 있다.[156] 이 결과 방송영상 진흥정책 수립에 있어 방송위원회의 독자성이 제한적이라는 지적이 있었다. 방송통신위원회가 2007년도에 출범하면서 '합의'는 '협의'로 변경되었다.

이러한 문제를 해결하기 위해 특별법으로 방송콘텐츠산업진흥법(가칭)이나 방송산업진흥기본법(가칭)을 제정하고 방송영상산업진흥원을 법적인 지원정책 실행기구로 삼는 것이 바람직하다.[157]

창의성과 연관된 원천 소스는 유관부처에서 담당할 것을 주장하였다.

155) 국무조정실(2006. 12. 11), 〈방송통신위원회 설립법안 공청회 자료〉.

156) 방송법 시행령 제20조 제1항.

157) 민법 제32조, 문화관광부 및 문화재청 소관 비영리법인의 설립 감독에 관한 규

〈표 3-37〉 콘텐츠 지원 사업법 비교

	문화산업진흥기본법	온라인디지털콘텐츠 산업발전법	방송법
목 적	문화산업의 지원 및 육성에 필요한 사항을 정하여 문화산업 발전의 기반을 조성하고 경쟁력을 강화(제 1조)	온라인디지털콘텐츠산업의 기반을 조성하고 그 경쟁력을 강화하여 국민 생활의 향상과 국민경제의 건전한 발전에 이바지함 (제 1조)	방송의 공적 책임, 공정성, 공익성을 실현하고 방송내용의 질적 향상 및 방송사업에서의 공정한 경쟁을 도모 (제 20조)
지원범위	제 2조 1호 가. 영화와 관련된 산업 나. 음반 비디오물 게임물과 관련된 산업 다. 출판인쇄물 정기 간행물과 관련된 산업 라. 방송영상물과 관련된 산업 마. 문화재와 관련된 산업 바. 예술성, 창의성, 오락성, 여가성, 대중성이 구체화되어 경제적 부가가치를 창출하는 캐릭터 애니메이션 디자인, 광고, 공연, 미술품, 공예품과 관련된 산업 사. 디지털 문화콘텐츠의 수집 가공 개발 제작 생산 저장 검색 유통 등과 이에 관련된 서비스를 행하는 산업	제 2조 1. "디지털콘텐츠"라 함은 부호, 문자, 음성, 음향, 이미지 또는 영상 등으로 표현된 자료 또는 정보로서 그 보존 및 이용에 있어서 효용을 높일 수 있도록 전자적 형태로 제작 또는 처리된 것을 말한다. 2. "온라인디지털콘텐츠"라 함은 정보통신망 이용촉진및정보보호등에 관한법률 제 2조 제 1항 제 1호의 규정에 의한 정보통신망에서 사용되는 디지털 콘텐츠를 말한다. 3. "온라인디지털콘텐츠 산업"이라 함은 온라인디지털콘텐츠를 수집 가공 제작 저장 검색 송신 등과 이와 관련된 서비스를 행하는 산업을 말한다.	제 38조(기금의 용도) 1. 교육방송 및 기타 공공을 목적으로 운영되는 방송 2. 공공의 목적을 위한 방송사업자의 설립 및 방송프로그램 제작 3. 방송프로그램 및 영상물 제작 지원 4. 시청자가 직접 제작한 방송프로그램 5. 미디어 교육 및 시청자단체의 활동 6. 방송광고 발전을 위한 단체 및 사업 지원 7. 방송기술 연구 및 개발 8. 장애인 등 방송 소외계층의 방송 접근권을 위한 지원 9. 문화, 예술진흥사업 10. 언론공익사업 11. 남북간 방송 교류, 협력 및 남북공동 방송프로그램 제작 지원(신설 2005. 5. 18) 12. 기타 방송의 공공성 제고와 방송발전에 필요하다고 위원회가 결의한 사업(개정 2005. 5. 18)

칙 제5조에 근거를 두고, 방송에 관한 연구, 인력개발 및 진흥사업을 통하여 방송문화 창달에 기여하고, 국내외 방송교류 및 방송발전을 위한 지원을 목적으로 설립되었다. 재원은 방송발전기금, 국고 및 자체자금으로 이루어져 있다.

〈표 3-37〉 계속

	문화산업진흥기본법	온라인디지털콘텐츠 산업발전법	방송법
주요재원주체	▪ 정부와 지방자치단체 ▪ 문화관광부 ▪ 지원시행기관: 한국문화콘텐츠진흥원 (제 31조)	▪ 정부 ▪ 정보통신부 ▪ 지원시행기관: 한국소프트웨어진흥원 (제 13조)	▪ 방송위원회 ▪ 지원시행기관: 한국방송영상산업진흥원 (규칙에 근거한 문화관광부 산하단체)
주요재원	제 5장 문화예술진흥기금(제 39조) 문화산업진흥을 위하여 문화산업진흥기금을 설치	정보통신진흥기금(제 6조) 정보화촉진기본법 제 33조의 규정에 의한 정보통신진흥기금 등으로 제 3장에 규정된 사업의 추진 지원	방송발전기금(제 36조) 방송발전 및 방송의 공익성 향상을 위해 방송진흥사업 및 문화 예술 진흥 사업을 수행할 목적
지원대상	▪ 창업지원 및 활성화, 유통 촉진, 전문인력 양성, 기술개발, 디지털콘텐츠의 표준화, 거래 및 품질 인증, 디지털콘텐츠 식별 표지 부탁 장려, 해외 진출, 세제지원 등 디지털 콘텐츠 산업과 관련된 기반 조성 전반	▪ 문화콘텐츠 관련 기업의 창업 지원, 제작 지원, 문화상품의 유통 촉진, 전문 인력 양성, 기술 개발 지원, 표준화, 해외 진출, 산업단지 조성, 세제지원 등 문화 상품과 관련된 사항	▪ 공익방송 ▪ 방송진흥사업: 방송인프라 지원, 방송 기술개발, 방송교류 사업, 조사연구/ 연수교육 등, 디지털 방송 전환 융자 ▪ 콘텐츠진흥사업지원: 방송콘텐츠 제작지원, 프로그램 제작비 융자, 방송분야 시상, 콘텐츠 심의 ▪ 기관단체 운영지원 ▪ 시청자 지원

방송통신위원회와 문화관광부가 방송영상산업 진흥을 위해 지원하는 사업을 비교해보면 상당 부분 중복된다. 프로그램 제작 지원, 프로그램 제작비 융자, 해외수출 지원, 방송영상투자조합 운용, 방송 전문인력 양성을 통한 지원은 거의 동일하다.

외국의 진흥정책이나 국내 문화산업이나 온라인 콘텐츠 지원과 비교할 때 국내 방송영상산업에 대한 진흥정책의 특징은 직접지원에 대한 비중이 크다는 점이다. 아울러 방송영상산업은 문화산업이나 온라인 콘텐츠 지원 정책의 수혜대상에서 거의 제외되어 있다시피 하다. 이에 경쟁력을 강화하기 위한 보다 근본적이고 다양한 지원정책이 요구된다. 특히 한미 FTA 타결 이후 가장 피해가 클 것으로 예상되는 PP 분야에 대한 지원책이 어느 때보다 강조되었고, 이에 대해 구방송위원회는 PP 산업에 대한 지원을 약속한 바 있다.

한국케이블TV방송협회는 국회에 제출된 '지상파 텔레비전방송의 디지털 전환과 디지털 방송 활성화에 관한 법'이 지상파 중심으로 지원이 한정되어 있는 섬을 고려하여 방송 콘텐츠 사업자의 디지털 방송 전환을 위하여 시설, 장비, 제작비의 지원 근거를 마련하고 방송콘텐츠산업에 대한 정부의

〈표 3-38〉 문화관광부-방송위원회 방송영상산업 지원사업 현황

(2005년 기준)

문화관광부	방송위원회
▪ 우수파일럿 프로그램 제작지원(2002년~) 지원대상: 독립제작사, PP, 지역민방 등	▪ 우수 프로그램 제작비 지원(2000년~) 지원대상: 지상파, 위성, 독립제작사 등 ▪ PP 콘텐츠 제작지원(2004년~) 지원대상: PP * '04년 기금운용계획 변경하여 반영됨 ▪ SO 프로그램 제작지원(신규) 지원대상: 지역채널 프로그램
▪ 프로그램 제작비 융자(1999년~) 지원대상: 독립제작사, 애니메이션 제작사(방송용)	▪ 프로그램 제작비 융자(신규) 지원대상: 독립제작사, PP
▪ 방송영상콘텐츠 해외수출지원 (1999년~) 해외견본시 참가 지원 국제방송영상견본시 개최 현지어 재제작 지원 신규시장 개척 등 마케팅 수출지원협의회 운용	▪ 방송콘텐츠 해외수출 육성 해외견본시 참가 지원(신규) * TV코리아 쇼케이스 현지어 재제작 지원 * 아리랑TV 보조사업 해외방송교류협력단, 방송해외진출협의회 운영
▪ 방송영상투자조합 1호('02년): 140억 원 2호('04년): 100억 원	▪ 방송영상콘텐츠투자조합(2003년) 1호: 150억 원, 2호: 140억 원 * 방송진흥원대행 운영
▪ 방송 전문인력 양성 디렉터 스쿨 사이버방송영상아카데미 방송인력 양성과정 운영	▪ 방송인 교육, 연수 지원(2005년~)

출처: 김영덕(2006: 22).[158]

체계적 진흥정책 추진체계 정비를 위해 2008년 3월 '방송콘텐츠진흥추진위원회'를 구성하고 '디지털방송콘텐츠진흥법(안)' 제정을 제안하였다.[159]

6. 소결론

종합유선방송 도입 초기 정책들은 시장의 구조를 매우 인위적으로 구분하여 삼분할 사업자 체제를 형성하였고 수직적 결합을 엄격하게 규제함으로써 경쟁제한적이었다. 수평적 결합 역시 제한하였다. 이 결과 시장이 제대로 작동하는 데 한계가 있었다. 종합유선방송과 중계유선 간의 이원화 제도 역시 종합유선방송 초기 확산에 장애요인으로 작용하였다. 정부는 지역채널 취재보도도 허용하지 않았다. 기술적 문제도 적지 않게 나타났다. 이러한 정책의 한계로 인해 가입자가 크게 증가하지 않았다. 정부는 시장에 깊이 간여하여 시장을 활성화하려고 하였으나 시장의 구조에 대한 규제가 강한 상태에서는 효과가 별로 없었다. 이러한 상태에서 IMF 외환위기는 시장을 극도로 어려운 상태로 몰아넣었다.

침체한 시장 분위기를 반전시키기 위해 정부는 규제를 크게 완화하였다. 삼분할 사업자간 수평적, 수직적 결합 제한을 완화하였다. 중계유선 사업자의 종합유선방송 전환승인을 두 차례에 걸쳐 추진함으로써 중계유선 사업자들을 제도권 안으로 끌어들임으로써 가입자 시장을 확대하였다. 채널티어링 제도를 도입함으로써 가입자 유치가 용이하도록 하였다. SO들의 취재보도를 허용함으로써 지역언론사로서 역할을 수행하도록 하였고, 지역채널을 활성화하여 지역매체로서 케이블TV 도입취지를 살리고자 하였다.

SO 분야의 복점화로 인한 경쟁도입과 함께 PP 분야의 등록제 역시 케이블TV 시장에 적지 않은 영향을 미친 정책이다. 등록제 도입으로 인해 PP

---

158) 김영덕(2006. 12), 〈방송통신융합과 콘텐츠진흥체계〉, 한국방송영상산업진흥원.
159) 한국케이블TV방송협회(2008. 3. 24), 제2기 PP정책자문위원회 8차 회의.

수는 크게 증가했다. MSO화나 MPP화로 시장집중률이 높아지고 있다. 특히 지상파방송 계열의 MPP화로 인해 지상파방송사들의 독과점적 영향력을 케이블TV와 같은 유료매체 분야로 확대하고 있는 점이 특징으로 나타났다.

규제완화와 함께 지원정책에서도 변화가 있었다. 종합유선방송 도입 초기에는 케이블TV SO에 대한 지원에 역점을 두었다. 그렇지만 새로운 질서가 형성된 이후에는 PP에 대한 지원정책에 무게가 실리는 쪽으로 변화하고 있다.

이렇게 구질서는, 국내요인으로는 사업자들이나 방송전문가들로부터 제도개선의 압력, 국외요인으로는 IMF 외환위기의 영향을 받은 결과 급속하게 새로운 질서로 재편되었다. 새로운 질서의 특징은 경쟁의 강화로 압축할 수 있다. 국내 사업자간 경쟁구조—케이블TV 복점 사업자간의 경쟁, 케이블TV와 위성방송 간의 경쟁, 케이블TV와 통신사업자 간의 경쟁—는 앞으로 살펴보게 될 시장행위와 시장성과에 큰 영향을 미치게 된다.

제 4 장
시장행위론

지금까지 케이블TV SO나 PP들의 경쟁제한적 시장구조가 각각 복점 혹은 완전 경쟁체제로 전환되었음을 살펴보았다. 경쟁구조로의 이행은 시장행위에 있어서도 적지 않은 변화를 초래하였다.

대표적인 예를 들면, 복점 SO간에 가입자 확보를 위한 상품 및 가격경쟁, SO와 PP 간의 프로그램 사용료 계약을 둘러싼 논란, SO와 위성방송 간에 유료가입자 확보를 위한 가격전략이나 지상파방송 재전송을 둔 갈등, SO와 통신사업자 간에 필수설비를 둔 갈등 등이다. 여기서는 그동안 많은 논란이 제기된 상품 및 가격전략, 프로그램 사용료 계약, 지상파방송 재전송 정책, 필수설비를 둘러싼 갈등, 불공정 경쟁행위 등에 대해 중점적으로 살펴보기로 한다.

1. 상품 및 가격전략

1) 케이블TV 상품

종합유선방송 도입기에는 SO에 채널편성권이 주어지지 않은 채 전 채널을 제공하는 기본형 상품의 송신이 의무화되어 있었다. 1998년 8월 SO들의 지속적 요구와 케이블TV 산업 활성화를 위한 정책의 일환으로 동일상품을 동일가격에 제공해야 한다는 허가장 부관사항이 삭제됨으로써 SO의 채널편성권이 허용되었다. 1999년부터 티어링(*tiering*, 채널선택) 제도가 실시됨으로써 케이블TV 산업은 새로운 국면으로 접어들었다.

채널선택제는 도입된 이후 비교적 빠른 기간에 폭넓게 확산되었다. 티어링 제도의 운영은 전국적으로 천차만별로 운영되었다. 보급형의 경우 제공채널수나 그 내용에 있어 SO별 차이가 심하게 나타났다. 전국 최고가격이

〈표 4-1〉 티어 도입 초기 채널 및 가격

유 형	채 널	가 격
국민형	공중파, 국내 위성방송, KTV, 아리랑 TV, 지역채널 등	월 4천 원 이하
보급형 A형	공중파의 국내 위성방송 등 11개 채널, 대교방송, NTV, 재능방송, OUN, YTN, 종교방송 3채널	월 5천 원 이하
보급형 B형	공중파와 국내 위성방송 등 11개 채널, 대교방송, NTV, 재능방송, OUN, YTN, 아리랑 TV	월 5천 원 이하
선택형	국민형과 보급형 채널을 기반으로 나머지 15개 채널을 3개 이하씩 합쳐 다섯 묶음으로 구분	월 3천 원 이하
기본형	공중파와 국내 위성방송 등 11개 채널, 케이블 텔레비전 28개 채널 전체	월 1만 5천 원 이하

〈표 4-2〉 티어 운영실태의 변화

		의무형	묶음 2	묶음 3	묶음 4	기본형
평균 채널수	2003. 12	21. 5	44. 2	56. 6	62. 8	68. 6
	2004. 12	21. 7	44. 4	57. 1	63. 0	70. 2
	2005. 12	24	45	59	65	72
운영 SO 수	2003. 12	74	97	69	21	110
	2004. 12	99	91	85	23	116
	2005. 12	108	92	91	22	114

출처: 방송위원회 당해연도 방송산업 실태조사 보고서.

14,000원에서부터 최저가격 2,000원까지 가격범위가 12,000원이나 났다. 제공하고 있는 채널수 역시 최대 채널수가 69개에서부터 최저 19개까지 그 범위가 매우 크게 나타났다. 고급형 티어에서 제공하고 있는 PP 채널수는 전국 최고 43개에 달하였지만 최저는 9개에 불과하였다. 국내 채널선택제의 운영은 과학적 마케팅 자료에 의해서 운영되거나 합리적 가격으로 운영되기보다는 사업자가 임의적으로 무분별하게 운영하였다. 티어 제도 도입 초기 다양한 티어의 유형 및 제공서비스, 그리고 가격은 〈표 4-1〉과 같다.

티어링 제도가 자리를 잡아가면서 나타나는 특징들을 살펴보면, 초기에 채널수를 중심으로 티어가 운영되던 것이 그대로 유지되었다. 의무형의 제공 채널수는 약 20개, 묶음 2는 약 40개, 묶음 3은 약 50개, 묶음 4는 약 60개, 기본형은 약 70개 채널을 제공하였다. 기본형은 대부분의 SO들이 운영하고 있으며 의무형 역시 운영하는 SO 수가 2003년에 비해 2005년 들어 크게 증가하여 대부분 SO에서 운영하는 것으로 나타났다. 그리고 묶음형 상품의 경우에는 약 4,000원대에 약 40개의 채널을 제공하는 묶음 2 상품을 SO들이 가장 선호하는 것으로 나타났다.

2006년 4월 기준으로 종합유선방송 서비스의 가용 채널은 평균 111.6개로 전년보다 30.4개 증가하였고 2001년 69.1개 채널에 비하면 크게 증가하였다.[1] 이 가운데 실제 운영하고 있는 채널은 평균 106.5개로 전년도의 77

---

1) 방송위원회(2001), 〈2001 방송산업 실태조사 보고서〉, p. 174.

개, 2001년도 58.8개에 비해 대폭 증가하였다. 2006년도 여유 채널은 평균 3개, 기타 채널은 평균 1.7개, 장애 채널은 평균 0.4개로 나타났다.[2)]

(1) 케이블TV와 위성방송의 채널 구성 비교

경쟁매체인 케이블TV와 위성방송 사이에 채널 상품 구성에 있어서 차이가 있다. 가장 큰 특징은 케이블TV의 경우 SO들은 국민형, 경제형 등의

〈표 4-3〉 케이블TV와 위성방송 간의 PP 점유율 비교

(2006년 2~4월)

순 위	2월		3월		4월	
	케이블TV	위성방송	케이블TV	위성방송	케이블TV	위성방송
1	투니버스	MBC 드라마넷	MBC 드라마넷	MBC 드라마넷	MBC 드라마넷	KBS SKY 드라마
2	MBC 드라마넷	KBS SKY 드라마	투니버스	KBS SKY 드라마	SBS 드라마 플러스	MBC 드라마넷
3	SBS 드라마 플러스	SBS 드라마 플러스	KBS SKY 드라마	OCN	투니버스	SBS 드라마 플러스
4	KBS SKY 드라마	OCN	SBS 드라마 플러스	SBS 드라마 플러스	KBS SKY 드라마	OCN
5	OCN	코미디TV	OCN	코미디TV	OCN	SBS 스포츠 플러스
6	채널 CGV	MBC ESPN	YTN	XTM	JEI 재능방송	MBC ESPN
7	JEI 재능방송	애니원	JEI 재능방송	MBC ESPN	YTN	YTN
8	퀴니	XTM	채널 CGV	애니원	채널 CGV	코미디TV
9	수퍼액션	YTN	수퍼액션	YTN	MBC ESPN	XTM
10	MBC ESPN	UTV	퀴니	UTV	퀴니	JEI 재능방송

2) 방송위원회(2006), 〈2006년 방송산업 실태조사 보고서〉, p. 34.

이름으로 제공하는 저가 패키지를 제공하고 있으나 위성방송의 경우에는 저가 상품이 없다.

케이블TV와 위성방송 간에 인기 있는 채널들을 비교해보면, 양 매체간에 큰 차이가 존재하지 않았다. 인기 있는 지상파 드라마 채널들이 케이블TV와 위성방송 모두 최상위권의 점유율을 형성하고 있다. 이어서 OCN 영화채널이나 YTN의 보도채널 역시 양 매체에서 상위 시청률을 보이고 있다. 다만 CJ미디어가 위성방송과의 계약에서 누락됨으로 인해 투니버스, 채널 CGV, 퀴니, 수퍼액션을 제외하면 나머지 채널들은 별 차이가 없다.

SO들은 다양한 지상파계열의 PP들에게 많은 채널을 할당하고 있는 점이 특징으로 나타난다.[3] 디지털 케이블TV를 추진하면서 디지털 지상파 채널 대역을 별도로 설정해놓은 지역도 있어 지상파에 대한 의존율이 높게 나타난다. 시청자들의 선호도가 높은 지상파 PP는 케이블TV PP와의 경쟁에서 우위를 점하고 있고 SO들은 지상파 PP를 송출해야 수익의 안정성이 보장된다는 점은 케이블TV 산업이 지상파사업자들에 의해 여전히 종속되어 있음을 시사한다.

2) 아날로그 케이블TV 가격

종합유선방송 도입 초기 공보처는 기본 채널 수신료로 15,000원을 승인하였다. 제공되는 프로그램의 질에 비해 수신료가 비싸다는 인식이 높았다. 종합유선방송 서비스가 제공되기 전에 대부분의 시장조사에 따르면,

---

3) KBS의 경우 KBS1, KBS2, KBS SKY 드라마, KBS SKY 스포츠, KBS KOREA 등의 5개 채널을, MBC는 MBC, MBC 드라마넷, MBC ESPN, MBC MOVIES, MBC GAME 등의 5개 채널을, SBS의 경우 SBS, SBS 드라마플러스, SBS 스포츠플러스, SBS 골프 등의 4개 채널, EBS는 EBS, EBS 플러스1, EBS 플러스2 등의 3개 채널을 SO들이 제공하고 있으며, 케이블 SO들의 제공채널이 최고 80개 내외라는 점을 생각해보면 20%가 넘는 높은 점유율을 차지하고 있다.

소비자들의 적정한 월 이용료의 수준은 10,000원 이하였다. 이러한 소비자의 지불 의사는 실제 방송 서비스 가격에 제대로 반영되지 않았다.

종합유선방송이 실시된 지 2년이 지난 조사에서도 15,000원의 기본료 등 종합유선방송의 서비스 가격이 확산을 저해한 주된 요인으로 지적되었다. 한국케이블TV방송협회(1997)가 조사한 결과를 보면 전반적으로 케이블TV를 시청하는 데 소요되는 비용이 비싸다고 인식하고 있는 것으로 나타났다.[4] 이 조사에서 케이블TV에 가입하지 않는 이유를 조사한 결과, '수신료가 비싸서'가 57.1%로 가장 높았고 다음으로 '설치비가 비싸서'가 55.2%, '볼 시간이 없을 것 같아서'가 42.0%로 나타났다. 아울러 소비자들의 최대 지불 의사를 물은 결과 월 이용료의 경우 94.2%의 응답자가 1만 원 이하로

〈표 4-4〉 종합유선방송 적정가격에 대한 조사결과

조사자	조사 시기	적정 요금
전석호	1992	중소도시와 대도시는 10,000원, 농촌의 경우 5,000원이 넘으면 가입의사가 현저히 약화
한국통신	1992	적정 이용료 6,591원
리서치 & 리서치	1992	가입용의자 중 10만 원의 설치비와 1만 원의 이용요금일 경우 42.1%만 긍정적으로 가입의사
미디어 리서치	1993	전체 수용자의 적정 요금 5,100원 긍정적 가입의사자의 적정 요금 7,590원
전남대 사회과학연구소	1993	적정 이용료 8,800원, 적정 설치비 35,800원
현대경제사회연구원	1994	적정 이용료로 40.6%가 4,000원, 24.1%가 8,000원, 14.8%가 12,000원
윤석년	1994	적정 이용료 5,300원, 적정 설치비 28,500원

출처: 윤석년(1994: 46, 83).[5]

---

4) 한국케이블TV방송협회(1997), 〈케이블TV 시장 분석 및 중장기 수요 모델 연구〉, 조사연구 97-1, p.47.

응답하였다. 한국방송개발원(1996)의 조사에서도 종합유선방송국이 가입가구를 확보하는 데 가장 큰 제약요인이 수신료 때문인 것으로 나타났다.

수신료 가격이 크게 인하된 것은 1999년 티어링 제도의 도입으로 인해서이다. 그 이전까지는 모든 채널을 의무 전송해야 했기 때문에 기본형 상품 가격만 존재했으나, 티어링 제도 도입 후 저가 티어 상품의 출시로 가격이 크게 인하되었다.

이러한 경향은 지속되어 2004년도 티어 운영에도 여실히 나타났다. 티어 운영의 특징의 하나는 '다양한 채널 상품 구성 없이 저가 상품 의존 구조'라는 점이다. 평균 가입가구당 수신료 매출(ARPU)은 5,492원으로 2003년 하반기(5,436원)와 별다른 차이를 보이지 않는다.

상품과 가격을 포함한 약관내용들이 SO마다 달랐고 앞서 티어 운영 실태에서 지적하였듯이 전국적으로 티어 상품 구성과 가격이 크게 차이났다. 심지어 도로를 경계로 SO구역이 달라지는 경우 이웃과 가격이 다른 현상이 발생하였다. 이에 방송위원회는 왜곡된 유료방송시장 구조를 바로잡고 공정한 경쟁을 촉진함으로써 소비자를 보호하자는 취지로 2000년 5월 23일 이용약관심사위원회를 구성하였다.

동위원회는 2000년 '종합유선방송 이용약관 표준화 방안'을 수립하였고[6] 공정거래위원회는 2002년 12월 30일 본 약관을 표준약관으로 승인한 후 시행하였다. 이용약관심사위원회는 전국적으로 티어 상품의 가격이 천차만별인 점을 고려하여 이용약관 표준화 방안을 제정하여 사업자로 하여금 시행토록 권고함과 동시에 가격정책을 마련하여 시행하였다. 주요내용은 매년 물가인상률 이상으로 가격을 인상하지 못하도록 하고 채널수를 기준으로 가격 가이드라인을 마련하여 가격을 승인하였다. 그 기준은 〈표 4-5〉와 같다. 채널의 질을 고려하는 것이 바람직했지만 당시 질을 측정할 만한 평가

5) 윤석년(1994), "한국 케이블TV 수용에 영향을 미치는 경제적 요인에 관한 연구", 성균관대학교 박사학위논문.

6) 이상식(2001. 7. 10), 〈종합유선방송 이용약관 표준화방안〉, 방송위원회 주최 공청회 자료집.

〈표 4-5〉 이용요금 승인기준

구 분	채널 기준 수	이용요금
묶음 1(의무형)	17~20개 채널 내외	월 4,000원 이하
묶음 2(보급형)	26~30개 채널 내외	월 6,000원 이하
묶음 3(패키지형 1)	34~40개 채널 내외	월 8,000원 이하
묶음 4(패키지형 2)	50개 채널 내외	월 10,000원 이하
묶음 5(기본형)	51~60개 채널 내외	월 15,000원 이하

출처: 정윤식(2006: 101).[7)]

기준이 마련되어 있지 않았기 때문에, 불가피한 상황이었다.

우리나라 가격규제 정책은 가격상한을 설정하여 규제하는 방식(*price cap regulation*)이다. 가격상한 규제는 물가상승률, 투입요소 가역의 변화, 생산성 증가율을 고려하여 가격인상의 상한선을 설정하는 미국 방식이다.[8)] 이 방식은 독점이윤을 제한하는 데는 바람직하지만 복점경쟁이 발생하고 있는 국내 케이블TV 시장에서는 미국과 달리 덤핑가격과 같은 가격경쟁이 일어나고 있기 때문에 오히려 사업자 보호를 위해 하한가 규제를 해야 한다는 주장이 제기되었다. 그러나 이용약관위원회에서는 방송산업을 보호해야 한다는 관점과 가격파괴로 인한 책임은 사업자 몫이며 가격인하 효과는 시청자 복지로 이어진다는 관점이 팽팽하게 맞섰으나 최종 소비자 편을 지지하는 쪽으로 가격승인 원칙이 수립되었다.

약관개정 작업은 표준화의 목적도 있었지만 시청자를 보호하기 위한 선진화 목적도 있었다. 이용약관심사위원회는 '묶음채널'이라는 개념을 신설해 종전의 국민형, 보급형, 가족형, 경제형 채널 등 SO별로 다르게 사용한 채널 티어링 상품 전체를 묶음채널이라는 상품명으로 통일하였다. 아울러

---

7) 정윤식(2006), 〈방송산업 재정분석 및 요금 정책〉, 방송위원회 자유 2006-07, p. 118.

8) 정윤식, 위의 글, p. 118.

채널 상품별 구성내역을 가입자가 알 수 있도록 이용약관에 첨부할 것을 의무화하였고 그밖에 SO가 자의적으로 채널번호를 변경하는 것을 자제시키기 위해 채널번호를 변경할 경우 서식에 따라 구방송위원회에 신고하는 것을 의무화했다.[9]

본 약관의 산업정책적 의미는 PP 사업자들을 보호하기 위한 조치를 담고 있다는 점이다. SO로부터 제대로 수신료를 지급받도록 하기 위해 이용요금 승인심사 과정에서 PP와의 계약서 제출을 의무화하였다. 약관을 승인받기 전에 SO가 PP와 계약을 체결하고 계약서를 약관승인 요청 시 첨부하도록 함으로써 PP의 입지를 강화하도록 한 조처였다. 그러나 이 정책은 시행하면서 시장의 벽에 부딪치게 되었다. SO와 PP 간 계약이 원만하게 진행되지 못하면서 약관승인이 지체되었고 약관 없이 방송을 보내게 될 상황에 처하게 된 것이다. 이후 체결 예정 증명으로 갈음하였으나 흐지부지하게 되었다.

디지털 전환에 따라 2004년 10월 19일 구방송위원회는 재정경제부와 협의하에 디지털 케이블TV 이용요금의 승인기준을 확정하였다. 대체로 18,000 ~26,000원으로 결정하되 가입자 유치 등을 위한 '특약' 구성의 경우, 이용요금 승인 시 별도로 심사하도록 규정하였다. 2006년 4월 기준으로 40개 SO의 디지털 케이블TV 이용요금을 승인하였는데 평균적으로 기본형(75개 채널) 18,000원, 고급형(110개 채널) 24,000원 수준이다.[10]

이렇게 승인된 가격들도 실제 운영에서 제대로 시행되지 않았다. 주거형태별 · 약정형태별로 가격할인이 이루어졌기 때문이다. 전체 가입가구 수의 약 40% 정도가 단체가입에 의한 할인, 인터넷 결합상품 등의 사유로 할인요금을 적용받았다.

공동주택 할인은 일종의 2차 가격차별이다. 2차 가격차별은 수요량이 많은 수요자에게 가격을 낮게 책정해주는 가격차별 전략이다. 이러한 공동주

9) 김정기(2003), 《전환기의 방송정책》, 한울아카데미, pp. 336~337.

10) 정윤식(2006), 앞의 글, p. 101.

택 가입자에 대한 엄청난 할인율은 중계유선과 종합유선방송의 경쟁, 그리고 SO간의 경쟁, 케이블TV와 위성방송 간의 경쟁 등 경쟁적 시장구조에서 비롯되었다. 디지털 위성방송도 집단가구를 중심으로 마케팅을 전개하여 아파트 단위로 가입의사를 받고 있는 경우가 있다. 이렇게 개별가구의 가입의사와 관련 없이 제공되는 케이블TV 서비스는 향후 디지털 케이블TV로의 전환에 따른 서비스의 획기적 개선과 이에 따른 가격인상에 상당한 걸림돌로 작용한다.[11]

2005년 말을 기준으로, 가입자당 수신료 매출(ARPU, *Average Revenue Per User*)은 5,888원으로 전년도의 5,317원에서 571원 증가한 것으로 나타났다.

국가별 케이블TV 수신료 ARPU를 비교해보면, 우리나라의 케이블TV A

〈표 4-6〉 케이블TV 요금체계

	방송상품 가입자			번들상품 가입자
2003. 12. 31	개별가입자	단체가입자		-
	8,708,183 (74,3%)	3,015,872 (25.7%)		-
2004. 12. 31	개별 단수 가입자 (공동주택 거주자 포함)	공동주택(할인) 단수 가입자	복수수신 가입자 (TV단자 수)	번들상품 가입자
	7,856,398 (61.5%)	2,950,269 (23.1%)	1,372,881 (10.8%)	589,519 (4.6%)
2005. 12. 31	개별 단수 가입자 (공동주택 거주자 포함)	공동주택(할인) 단수 가입자	복수수신 가입자 (TV단자 수)	번들상품 가입자
	8,217,236 (58.4%)	3,608,395 (25.7%)	1,369,468 (9.7%)	867,362 (6.2%)

출처: 김정수(2006. 4).[12]

11) 이상우·이인찬(2005. 12), 〈다채널 유료방송시장의 경쟁에 관한 연구〉, 정보통신정책연구원, p. 50.

RPU가 무척 낮다. 영국의 약 8분의 1 수준, 대만의 3분의 1 수준, 심지어 필리핀의 약 2분의 1 수준에 머물러 있다. 필리핀의 GNP를 고려한다면 그 수준은 더욱 떨어진다. 케이블TV를 기준지수 1로 보았을 때 영화 한 편(7,000원, 케이블TV 기준 가중치 지수로 1.2)에 미치지 못하며, 서울지역의 된장찌개 1인분(5,000원, 케이블TV 기준 가중치 지수로 0.8) 수준보다는 약간 높은 것으로 조사되었다.

케이블TV 요금 저가구조가 고착화된 원인은 중계유선과 관련 있다. 종합유선방송이 도입된 1995년 이후 전국적으로 중계유선의 난립으로 방송개혁위원회의 "SO의 방송권역 내 중계유선을 SO로 전환시킨 후 SO간 기업결합을 통하여 동방송권 내 단일사업자를 유도"하도록 하는 정책제언으로 2000년 이후 케이블TV 시장의 통합정책이 나왔다.

〈표 4-7〉 가입자당 ARPU

기 준	수신료 매출 총액(원)	ARPU(원)
2004.12.31	64,754,768,326	5,317
2005.12.31	77,693,981,065	5,888(번들상품 제외)

출처: 김정수(2006.4).
* 2004년 12월(1개월) 기준.
* SO별 수신료 매출총액: [(채널상품별 공급단가 × 채널상품별 가입자 수) + 복수수신 총매출액]의 합계.
* ARPU = 수신료 매출 총액 / 총 가입자 수.

〈표 4-8〉 국가별 케이블TV 수신료 ARPU 비교

호주	영국	미국	일본	홍콩	대만	필리핀	한국
$49	$47	$41	$41	$26	$17	$11	$6

출처: 한국케이블TV방송협회(2006).

---

12) 김정수(2006.4), 〈케이블TV 이용요금 체계의 현황과 문제점: 시청자 민원사항 중심으로〉, 방송위원회 자료.

그러나 정부의 행정력 미비로 인해 종합유선방송 초기 SO와 RO 간의 출혈경쟁 구도가 형성되었고, 3차 SO(2001) 및 4차 SO(2002) 허가로 동일지역 SO간의 덤핑가격 경쟁이 심화되면서 유료방송 시장의 왜곡현상이 일어났다.

1998년 일부 채널을 패키지로 묶어 공급하는 티어 제도 도입으로 저가의 국민형, 보급형 상품이 확산되었다. 그러나 상대적으로 비싼 수신료(15,000원)로 인해 RO와의 경쟁에서 불리했던 SO의 가입세대 증대에는 기여를 했지만, 가입세대당 평균수익은 5천 원선으로 급격히 감소되고 PP에게 지불되는 사용료의 감소를 동반했다.

2002년 3월 한국디지털위성방송 '스카이라이프'의 개국으로 국내 유료방송 시장은 본격적 경쟁상황으로 돌입하고, 유료방송 시장 내 가격경쟁은 더욱 치열해져 그 여파로 프로그램 사용료 규모의 축소로 이어졌다.

채널 상품별 현황을 살펴보면, 묶음 2가 과반수 이상을 차지하고 있는데 2004년 55.9%에서 2005년에는 17.2% 증가하여 약 60% 가까이 차지하고 있다. 묶음 2의 ARPU는 4,800원대이고 대부분의 SO가 묶음 2 상품을 제공하고 있으며 평균 공급 채널수는 45개 전후이다. 의무형은 그 비율이 5%대에 머물러 있으며 ARPU는 3천 원 수준으로 제공 채널수는 약 20여 개이다. 기본형은 15.8%가 가입하고 있으며 ARPU는 사업 초기 1,5000원에서 크게 떨어진 2005년도 9,665원으로 나타났으며 이는 전년도에 비해 1,783원이 증가한 것이다. 공급채널은 2005년도 기준으로 약 72개 채널에 달하고 있다.

가격과 관련하여 2002년 위원회로부터 승인받은 이용요금과 별도로, 가입자와의 개별계약을 통해 케이블TV 상품을 저가로 공급하던 것을 승인받은 이용요금으로 환원시켰다. 아파트 단체계약을 통해 3,000원선(1,800~3,500원)에 50개 채널(45~63개)을 제공하던 것에서 개별계약 전환 후 6,000~8,000원 정도에서 계약을 추진하였다. 아파트 입주자 중심으로 민원제기 및 '케이블TV 시청거부 서명' 등의 행동이 이어졌다.

채널 편성변경과 관련하여 SO의 이용약관 변경—채널 변경—신고 시

저가 티어에 속해 있던 고시청률이 예상되는 스포츠, 드라마 장르의 채널을 고가 티어로 변경, 예를 들면 보급형에서 기본형으로 변경하였다. 이는 2006년 이용약관 변경 신고된 대부분의 SO에 해당된다. 이 결과 시청자는 해당채널의 시청을 위해 고가 티어를 선택할 수밖에 없게 되어 궁극적으로 가격인상 효과를 유발하였다. 이로 인해 채널 변경에 따른 가입자와의 약성문제가 발생하였으며 계약 당시의 채널 상품 구성 변경으로 인해 시청자 민원이 제기되었다.

〈표 4-9〉 채널 상품(티어)별 현황

	기 준	의무형	묶음 2	묶음 3	묶음 4	기본형
가입자 수 (점유율)	2004. 12. 31	722, 619 (5. 7%)	7, 133, 748 (55. 9%)	2, 439, 873 (19. 1%)	461, 667 (3. 6%)	2, 011, 160 (15. 8%)
	2005. 12. 31	893, 525 (6. 4%)	8, 362, 667 (59. 5%)	2, 750, 709 (19. 6%)	320, 548 (2. 3%)	1, 735, 012 (15. 8%)
	증감분 (증감%)	170, 906 (23. 7%)	1, 228, 919 (17. 2%)	310, 836 (12. 7%)	-141, 119 (-30. 6%)	-276, 148 (-13. 7%)
ARPU (원)	2004. 12. 31	3, 043	4, 835	5, 353	5, 002	7, 927
	2005. 12. 31	2, 702	4, 819	6, 190	7, 959	9, 665
운영 SO 수	2004. 12. 31	99	91	85	23	116
	2005. 12. 31	116	114	109	27	116
평균공급 채널수	2004. 12. 31	21. 7	44. 2	57. 1	63. 0	70. 2
	2005. 12. 31	22. 8	46. 0	59. 3	65. 5	71. 8

* TV단자 수 기준.
* 채널 상품(티어)별 구분은 채널수를 기준으로 함.
* 평균 공급 채널수: 각 SO 운영 채널수 총합 / 해당 채널상품 운영 SO 수.

수많은 민원이 대두되면서 공정거래위원회는 케이블TV 독점사업의 폐해라고 지적하였다. 공정거래위원회는 2006년 4월 19일 '케이블TV 시장에 대한 경제적 분석결과'를 발표하였다.[13] 공정거래위원회는 독점구역의 경우 경쟁구역보다 수신료는 15% 비싸고 서비스의 질(제공 채널수)은 5개 낮은 것 등 독점의 폐해를 구체적으로 확인하였다. 독과점구조가 더욱 진행된 시장에서의 경쟁상황과 독과점의 문제를 파악하고 이를 토대로 케이블TV 시장을 포함한 방송시장에서의 경쟁을 촉진하고 각종 불공정행위를 방지할 수 있는 대책을 마련하겠다고 발표하였다.

방송위원회는 곧바로 공정거래위원회의 이러한 분석과 대책에 대해 맞대응하였다. 방송위원회는 공정위가 방송프로그램이 제작 유통되는 영상산업, 특히 유료방송 매체시장의 특성 및 역사적 배경 등을 충분히 고찰하지 못한 문제점이 있다고 지적하였다. 현재 추진되고 있는 유선방송 시장의

〈표 4-10〉 SO 허가 차수별 ARPU 분석

(2005년 기준, 단위: 원)

허가 차수(사업자 수)	ARPU 평균	경쟁 구분		비 고
		경 쟁	독 점	
1차(52개사)	5,937	18개사 5,582	34개사 6,124	1개사 폐업
2차(24개사)	5,467	7개사 5,226	17개사 5,566	
3차(31개사)	5,091	18개사 5,359	13개사 4,720	2개사 폐업
4차(9개사)	5,362	7개사 5,393	2개사 5,254	
전국(116개사)	5,569	50개사 5,425	66개사 5,678	

출처: 방송위원회(2006).[14]

13) 공정거래위원회(2006.4.19), 〈케이블TV 시장에 대한 경제적 분석결과〉.

SO 일원화 정책은 새로운 다매체 환경을 전제로 하여 시청자의 선택권 증대와 사회적 편익을 최대화하는 데 중점이 주어져 있다는 것이다. 즉, 다매체 다채널 시대에 부응하여 케이블TV와 위성방송 및 IP TV 도입 논의 등을 포함한 유료방송 시장의 경쟁정책 차원에서 추진되는 것으로 공정거래위원회의 케이블TV만의 독점구역과 경쟁구역의 경제적 분석과는 차원이 다른 정책이라고 반박하였다.[15]

공정거래위원회는 전체 SO 방송구역을 독점구역과 경쟁구역으로 구분하고 전체적 평균을 토대로 케이블TV 시장에 대한 분석결과를 도출하였다. 그러나 ARPU를 기준으로 독점구역과 경쟁구역을 비교, 분석한 결과에 따르면 지역별 특성, 경제적 상황, 경쟁여부, 허가 차수 등 다양한 요인에 따라 ARPU가 결정된다고 방송위는 주장하였다.

케이블TV 수신료에 대한 평가를 보면, '적당한 편'이라는 응답이 2000년도 36.9%에서 2006년도의 경우 46.7%로 증가하였다. '싸다'는 응답은 2000년 11.6%에서 2006년에도 12.0%로 나타나 거의 비슷한 수준이다. '비싸다'는 응답은 2000년 51.5%에서 2006년 41.4%로 감소하였다. 즉, 케이블TV에 대한 비싸다는 인식은 감소하면서 적당하다는 응답이 늘었다.

이상과 같이 비싸다는 인식이 감소하고 있음에도 불구하고, 여전히 약 40%의 가입자들이 수신료 인상에 대한 심리적 저항이 존재하고 있어 수신료 추가인상이 쉽지 않다. 다만 적당하다거나 싸다는 인식을 가지고 있는 58.7%의 가입자들을 대상으로 ARPU를 높이기 위해 디지털 전환전략이 필요하다. 그러나 디지털화로 인한 서비스의 질이 크게 개선되지 않을 경우 디지털 전환 역시 쉽지 않을 전망인데, 이에 대해서는 시장성과에서 자세히 기술하기로 한다.

---

14) 방송위원회(2006. 4. 27), 〈공정위의 케이블TV 시장 분석결과에 대한 검토의견〉.

15) 방송위원회(2006. 4. 27), 〈공정위의 케이블TV 시장 경제 분석결과에 대한 방송위원회 입장〉, 보도자료.

〈표 4-11〉 연도별 케이블TV 수신료 평가

(단위: %)

구분	2000	2001	2003	2004	2005	2006
사례수(n)	431	255	741	577	617	1547
아주 싼 편이다	3.9	3.1	1.5	2.1	1.3	1.9
약간 싼 편이다	7.7	5.9	6.5	3.3	4.1	10.1
적당한 편이다	36.9	49.0	47.6	49.9	54.0	46.7
약간 비싼 편이다	40.1	32.5	31.3	36.6	35.5	31.9
매우 비싼 편이다	11.4	9.4	5.0	7.1	5.2	9.5
모름/무응답	-	-	8.0	1.0	-	-

출처: 방송위원회(2005), 〈2005년 TV 시청행태 연구〉; 방송위원회(2006: 99), 〈2006년 TV 시청행태 연구〉.

3) 디지털 케이블TV 가격

각 케이블 사업자들이 디지털 케이블 묶음채널 상품의 가격을 설정하고 있는 현황은 〈표 4-12〉와 같다. 거의 대부분의 케이블 사업자들은 기본형, 고급형의 두 가지 묶음채널 상품을 구성하고 있으며, 일부 사업자의 경우 여기에 별도로 HD형을 추가해놓고 있다. HD형은 별도의 HD 전용채널이 추가된 묶음채널 상품인 경우도 있지만, 대부분은 HD 신호가 출력되는 HD용 셋톱박스를 제공하면서 고급형 묶음채널 상품에 HD 셋톱박스의 대여료(약 3,000원가량)를 추가하는 방식으로 상품을 구성하고 있다. 각각의 상품은 약정 계약기간에 따라 일정한 할인율을 두며, 인터넷 접속과 전화 등의 다른 서비스와 묶어 할인을 적용한 번들상품을 구성하고 있기도 하다. 티브로드나 CJ, C&M 같은 MSO들은 계열 SO가 속한 방송권역 전체에 걸쳐 유사한 가격정책을 적용하고 있기도 하지만, 각 계열 SO별로 조금씩 차등적인 가격과 채널 구성 정책을 적용하고 있는 MSO도 있다. 케이블 사업자들 중에서 채널당 가격을 가장 낮게 책정하고 있는 사업자는 큐릭스였다. 큐릭스는 159개의 채널을 제공하는 단일한 묶음채널 상품을 25,300원

〈표 4-12〉 각 케이블 사업자별 디지털 케이블 묶음채널 상품 가격현황

(2007년 8월 기준)

	회사명	묶음 상품 수	번들 서비스 수	디지털 케이블	채널수		서비스 가격				비 고	
				상품 종류	비디오	오디오	무약정	1년 약정	2년 약정	3년 약정		채널당 가격
MSO	티브로드	2	2	기본형	90	30	25, 000	24, 000	22, 000	21, 000	I-Digital 공통	277. 8
				고급형	110	30	28, 000	26, 850	24, 700	23, 700		254. 5
				인터넷 통합형 1	90	30	53, 500	46, 455	41, 805	38, 155		
				인터넷 통합형 2	110	30	59, 500	51, 675	46, 425	42, 175		
	CJ	3	1	기본형	70	30	20, 000	17, 250	16, 500	15, 750	Hello D 공통	285. 7
				고급형	117	30	27, 000	23, 900	22, 800	21, 700		230. 8
				HD형	117	30	29, 000	25, 900	24, 800	23, 700	HD 셋톱박스 추가	
				인터넷 통합형	117	30	52, 200	45, 200	41, 300	37, 400		
				기본형	78	30	23, 000	20, 000	19, 000	18, 000		294. 9
				고급형	153	30	29, 000	26, 000	25, 000	24, 000		189. 5
				HD형	163	30	33, 000	30, 000	29, 000	28, 000	HD채널 10개추가	
				인터넷 통합형	77	30	52, 000	42, 900	36, 900	32, 900		
	큐릭스	1	1	기본형	159	30	25, 300				단일상품	159. 1
				인터넷 통합형	159	30				33, 600	단일상품	
	HCN	2	6	기본형	82	30	18, 500	17, 600	16, 700	15, 800	서초방송 기준	225. 6
				고급형	100	45	24, 500	23, 300	22, 100	20, 900		245. 0
				인터넷 통합형 1	82	30	47, 800	41, 390	35, 880	33, 070	케이블랜	
				인터넷 통합형 2	100	45	53, 200	46, 520	40, 740	37, 660	케이블랜	

〈표 4-12〉 계속

	회사명	묶음 상품 수	번들 서비스 수	디지털 케이블 상품 종류	채널수 비디오	채널수 오디오	서비스 가격 무약정	서비스 가격 1년 약정	서비스 가격 2년 약정	서비스 가격 3년 약정	비 고	채널당 가격
MSO	HCN	2	6	인터넷 통합형 3	82	30	48,200	45,040	41,880	39,720	광랜	
				인터넷 통합형 4	100	45	53,600	50,170	46,740	44,310	광랜	
				인터넷 통합형 5	82	30	54,800	46,390	39,880	36,070	전력선 인터넷	
				인터넷 통합형 6	100	45	60,200	51,520	44,740	40,660	전력선 인터넷	
	GS 홈쇼핑	2	4	기본형	85	45	23,000			20,000	강남방송 기준	270.6
				고급형	120	45	29,000			25,000		241.7
				인터넷 통합형 1	85	45	35,000				10Mbps	
				인터넷 통합형 2	120	45	40,000				10Mbps	
				인터넷 통합형 3	85	45	40,000	38,550	37,100	35,600	100mbps	
				인터넷 통합형 4	120	45	45,000	43,550	42,100	40,600	100mbps	
	온 미디어	2	2	기본형	70	30	25,000	23,150	21,300	19,600	영동방송 기준	357.1
				고급형	90	30	28,000	26,000	24,000	22,000		311.1
				인터넷 통합 기본	90	30	48,200	44,030	39,860	37,000		
				인터넷 통합 고급	110	30	51,200	46,880	42,560	39,400		
	TCT 대구	2	3	기본형	107	30	24,000	22,200	19,400	16,600		224.3
				고급형	126	45	30,000	27,600	24,200	20,800		238.1

〈표 4-12〉 계속

MSO	TCT 대구	2	3	TPS 기본	107	30				31,570	10Mbps	
				TPS 고급	126	45				37,510	100mbps	
				인터넷 통합형	107	30				29,720		
개별 SO	한국 케이블 TV 제주 방송	1	1	기본형	115	별도	24,200			24,200		210.4
				인터넷 통합 기본			43,000			43,000		
	아름 방송 네트 워크	2	0	기본형	78	20	15,000		7,000			192.3
				고급형	118	30	22,000		12,000			186.4
	남인천 방송	2	0	기본형	77	20	20,000	17,250	16,500	15,750		259.7
				고급형	110	30	27,000	23,900	22,800	21,700		245.5
	서경 방송	2	0	기본형	104		23,000	20,000	17,000	14,000		221.2
				HD형	104		23,000	21,000	19,000	17,000	HD 셋톱박스 추가	221.2

* 상기금액은 셋톱박스 임대료 및 모뎀 임대료, VAT 포함가격. 셋톱박스 보증금(50,000원) 제외

출처: 김병선 · 탁진영(2007).16)

(VAT 포함 가격)이라는 단일한 가격에 판매하고 있었다. 이는 채널당 가격이 159.1원에 불과한 수준이다.

대부분의 케이블 사업자들은 기본형 상품에 최소 70개(CJ 케이블넷)에서 최대 107개(TCT 대구케이블)까지 채널을 편성하고 있으며, 가격은 무약정을 기준으로 최소 15,000원(아름네트워크)에서 최대 2,5000원(온미디어)까지 분포되어 있었다. 평균 84개 채널에 가격은 21,650원의 수준이었다. 고급형 상품은 최소 90개(온미디어)에서 최대 153개(씨엔엠)까지 채널을 편성하고 있었으며, 가격은 무약정을 기준으로 최소 22,000원(아름네트워크방

16) 김병선 · 탁진영(2007), "디지털케이블TV 확산을 통한 공익성 증진 및 시청자 복지 향상방안: 디지털 케이블 서비스 현황 분석을 중심으로", 방송학회 세미나 발제문, 방송회관, 2007. 9. 7.

송)에서 최대 30,000원(TCT 대구케이블)까지 구성하고 있었다. 평균 115개 채널에 평균 26,750원의 수준이었다. 가장 저렴한 가격에 디지털 케이블 서비스를 이용할 수 있는 것은 개별 SO인 성남의 아름네트워크 방송에서 제공하는 기본형 상품으로, 2년 약정으로 계약을 하면 매달 7,000원으로 78개의 비디오와 20개의 오디오, 15개의 부가서비스를 이용할 수 있다. 전체적으로 개별 SO의 상품 서비스가 MSO의 서비스에 비해 제공되는 채널 수도 더 많고 가격도 더 싼 것으로 나타났다.

하지만 현재 70~80개가량의 채널이 제공되는 아날로그 케이블 묶음채널의 가장 비싼 상품의 가격이 15,000원 정도라는 것을 고려해본다면, 약정 계약을 하지 않는다고 가정했을 때 디지털 케이블로 가입을 전환하기 위해서는 가장 저렴한 서비스라 하더라도 10,000원 이상의 추가 비용을 매달

〈표 4-13〉 각 케이블 사업자별 디지털 케이블 묶음채널 상품 비교

(2007년 8월 기준, 단위: 원)

디지털 케이블 상품종류	채널수		무약정	1년 약정	2년 약정	3년 약정
	비디오	오디오				
기본형 최소값	70	20	15,000	17,250	7,000	14,000
고급형 최소값	90	30	22,000	21,000	12,000	17,000
기본형 최대값	107	45	25,000	24,000	22,000	21,000
고급형 최대값	153	45	30,000	27,600	25,000	25,000
기본형 평균값	84.1	29.4	21,650	20,181	17,267	17,389
고급형 평균값	114.8	35.0	26,750	24,819	21,844	21,867
개별 SO 기본형 평균	93.5	20.0	19,333	18,625	13,500	17,983
개별 SO 고급형 평균	110.7	30.0	24,000	22,450	17,933	19,350
MSO 기본형 평균	83.1	32.1	22,643	20,700	19,150	18,107
MSO 고급형 평균	116.6	36.4	27,929	25,608	23,800	22,586

출처: 김병선·탁진영(2007).

지불해야만 한다. 또 대부분의 가정에서 이용하고 있는 아날로그 케이블 묶음채널 상품은 45개 내외의 채널을 제공하는 7,000원가량의 상품이나, 60개 내외의 채널을 제공하는 9,000원가량의 상품이기 때문에 이 경우 가구에서 부담해야 하는 디지털 전환 가입비용은 현재 비용의 거의 두 배 가까이 된다. 여기에 가입을 위해 추가로 지불해야 하는 셋톱박스 보증금(약 50,000원가량) 등을 고려한다면, 시청자가 디지털 케이블을 이용하기 위해 지불해야 하는 비용은 현재의 아날로그 케이블 시청환경에 비교했을 때 상대적으로 높은 수준이라 할 수 있다. 더구나 방송권역별로 구분되어 있기에 시청자들은 가격과 서비스를 비교해서 선택하기도 어렵다. 위성 이외에 다른 대안이 없는 경우도 있다. 현재의 가격정책이 너무 일방적이라는 것이다. 보다 다양한 가격대로 상품을 세분화시키는 전략이 요구되고 있다.

알라카르테(*a la carte*) 방식이 대안이 될 수 있다. 알라카르테 방식은 시청자가 자신이 원하는 채널을 선택할 수 있고 주문형 식단제처럼 자신이 선택한 채널에 대해서만 비용을 지불하는 방식이다. 시청자 선택을 확대하기 위한 제도이기 때문에 FCC에서는 시청자 복지증진을 위해 권장하고 있다. 국내에서는 2000년 전후로 티어링 제도가 도입되면서 소수의 회사가 이 제도를 도입하였으나 수익성이 없고 복잡한 과금체계 등의 문제로 인해 확산되지 않았다.

4) 통신사업자와 케이블TV 사업자의 결합상품 경쟁

방송과 통신의 융합으로 결합판매가 조금씩 증가하고 있다. 지금까지 개별적으로 제공했던 방송(케이블/위성), 전화(유선/무선), 초고속(케이블/xDSL/FTTH) 서비스의 조합이 묶음으로 판매되고 있다. 최근 들어서는 방송분야에 TV 포털 서비스가, 전화분야에 VoIP가 등장하면서 보다 복잡한 양상을 보이고 있다.

사업자별로 다양한 형태의 번들상품이 제공되고 있다. 케이블TV 사업자는 케이블TV + VoIP + 케이블모뎀 조합을, 통신사업자는 위성 + 유/무선

전화 + 초고속(xDSL)이 주를 이루고 있다. 결합판매가 증가하고 있는 것은 핵심서비스 부문에서 경쟁이 심화되고 수입이 감소하는 시장상황의 변화에 기인한다.

케이블TV 사업자는 방송부문에서 위성방송사와, 통신사업자들은 음성전화 시장에서 신규사업자 및 VoIP 사업자들과 경쟁관계를 형성하게 되었다. 이러한 상황에서 케이블TV 사업자와 유선통신사업자는 차별화된 서비스를 제공하여 수입감소와 가입전환을 막기 위한 수단으로 방송통신 결합서비스를 판매하게 된 것이다.

결합판매의 증가는 사업자에게나 이용자에게 새로운 편익과 비용을 제공할 것으로 기대된다. 사업자 측면에서는 결합판매를 통해 수익개선뿐만 아니라 과금통합을 통한 비용절감 등 요금인하 여력을 확보하고 가입자 전환이 줄어드는 편익이 있다. 사업자별로 결합상품을 동시에 광고할 때 광고비용을 절감하는 등 규모의 경제(*economics of scale*)에 따른 편익도 있고, IP 망을 통해 융합 서비스를 제공하는 경우 단일 플랫폼 이용에 따른 망 비용 절감효과가 있으며 기존 망에서 신규서비스 제공이 가능하다는 장점이 있다. 이용자 측면에서는 통합과금에 따른 거래비용 감소, 서비스 선택폭이 확대되는 편익이 발생한다.[17)]

우리나라가 선진국가들 가운데 광대역 통신사업 분야에서 선도적 입장에 있다고 평가받고 있음에도 불구하고, 국내 케이블이나 기존 통신사업자들의 MPS(*Multiple-play service*) 제공은 비교적 늦게 시작되었다. 케이블TV 사업자들은 2007년 현재 VoIP 서비스를 준비하고 있는 중이고, 통신사업자들에 의한 IP TV 서비스에 대한 법안이 지체되었기 때문이다.[18)]

---

17) 한국케이블TV방송협회(2007. 4), 〈케이블방송의 TPS 사업활성화를 위한 정책연구〉, 연구보고 07=02, pp. 1~2.

18) OECD(2006: 53), Multiple Play: Pricing and Policy Trends, DSTI/ICCP?TISP(2005)12/Final, http://www.oecd.org/dataoecd/47/32/36546318.pdf, 2007년 1월 18일 접근.

〈표 4-14〉 KT의 메가패스 스카이라이프의 요금할인

KT-Megapass			KDB-SKY LIFE			
서비스명	이용요금	패키지 할인	서비스명	이용요금	3년 약정	패키지 할인
SPECIAL I/II	42,000/ 45,000원	추가 5%	Sky Platinum	56,700원	28,000원	27,310원
PREMIUM	40,000원	추가 5%	Sky Red	37,500원	22,000원	21,200원
LITE	30,000원	추가 5%	Sky Gold+	37,800원	20,000원	19,290원
NTOPIA	36,000원	추가 5%	Sky Green	12,000원	10,000원	9,500원

출처: 한국케이블TV방송협회(2007: 6).

(1) 통신사업자의 결합상품

KT는 2003년 초고속 인터넷서비스 메가패스와 스카이라이프 위성방송의 결합상품을 구성하여 처음으로 방송서비스 영역으로 진입하였다. KT와 스카이라이프 가능 조합 모두를 허용하여 각각 1개 상품으로 구성하였다. 요금할인은 메가패스의 1년 이상, 스카이라이프의 3년 이상 약정가입자에게만 한정되며 위성방송과 초고속인터넷의 월 이용료 각각 5%를 할인해주기 시작하였다.

KT의 MEGAPASS SKY 출시 후 2007년 KT는 초고속인터넷과 메가TV를 결합해 판매하면서 메가패스 이용료의 5%를 할인해주고 있고, 메가TV의 경우 10~20% 할인해서 판매하고 있다.

KT는 전화(PSTN)와 이동전화 모두를 하나의 전화기로 이용하는 QPS (*Quadruple-play Services*)를 위한 원폰(*OnePhone*) 서비스도 도입하였다. 원폰은 휴대폰에 Bluetooth Cordless Phone 기술을 탑재하여 집안에 들어오면 집 전화, 외부로 나가면 이동전화 기능이 구현된 유무선 이중 모드(*dual mode*) 휴대폰이다. KT의 원폰 서비스는 결합상품이기는 하지만 요금할인은 적용되지 않고 있다.[19]

19) 원폰 서비스에 대한 보다 자세한 내용은 한국케이블TV방송협회(2007.4), 앞의 글, pp.4~5를 참조할 것.

〈표 4-15〉 하나세트 현황

결합 서비스	할인내용
초고속인터넷 + 전화	HanaFOS에 하나폰 추가이용 시 이용요금(기본료, 시내통화료, 이동통화료 포함) 10% 할인
초고속인터넷 + TV	HanaFOS에 하나TV 추가이용 시 이용요금 10% 할인
초고속인터넷 + 전화 + TV	HanaFOS에 하나폰, 하나TV까지 선택 시 이용요금 20% 할인

출처: 한국케이블TV방송협회(2007: 8).

KT가 MEGAPASS SKY 결합상품을 출시하자, 경쟁사인 하나로텔레콤은 2004년 6월에 HanaFOS 스카이라이프를 시장에 선보였다. 종합유선방송 사업자(SO), 중계유선 사업자와도 제휴를 추진함으로써 케이블TV와 초고속인터넷과 케이블전화(VoIP)를 묶어 하나로 제공하기 시작하였다. 하나로텔레콤은 2006년 7월 TV 포털 서비스를 상용화하기 시작하였다. 하나로는 전화, 인터넷, TV 포털을 결합하여 판매하고 있다. 하나로는 아파트 단지를 중심으로 '초고속인터넷 + 전화(PSTN) + 위성방송'을, 단독주택에 대해서는 SO와 제휴를 통해 HFC망을 기반으로 '초고속인터넷 + VoIP + 케이블TV'를 제공하고 있다. 하나로는 처음 결합상품을 출시하면서 '하나세트'라는 이름을 사용하였는데, 초고속인터넷 하나포스와 하나폰(전화), TV 포털 서비스인 하나TV를 최대 20%까지 할인해주는 결합서비스이다. 초고속인터넷 하나포스에 집 전화 하나폰, IP TV의 전단계 서비스로 VOD 서비스를 제공하는 하나TV를 추가로 이용하면 이용요금의 최대 20%까지 할인하고 있다.

우리나라의 경우 무선랜과 이동통신, 유선전화와 이동전화 간의 기술적 융합인 원폰, 초고속인터넷과 위성방송 등을 유선부문의 1위 사업자인 KT가 제공하고 있으나 수요가 상대적으로 적거나, 요금할인이 미약한 점 등의 이유로 결합판매의 활성화가 아직까지는 미흡하다. 한편 이동전화사업

〈표 4-16〉 케이블TV 번들상품 가입현황

(2005년 12월 31일 기준)

상품종류	연 도	가입자 수	SO 평균
초고속인터넷	2005	1,810,447	25,145
	2006	2,467,519	25,973
다채널 유료방송	2005	13,495,300	113,405
	2006	14,031,811	120,963
번들상품	2006	867,362	13,562

출처: 권호영(2006: 40)에서 재인용, 방송위원회(2006), 〈케이블TV SO의 번들상품 가입현황〉.

자들의 결합서비스는 거의 제공되고 있지 않은 실정이다.

(2) 케이블TV 사업자의 결합상품

2006년 6월 기준으로 케이블TV는 전국 117개 권역에서 77개 개별 SO가 서비스를 제공하고 있는데, 회사별로 이용요금에 차이를 보이고 있다. MSO도 제공지역간 이용요금이 동일하지 않은 경우가 대부분이다. 2006년 7월 초고속 인터넷서비스의 기간역무 허가를 받기까지는 방송서비스와 초고속 인터넷서비스의 결합판매에 관해서는 별다른 규제를 받지 않았기 때문에 SO는 다양한 할인율을 바탕으로 지역 친화적 마케팅을 통해 가입자를 확대했다.

2006년 현재 전국적으로 867,362가구가 번들상품에 가입해 있다. SO 평균 13,552가구에 해당한다.

케이블TV 망을 통한 초고속인터넷 상품 및 가격에 대한 규제는 없었다. 경쟁이 심화되면서 가격경쟁도 심해졌다. 케이블TV 사업자들은 다양한 조건을 제시함으로써 — 예를 들면 설치료 무료, 다양한 사은품 제공 등 — KT와 같은 통신사업자들을 대상으로 경쟁하였다. 심지어 케이블TV 사업자들은 무료로 케이블TV 채널을 제공하여 초고속인터넷 가입자 유치를 하였는데, 2004년 방송위원회는 재허가 심사 때 시정을 명하였다. 케이블TV 무료

〈표 4-17〉 케이블TV 사업자의 결합상품

구 분	결합상품 유형	할인금액	할인율
한빛아이엔비	케이블TV + 초고속인터넷	초고속 + 케이블TV 개별구매: 42,000원 →결합상품: 27,000원	개별 구매 시보다 35% 할인
드림씨티	케이블TV + 초고속인터넷	초고속 + 케이블TV 개별구매: 37,200원→ 결합상품: 28,000원	개별 구매 시보다 25% 할인
서경방송	케이블TV + 초고속인터넷	초고속 + 케이블TV 개별구매: 34,000원→ 결합상품: 27,000원	개별 구매 시보다 21% 할인

출처: 한국케이블TV방송협회(2007: 10).

공급으로 인해 PP에게 프로그램 사용료가 제대로 지급되지 않아 영상시장에 혼란이 발생한다는 이유였다.

2007년 들어서 케이블TV 사업자들은 TPS 서비스 제공을 본격화하였다. 통신사업자와의 경쟁을 위해 불가피한 것이었다. 소규모 SO들은 통신사업자에 비해 브랜드파워, 인지도, 응용서비스 등에서 현저한 열위에 있기 때문에 기존 가입자를 유지하기 위해 지역 밀착형 마케팅과 결합상품을 통한 요금할인을 적극적으로 활용할 수밖에 없다.

(3) 향후 결합상품의 경쟁: IP TV와 케이블TV 간 가격전략

IP TV의 상품과 가격전략이 케이블TV에 미치는 영향은 절대적이다. 해외사업자들의 IP TV 서비스 제공추세를 살펴보면, 미국 사업자들은 케이블TV와의 경쟁을 위해 다채널 서비스를 먼저 제공하고 VOD를 추가로 제공하고 있다. 유럽과 아시아에서는 VOD를 먼저 제공하고 다채널 서비스를 추가하였고, 일부 경우 TV가 아닌 PC로 서비스를 제공하는 경우도 있다.

IP TV 사업자는 케이블TV와 위성방송과 전면경쟁을 할 수 있기 위해 멀티채널 서비스를 제공하는 경우도 있다. 풀서비스(*full services*)의 내용으로는 VOD 서비스를 제공하는데, 예를 들면 MOD(*Movies On Demand*, 가입자가 시청하는 영화 건당 지불하는 시스템), SVOD(*Subscription Video On Demand*, 건당 결재가 아니라 월정액을 지불하고 영화를 시청), FOD(가입자에 대한 추가비용은 없고 광고를 통해 콘텐츠를 무료로 제공) 등이 있다. 망을 기반으로 DVR 서비스를 제공하기도 한다.[20]

대부분의 IP TV 사업자들은 기존의 케이블TV나 위성방송 사업자와 유사한 가격전략을 채택하고 있다. 미국 유료방송 가입자들의 경우 IP TV와 관련해 가장 큰 기대는 바로 가격(할인)이라는 점이 흥미롭다. 최근 포레스터 조사회사(Forrester Research Inc.)의 미국 IP TV 시장에 대한 조사 결과, 2009년까지는 본격 경쟁이 시작되지 않을 것으로 보았으며, 8명 중 1명이 케이블TV나 DBS에서 Telco TV로의 전환에 관심을 보였으며 가장 큰 이유로 가격을 들었다. 가격 다음으로는 다채널, 번들링 서비스, 고화질/음질 등인 것으로 나타났다. 고객들이 가장 원하는 것은 ① 광고 건너뛰기, ② DVR/PIP과 같은 기능이었으며, 양방향 데이터 서비스(게임, 연동형 방송 등)는 별로인 것으로 평가하였다.

국내에서 IP TV는 유료매체와 가격경쟁이 불가피할 것으로 예상된다. 국내 케이블TV는 가입자당 ARPU가 매우 낮은 상황에서 IP TV가 케이블TV와 가격경쟁을 할 수 없을 것으로 보인다. 현재 완전한 IP TV는 아니지만 VOD 서비스를 제공하고 있는 메가패스TV나 하나TV의 경우, 요금수준이 7,000~9,000원 정도이다. 또한 언론에 알려진 바에 의하면 KT의 IP TV의 요금수준이 월 15,000원이 될 것으로 알려지고 있다.[21]

IP TV의 요금제와 케이블TV 요금제를 직접 비교하기는 어렵다. 채널구성이 다르고 채널묶음이 지역별로 다르기 때문이다. 초기 IP TV 요금이 케이블TV의 요금의 영향을 받을 것으로 보인다. 〈표 4-18〉은 아시아, 유럽, 미국의 같은 지역에서 서비스하고 있는 IP TV와 케이블TV 사업자들의 요

---

20) 김영석 · 김훈(2005), 〈해외 주요국의 IP TV 서비스 및 정책/규제 동향〉, KT 경영연구소, p. 43.

21) 〈연합뉴스〉(2006. 2. 1), "KT IP TV 요금 월 1만 5천원 가량 될 것".

금제를 보여준다. IP TV가 케이블TV 요금보다 높거나 낮은 일관된 경향은 보이지 않는다. 해외의 경우 IP TV보다 먼저 시장을 형성하고 있는 케이블TV의 가격이 우리나라 케이블TV의 가격보다는 높은 상황이다. 미국의 경우는 IP TV의 요금이 케이블TV의 요금보다 낮지만 영국과 홍콩의 경우는 그 반대이다. 토탈 텔레콤사(Total Telecom)에 따르면, 2003년 9월에 홍콩에서 Now TV라는 IP TV 서비스를 시작한 PCCW는 세계 최고 수준인 654,000 가입자를 가지고 있지만, 2006년 7월 기준으로 가입자당 매출액(ARPU: *Average Revenue Per User*)은 15.34달러 정도로 800,000 가입자를 가지고 있는 홍콩 케이블TV의 가입자당 매출액 26달러의 59% 수준에 그치

〈표 4-18〉 IP TV와 케이블TV 요금비교

회 사	타 입	기본(*Basic*)	중간 (*Mid-level*)	프리미엄
Allendale Communication, Allendale, MI USA	IP TV	$12.95 (20채널)	$42.95 (76채널)	$52.95 (140채널 + 45음악채널)
Now TV Hong Kong (사용된 환율=.13)	IP TV	$51.22 (35채널 이상)	$110.89 (75채널 이상)	$128.83 (75채널 + 스페셜팩)
Home Choice-UK (사용된 환율=1.28)	IP TV	$23.03 (35채널)	$35.82 (60채널)	$40.63 (85채널)
Charter Communications Allendale, MI USA	케이블TV	$54.99 (76채널 + 1그룹)	$65.99 (76채널 + 2그룹 프리미엄)	$70.99 (76채널 + 1그룹 + 모든 프리미엄)
Cable TV-Hong Kong (사용된 환율=.13)	케이블TV	$40.04 (63채널)	$49.14 (70채널)	$59.94 (76채널)
NTL Cable -UK (사용된 환율=1.28)	케이블TV	$7.04 (top 10 영국 채널 이상)	$14.72 (100채널)	$24.96 (160채널)

출처: IP Television Magazine, 2006.8, $=US$, 정훈(2006)에서 재인용.

〈표 4-19〉 유료방송 요금비교

유료방송요금($)	미 국	프랑스	이탈리아	홍 콩	일 본	한 국
최고 가격	47.7	61.3	54.5	34.1	34.1	20.0
최저 가격	27.3	34.1	34.1	20.5	20.5	4.0

출처: 방송위원회(2007. 3: 168), 《IP TV도입을 위한 정책방안 및 방송법 개정의견(안)》.

고 있다. 사업개시 후 3년이 지났지만 케이블TV 이상의 가입자당 매출액을 달성하기가 쉽지 않음을 보여준다.[22] 홍콩 IP TV사인 PCCW는 자사 DSL 가입자에게 IP TV 셋톱박스와 설치비, 6개의 기본채널을 무료로 제공하는 프로모션을 실시하였다. IP TV 서비스의 도입으로 초고속인터넷의 가입자도 동반해서 증가한 것으로 나타났다.[23]

국내에서 유료방송 요금은 선진국에 비해 현저히 낮다(〈표 4-19〉 참조). IP TV 가격도 케이블TV 가격보다 훨씬 높은 요금을 설정할 경우 가입자 확보가 어려울 것으로 보인다. IP TV 사업 초기에는 케이블TV와 차별화시키기가 쉽지 않을 것이다. 차별화된 콘텐츠 확보가 용이하지 않기 때문이다. 이러한 상황에서 케이블TV와 확연하게 구별되는 양방향 서비스를 제공하거나 결합서비스를 제공하고 가격을 인하하지 않는 경우, 케이블TV와 경쟁하는 것이 쉽지 않을 것이다.

(4) 결합상품 시장전망

2008년 들어 TPS, QPS 등 상품구성이 다양해지고 가입자도 점차 늘어가는 추세이다. SK텔레콤의 하나로텔레콤 인수가 성공하면서 결합상품 시장에서 변화가 일어날 것으로 예상된다. IP TV 서비스가 2008년 하반기에 본격적으로 제공되면서 KT와의 경쟁이 심해짐과 동시에 케이블TV 사업자

22) 정훈(2006. 11. 1), "IP TV 요금 수준 동향", 〈정보통신정책〉 제18권 20호 통권 404호, pp. 39~42.

23) 김영석 · 김훈(2005), 앞의 글, p. 41.

〈표 4-20〉 최근 결합상품 추세

번들 유형	결합 서비스
단순 번들	(PSTN + DSL), (CATV + 케이블모뎀), (초고속 + 위성방송), (PSTV + 이동전화), (PSTN + 이동전화)
통합 번들	(Mobile VoIP + Mobile data), WLAN 원폰(VoIP + 이동전화 + 초고속), (초고속 + IP TV), (초고속 + VoIP)
복합 단말	Bluetooth원폰(PSTN + 이동전화 + 초고속), Swing(Mobile data + WLAN), (이동전화 + WiBro), (이동전화 + DMB)

출처: 김선정(2005: 31).[24)]

간의 경쟁도 더욱 심해질 전망이다. 제도상으로는 2007년 7월 결합판매 고시의 제정으로 기본적 규제의 틀이 갖추어졌고, 방송통신위원회가 2008년 출범함으로써 해묵은 규제관할권 문제도 해결될 것이다. 이에 2008년은 규제나 시장환경 모두 결합상품 시장성장의 적기라고 볼 수 있다.

융합서비스의 휴대화 추세를 적극 활용하여 휴대단말기를 매개로 한 통합형 번들링 서비스 제공을 적극 추진하는 경향이 나타나고 있다. 번들링 서비스 유형은 〈표 4-20〉과 같이 세 가지로 구분될 수 있다. 단순 번들상품은 분리제공이 가능하지만 통합형 번들링은 분리제공이 불가능하다. 복합단말은 하나의 단말에서 여러 가지 서비스를 구현하는 것으로 번들링이 하나의 단말에서 구현되고 있는 것을 의미한다. 유무선 통합화 추세를 적극 활용하여 휴대단말기를 매개로 한 통합형 번들링 서비스 제공이 활성화될 것임을 시사하고 있다.

---

24) 김선정(2005. 8. 8), 〈통신시장 결합 판매(*bundling*) 규제 개선 방안〉, 한국디지털경제연구원, http://research.hanaro.com/pds/〔96호〕, 2007년 1월 19일 접근.

5) 결합상품에 대한 규제

통신사업자들에 의한 IP TV와 통신서비스의 결합판매나 케이블TV 사업자들에 의한 케이블TV 방송과 VoIP 서비스의 결합판매에 대한 경제적 규제정책이 조속히 마련될 필요가 있다. 현행 이용약관에서는 이러한 결합판매에 대한 규정이 부재할 뿐만 아니라 현행법에서도 융합서비스 제공업자들에 의한 불공정행위를 규제할 수 있는 제도적 장치가 미흡하다. 케이블TV 사업자들이 초고속 인터넷서비스와 케이블TV 방송을 번들링으로 제공하면서 가격경쟁으로 인해 시장질서를 해치는 경우가 그동안 빈번하게 발생했다. 이 결과 SO의 수익이 PP에게 전이되지 않음으로써 케이블TV 가입자 수는 크게 증가하였지만 이에 비례하여 영상산업 발전이 이루어지지 않고 있어 지속적 개선이 요구되고 있다. 케이블TV 사업자들이 방송과 VoIP 서비스를 결합 판매하거나 통신사업자들이 IP TV와 전화 혹은 인터넷서비스를 결합 판매할 경우, 과도한 경쟁으로 인한 시장혼란이 초래될 소지가 있다.

현행 결합판매 관련 명시적 규정으로, 전기통신사업법 시행령 제10조의 5(금지행위의 유형 및 기준) 제1항은 금지행위의 유형 및 기준을 별표 1에 열거하고 있으며,[25] 이중 결합판매 관련부분은 Ⅳ. 6에 나타나 있다.[26]

결합판매 관련 간접규정으로, 결합상품의 개별 구성상품 요금에 적용 가능성이 있는 법규로는 다음과 같은 것들이 있다.

---

25) 전기통신사업법 시행령 제10조의 5(금지행위의 유형 및 기준) 제2항에서는 특정 전기통신분야 또는 특정 금지행위에 적용하기 위하여 필요하고 인정하는 경우에는 제1항의 규정에 의한 금지행위의 유형 및 기준에 대한 세부기준을 정보통신부장관이 정하여 고시할 수 있다고 규정.

26) 별표 1 Ⅳ. 6: "전기통신역무와 다른 전기통신역무를 묶어서 판매(이하 "결합판매"라 한다)하여 이용자의 이익을 저해하거나 저해할 우려가 있는 행위. 이 경우 이용자의 이익저해 여부를 판단함에 있어서는 결합판매로 인한 비용절감, 이용자 편익 증대 효과 및 시장지배력 전이 등 공정 경쟁 저해 효과를 고려하여야 한다".

- 전기통신사업법 제3조의 제3항: 모든 전기통신역무 및 사업자에 적용
  — 전기통신역무 요금은 공평하고 저렴하도록 합리적으로 결정되어야 함
- 전기통신사업법 제29조(이용약관의 신고 등) 제3항: 요금 인가 대상 역무 및 사업자에 적용
  — 요금이 공정, 타당할 것
  — 요금의 산정방법이 적정하고 명확할 것
  — 특정인에 대하여 부당한 차별적 취급을 하지 아니할 것
- 전기통신사업법 제30조(이용약관의 변경): 모든 전기통신역무 및 사업자에 적용
  — 사회적, 경제적 사정의 변동에 따라 이용약관이 현저히 부당하여 공익증진에 지장이 있는 경우 이용약관 변경 명령 가능

사업법 및 시행령의 현행규정은 통신서비스간 결합에 대해서만 적용되므로 방송과 같은 비통신부문과 단말기 통합, 과금 통합 등 최근의 융합현상에 따른 공정경쟁 문제에 대응하기 어렵기 때문에 통신과 방송부문의 결합에 대한 규제관할 문제가 대두되었다.[27] 이에 제도상으로 2007년 7월 결합판매 고시가 제정되어 기본적 규제의 틀을 갖추었다.

27) 김희수 · 김남심(2005. 9. 12), "통신서비스 결합 판매 규제 동향 및 개선 방향", 〈KISDI 이슈리포트〉, p. 105. www, datanet. co. kr/archive/file/5620051201. pdf.

2. 계약전략[28)]

1) 케이블TV 프로그램 공급계약 형태변화

구질서에서 신질서로의 변화 가운데 빼놓을 수 없는 것이 프로그램 공급계약 형태의 변화이다. 계약은 사업자간의 사적 관계인데, 단체계약에서 개별계약으로 전화하였다. 지금까지 계약제도는 시장경쟁을 강화하는 방향으로 변화했다.

1995년 3월 케이블TV 유료방송 이후 PP와 SO 간의 프로그램 공급계약은 2001년까지 6년간 단체계약 형태를 유지했다. 1995년 케이블TV 출범 당시 삼분할 사업구도에서 사업자들에게 가장 민감한 쟁점은 역시 수익배분 몫을 정하는 일이었다. 당시 기본형(월 수신료 15,000원) 상품만 존재했던 상황에서 SO 52.5%, PP 32.5%, NO 15%로 수익배분 비율이 우여곡절 끝에 정해졌다. SO는 마케팅과 시청료 요금징수를 담당하기에 높게 책정되었고, 한편 NO는 정부기관의 투자라는 측면이 강하다고 간주하여 배분비율이 낮게 정해졌다. 이 배분율에 따라 프로그램 공급계약 방식은 SO협의회와 PP협의회 간의 단체협상을 통한 일괄계약 방식을 채택했다.

초기 케이블 시장에서 단체계약이 가능했던 이유는 허가제하에서 PP 프로그램을 SO는 의무적으로 송출해주어야 했기 때문이다. 사업자간 이해가 크게 엇갈리는 사안이 그리 많지 않던 비교적 단순한 구조였기 때문에 가능하였다. 그러나 이러한 계약방식은 개별사업자들의 영업환경, 채널간 차별을 극히 제한적으로 인정함으로써 실질적 경쟁이 이루어지기가 원천적으로 불가능한 구조였다.

---

28) 계약제에 관한 보다 자세한 내용은 김달진(2002), "케이블TV 프로그램 공급계약에 관한 실증적 연구 - 불완전 계약을 중심으로", 서강대학교 언론대학원 석사학위논문; 이상식(2003), "케이블TV방송 정책의 현황과 활성화 방안", 2003 케이블TV 방송 및 광고 활성화 방안 세미나 발제 논문, 한국광고주협회, 한국케이블TV방송협회 주최, pp. 109~114 참조.

지난 6년간 유지한 단체계약 형태에서도 내적으로 변화가 있었다. 수신료 배분과 관련하여 두 가지 쟁점이 존재하였다. 첫 번째 쟁점은 삼분야 사업자간 수신료 배분을 어떻게 할 것인가라는 문제였는데, 앞서 언급한 비율대로 6년간 비슷한 수준으로 유지되었다. 두 번째 쟁점은 32.5%라는 PP에 배분된 수신료를 다시 PP 내부적으로 재분배하는 문제였다. SO와 PP간 갈등보다는 오히려 PP간 내부적 갈등이 더 크게 부각되었다. PP 내부에서 기준에 따라 배분한 금액을 SO가 매월 PP에게 지급하는 형태를 취했으며, PP 내부의 계약기준은 매년 조금씩 배분요소를 달리하고 있다.

초기 배분 PP사는 지상파 재송신 채널과 공공채널, 홈쇼핑채널을 제외한 나머지 PP들이 균등배분을 근간으로 하면서 방송시간에 따른 양적 차이만 기본으로 삼았다. 이것은 사업 초기 경험의 부족과 시장경쟁이 고려되지 않은 상황하에서 PP들의 위험부담을 최소화시키고 시장에 우선 적응하려는 초기단계에서 나타나는 현상이었다. 초기 케이블TV 시장의 어려움을 같이 지고 가겠다는 동종업계가 지닌 전통적 집단의식이 작용한 것이다.

1995년 개국 원년에는 균등 80%와 방송시간 20%로 총 18개 PP에게 배분하였다. 2차 년도와 3차 년도에는 균등이 30%로 축소되고 방송시간이 70%로 확대되어 26개 PP에게 배분되었다. 4차 년도인 1998년부터는 시장원리를 일부 도입, 시청률을 적용하여 균등 30%, 방송시간 50%, 시청률 20%를 도입해 제한적이기는 하지만 PP간 내부적 경쟁이 시작되었다. 5차 년도인 1999년에는 균등 30%, 방송시간 40%, 시청률 30%로 시청률이 10% 상향되며 홈쇼핑채널을 제외한 24개 PP에게 배분되었다. 이때까지 사용료에 대한 단가책정은 PP들간의 이해문제로 국한되어 SO의 채널에 대한 선택권이나 프로그램의 질에 대한 평가는 이뤄질 수 없는 구조였다.

점차 시장에서 채널간 시청률, 소비자 선호도, 제작비율 등에서 차별성을 갖게 되었다. 경쟁논리가 시작되면서 사업자들간의 이해충돌은 불가피하게 발생하였다. SO는 구매자로서 채널선택권 내지는 평가 자체가 봉쇄된 배분구조에 불만을 나타내기 시작했다. 이 결과 2000년부터는 10% 내에서 SO의 평가를 프로그램 사용료 배분에 적용하도록 하였다. 이 과정에서 PP

〈표 4-21〉 프로그램 공급계약 변화

구 분	계약방식	협상주체	배분 PP 수	PP별 배분기준	비 고
1995년	단체계약	PP · SO 협의회	18	균등: 80% 방송시간: 20%	케이블TV 출범
1996년	(상 동)	(상 동)	25	균등: 30% 방송시간: 70%	
1997년	(상 동)	(상 동)	26	균등: 30% 방송시간: 70%	2차 SO 허가 조건부 티어링제 실시
1998년	(상 동)	(상 동)	24	균등: 30% 시청률: 20% 방송시간: 50%	방송개혁위원회 발족
1999년	(상 동)	(상 동)	24	균등: 30% 시청률: 30% 방송시간: 40%	종합유선방송법 개정, 합법적 티어링 실시, MSO 허가
2000년	(상 동)	(상 동)	24	균등: 30% 시청률: 30% 방송시간: 30% SO 의견: 10%	방송법 제정 추가 PP 승인
2001년	개별계약 (PP · SO 협의회 차원에서 가이드라인 제공하는 단체계약 성격 가미)	개별PP · SO (PP · SO 협의회 가이드라인 협상)	24 + 14	균등: 20% AI지수: 5% 시청률: 30% 방송시간: 15% SO 마케팅 기여도: 10% 시청자 선호도: 10% 본방비율: 10%	전환 SO 허가 위성방송 허가 PP등록제 실시
2002년 이후	완전 개별계약	개별PP · SO		균등: 15% 시청률: 35% 마케팅 기여도: 10% 시청자 선호도: 10% 프로그램 평가: 20% (자체제작, 본방 비율 프로그램 질 등 평가)	케이블TV only 5%; PP 광고매출 5% 등을 반영하는 회사도 있음

출처: 방송위원회(2002. 12), 〈방송21〉 제 28호; 손창용 · 여현철(2007: 368) 참조.

와 SO 양측은 서로 상반된 입장을 보였다. SO의 반영비율을 최소화시키려는 PP와 비율을 높이려는 SO 간의 이해가 부딪치다가 결국 10%선에서 절충했다.

이것은 이미 2001년부터 PP 등록제가 예고된 상태에서 단체계약이 지속되기 어렵다는 SO의 주장과 기존 승인 PP들이 신규 경쟁채널의 시장진입을 봉쇄하고 기득권을 유지하려는 상반된 입장이 노골화되었음을 말해준다. 물론 PP 내부에서도 프로그램 경쟁력을 갖추었다고 생각하는 몇몇 채널들은 개별계약의 필요성과 당위성을 주장하였다. 역으로 SO 내부에서도 가입자 수가 많지 않은 군소사업자들은 개별계약보다는 단체계약을 통해 발생할지 모르는 계약상 불이익을 피하기 위한 의도였다.

1999년 종합유선방송법의 개정으로 SO가 본격적인 티어링 제도를 도입하여 채널묶음별로 가격을 차별화시켜 판매하였다. 이때부터 SO와 PP 양 사업자간은 물론 PP 내부적으로도 이해가 크게 상충되기 시작했다. 1995년부터 지속된 단체계약에서 2002년 개별계약으로 전환되는 과정은 SO와 PP 간 이해득실의 차이로 인해 순탄하지 않았다.

통합방송법 제정으로 2000년부터 SO들은 전 채널 의무송신에서 벗어나 법적인 채널편성권을 확보하였다. SO들은 마케팅에서 지역별 영업환경에 맞는 상품구성이 가능해지면서 불합리하다고 인식한 단체계약보다 개별계약을 적극적으로 요구하기 시작하였다. 이에 PP들은 대체로 개별계약의 당위성을 어느 정도 인정하면서도 기본형에 대해서 종전대로 단체계약을 유지하려는 의사를 나타냈다.

2001년 PP 등록제 실시 이후 계약에 있어 다소 변화가 있었다. 기본형의 경우 PP 협의회의 의견 75%, SO 협의회의 의견을 25% 반영한다는 가이드라인을 만들어 PP, SO 간 단체계약을 통한 개별계약을 추진하였다. 그렇지만 티어링 상품과 관련해서는 개별계약을 추진하게 된 것이다.

본격적으로 개별계약이 이루어진 것은 정부가 개입하면서 비롯되었다. 공정거래위원회는 2001년 단체계약이 불공정거래라고 판단하고 계약을 주도하던 SO와 PP 양 협의회는 더 이상 계약에 주도적이어서는 안 된다는 권고를 하였다. 공정위는 단체계약이 가격을 담합하여 소비자에게 피해를 줄 수 있으며 다른 사업자의 정당한 거래행위를 방해할 수 있다고 평가하였던 것이다. 이에 따라 SO 협의회는 2002년도 계약은 개별 SO의 자율에 맡긴다는 내용을 사장단 회의에서 공식적으로 선언했다.

2006년 들어 주요 MSO사들을 중심으로 수신료 배분기준은 큰 틀은 과거와 비슷하지만, 부분적으로 회사에 따라 차별적 기준들을 적용하고 있다. 균등배분이 15%(범위 10~30%), 시청률 35%(범위 20~50%), 마케팅 기여도 10%(범위 15~20%), 시청자 선호도 10%(범위 10~30%), 프로그램 평가 20%(범위 10~35%)가 공통적으로 반영되고 있다. 차별적으로는 케이블TV만 송출하는 채널들에 한해 5%, PP 광고매출의 5%를 반영하는 경우도 있다. 위성방송을 견제하기 위한 SO들의 배려인 셈이다.

종합유선방송 출범 이후 5년간 이루어진 단체계약에 대해서는 긍정적, 부정적 평가가 동시에 있었다. 대체로 사업 초기에 불가피한 필요성은 인정하면서도 그 기본방향에는 문제가 있는 것으로 양자 모두 인식하고 있었다. 시장의 변화와 함께 개별계약제로 이행하게 된 것은 오히려 자연스러운 결과라고 할 수 있을 것이다.

(1) 개별계약에서 나타난 특징

개별계약을 하면서 종전 단체 일괄계약 시 작성하던 계약서 내용과 다소 달라진 점들이 있다. 〈표 4-22〉에서와 같이 외형적으로 계약기간, 공급조건, 사용료, 계약서 구성 등에서 약간의 실질적 변화가 있었다. 특히 가장 핵심적인 사항인 프로그램 공급단가에 대해서는 모두가 대외비로 별도계약서 혹은 부속합의서를 통해 정하였다. 가격 이외에 SO는 부속합의서 작성을 통해 경쟁사업자에 대한 동일한 가격적용과 SO 마케팅활동 지원에 대한 요구사항을 담고 있다.

부속합의서나 구두로 양측이 논의하거나 합의한 것들을 종합해보면, 각 사별로 처한 환경에 따라 다양한 조건들에 대해 의견을 주고받은 것으로 나타났다. 계약서에 명시되지 않지만 부속합의서(특약사항)에 첨부되는 내용

〈표 4-22〉 단체계약과 개별계약의 변화된 점

구 분	단체계약 시	개별계약 시
계약기간	1년 단위	1년 또는 6개월 후 재협상
공급단가	수신료의 32.5% (정률)	기본계약서에 가격 명시 않고 별도계약서 작성
계약조건		경쟁사업자에 공급할 경우 합의 내용 SO 임의 재조정 또는 파기 가능성 포함
사용료 지불방법	사용 후 정산 방식	사용 후 정산 방식
계약서 형태	기본계약서만 작성	대부분 별도 부속합의서 작성

출처: 한국케이블TV PP협의회(1999. 6), 케이블TV 실무대표 워크숍 자료집.

은 다음과 같다.29)

> "주로 SO 마케팅 지원에 관한 SO의 요구사항들이다. 그리고 복수 SO의 우 독점공급을 해줄 것을 요구하는 내용이 대부분이다—경쟁지역의 경우 다른 SO와 계약 시 제재나 계약변경 등에 관한 내용이다. 그것도 주요 MPP들에 요구하거나, 반대로 아주 힘이 없는 개별 PP를 상대로 요구하는 경우가 많다. MPP에게는 경쟁 SO에 공급될 경우 SO 상품의 경쟁력 약화를 우려해서이고, 개별 PP에게는 우월적 지위를 활용하기 때문이다."

복수 SO 지역의 경우 배타적 공급계약을 요구할 때 대응하는 방식에 대해서는 MPP, 개별 PP 모두 단가조정을 통해 모두에게 공급하는 방식을 취하고 있는 것으로 나타났다.30)

---

29) 김달진(2002), 앞의 글.

30) 김달진, 위의 글.

"공급단가를 다소 낮추어서라도 공급하는 데 주력하고 있다. 우리 회사의 경우, 사용료만으로는 경영수지를 근본적으로 맞추지 못해 광고매출에 신경을 쓴다. MPP들은 대개 광고료 비중이 높다. 시청가구 수 확대에 신경을 쓰지만 유료방송으로서 사용료 부분에서 쉽게 포기하거나 간과하지는 않는다. 일관된 불변의 정책은 없다."

2) 개별계약제의 시장효과

2002년 프로그램 공급계약이 개별계약으로 진행되면서 실시 이전에 예상했던 문제점들이 거의 그대로 현실화되어 나타나기 시작했다. 특히 SO보다는 PP사들의 부익부 빈익빈 현상이 확연하게 드러나면서 채널간 격차가 크게 벌어졌다. 1999년 단체계약에서 사용료 매출 1위인 OCN의 25억 2천만 원과 가장 적은 사용료를 받은 아리랑TV의 12억 2천만 원과 그 차이가 12억 9천여만 원이었던 것에서 2001년도 계약에서는 19억 3천여만 원으로 격차가 더 크게 벌어졌다.[31]

시장경쟁이 활성화되면서 개별계약 제도의 도입은 시장 파워가 급속하게 PP로부터 SO로 넘어가게 되는 계기가 되었다. 복점 SO간의 경쟁, 나아가 위성방송과 케이블TV 간의 경쟁이 본격화되면서 개별계약은 SO와 PP 간의 시장 파워를 변화시켰다. PP의 등록제로 인해 등장한 수많은 채널들간의 경쟁, 저가 티어 제도가 정착되면서 제한된 채널송출, 플랫폼 사업자간의 과당경쟁의 결과 배타적 계약을 요구받으면서 PP들은 플랫폼의 증가에도 불구하고 창구가 늘어난 효과를 누리기는커녕 오히려 개별계약으로 인해 이른바 '을'의 절대적 불리한 지위에 처해진 것이다.

국내 저가 위주의 티어 가입자 구조하에서 개별계약 제도의 도입은 수신료 배분에 결정적 영향을 미쳤다. 저가 티어 상품의 주목적은 동일지역에서 중계유선과 경쟁하기 위한 것이었다. 경쟁의 결과 수신료는 인하되었고 마케팅 비용은 증가하였다. 저가 티어 상품의 경우, SO는 PP 사용료 부분

31) 방송위원회(2002. 9), 〈방송21〉 제 28호.

에 대해서 지급을 유보하거나 일정 기간 무료공급을 요구하였다. SO의 채널편성권 행사로 인해 송출거부를 당하기도 하였다. 늘어난 등록 PP간의 송출경쟁하에서 이 같은 SO의 일방적 요구에 단독 영세 PP들은 말할 것도 없고 심지어 MPP조차도 시장 파워를 점점 잃었다.

개별계약을 통해 나타난 부분적 현상들은 향후 유료방송 시장의 판도변화의 방향을 보여주었다. 그 특징들을 살펴보면 첫째, MSO, MPP 중심으로 시장이 급속하게 재편되었고 공급계약 협상에서 이 둘 사업자들만이 어느 정도 협상력을 확보하였다는 점이다.

둘째 특징은 개별계약 이후 수신료 배분비율이 급속하게 하락하고 있다는 점이다. 〈표 4-23〉에서 조사되었듯이, 전반적 경향은 2002년도 들어오면서 수신료 배분비율이 감소하는 경향을 엿볼 수 있다. 물론 2000년도 들어와서 등록제로 인해서 PP 수가 많아졌고 전환 SO로 인해 PP의 입장이 약화되는 등 복합적 영향이라고 보여지나, 케이블TV 사업 초기의 배분비율이었던 32.5%와는 너무나 거리가 멀다. 적게는 2%에서 많아야 22% 정도에 불과하다. 의무형인 경우 대부분 수신료를 배분하지 않고 있음을 알 수 있다.

2002년 들어 SO와 전환 SO, 그리고 위성방송 사이에 실질적 경쟁구도가 형성되면서 PP 입지가 극히 약화되었다. 콘텐츠의 플랫폼 확대가 PP사들에게 긍정적인 면보다는 단기적이긴 하지만 부정적 요인으로 작용했다고 볼 수 있다. 특히 SO와 PP 간의 계약에 위성 플랫폼 사업자가 상당한 변수로 작용하였다. SO 시장에서는 1, 2차 SO와 전환 SO들이 PP들을 대상으로 배타적 공급을 요구하자, PP들은 곤경에 빠졌다. 다른 한편으로는 위성방송에 송출을 금지하거나 공급할 경우 불이익을 주겠다는 SO의 입장 사이에서 PP는 또다른 어려움에 빠졌다. 플랫폼 확대가 PP들에게 협상력을 키워준 것이 아니라 오히려 정반대의 결과를 가져온 것이었다.

개별계약이 진행되면서 MPP는 개별 PP에 비해 상대적으로 협상력을 가지고 계약을 하고 있었다. MPP의 경우 계약 시 SO에게 요구하는 중점사항은 공급단가, 보급형 채널편성 등으로 단가협상은 거의 불가능하고 채널

〈표 4-23〉 계약방식의 변화가 수신료 배분비율에 미친 영향

	2000년	2001년	2002년	비 고
케이블TV전남동부방송	0.16	1.47	3.75	의무형: 0원 기타: 수신료의 32.5%
금강방송	13.43	4.91	4.66	의무형: 0원 기타: 수신료의 32.5%
(주)서경방송	1.50	2.23	2.09	의무형: 0원, 묶음 2: 375원, 묶음 3: 1,462원, 기본형: 2,550원
케이블티브이충남방송	3.68	3.26	5.80	의무형: 0원, 묶음 2: 320원, 묶음 3: 1,200원, 기본형: 34.125%
케이블TV안양방송	4.49	5.47	4.57	의무형: 0원 기타: 수신료의 32.5%
수성케이블방송	17.67	13.19	7.92	의무형: 수신료 16.25% 기타: 수신료의 32.5%
금호케이블티브이방송	11.17	15.07	11.44	의무형: 0원 묶음형 2, 3: PP 채널별 가입자당 40원 기본형: 수신료 34.125%
케이블티브이대구방송	17.19	14.19	15.27	의무형: 0원 기타: 수신료의 32.5%
케이블TV푸른방송	12.29	10.67	9.75	의무형: 400원 기타: 수신료의 30%
경북케이블티비방송	14.00	14.09	21.56	수신료의 32.5%
케이블티브이대전방송	14.39	11.85	8.87	의무형: 0원 기타: 수신료의 30%
한씨엔	18.81	5.39	11.07	의무형: 0원 기타: 수신료의 30%
청주케이블티브이방송	19.70	17.75	19.08	의무형: 50원 기타: 수신료의 32.5%
씨.씨.에스	0.63	4.48	4.49	의무형: 50원 기타: 수신료의 32.5%
케이블티브이경동방송	0.10	15.35	10.15	수신료의 30%
케이블티브이나라방송	9.16	6.26	8.42	의무형: 40원 기타: 수신료의 31%
드림씨티방송	2.92	2.41	3.34	의무형: 0원 기타: 수신료의 32.5%
아름방송망	8.21	6.40	7.60	의무형: 975원, 묶음 2: 1,219원, 경제: 1,951원
케이블티브이경기방송	23.00	21.00	19.00	의무형: 0원 기타: 수신료의 31%
한빛아이엔비	15.54	13.03	9.63	의무형: 0원, 묶음 2: 300원, 묶음 3: 960원, 기본형: 32.125%
케이블TV원주방송	22.63	15.08	6.56	의무형: 0원 기타: 수신료의 32.5%

* 연도별 셀 안의 숫자는 수신료 수입 중 PP 배분비율(%)을 의미함.

편성 자체가 목적인 개별 PP에 비해 협상력이 있음을 보여준다. 개별 PP 중에서도 나름대로 프로그램 경쟁력을 갖춘 PP는 그렇지 못한 PP에 비해서 협상력이 있는 것으로 나타났다.

개별계약의 결과 PP사들의 부익부 빈익빈 현상이 확연하게 드러나면서 채널간 격차가 크게 벌어졌다. 시장의 논리가 점점 강화되고 있음을 시사한다. 1997년 단가가 가장 높았던 YTN이 305.8원이었는 데 반해 최하위 채널인 대교방송의 경우 151.9원을 차지해 약 153.9원의 차이를 나타냈다. 1998년에는 1위인 DCN이 276.7원, 최하위 채널인 평화방송이 136.0원으로 140.7원, 1999년에는 1위인 OCN이 322.2원, 최하위인 동아TV가 122.6원으로 그 차이는 199.6원, 2000년에는 1위인 OCN이 359.1원인 데 반해 최하위인 평화방송이 120.9원으로 차이는 238.2원이어서 점차 그 차이가 많이 났다(〈표 4-24〉 참조).

1999년도 수신료 총매출 396억 원에서 2000년 429억 원, 2001년 321억 원으로 크게 줄었지만 반대로 전체 가입가구 수는 1999년 139만 8천에서 2001년 527만 5천 가구로 3년 사이 2.8배 늘었다. 가입자 수는 늘었지만 오히려 수신료가 줄어드는 이런 기현상은 기본형 상품 가입자 수는 줄고 저가형 티어 위주의 시장이 확대되면서 수신료를 제대로 배분받지 못한 결과이다. 실제로 2000년도에 비해 2001년 PP의 총 수신료 매출이 429억 원에서 321억 원으로 약 108억 원이 줄어든 것은 기본형 가입자(약 93만)에 대해서는 종전대로 월 수신료에서 PP 사용료 몫이던 32.5%를 받았지만, 2001년 전체 가입가구 수 530만 중 티어링 가입자 약 437만 가구에 대해서는 거의 사용료를 받지 못했기 때문이다. 기본형을 제외한 티어 상품 가입자 약 5백만 가구 중 수신료 가격이 1천 원에서 4천 원 미만인 경우가 대부분을 차지하고 있다. 따라서 티어 상품 가입자에 대해서 개별계약이 진행되었으나 실제로 프로그램 공급계약을 맺은 것은 30% 내외에 불과했다. 사용료 또한 기본형 상품에 대해서는 32.5%를 배분받았지만 티어 상품에 대해서는 15%를 받기로 계약했다. 문제의 심각성은 계약을 했더라도 상당수가 수신료를 배분받지 못한 것으로 나타났다. 그것은 2001년도에 중계유

〈표 4-24〉 97～00년 PP별 프로그램 사용료 단가

(단위: 원)

	1997년		1998년		1999년		2000년	
	채널	단가	채널	단가	채널	단가	채널	단가
1	YTN	305.8	DCN	276.7	OCN	322.2	OCN	359.1
2	MBN	241.2	HBS	253.1	투니버스	300.2	투니버스	353.7
3	DCN	241.2	YTN	252.4	KMTV	283.4	MBN	264.6
4	Mnet	238.6	KMTV	229.4	Mnet	282.4	Mnet	245.6
5	KMTV	238.3	드라마넷	229.3	NTV	269.0	KMTV	136.6
6	두산슈퍼넷	218.4	투니버스	227.5	SBS스포츠	235.5	YTN	233.2
7	동아TV	211.5	Mnet	214.7	바둑TV	234.7	드라마넷	229.6
8	HBS	208.6	동아TV	210.0	YTN	233.2	바둑TV	228.9
9	예술영화	206.1	스포츠TV	209.1	MBN	223.5	NTV	219.0
10	스포츠TV	203.9	바둑TV	208.8	드라마넷	215.8	SBS스포츠	212.1
11	다솜	203.8	MBN	196.7	Q채널	184.5	SBS골프	19.09
12	GTV	200.8	A&C코오롱	194.5	센추리	163.4	Q채널	181.4
13	드라마넷	190.6	GTV	190.2	SBS골프	157.8	대교방송	175.1
14	MY-TV	189.8	센추리	190.1	A&C코오롱	156.1	의료건강	159.0
15	Q채널	188.4	Q채널	180.1	SDN	151.2	SDN	151.5
16	센추리	186.7	재능방송	168.1	재능방송	149.1	센추리	149.6
17	바둑TV	175.8	불교TV	163.8	기독교TV	142.8	A&C코오롱	148.8
18	불교TV	171.6	기독교TV	162.5	불교TV	140.8	재능방송	140.5
19	기독교TV	169.1	리빙TV	161.3	대교방송	139.1	리빙TV	139.4
20	교통관광	16.2	다솜	157.9	리빙TV	138.9	기독교TV	132.2
21	투니버스	165.1	MY-TV	154.1	의료건강	138.3	불교TV	132.2
22	평화방송	161.3	아리랑TV	147.2	아리랑TV	136.5	동아TV	124.9
23	대교방송	151.9	대교방송	140.7	평화방송	122.8	평화방송	120.9
24	아리랑TV	6.7	평화방송	136.0	동아TV	122.6	아리랑TV	120.4
25	LG홈쇼핑	5.0	LG홈쇼핑	0.0	LG홈쇼핑	0.0	LG홈쇼핑	0.0
26	39쇼핑	5.0	39쇼핑	0.0	39쇼핑	0.0	39쇼핑	0.0
계		4,653.4		4,653.4		4,653.4		4,653.4

선에서 SO로 전환된 사업자들과 기존 1, 2차 SO와 동시에 계약을 하게 됨에 따라 기존 SO와 전환 SO 간의 경쟁에서 PP사들의 공급가격 차별정책에 대한 SO들의 불만이 컸기 때문에 발생한 후유증의 하나였다.[32)]

3) 개별계약 문제점들의 원인

유료방송 시장에 경쟁체제가 성립되면서 SO와 PP 간에 정상적 가격협상을 통한 거래가 원천적으로 이뤄지기 어렵게 되었는데, 그것은 다음과 같은 이유 때문이다.

첫째, 계약을 위한 기초적 자료가 될 수 있는 가입자 수에 대한 정확한 숫자 공개가 이뤄지지 않은 상태에서 합리적 공급계약이 불가능하다는 점이다.[33)] PP로서는 각 SO별로 기본형 가입자, 티어 상품 가입자 중 가격대별로 정확한 가입자 수에 대한 파악이 원천적으로 어려운 상황이었기 때문에 객관적 데이터를 토대로 한 협상이 이뤄질 수 없었다.

둘째, 사업자들의 경험부족이다. 특히 정보재화로서 비규격화된 프로그램 상품거래에서 합리적 단가 산정기준을 설정하는 것이 어려웠고 협상경험이 일천하였다. SO들은 중계유선과 오랜 기간 동안 경쟁을 하는 동안 사용료 지불에 대한 확고한 인식이 약화되었다. 중계유선에서 전환한 SO들의 경우에는 과거 중계유선에서 그랬듯이 프로그램 사용료 지불에 대한 인식

---

32) PP사들은 2001년 처음으로 시장에 진입하는 전환 SO와 공급계약을 맺으면서 세 가지 특약사항을 전제로 계약했다. 그중 전환 SO는 PP에게 매달 기본형 가입자 1,300가구분의 사용료를 지급하기로 했다. 이에 기존 1, 2차 SO는 경쟁사업사에게 PP가 특혜를 준다고 반발하면서 기존 사용료 지급을 거부하는 사태로 이어졌다.

33) 2000년 단체계약 체결 당시까지 매년 한 차례 PP사들이 가입자 수 실사단을 구성하여 전국적으로 SO를 방문하여 실사하였다. 물론 이를 통해 나온 자료에 대한 신뢰성 문제는 여전히 남아 있었지만 단체계약을 위해서는 가능했다. 그러나 개별계약 제도하에서는 이러한 실사단 구성이 불가능하였다. PP 실무자가 우월적 지위에 있는 SO를 상대로 정확한 실사를 벌이는 데 한계가 있었던 것이다.

이 매우 희박하였다.

셋째, PP사들은 채널에 대한 분명한 포지셔닝(*positioning*) 전략이 부족하여 일관되고 장기적인 계획수립이 미진했다. 전문채널에 어울리는 자기만의 색깔을 가지는 것이 경쟁력 확보에 중요한데, 채널간 경쟁이 치열해지면서 단기적으로 송출 자체에만 급급하여 그에 따른 역기능을 고려할 여유가 없었던 것이다.

이 같은 요인들에 의해 개별계약을 통해 나타난 현상들은 향후 유료방송시장의 판도변화의 방향을 극명하게 보여주었다. 그 특징들을 살펴보면 첫째, MSO, MPP 중심으로 시장이 급속하게 재편되었고 공급계약 협상에서 이 둘 사업자들만이 어느 정도 협상력을 확보하였다.

C&M, 현대백화점 계열 MSO, 미래티비, 한빛 I&B, 중앙유선 계열 등 대규모 MSO 사업자들은 프로그램 공급계약에서 큰 위력을 발휘하면서 개별계약에 따른 이득을 본 것으로 알려지고 있다. 온미디어, CJ미디어, 지상파 3사 계열의 MPP 역시 전년도 대비 수신료 매출이 늘어났다.

두 번째로 일부 개별 PP사들간의 채널 패키지 계약이 시도되고 상당한 효과를 봤다는 점이다. 채널 패키지란 여러 PP가 하나의 상품을 구성하여 계약을 포함해 공동으로 마케팅하는 것을 의미한다. 단일 PP가 갖는 한계를 극복하고 SO에 대한 협상력을 키우자는 취지로 시도되었다. MPP 한 회사 채널만으로도 구성할 수 있으며 각각 법인이 다른 사업자(채널)끼리 연합할 수도 있었다. MPP사들이 계약협상에서 경쟁력을 갖게 되면서 개별 PP사들 중에서 MPP 효과를 갖으려고 패키지를 구성하여 공동판매에 나선 것이다. CJ미디어를 주축으로 이른바 '레인보우 패키지'를 구성하였다. 여기에는 CJ미디어의 Mnet, 홈CGV, 푸드채널과 MBC플러스의 드라마넷, 스포츠 채널, 겜비씨, 그리고 YTN, 대교방송 등 8개 채널이 포함되었는데 이들 채널을 하나로 묶어 SO와의 계약에서 공동판매에 나섰다. 이밖에 'SBS패키지'로 불리는 SBS 3개 채널, 월드와이드 넷, KMTV, 리빙TV, 웨딩TV 등 7개를 한데 묶어 공동판매를 시도하기도 했으나 각 사의 최종입장 조율에 실패함으로써 무산되었다.

개별계약의 문제점은 대부분 거래당사자의 문제라기보다는 시장구조에서 비롯되는 경향도 있었다.

수직적, 수평적으로 결합한 사업자들은 그렇지 못한 사업자들보다 우월적 지위를 갖게 되면서 불공정한 행위를 할 가능성이 높아지게 된 것이다. 개별 SO, PP에 비해 MSO, MPP가 많은 가입자와 콘텐츠의 경쟁력을 바탕으로 경쟁사업자들에 대해 월등한 협상력을 보이면서 시장지배력을 높여나간 점이다.

SO 사업자들은 정부의 허가를 받도록 한 데 반해 PP는 등록만 하면 시장에 진입할 수 있게 되면서 수요와 공급의 균형이 깨지면서 힘의 쏠림 현상이 급속도로 진행된 것이다. 또한 등록제 이후 특정장르에 많은 수의 채널이 몰리면서 중복된 장르간의 경쟁이 치열해지자, 사용료 무료 선언 등 유료방송 시장의 근간을 위협하는 상황으로 발전했다.

4) 케이블TV와 위성방송의 PP 수신료 배분 비교

(1) 케이블TV와 위성방송의 PP 수신료 배분 비교

2005년도 이후 케이블TV의 경우, 절대다수의 PP가 SO로부터 제대로 된 수신료를 받지 못하고 있는 실정이다. 2007년 기준으로 SO들의 방송매출액 중에서 PP 사용료로 지급되는 비율은 15% 수준에 불과하다(〈표 4-25〉 참조). 15% 중에는 유료채널 매출과 SO들의 VOD(FOD) 콘텐츠 수급비용 등이 포함되어 있어 실제로 PP들에게 지불되는 PP 사용료는 12~13% 수준에 불과하다.

MSO와 단일 SO를 비교하면, MSO의 지급비율이 높은 것으로 나타났다. 특히 C&M(17.1%), 온미디어(17.4%), GS(20.7%)의 지급비율이 높게 나타났고 티브로드(13.5%)는 MSO 가운데 가장 낮게 나타났다. 매년 MSO들의 수신료 지급비율은 증가하고 있는 추세이지만 단일 SO들은 크게 증가하지 않고 있다.

케이블TV와 위성방송의 PP에 대한 수신료 배분비율에는 차이를 보이고

〈표 4-25〉 SO의 방송수신료 대비 PP 프로그램 사용료 지급비율

(단위: 백만 원)

구 분	방송수신료 매출액	PP프로그램 사용료 지급액	수신료 대비 프로그램 사용료 지급비율	비 고
2005년	720,814	94,026	13.0%	경영분석 내용 참고
2006년	867,248	126,758	14.6%	방송위원회 실태 조사결과
2007년 상반기	481,358	71,249	14.7%	

출처: 방송위원회(2007).[34]

〈표 4-26〉 MSO별 지급비율

(단위: 백만 원)

구 분	2005년			2006년			2007년		
	수신료	PP지급	비 율	수신료	PP지급	비 율	수신료	PP지급	비 율
CJ	117,652	12,112	10.3	140,948	19,800	14.0	84,821	12,274	14.5
티브로드	126,248	14,035	11.1	169,833	22,631	13.3	106,488	14,382	13.5
C&M	136,231	22,693	16.7	142,683	25,696	18.0	71,453	12,196	17.1
HCN	39,433	6,640	16.8	65,025	10,805	16.6	34,776	5,438	15.6
큐릭스	42,737	5,863	13.7	43,955	7,431	16.9	24,351	3,627	14.9
CMB	44,783	6,626	14.8	57,833	9,214	15.9	33,972	4,961	14.6
온미디어	27,038	2,817	10.4	28,148	3,326	11.8	15,327	2,669	17.4
GS	21,709	5,121	23.6	35,246	6,430	18.2	18,251	3,782	20.7
단일SO	158,266	17,644	11.1	175,448	20,788	11.8	88,438	11,099	12.5

출처: 방송위원회(2007).

34) 방송위원회(2007), 〈SO의 PP수신료 지급 현황 실태조사〉, 종합유선방송 사업자 대표자 워크숍 자료집.

〈표 4-27〉 케이블TV와 위성방송의 PP 수신료 분배비율 비교

(단위: 백만 원)

	2002	2003	2004
케이블TV 수신료 수입	381,332	516,805	655,050
케이블TV 수신료 PP 배분 금액	79,573 (20.9%)	68,039 (13.2%)	98,087 (14.9%)
위성방송 수신료 수입	36,687	44,520	78,942
위성방송 수신료 PP 배분 금액	(44.3%)	(44.0%)	(43.3%)

출처: 이상우·이인찬(2005: 118), 〈다채널 유료방송시장의 경쟁에 관한 연구〉.

있다. 케이블TV보다는 고가인 위성방송의 경우, 수신료 수입의 40% 이상을 PP에게 배분하고 있으나 케이블TV의 경우 PP에 대한 수신료 분배비율은 2002년 20.9%에서 2004년 14.9%로 나타났다.

위성방송이 출범하면서 케이블TV와의 경쟁이 심화되는 2000년대 초기에 케이블TV의 PP에 대한 배분율은 오히려 낮아지고 있는 것을 엿볼 수 있다. 이에 비해 위성방송의 PP에 대한 배분규모는 일정한 수준을 유지하고 있는 것을 알 수 있다.

그렇지만 외형적으로는 위성방송이 케이블TV에 비해 높은 비율의 수신료를 지급하는 것으로 나타났지만 실상은 차이가 있다. 2007년 전후로 약 25% 비율을 지급하고 있으나 위성중계기 사용료를 스카이라이프사가 PP에게 전가하고 있어 실제 이 비용을 제하고 나면 17~18%에 불과한 것으로 알려지고 있다.[35]

이러한 수신료 배분비율의 차이는 현재 다채널 시장에서 케이블TV가 절대적인 시장지배력을 행사하고 있음을 간접적으로 나타내는 수치이다. 다채널 시장에서 90%의 시장점유율을 보이고 있는 케이블TV는 PP에 대해서도 절대적인 협상력의 우위를 점하면서 비교적 낮은 수준의 배분비율을 유

35) 한국케이블TV방송협회, 김영철 국장과의 인터뷰, 2008.4.28.

지할 수 있는 것이다. 특히 위성방송과의 경쟁에도 불구하고 절대적인 가입자 규모를 앞세워 이른바 인기 있는 채널에 대해서는 위성방송에 대한 전송을 못하도록 할 정도의 협상력을 갖고 있는 것이다. 이러한 협상력은 종합유선방송국의 시장집중도가 커지면서 더욱 증가할 것이다.[36]

(2) 케이블TV와 위성방송의 계약전략에 대한 평가[37]

2002년 스카이라이프가 출범한 이후, 케이블TV와 위성방송 간에는 우수한 콘텐츠를 독점적으로 보유하기 위한 경쟁이 치열하게 일어나고 있다. 2003년 초 온미디어는 당시 최고 시청점유율을 보이고 있던 만화채널인 투니버스, 영화채널 수퍼액션, 음악채널 MTV를, 또다른 MPP인 CJ미디어는 영화채널인 홈CGV를 스카이라이프에 제공하는 것을 중단하였다. 스카이라이프는 투니버스, 수퍼액션, MTV, 홈CGV의 공급중단에 대해 불공정거래행위로 공정거래위원회에 제소했으나 증거 불충분으로 무혐의 처분이 내려졌다.

위성방송과 케이블TV 간의 콘텐츠 확보경쟁은 2005년도 위성방송에 대해 지상파 재전송이 허용되면서 더욱 심화되었다. 2005년 초 CJ미디어는 인기 음악채널인 Mnet과 영화채널인 XTM을 위성방송에는 송출하지 않고 케이블TV에만 공급하겠다고 선언하였다.

온미디어나 CJ미디어가 주요채널에 대해 케이블TV SO들과 독점적 계약을 체결하는 배경에는 케이블TV가 다채널 유료방송 시장에서 90% 이상의 시장점유율을 이용하여 PP들에 대해 시장지배력을 행하고 있기 때문이다.

송출 중단된 MPP들은 SO와 수직 결합되어 있거나 관련이 있는 PP들이다. 이런 경우에 PP들은 그들의 독립적 이윤을 극대화하기보다는 관계된 SO들의 이윤을 함께 고려한 결합이윤(*joint profit*)을 극대화하는 전략을 취하게 된다. 그러나 온미디어와 CJ미디어의 송출 중단이 PP의 이윤극대화

---

36) 이상우·이인찬(2005. 12), 〈다채널 유료방송시장의 경쟁에 관한 연구〉, 정보통신정책연구원, pp. 118~119.

37) 이상우·이인찬, 위의 글, pp. 150~154 참조.

는 물론이고, SO와의 결합이윤을 극대화한 최적의 전략인가 아니면 케이블TV 업계의 송출 중단 압력에 MPP들이 굴복한 것인가라는 점을 검토해보아야 한다.

두 MPP의 위성방송에 대한 송출 중단은 CJ미디어와 CJ케이블넷, 그리고 온미디어의 PP 부문과 SO 부분의 결합이윤을 극대화하기 위한 선택은 아니다. 송출 중단으로부터 CJ케이블넷과 온미디어의 SO 부문이 얻는 이익이 크지 않기 때문이다. 2005년 6월 기준으로, 온미디어가 소유한 SO는 6개이고 온미디어 소유의 MSO에 가입되어 있는 가입가구는 53만이다. 이는 전체 케이블 가입가구의 3.8%밖에 되지 않는다. CJ미디어의 경우에도 모기업인 CJ가 지분을 투자한 8개의 MSO 가입가구는 160만으로 전체 케이블 가구의 11.9%에 해당한다. 따라서 온미디어와 CJ미디어는 프로그래밍 최종 유통시장에서 시장지배력을 행사할 만큼 규모가 큰 사업자도 아니고 경쟁관계에 있는 스카이라이프를 배제시킬 유인도 크지 않다. 오히려 케이블TV에 비해 수신료 배분을 상대적으로 많이 해주는 위성방송 송출을 통해 수익을 얻는 것이 합리적일 것이다.

뿐만 아니라 MPP들이 주요채널들을 케이블TV와 경쟁관계에 있는 위성방송에 송출하지 않는 것이 케이블TV SO들과의 계약에서 보다 유리한 조건을 얻을 수 있기 때문만도 아니다. 왜냐하면 온미디어와 CJ미디어가 송출 중단을 결정한 채널들은 대부분 시청률 20위 내의 인기채널이고, 이들 MPP들은 경쟁력 있는 프로그래밍들을 많이 보유하고 있어 위성방송에 송출하더라도 SO들과의 개별협상에서 협상력을 충분히 발휘할 수 있기 때문이다. 송출을 중단함으로써 추가적으로 얻을 수 있는 협상력의 우위가 위성방송 송출 중단에서 오는 손실보다 커야 하는데, 그러기에는 SO들로부터 얻을 수 있는 이득의 크기와 그 이득의 실현가능성은 그리 크지 않다.

케이블TV와 위성방송 간의 콘텐츠 확보경쟁은 두 매체간의 경쟁이 심화되면서 지속적으로 불거져나올 것으로 보이기 때문에 프로그램 접근에 대한 중장기적 대책 마련이 시급한 실정이다. 뿐만 아니라 프로그램 접근문제는 앞으로 새로운 매체들이 등장하면서 계속 제기될 것이다. 기존 플랫

〈표 4-28〉 PP 수신료 배분 추이와 전망

(단위: 억 원)

구 분	1997	2000	2005	2006	2007	2008	2009
SO 수신료 수입	1,158	2,005	7,355	8,091	8,900	9,790	10,769
PP 프로그램 사용료	376	652	967	1,295	1,602	2,350	3,231
PP 분배율	32.5%	32.5%	13.2%	15%	18%	24%	30%
사용료 전년대비 증분	-	+276	+315	+328	+307	+748	+881

출처: 이덕선(2006),[38] 2006~2009년 SO 수신료 수입을 매년 10% 가정하고, PP 분배율은 방송위원회의 권고비율을 준수한다고 가정.

폼 사업자들은 PP들에게 압력을 행사하여 IP TV 등 신규매체들에게 프로그래밍을 전송하지 않도록 요구할 것이다.

(3) 수신료 시장 전망

개별계약이 시작된 2002년 이전 시점인 1997년과 2000년도의 수신료 배분비율은 32.5%였다. 개별계약이 시작되면서 그 비율은 약 20% 이하로 떨어졌고 대부분이 10% 이하의 배분율을 나타냈다. 대부분의 SO들은 의무형의 경우 아예 배분을 하지 않았다. 2005년도 기준으로 SO들은 PP에게 프로그램 사용료로 13.2%를 지불하였다. 방송위원회는 문제의 심각성을 고려하여 정책권고안을 내기에 이르렀다. 지도사항에 따르면, 2006년 16%에서 시작하여 2007년 18%, 2008년 24%, 그리고 2009년도에는 30%를 배분하도록 하고 있다. 이러한 권고안에 따라 PP의 프로그램 사용료 수입

38) 이덕선(2006), "케이블TV 프로그램 공급계약 현황과 개선방안", 한국케이블TV방송협회 주최 워크숍, 디지털 콘텐츠 유통 활성화 워크숍 자료집.

〈그림 4-1〉 수신료 시장 전망

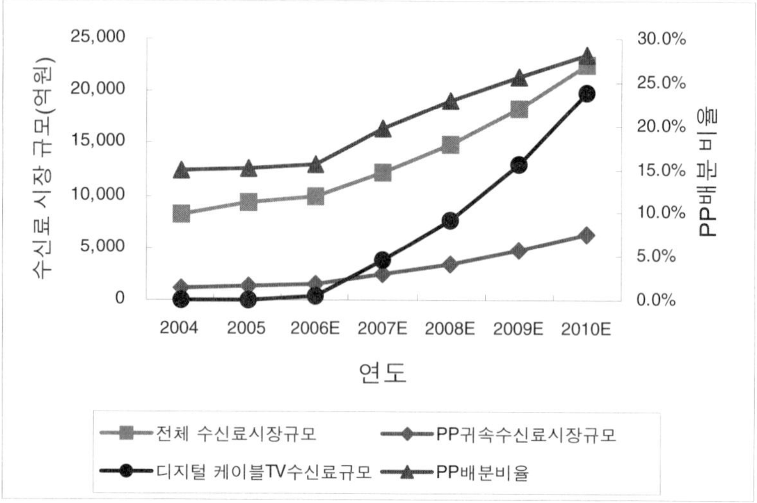

도 증가할 것으로 예상된다. 2009년도에는 2005년도의 프로그램 사용료인 967억 원의 약 3.3배인 3,231억 원으로 증가할 것으로 추정된다.

디지털 케이블TV 가입자를 고려해서 향후 수신료 시장규모를 예측하면 이상 전망과 다소 차이를 보인다. 디지털 케이블TV의 경우, ARPU가 아날로그보다 훨씬 높기 때문이다. 전체 수신료 시장규모는 2006년 9,894억 원(예상치)에서 2009년에는 18,316억 원으로 약 8,000억 원 정도 큰 시장으로 전망된다. PP 프로그램 사용료는 2009년에 4,701억 원으로 증가하여 아날로그 수신료 시장보다 약 1,500억 원 정도 큰 규모로 증가할 전망이다.

3. 지상파 재전송: 케이블TV SO와 위성방송 간 갈등

지상파 재전송 문제는 정책적으로나 사업적으로 매우 중요한 사안이다. 새로운 플랫폼이 등장할 때마다 지상파방송의 재전송 문제를 두고 사업자 간 갈등이 일어났고 방송위원회는 정책결정을 쉽게 내리지 못했다. 우리나라와 같이 프로그램이 부족하고 지상파방송 프로그램의 영향력이 큰 경우, 새로운 플랫폼이 시장에 조기 정착하기 위해 지상파방송의 재전송은 절대적이다. 기존 플랫폼의 입장에서는 경쟁 플랫폼이 시장에 안착하는 것을 막기 위해 지상파 재전송을 적극 반대할 수밖에 없고, 새로운 플랫폼의 입장에서는 어떻게든지 재전송을 허용받기 위해 애쓰게 된다. 여기서는 위성방송이 도입되면서 지상파방송의 재전송을 둘러싼 케이블TV SO와 위성방송 간의 갈등을 분석해보기로 한다.

1) 지상파방송의 재송신을 바라보는 기본관점

지상파 재전송과 관련된 논쟁의 핵심은 몇 가지로 압축된다.

첫 번째는 지상파 재전송의 목적이다. 지상파 재전송에 대한 규정은 케이블TV 및 위성방송 등의 미디어를 이용하여 지상파방송을 변경 없이 동일한 수준의 기술적 화질로 동시에 재전송할 것을 규정하는 법률적 조항이다. 이러한 규정은 보편적으로 누구에게나 필요하다고 인정되는 방송에 대한 접근권과 시청권을 보장한다는 점에서 그 법적 취지는 공익적이라 볼 수 있다. 지상파 재전송의 목적은 기본적으로 공익이념을 달성하기 위한 것이며 보다 구체적으로는 시청자의 복지를 증진하기 위함이다. 국내에서 이러한 기본취지가 소홀히 되고, 매체간 공정경쟁이나 균형발전이라는 시각에 치우쳐서 정책이 결정되는 경향이 있다.

두 번째, 지상파방송의 재송신은 의무재송신과 단순재송신으로 구분할 수 있겠다. 즉, 위성방송이나 케이블TV SO가 지상파방송을 의무적으로 재송신하는 것과 위성방송이나 케이블TV SO가 지상파방송의 재송신을 요청했을 때 허용하는 단순재송신으로 구분될 수 있다. 국내에서는 양 사안 모두가 쟁점이 되고 있는데 이를 구분하여 논의하는 것이 필요하다.

세 번째, 지상파 재전송 관련정책을 결정함에 있어 전송하는 매체 — 예를 들면 케이블TV나 위성방송 — 에 역점을 둘 것인지, 전송되는 지상파방송에 역점을 둘 것인지를 보다 분명하게 할 필요가 있다. 현행 방송법에는 중계유선방송이나 종합유선방송의 경우에는 케이블TV의 방송구역을 중심으로 법규정이 제정되어 있으나 위성방송은 이에 대한 명문규정이 없기 때문에 전국적 방송이라는 특징으로 인해 케이블TV와 위성방송 간의 형평성을 두고 혼란이 초래되었다.

2) 유료매체의 지상파방송 재송신 추진

(1) 위성방송을 통한 지상파방송 재송신

새 방송위원회가 2001년 11월 19일 공표한 종합적인 방송채널 운영정책은 위성방송의 지상파방송 재송신 문제를 핵심으로 담고 있다. 위성방송의 지상파방송 재송신 방침에 따르면, "지상파방송의 당해 방송구역을 벗어나는 재송신은 2년간 허용하지 아니한다. 다만, 방송법 제78조 제1항 및 동법 시행령 제61조의 규정에 의한 동시재전송의 경우에는 그러하지 아니하다"고 되어 있다. 방송위원회는 2001년 11월 19일 위성방송의 MBC, SBS 방송의 재전송은 승인하면서 지상파방송의 당해 방송구역(수도권)을 벗어나는 재송신은 2년간 허용하지 아니한다고 밝혔다. 이는 위성방송 방송구역이 전국임에도 MBC와 SBS 재송신을 수도권으로 2년간 묶어두기로 하였다.

이러한 위성방송을 통한 재송신 방침은 지역방송 및 방송노조로부터 거센 반발에 부딪혔다. 이들의 주장은 첫째, 위성방송이 MBC와 SBS 방송신호를 재전송하게 되면 지역방송은 존립근거를 잃게 되어 시장에서 퇴출될 것이다. 둘째, 수신제한장치의 기술적 미흡으로 MBC와 SBS의 재송신은 그 도달범위로 제한된 수도권을 넘어 사실상 전국적으로 송신될 것이다. 셋째, SBS 전국망 방송이 위성방송을 통해 실질적으로 실현될 것이고 그밖의 지역방송의 위성방송을 통한 재송신도 이루어져 MBC 방송체제가 붕괴될 것이라는 점으로 요약할 수 있다.

이에 위성방송사는 사업자의 신뢰보호 침해, 시청자의 볼 권리 침해 등을 이유로 헌법소원과 행정소송을 제기하였다. 방송위원회는 2004년 9월 21일 스카이라이프의 KBS 2TV 동시재전송을 승인할 때까지 총 23차례에

〈표 4-29〉 재송신 승인 방송

방송사명	계
MBC, 강릉, 광주, 대전, 대구, 마산, 목포, 부산, 삼척, 안동, 여수, 울산, 원주, 전주, 제주, 진주, 청주, 춘천, 충주, 포항 MBC	총 20개
SBS, 강원민방, 광주방송, 대구방송, 대전방송, 부산방송, 울산방송, 전주방송, 제주방송, 청주방송	총 10개

걸쳐 4억 4,500만 원의 과태료를 부과하는 등 갈등을 겪었다. 또 KBS 2TV 재송신 승인시점에서는 방송사상 초유의 제재조치로 10일 동안 신규가입자 모집을 금지하는 '일부 업무정지' 조치를 내리기도 하였다.[39)]

스카이라이프는 수신제한시스템(CAS)을 활용한 권역별 제한수신 방안으로 지상파방송의 권역 내 재송신을 실질적으로 구현하고자 하였다. 스카이라이프는 MBC, SBS를 비롯하여 지역민방의 신호를 스카이라이프 방송센터로 수신하여 위성방송으로 재송신하는 방안이다.

방송위원회는 2004년 7월 26일 '방송채널정책 운용방안'을 확정하였다. 이 정책에 따르면, 권역별 재송신 원칙 — 지상파방송이 허가된 방송구역 내에서만 수신되도록(*Local into Local*) 하는 조건으로 허용 — 에 입각하여 방송매체간 균형발전, 위성방송 가입자의 시청권 보호, 방송의 지역성 구현 확대를 정책목표로 매체간 공정경쟁에 미치는 영향, 시청자 방송선택권 확대여부, 지역·사회·문화에 미치는 영향을 종합적으로 심사하여 허용하기로 결정하였다.[40)]

이러한 재송신 정책에 따라서 2005년 2월 22일 스카이라이프의 지상파방송 재송신 승인신청에 대해 총 30개 해당지역 지상파방송 TV채널의 재송신을 승인하였다. 방송위원회의 결정 결과, 전국의 위성방송 시청자는 해당

39) 김정태(2005), 《방송법 해설》, 커뮤니케이션북스, p. 291.

40) 방송위원회(2005. 2. 22), 〈한국디지털위성방송의 지상파방송 재송신 승인〉, 보도자료.

지역 지상파방송을 시청할 수 있게 되었다.

(2) SO를 통한 지상파방송 재송신

SO를 통한 지상파방송 재송신과 관련하여 현행 방송법 제78조 4항은 종합유선방송 사업자 및 중계유선방송 사업자가 당해 방송구역 이외에서 허가받은 지상파방송 사업자가 행하는 지상파방송을 동시재전송하고자 하는 때에는 방송위원회의 승인을 얻도록 하고 있다.

경인방송은 2002년 7월 7일, 그리고 그해 11월 19일 자사 방송신호의 역외 재송신 승인신청을 방송위원회에 제출했다. 경인방송은 자사 방송구역의 수도권 확대를 시도했지만 여의치 않자 이른바 수퍼스테이션 개념으로 방송구역제가 지정한 지역적 구획을 뚫고자 했다. 전국의 케이블TV 방송사 280개(SO 22개사 및 중계유선 258개사)와 재송신계약을 체결하고 역외 재송신을 방송위원회에 신청했지만, 방송위원회는 두 차례에 걸친 승인신청에 대해 부정적인 결정을 내렸다. 이러한 결정은 케이블TV가 역외 지상파방송인 경인방송을 재송신함으로써 지역방송사들에게 끼치는 경제적 영향을 우선적으로, 방송구역제를 부차적으로 고려한 조치였다.

그후 새 방송위원회가 2001년 11월 19일 공표한 방송채널정책 운용방안 가운데 종합유선방송, 중계유선방송의 역외 지상파방송 재송신 방침이 논란이 되었다. 종합유선방송, 중계유선방송의 역외 지상파방송 재송신 방침은 경인방송에 대한 비대칭적 규제로서 경기 북부지역에 한해 승인한다고 했을 뿐, 그밖에 모든 케이블TV의 역외 지상파 재송신을 금지한 것이다.

SO의 경우, ① 자체 편성비율이 50% 이상인 지역민방, ② 경기지역(서울 제외) SO에 대해 승인 한정(경인방송의 경우)이라는 조건에 부합하는 경우 역외 지상파방송의 재송신을 허용하였다. 이는 경기 북부지역 소재 SO에 한해 극히 제한적으로 승인한다는 것으로 실질적으로 케이블TV의 역외 지상파방송 재송신을 불허한 것이다.

이상에서 살펴보았듯이 방송위원회는 위성방송의 경우, 수도권지역 재송신을 허용했으나 케이블TV의 경우 불허하였다. 방송위원회는 경인방송이 경기지역 방송인 점을 고려해 역외 재송신 지역으로 ① 경기 북부지역을 승인하는 안, ② 서울을 포함하는 수도권지역을 승인하는 안, ③ 전국 권역을 승인하는 안 중에서 1안을 선택한 것이다. 경인방송의 방송신호가 수도권지역에 재송신되더라도 수도권지역의 민방인 SBS에 미치는 영향은 그다지 크지 않았을 것인데, 경기 북부지역을 승인한 것은 다분히 SBS의 반발을 의식한 조치라고 볼 수밖에 없다. 방송매체간 균형발선을 위해 경인방송의 수도권지역 역외 재송신을 승인하는 안이 보다 적절했다는 평가가 있다.

3) 유료매체의 지상파방송 재송신에 대한 차별적 규제

(1) 위성방송을 통한 지상파방송 권역별 재송신

위성방송을 통한 전국 재송신 방침은 지역방송 및 방송노조로부터 거센 반발에 부딪혔는데, 위성방송을 통한 권역별 재송신의 경우에는 이들이 제기한 문제의 해결방식이 될 수 있다고 본다. 권역별 재송신이 이들의 비판을 어떻게 해결할 수 있는지 비판점을 중심으로 하나씩 검토해보자.

첫째, 위성방송이 MBC와 SBS 방송신호를 재전송하게 되면 지역방송은 존립근거를 잃게 되어 시장에서 퇴출될 것이라는 비판이 있는데, MBC와 SBS 권역별 재송신은 그 방송영역을 벗어나서 방송을 하는 것이 아니기 때문에 지역방송의 영역을 침범하는 것이 아니다. 해당지역에 난시청이나 약시청 시청자들에게 보다 좋은 질의 방송신호를 제공하는 것이기 때문이다.

둘째, 수신제한장치의 기술적 미흡으로 MBC와 SBS의 재송신은 그 도달범위로 제한된 수도권을 넘어 사실상 전국적으로 송신될 것이라는 비판이다. 이러한 비판에 대해서는, 지역수신제한 시스템의 개발로 우려를 해소할 수 있다고 본다. 스카이라이프 가입자 정보시스템을 전국 우편번호를 기준으로 구분하고 각 지역을 MBC와 민영방송의 수신권역으로 나누어 현행 가입자 수신기 설치장소의 우편번호 코드체계에 따라 자동으로 수신제한을 할 수 있도록 설계하여 완벽한 지역수신제한이 이루어질 수 있다.

세 번째는 SBS 전국 망 방송이 위성방송을 통해 실질적으로 실현될 것이고, 그밖의 지역방송의 위성방송을 통한 재송신도 이루어져 MBC 방송체제가 붕괴될 것이라는 비판이다. 권역별 재송신을 추진할 경우, SBS 역시 서울·경기지역 등 허가권역에 국한되기 때문에 전국방송이 될 것이라는 우려를 불식시킬 수 있다. 그리고 지역방송의 위성방송을 통한 재송신도 권역별로 이루어지고 지역 MBC도 권역별로 재송신이 이루어지게 될 경우, 형평성 원칙에 어긋나지 않는다. 만약 지역방송의 전국 재송신이 이루어진다면 MBC나 SBS, 그리고 경인 민방에 대한 전국 재송신도 허용해야 할 것이다.

(2) SO를 통한 지상파방송의 역내 재송신

SO를 통한 지상파방송의 역내 재송신의 경우에도 그 취지가 난시청 해소에 있기 때문에 같은 이유로 이를 규제할 필요는 없다. 위성방송을 통한 지상파방송 권역별 재송신이나 SO를 통한 지상파방송의 역내 재송신 모두 그 취지가 동일하고, 그 경제적 효과가 비슷하다고 보기 때문에 차별적 규제 필요성은 없다고 보인다. 전송하는 매체를 중심으로 정책을 결정하기보다는 전송되는 지상파방송을 중심으로 정책을 결정하는 것이 바람직하다고 생각한다. 다음과 같은 두 가지 시나리오를 두고 각 사업자들에게 미칠 영향을 검토해보자.

첫째, 전송하는 매체를 위주로 살펴보면, 위성방송이 권역별로 지상파방송을 재송신하는 것을 금지하게 되면 현행 케이블TV는 역내 재송신을 허용하고 있는 상태에서 위성방송이 매우 불리하게 된다. 만약 위성방송에 권역별 재송신을 허용하게 되면, 위성방송사가 케이블TV사에 비해 사례별로 차이는 있겠으나 전체적으로 약간의 이익이 있다. 케이블TV사는 인접지역을 중심으로 MSO가 이루어진 경우에는 방송권역이 넓어져 위성방송과 대등한 입장이 될 것이나 단위 SO의 경우 방송권역이 협소하기 때문에 보다 큰 권역을 지닌 위성방송사에 비해 불리한 입장에 처하게 될 것이다.

그러나 지역 민방들의 입장에서는 위성방송과 케이블TV를 통해 동시에 재전송되기 때문에 유리한 결과를 초래할 것으로 예상된다. 시청자들의 입장에서는 지역주민들이 전국 지상파방송을 시청하지 못하는 한계가 있지만, 권역 내에서 위성이나 케이블TV를 통해 시청할 수 있게 됨으로 인해 예전보다 시청의 선택권이 확대되는 결과를 가져올 것이다. 이 경우 불리한 단위 SO들의 불만이 있을 수 있겠으나, 현행법에서는 MSO를 일정 수준 허용하고 있고 그들의 불리함은 MSO를 하지 않아서 초래된 결과이기 때문에 이는 그들의 경영상의 책임으로 귀속된다.

둘째, 전송되어지는 지상파방송을 중심으로 살펴보면, 위의 단위 SO들에게 돌아가는 불리함이 근본적으로 해소된다. 현행 방송법은 SO의 역외 지상파방송의 재전송을 허용하고 있고 이에 대해서는 방송위원회의 승인사항이기 때문에 이는 근본적으로 방송정책에 속한다. 따라서 재전송을 보는 기본관점을 전송하는 매체보다는 전송되는 지상파방송을 위주로 하여 그 영향을 고려할 때, 위성방송이든 케이블TV든 권역의 개념을 재전송되는 지상파방송을 위주로 해석하는 것이 일관성이 있고 문제를 보다 단순화시켜 줄 것이라고 생각된다. 재전송되는 지상파방송의 방송권역 내 재전송에 대해서는 위성방송이든 케이블TV든 허용하는 것이다.

4) 각국의 사례

(1) 동시재전송에 대한 사례

지상파 재전송에 대한 법제와 정책은 국가별로 매우 상이한 특성을 나타낸다. 이는 각 국가가 처해 있는 미디어산업의 특성과 방송의 공익에 대한 가치판단이 서로 다른 것에서 기인한다.

미국은 처음에는 FCC 규칙에 의거하여 그 업무구역 내에서 시청가능한 모든 지상파방송을 재송신해야 하는 의무(*must carry*)를 지고 있었다. 따라서 무선방송을 재송신함에 있어 당해 지상파방송의 동의를 얻을 필요가 없었기 때문에 초기에는 케이블TV 사업자에게 유리한 제도였다.

그러나 위성을 이용한 프로그램 공급을 통해 케이블TV의 프로그램이 풍부해지고 다양해짐에 따라 이러한 의무는 오히려 부담이 되기 시작하였다.

특히 소규모 시설을 가진 SO들은 운용채널에 여유가 없어져 지상파 재전송 의무를 감당하기 어려워졌기 때문이다. 이로 인해 이러한 의무재전송 규정은 연방재판소에서 위헌판결이 내려졌고 1987년 이후부터 의무재송신 제도는 폐지되었다. 요즘에는 운용채널 수가 일정 수준을 넘을 경우 전체 채널 수의 일정 비율에 해당하는 수의 지상파 재전송만 중계하도록 하고 있다.

일본의 경우에는, 케이블TV 사업자들이 자신의 사업구역 내에 난시청 지역이 있을 때에 그 지역주민에게 그 지역에서 시청가능한 지상파방송을 재송신하는 의무를 지닌다(일본 유선 텔레비전 방송법, 제13조 1항).

유럽연합 국가 대부분은 전국적으로 의무전송 규정을 적용하는 반면, 벨기에의 경우, 3개 지역별로 다른 법제를 갖고 있다. 독일의 경우, 지역적 수준에서, 그리고 스페인의 경우에는 전국적, 지역적, 지방적 모든 수준에서 의무전송 규정을 적용하고 있다. 이와 같이 적용대상 지역의 경우에도 국가별로 다양하다.

어떤 채널이나 방송프로그램을 의무 전송해야 하는지에 대해서는 대부분의 유럽연합 국가들은 공영방송 사업자와 지역채널의 경우, 기본적으로 의무 전송할 수 있는 권리를 부여하고 있다. 문제는 상업방송 또는 유료방송이나 외국채널 등과 관련된 것이다. 조건부 형식으로 상업방송 사업자를 포함시키는 경우가 많은데, 벨기에의 프라망 지역은 네덜란드어를 사용할 경우에 한해 상업방송 사업자의 채널도 포함시킨다. 벨기에의 프랑스 지역이나 핀란드의 경우에는 상업방송 사업자의 채널이 전국적 시청자를 대상으로 할 때, 의무전송 규정의 혜택을 받는다. 스페인의 경우에는 조건 없이 3개의 상업방송 프로그램을 지정할 수 있게 하고 있다. 유료 채널은 프랑스의 카날 플뤼 등이 해당된다. 이와 같이 의무전송 대상이 되는 채널 역시 국가별로 많은 편차가 있음을 알 수 있다.

(2) 단순재전송과 관련된 사례

단순재송신과 관련하여 미국의 경우, 위성방송이 지상파방송을 단순 재송신하는 것이 일반적으로 허용되어 있는 것은 아니다. 그러나 다음과 같은 경우에는 위성방송이 지상파방송을 재송신할 수 있다. 지상파방송의 방송신호가 이른바 B등급(*Grade B*)에 해당하는 전파 음영 지역에서 거주하는 시청자의 경우 위성방송 사업자에 대하여 지상파방송의 재송신을 신청할 수 있다. 지상파방송의 신호가 B등급에 해당하는지 여부를 정하는 기준은 FCC가 설정하도록 되어 있다. 1934년 통신법은 B등급 지역을 FCC가 제정한 규정에 의해 계산된 현장에서의 TV방송 선의 강도를 의미한다고 정의하고 있다. 이에 대한 자세한 기준은 Federal Regulation 및 FCC의 고시 등으로 정하도록 되어 있다.

위성방송수신개선법(Satellite Home Viewer Improvement Act of 1999: SHVIA)에 의해 위성방송 사업자가 가입자가 거주하는 DMA(*Designated Market Area*)에 대하여 지상파 지역방송을 재송신하기로 결정할 경우, 주요망 방송사들의 지역 제휴사 채널을 포함하여 그 DMA에 있는 모든 지역방송을 위성방송을 통해 시청할 수 있다. 이것은 지상파방송을 재송신하고 있던 케이블TV에 비해 위성방송에 추가적으로 부과되어 있던 제한을 완화함으로써 케이블TV 보급률에 비해 아직 미미한 수준인 위성방송의 경쟁력을 향상시켜 양대 다채널 방송 사이의 공정경쟁을 촉진하고 시청자의 선택권을 확대하기 위해 취해진 조치였다.

그러나 SHVIA는 이러한 규제완화와 경쟁촉진이라는 취지에도 불구하고 위성방송 사업자가 특정 DMA에 있는 지역방송을 재송신하기로 결정할 경우, 그 DMA에 있는 수십 개에 달하는 모든 지방방송을 재송신해야 한다는 규정 등과 관련해 위성방송 사업자들이 2000년 9월 SHVIA의 해당조항에 대해 위헌이라는 소송을 제기하며 반발하는 등 논란을 빚고 있다. 한꺼번에 송신해야 할 채널의 수가 크게 늘어나면서 위성방송 사업자가 한 번 지역방송을 송신하기로 하는 순간 전문채널을 운용할 수 있는 기회를 상실하게 된다는 이유 때문이다.

각 지역별로 송출 내용을 손쉽게 통제할 수 있는 케이블TV와 달리 전국을 대상으로 하는 위성방송에서 중복적 채널을 수없이 많이 송신한다는 것이 과연 기술적으로나 현실적으로 타당성이 있는 것인지에 대한 의문 역시 제기되고 있다.

외국의 사례를 통해서 알 수 있는 점은 각국의 실정에 맞게 제도가 운영되고 있다는 점이다. 국내 지상파 재전송의 목적은 시청자의 복지증진보다는 사업자의 이해조정 차원에서 이루어졌다는 것이 특징적이다.

현행 방송법 제78조 제1항에 의하면, 위성방송 사업자는 한국방송공사 및 한국교육방송공사가 행하는 지상파방송을 수신하여 그 방송프로그램에 변경을 가하지 아니하고 그대로 동시에 재송신하도록 하고 있다. 지상파방송 사업자가 여러 개의 지상파방송 채널을 운용하는 경우, 동시 재송신하여야 하는 지상파방송은 방송위원회가 지상파방송 사업자별로 방송편성 내용들을 고려하여 지정, 고시하는 1개의 지상파방송 채널에 한하도록 규정하고 있다. 개정 전(2002.4) 방송법 제78조 및 시행령 제61조에서는 동시재송신 대상을 공사 및 한국교육방송공사로 규정하였다. 방송법 개정 이전의 구방송법상에는 위성방송 사업자는 의무 동시재송신 채널을 제외한 지상파방송에 대한 재송신 관련규정이 없었다. 2002년 방송위원회가 공포한 의무 재전송채널 지정고시에서는 의무재전송 대상방송으로 KBS 1TV와 EBS를 지정했다.

통합방송법에서 위성방송이나 케이블TV에 부과한 의무재송신 규정은 입법취지가 모호하다. 2001년 11월 19일 방송위원회는 '방송채널정책 운용방안'을 의결하면서 ① 방송매체간 위상정립 및 상호 균형발전을 위한 공정경쟁 구도 확립, ② 방송, 통신 융합에 따른 새로운 서비스 활성화를 통한 산업 경쟁력 제고, ③ 방송의 공익성 확보를 정책목표로 설정했다. 첫 번째 정책목표가 지역방송과 지역 케이블TV 방송의 보호를 지향하고 있다면, 두 번째 정책목표는 위성방송의 산업경쟁력을 제고하기 위한 것이다. 서로 다른 이해를 반영한 결과, 이해조정 차원에서 이러한 정책이 결정된 것이다. 세 번째 정책목표는 매우 애매모호한 것으로 정책에 구체화되질 못했다. 즉, 시청자 복지증진이라는 공익성의 본래 이념은 뒤로 밀려난 것이다.

앞서 재전송을 바라보는 기본관점에서 설명하였듯이, 앞으로 정책수립은 지상파 재전송의 기본 정책목표를 보다 분명히 할 필요가 있다. 공익적 목적, 즉 시청자의 복지증진에 기본정책의 초점을 맞추되 부차적으로 사업자들의 이해들을 조정하는 방향으로 수립되어야 할 것이다.

5) 소결론

위성방송의 지상파 재진송이 시청자 복지를 증진시키기 위한 목적이라면, 위성방송의 지상파 채널의 단순재전송에 대한 어떠한 제한도 이루어지지 않는 것이 이상적이다. 현실적으로 외국의 채널도 국내에 들어오도록 허용하는 상황에서 국내방송의 재전송을 불허하는 것은 국익에도 배치된다. 케이블TV의 재전송에 대해서는 허용하면서 위성방송에 대해서 규제를 한다는 것은 형평성의 원칙에도 어긋난다.

국내 방송현실을 감안할 때, 매체 균형발전을 감안한 시청자 복지증진이라는 측면에서 전국적 재송신을 허용하기보다는 권역별 재송신을 일차로 허용하고 단계적으로 허용권역을 확대하는 정책이 보다 현실적이라고 판단된다. 위성방송의 방송권역은 전국이기 때문에 전국 재송신을 허용해야 한다는 주장도 있으나, 이는 전파법에 의한 지상파방송의 방송 허가권역(전파법 시행령 제36조)을 근본적으로 흔드는 것이기 때문에 타당하지 않다.

확대하는 시점은 지역 민방들의 경영상황의 개선, 지역 민방들의 프로그램 질, 지역 발전의 정도, 지역민들의 요구가 종합적으로 고려되어야 할 것이다. 지역 민방들이 협력하여 자체제작 프로그램들로 구성한 독자적 위성채널을 운영하는 시점이 권역별 재송신을 전국 재송신으로 확대하는 시점이 될 것이라고 생각한다. 2006년 지역 MBC들의 연합을 통한 수퍼스테이션이 출범되면서 지역 MBC의 전국화가 시도되고 있는 현재 시점이 적절하다고 생각한다.

4. 필수설비 이용을 둘러싼 경쟁

1) IP TV와 VoIP 경쟁과 필수설비 논쟁

국내에서 2006년 들어와 케이블TV 사업자들과 통신사업자들 간의 IP TV나 VoIP 사업을 두고, 필수설비의 사용을 둘러싼 논쟁이 격화되고 있다. 특히 케이블TV 사업자들이 초고속인터넷 사업에 역점을 두고 신규로 전화사업에 진출하면서 통신사업자들은 경쟁사업자에 대한 전략적 대응을 위해 필수설비 사용을 제한하기 시작한 것이다.

케이블TV 업계는 디지털 방송 및 융합서비스 시장에 대비하여 자체망 구축 및 업그레이드에 대한 투자를 확대하고 있으며 이미 전국적으로 홈패스율 93% 이상의 전송망을 구축한 상황이다.

그렇지만 케이블TV의 방송 및 초고속 인터넷서비스나 전화서비스를 위해서는 한전이나 KT의 전주나 관로의 이용이 절대적으로 필요한 상황이나, KT는 초고속인터넷 시장에서의 경쟁을 이유로 SO의 KT 전주, 관로 사용을 근본적으로 차단하는 방향으로 임대업무를 진행 중이다. 한전의 경우, 도시미관 훼손과 전력공급의 안전을 이유로 공가기준 초과분에 대한 무조건적인 정비 및 과다한 위약요금을 부과하고 있어 향후 전송망 운영 및 서비스 유지에 대한 불안정 요소로 작용하고 있다.[41]

현재 국가에서는 케이블TV 방송사업자의 안정적 서비스 제공을 위한 필수 기반시설인 전주 및 관로 등에 대해서 SO의 신규설치 허가에 소극적이어서 SO는 기 설치된 KT나 한전의 전주, 관로를 이용하지 않고는 가입자에게 방송 및 부가서비스를 제공할 수 있는 방법이 없는 상황이다.

KT는 2004년 8월 자사 선로설비를 이용하는 50여 개에 대해 임대료를 최소 500%에서 1,000%까지 인상한다고 통보하였다. 예를 들어 강원도의

---

41) 한국케이블TV방송협회(2006. 8), 〈케이블TV 디지털 활성화를 위한 대정부 건의서〉, pp. 27~29.

한 케이블방송사의 경우 연간 9,400만 원 지불하던 것에 10배 가까이 되는 8억 7,000만 원의 임대료를, 부산지역 케이블의 경우도 1억 500만 원의 14배 이상 인상된 14억 9,000만 원 지불을 요구한 바 있다(한국케이블TV방송협회, 2004). SO가 100만 본 이상 사용 중인 한전의 전주 임대료(현행 900원/월(본))에 대하여 최근 1,460원으로 인상을 요구하고 있다.

현행 방송법 제 79조는 종합유선방송 사업자의 기간통신사업자의 전기통신설비 이용에 대한 일반적 사항만을 규정하고 있어 케이블TV 방송 및 초고속 인터넷서비스 등을 제공하기 위해서는 통신사업자의 전주 및 관로(백본망 포함) 등 필수 기반시설에 대해 케이블TV 방송사업자의 이용과 접근권 보장이 미흡하다.

전기통신사업법의 경우에도 종합유선방송 사업자 등의 기간통신사업자에 대한 전송, 선로설비에 대한 제공에 관한 사항만을 규정하고 있다. 방송위원회는 요금규제 정책의 수립은 물론, 필수설비 이용과 관련된 법규들을 정비해야 할 것이다.

2) 한국전력의 전주사용을 둘러싼 갈등

케이블TV 사업의 영위에 있어서 중요한 것 중의 하나가 헤드앤드에서부터 가입자의 가정까지 선로를 가설하는 것인데, 과거 유선방송관리법 이전에는 선로 문제에 대한 명백한 규정이 없어 체신전주와 한전전주를 이용, 가설하여 도시미관을 해치고 가설과 절단의 악순환을 되풀이하였다.[42]

그러나 1986년 12월 유선방송관리법이 제정된 이후, 중계유선방송사는 한국통신과의 계약에 의하여 망을 설치해야 하나, 망 사용료가 합의되지 않아 중계유선방송사가 자체적으로 깔았다. 1995년 12월에 와서는 유선방송관리법이 개정됨으로 인해 중계유선방송국에서 자체적으로 망을 설치할 수 있게 허용되었다. 전송망을 설치함에 있어서 관로의 이용이 용이하지

---

42) 한국언론연구원(1986. 8), 〈유선방송운영실태와 발전방향〉, p. 19.

않아 동의 없이 한국전력의 전주를 사용하는 경우가 많았다.

관로의 이용과 관련하여 한국통신의 전주를 이용하는 경우 계약에 의하여 전주 한 개당 사용료를 150원씩 내고 사용하고 있다. 그러나 한국전력의 전주를 사용하는 경우 몇 년 전까지 사용이 가능했으나 사규로 외부사용을 금지한 적도 있었다.

한국전력은 1996년 12월 중계유선망 철거계획을 발표하였다. 철거계획이 발표되자 곧바로 종합유선방송 사업자와 중계유선방송 사업자들 간의 차별적 입장이 나왔다.

(1) 사업자간 입장 차이

① 종합유선방송 사업자의 입장

종합유선방송 사업자들은 한국전력이 발표한 중계유선망의 케이블TV 망의 대체계획에 관해서 심히 우려를 표명하였다.

> "… 한국전력의 망 설치 지연은 SO의 초기 영업실패는 물론 우리나라 케이블TV 도입과 정착에 막대한 지장을 초래했고, 이로 인해 사업자간의 불신의 소지를 안겨주었지만, 2년여 경과한 지금 우리 SO 사업자는 나름대로 한국전력과 상호신뢰와 협력체제를 구축했다고 생각하고 있다. 하지만 한국전력이 작금에 추진 중인 '중계유선망의 한국전력망으로의 대체정책'을 접하고 나니, 다시금 상호신뢰와 협조체제의 붕괴가 예상됨은 물론 SO의 향후 진로에 대한 깊은 우려를 표명치 않을 수 없다."[43]

그리고 종합유선방송협의회는 다음과 같이 그 이유를 밝혔다.

> "첫째, 한국전력이 중계유선 사업자의 전송망을 한국전력의 전송망으로

---

43) 종합유선방송국협의회(1996. 12), 〈중계유선망의 케이블망 대체에 대한 SO 사업자의 의견〉, 미간행 자료 초안.

대체 설치, 영업하는 행위는 삼분야 사업자인 한국전력과 SO 간의 계약 정신에 위배될뿐더러 공기업으로서의 기업 도덕 정신에도 해를 끼칠 수 있다고 판단된다.

SO와 중계유선방송 사업자는 현재 심각한 상호 경쟁관계에 놓여 있다. 한국전력은 SO의 프랜차이즈 구역 내에 유일한 전송망 공급자의 위치를 갖고 있다. 그러한 한국전력이 상호 경쟁상태에 있는 이들 사업자에게 '전송망 공동사용'이라는 정책을 시행한다는 것은 기업윤리에 어긋나는 행위이다. 한국전력이 이러한 정책을 취하는 것이 케이블 산업 발전을 위한 것이라고 주장할 수도 있다. 하지만 이러한 정책의 시행이 경쟁업자를 대상으로 SO 프랜차이즈 구역 내에서 이루어지게 되어, SO에게 심대한 영향을 미치는 만큼, 정책 시행 전에 우선 계약사이자 삼분할 사업자인 SO와 심도 깊은 협의가 선행되었어야만 한다. 하지만 이러한 협의 없이 한국전력의 판단과 이해에만 집착한 채 정책을 강행함은 계약사를 무시하고, 상호신뢰를 크게 저해하는 행위라고 판단된다. 또한 프랜차이즈 지역 내에서 한국전력의 독점적 공급지위를 악용한 사례라고 생각된다. 둘째, 한국전력의 동정책은 SO의 현행 프랜차이즈 제도를 크게 위협할 수 있다.

한국전력은 중계유선망을 케이블망으로 대체하고, 중계유선방송을 SO의 헤드앤드를 거치게 함으로써 통제할 수 있다고 한다. 현재 유선방송관리법상으로는 중계유선은 2번부터 13번까지 12개 채널 중, 지상파 채널과 비디오 전용 및 AFKN을 포함할 경우 4개 채널만을 사용할 수 있다. 하지만 대다수의 중계유선방송 사업자가 13번 이후의 채널을 불법적으로 사용하고 있고, 정부에서도 오히려 중계유선의 채널 사용 대역을 확대 조정하려는 움직임이 있는 상황이다. 따라서 SO 헤드앤드를 통해 중계유선의 채널수를 통제한다는 한국전력의 발상은 논리에 맞지 않게 된다. 또한 중계유선의 채널 확대 사용이 법적으로 허용된다면 한국전력이 강압적으로 중계유선의 채널을 제한할 권한과 명분을 상실하게 되기 때문이다.

또한 현행 부가서비스 사업은 신고제로 되어 있고, 사업자의 참여 제한이 없음으로, 중계유선 사업자가 한국전력의 망을 활용, 부가서비스 사업을 신청한다면, 한국전력은 이익상 중계유선 사업자의 동사업 참여를 저지할 이유가 전혀 없게 되는 것이다. 현재 중계유선 사업자는 망투자비 여력과 기술력 부족으로 부가서비스 사업 참여 여건이 좋지 않은 상황에 있으나, 오히려 이번 정책은 중계유선 사업자의 부가서비스 사업 진출을 고무시켜, SO 사업자에 대한 보다 확고한 경쟁자적 지위를 부여할 수 있는 조처라고 판단된다.

한국전력의 이번 정책 결정은 한국전력의 계약 지역 내에서 SO와 중계유선과의 대승적 통합보다는 양 사업자의 경쟁관계를 악화시킬 수 있는 소지가 다분하다. 또한 SO는 동조치로 말미암아 프랜차이즈 권한의 상실을 예상치 않을 수 없다. 따라서 한국전력과 계약한 SO 사업자 일동은 한국전력의 동조치를 즉각 철회하여 줄 것을 요청하며, 만약 철회하지 않을 경우 특단의 조처를 취하지 아니할 수 없음을 통보한다."

② 중계유선방송 사업자의 입장

한국전력은 종합유선방송국 사업자들의 강력한 반발과 함께 중계유선방송 사업자들로부터도 심한 반발에 부딪친다.

중계유선방송 사업자들은 한전의 전신주에 대한 중계유선망 무단설치 계획이 애초부터 설득력을 잃었다고 주장하였다. 그동안 중계유선망 구축을 위해 체신주(KT)와 한전주를 함께 사용했던 중계유선방송 사업자들은 한국전력이 수차례에 걸쳐 '합법적인 한전주 이용계약 체결'을 요구했고, 한전이 그때마다 여러 가지 이유를 대며 기피했던 것을 상기하고 있다.

중계유선방송 사업자들은 대부분 한전주와 체신전주를 사용하고 있다. 체신전주는 계약에 의해 사용료를 지불하고 있다. 중계유선방송 사업자들은 한국전력이 자체의 내규를 들어 30여 년 이상 가설 설치해놓은 중계유선방송 사업자들의 전송망을 불법 가설물이니 철거한다고 통보를 다반사로 하고 있다고 주장하였다. 그들은 한전전주에도 정당한 사용료를 물더라도 체신전주와 같이 중계유선방송용 전송망을 정식으로 사설 설치할 수 있도록 요구하였다.

또한 유선방송 전파를 전송하는 데는 전원공급이 필요하다. 전원 역시 한전의 자체 내규로 인해 허가해주고 있지 않다. 그들은 '보안등 설치에 준한 기준'을 적용, 필요한 위치에서 전원공급을 받을 수 있게 해 달라고 요구하였다.

중계유선방송 사업자들은 KT와는 체신주 한 개당 월 1백 30원의 임대계약을 체결, 잡음이 없었다. 중계유선방송 사업자들은 '한국전력은 사유지에 전주를 무단 설치해 사용하다가 올해부터 서울시의 각 구청 등 지방자치단체와 연 1천 5백 원의 사유지 점유 계약을 체결했다. 만약 지방자치단체가 계약체결을 파기하고 도시미관상 한전주를 철거하라고 하면 철거하겠느냐'고 반문하고 있다.

종합유선방송 사업자들은 한국전력의 계획이 관할 종합유선방송국 사업구역 내에서의 독점적 위상 정립이 그 목적이라고 간주한다. 중계유선방송 사업자들은 '한국전력이 제안한 중계유선망 철거 후 한국전력의 전송망 임대계약 체결은 일견 수입확대라는 해석도 가능하지만, 중계유선방송의 가입자에 대한 통제력 강화 의도가 내포돼 있다'고 해석하고 있다. 특히 1997년부터 중계유선망과 케이블TV 전송망을 통해 부가통신서비스가 허용된다는 사실을 염두에 둘 때 이 같은 해석이 가능하다는 것이다.[44)]

중계유선방송 사업자들은 '한국전력이 SO 구역 내 가입자가 제한된 상황에서 사업활성화를 위해 행동을 취한다면 중계유선방송의 가입자를 끌어들이는 방법밖에 없을 것'이라고 해석하고 있다. 이러한 중계유선방송 사업자들의 해석에 따르면, 한국전력은 '전송망의 부가통신망 활용가능성 제고', '잠재적 경쟁사업자 제거', '전송망 수입확대'라는 일석삼조의 효과를 중계유선망 철거로 거둘 수 있게 되는 것이다.

(2) 한국전력 대 중계유선방송사와의 법정소송

한국전력과 중계유선방송사는 송전용 전주사용을 둘러싸고 법정공방을 벌였다. 이 사건은 양 사업자간의 문제에 그치지 아니하고 종합유선방송국이 망사업에 진출할 경우, 한국전력과의 마찰도 예상되었으며 여타 망사업

44) 〈전자신문〉(1996. 12. 18), "한전 중계유선망 철거 왜 나섰나", 13면.

〈표 4-30〉 전주 이용현황

구 분	한국통신	한국전력	자가주	기 타	계
이용수	97,427	417,494	71,058	5,500	591,479
점유율	16.5%	70.6%	12.0%	0.9%	100%

출처: 정보통신부(1998).

자와의 분규도 불가피할 것으로 예상되었다. 왜냐하면 망 부설에 있어 공가선이 비용이나 망부설의 용이성, 그리고 유지관리가 지하선보다 용이하기 때문에 전신주에 대한 의존이 불가피하기 때문이다.

국내 전송망사업을 위해 이용가능한 전주는 한국통신의 통신주, 한국전력의 전신주, 그리고 자가주 등을 대표적으로 들 수 있다. 그중 한국전력의 전신주에 의존하는 비율이 70.6%로 매우 높은 편이었다. 이는 지하선로를 이용하는 것보다 망부설과 유지보수가 용이하기 때문이다. 다음으로 한국통신의 통신주는 16.5%를 차지하고 있었으며 자가주 역시 12.0%를 차지하고 있었다(〈표 4-30〉 참조).[45]

① 지방법원의 판결

한국전력 대 남부유선방송사, 서울지방법원 남부지원, 1998, 97카합6808

1998년 1월에 한국전력과 중계유선방송사의 전신주를 둘러싼 분쟁에 대한 첫 판결이 나왔다. 신청인인 한국전력이 서울 남부유선방송사를 대상으로 낸 소송에서 서울지방법원 남부지원은 신청인의 사건신청을 기각했다.

한국전력은 발전, 송전, 배전 및 이와 관련되는 영업 등에 종사하면서 전주를 설치하여 전력을 공급하고 있는데, 남부유선방송사가 유선방송사업을 위하여 전주에 무단으로 유선방송 중계유선망 동축케이블을 설치한 결과, 전주의 허용장력을 초과하여 전주가 전도될 가능성이 높고 이에 따라

45) 정보통신부(1997), 〈중계유선방송 현황 분석〉, 미간행 내부 조사보고서.

전력공급의 장애가 발생함은 물론 고압선의 단선 및 추락에 따른 공공의 위험이 발생할 가능성이 크다는 것을 들어 한전의 전주를 이용하여 중계유선 동축케이블 설치공사를 중지할 것을 요구하였다.

이에 대하여 남부유선방송사는 유선방송관리법에 의하여 유선방송사업자로 허가를 받았고, 유선방송관리법은 전기통신사업자의 전기통신설비 또는 종합유신빙송법에 의한 전송망 사입자의 전송선로시실을 이용할 수 있도록 규정되어 있으므로 한국전력의 전주를 이용할 수 있다고 주장하였다.

현행 유선방송관리법 제 20조는 '제 7조의 규정에 의하여 임시허가를 받은 자 또는 유선방송사업자는 유선방송시설을 설치함에 있어서 전기통신기본법에 의한 기간통신사업자의 전기통신설비 또는 종합유선방송법에 의한 전송망 사업자의 전송선로시설을 이용할 수 있다'고 규정하고 있고, 종합유선방송법 제 17조에서는 '전송망사업을 하고자 하는 자는 정보통신부장관의 지정을 받아야 한다'고 명시되어 있으며, 제 18조에서는 '17조 규정에 의하여 지정을 받은 자는 제 7조의 규정에 의하여 허가된 종합유선방송국의 방송구역에 전송선로시설을 설치하여 종합유선방송국이 이를 사용할 수 있도록 하여야 한다', 그리고 동법 제 20조에는 '종합유선방송국은 전송망 사업자가 설치한 전송선로시설을 이용하여야 한다'고 규정하고 있다. 한편 전기통신설비 기술기준에 관한 규칙에서는 '선로설비라 함은 일정한 형태의 전기통신신호를 전송하기 위하여 사용하는 동선, 광섬유 등의 전송매체로 제작된 선조, 케이블 등과 이를 수용 또는 접속하기 위하여 제작된 전주, 관로, 통신시설, 배관, 맨홀, 핸드홀, 배전반 등과 그 부대설비를 말한다'고 규정하고 있다.

재판부는 한국전력이 종합유선방송법에 의한 전송망 사업자로 지정을 받아 종합유선방송으로부터 전송선로 이용료를 지급받은 사실과 한국전력이 설치한 전송망은 기존의 전력송출을 위한 전주와 별도로 전주를 새로 설치하여 지지대로 사용한 것이 아니라, 기존의 전력송출을 위한 시설에 전송망 설비를 한 것으로 보이는 사실을 인정하였다. 그리고 남부유선방송이 유선방송관리법에 의하여 중계유선방송과 음악유선방송의 허가를 받아 신청인이 설치한 전주에 유선방송선로시설을 설치하여 영업을 한 사실과 1976년경 유선방송사업을 허가받으면서부터 약 20여 년간 한국전력이 설치한 전력송출용 전주에 전송설비를 설치하여 영업을 한 사실을 인정하였다.

재판부는 최종적으로 유선방송관리법상 유선방송사업자는 종합유선방송법에 의한 전송망 사업자의 전송선로를 이용할 수 있고, 전송선로의 범위에는 전주가 포함되는 사실에 근거하여 남부유선방송사가 한국전력의 전송선로를 설치한 전주를 이용할 수 있다고 판시하였다. 이 판결에 이어 1998년 4월 30일 대구지방법원에서도 한국전력과 구미유선방송사 간의 판결이 나왔다. 그러나 흥미롭게도 상기사건과 그 내용이 매우 비슷함에도 불구하고 판결이 정반대로 나왔다.

한국전력 대 구미유선방송사, 대구지방법원, 1998, 97가합12185

한국전력은 상기 남부유선방송사와 같은 이유로 구미유선방송사를 대상으로 한국전력 전주에 부설된 유선방송선로를 취거할 것을 요구하였다. 이에 대해 재판부는 구미유선방송사가 선로의 설치 및 관리를 정당화할 권원에 관한 주장, 입증을 하지 못하는 한 한국전력이 유선방송선로를 취거할 의무가 있다고 판단하고, 구미유선방송사의 유선방송선로를 취거할 것을 주문하였다.

재판부는 구미유선방송사가 선로의 설치는 유선방송관리법 제20조, 전기통신사업법 제32조의 4, 제34조의 3에 기한 것이므로 이는 적법하다고 주장하는 데 대해 다음과 같은 이유에서 한국전력의 전주에 원고(한국전력)의 허가나 승낙 없이도 선로를 설치할 적법한 권리가 있는 것이 아니라고 결론내렸다.

유선방송관리법 제20조에서 '유선방송사업자는 유선방송시설을 설치함에 있어 전기통신기본법에 의한 기간통신사업자의 전기통신설비 또는 종합유선방송법에 의한 전송망 사업자의 전송선로시설을 이용할 수 있다'라고 규정되어 있다. 전기통신설비의 기술기준에 관한 규칙 제3조 제6호에서는 '전송설비라 함은 일정한 형태의 전기통신 신호를 전송하기 위하여 사용하는 동선, 광섬유 등의 전송매체로 제작된 선조, 케이블 등과 이를 수용 또는 접속하기 위하여 제작된 전주, 관로, 통신시설, 배관, 맨홀, 핸드홀, 배전반 등과 그 부대설비를 말한다'고 규정되어 있다. 이에 재판부는 이 사건 전주가 위 전송선로시설에 해당함을 인정할 수 있다고 보았다.

한편 유선방송관리법 제20조가 과연 유선방송사업자에게 전송망 사업자의 전송선로시설을 전송망 사업자의 사용허가나 승낙 없이도 임의로 사용할 수 있는 권리를 부여한 규정인가의 여부가 쟁점이 되었다. 이에 대해 재판부는 유선방송관련법의 변화 속에서 동조항이 갖는 의미를 다음과 같이 해석하였다.

> "유선방송관리법의 전신이라 할 수 있는 유선방송수신관리법(1961. 8. 24. 법률 제692호)에는 유선방송수신사업자(유선방송사업자)에게 엄격한 시설기준을 요구할 뿐 타 관련업체의 시설을 이용할 수 있는 규정이 없다가, 유선방송관리법이 1986. 12. 31. 법률 제3914호로 제정되면서 제20조에 '유선방송사업자는 유선방송시설을 설치함에 있어 한국통신공사법에 의한 한국전기통신공사의 통신설비를 유선방송시설로 이용할 수 있는 경우에는 특별한 사유가 없는 한 그 통신설비를 이용하여야 한다'고 규정하였다가 다시 이를 1995. 12. 6. 에 현재의 위 법 제20조의 규정과 같이 개정된 점에 비추어볼 때, 유선방송관리법 20조는 관련업체간의 설비의 중복투자 등을 방지하려는 국가 경제적 차원에서 유선방송업자들로 하여금 전송망 사업자의 전송선로시설을 전송망 사업자와의 임대계약 등의 협의를 거쳐 이를 이용하도록 하는 규정으로 보여질 뿐, 위 유선방송사업자에게 전송망 사업자와의 아무런 약정도 없이 이를 임의로 사용할 수 있는 권리를 부여하는 규정으로 보여지지 않는다. 이에 구미유선방송사가 이 사건 전주에 한국전력의 허가나 승낙 없이도 이 사건 선로를 설치할 적법한 권리가 있음을 전제로 하는 피고의 주장은 받아들이지 않는다."

한국전력 대 구미유선방송사에 대한 대구지방법원의 판결은 앞선 서울남부유선방송사와의 판결과 그 성격을 달리하는 부분이 있다. 즉, 피고인 구미유선방송사가 원고의 선로 취거청구는 신의칙에 위배되거나 권리남용에 해당한다고 주장한 부분이다. 피고는 약 20여 년 전부터 이 사건 전주에 선로를 설치하여 유선방송사업을 했는데, 그간에 원고는 피고에게 아무런 취거청구를 하지 않았을 뿐 아니라, 만약 피고가 이 사건 선로를 취거하게 되는 경우에 피고로서는 전주를 새로 설치하기 위하여 막대한 자금을 새로 투입하여야 하며, 또한 피고의 유선방송에 가입한 많은 시청자들이 불편을 겪게 되고 난시청 지역 가입자들은 텔레비전 시청도 불가능하게 되는 점 등 그 손해 또는 피해가 막심함에 비하여 원고로서는 이 사건 선로를 취거하더라도 별다른 이익이 없으므로 결국 원고의 이 사건 선로의 취거청구는 신의칙에 위배되거나 권리남용에 해당한다고 주장하였다.

이에 대해 재판부는 어떤 권리의 행사가 권리남용에 해당한다는 주장이 성립되기 위해서는 주관적으로 그 권리행사의 목적이 오직 상대방에게 고통을 주고 손해를 입히려는 데 있을 뿐 행사하는 사람에게 아무런 이익이 없을 경우이어야 하고 객관적으로는 그 권리행사가 사회질서에 위반된다고 볼 수 있어야 하는 것이며, 이와 같은 경우에 해당하지 않는 한 비록 그 권리의 행사에 의하여 권리 행사자가 얻는 이익보다 상대방이 입을 손해가 현저히 크다 하여도 그러한 사정만으로는 권리남용이라 볼 수 없다고 판시하였다.

재판부는 피고가 전주에 선로를 설치할 당시인 1975년 7월 2일경에는 유선방송관리법조차 시행되지 아니하여 피고의 선로설치는 아무런 법적인 뒷받침이 없이 이루어진 사실, 한편 원고는 1992년 8월경부터 피고에게 수차에 걸쳐 이 사건 선로의 철거청구를 하였으나 피고는 다만 철거집행을 유예해 달라는 취지의 각서만 원고에게 제출하였을 뿐 선로를 취거하지 아니한 사실, 피고로서는 원고의 전주 이외에도 한국통신 등의 전주를 임차하여 이용할 수 있음에도 다만 경제성을 이유로 들어 계속 원고의 이 사건 전주만을 사용료 없이 이용하고 있는 사실, 이 사건 전주의 최상부에는 22,900볼트의 고압송전선이, 그 아래에는 380볼트 내지 220볼트의 송전선이 가설되어 있어 피고 유선방송사에서 선로관리를 위하여 사건 전주에 오르내릴 경우에 사고발생의 위험성도 배제할 수 없는 사실을 인정하였다.

이에 대구지방법원 합의부는 이와 같은 사정을 종합하여 원고의 개인적인 이익뿐 아니라, 이 사건 전주에서의 사고발생 가능성의 제거 및 법질서 확립이라는 공익적 측면 또한 엿볼 수 있으므로 원고의 이 사건 취거청구가 신의칙에 반한다든가 권리남용에 해당한다는 피고의 주장을 받아들일 수 없다고 판결하였다.

한국전력 대 성남망, 수원지방법원 성남지원, 1998, 97가단9665

동사건 역시 상기 소개한 두 사건과 그 내용이 매우 흡사하다. 즉, 한국전력이 성남유선방송사를 대상으로 한국전력에 무단으로 설치한 선로를 취거할 것을 청구한 내용이다. 피고는 성남유선방송사이나 성남유선방송사가 1997년 6월에 중계유선방송사업을 성남망에 양수하면서 피고의 자산 및 피고가 운영하고 있던 성남시 전 지역에 설치된 전송망과 중계유선방송사업에 대한 권리, 의무를 포괄적으로 양도하였다. 이에 재판부는 피고 인수참가인인 성남망으로 하여금 사건 전주에 유선방송선로를 설치할 정당한 권원을 주장, 입증하지 못하는 한 원고에게 위 유선방송선로를 취거할 의무가 있다고 판결하고 피고 인수참가인으로 하여금 유선방송선로를 취거할 것을 주문하였다.

이 사건에 내려진 판결은 한국전력 대 구미유선방송사에 내려진 판결문과 그 내용이 거의 동일하다. 유선방송관리법 제20조가 유선방송사업자인 피고 인수참가인에게 전송망 사업자인 원고의 전송선로시설인 전주를 임의로 사용할 수 있는 권리를 부여한 규정인가에 대해 재판부는 다음과 같이 판시하였다.

> "동조항이 유선방송사업자로 하여금 아무런 계약관계도 없이 임의로 전송망 사업자의 전송선로시설을 사용할 수 있도록 권원을 부여해주는 조항이 아니라, 국가 경제적 차원에서 날로 발전, 증가하는 유선방송사업 관련업체간 설비의 중복 투자를 막고 기간통신사업자의 전기통신설비뿐

만 아니라 전송망 사업자의 전송선로시설도 전송망 사업자와의 임대계약 등 협의를 거쳐 이를 이용할 수 있도록 사용 가능한 통신설비의 범위를 확대한 규정으로 보여질 뿐이므로 위 법 조항에 근거하여 피고 인수참가인에게 이 사건 전주를 사용할 적법한 권원이 있다는 주장은 이유 없다."

아울러 피고 인수참가인이 전력공급을 독점하는 공기업인 원고가 다른 업체나 다른 지역에서는 전주를 임대하거나 무상임대를 약정하면서 피고 인수참가인에 대하여는 그 선로의 취거소송을 제기한 것은 권리남용에 해당한다고 항변하였다.

이에 대해 재판부는 피고가 1978년부터 20년간 성남시에서 이 사건 전주를 이용하여 유선방송사업을 했고, 원고도 그동안 별다른 이의 없이 있었는데 원고가 피고 인수참가인과 함께 종합유선방송법상의 전송망 사업자로 되어 경쟁관계에 있게 되면서 이 사건소송을 제기하게 된 사실, 원고가 주식회사 두루넷과의 사이에서는 성남지역에서 전주 1본당 32,000원/케이블 1회선(연간)의 사용료를 지급받고 전주를 사용하도록 하고 있고 수원유선방송사와의 사이에는 현재 수원방송에서 한국전력 전주에 사용되고 있는 중계유선방송 선로는 한국전력에서 임의로 철거하지 않기로 하고 그 사용을 허락하고 있는 사실을 인정하였다.

한편 수원지방법원은 피고가 아무런 법률적 근거 없이 20년 전부터 원고의 전주를 사용료를 전혀 지급하지 아니하고 사용하였고 피고 인수참가인도 마찬가지로 무상으로 위 전주를 사용한 사실, 원고가 종합유선방송법상 전송망 사업자로 선정되면서 기존의 배전선로를 재정비해야 할 필요성이 생겼는데 피고가 이 사건 전주에 설치하여 사용하고 있는 선로는 위 작업에도 걸림돌이 되어 피고 및 피고 인수참가인에게 위 선로의 철거를 요구하게 된 사실, 피고 인수참가인은 현재 한국통신으로부터 통신주 1본당 130원, 지하관로 100m당 2,000원으로 임대하여 사용하고 있으므로 원고 외에 다른 업체의 전주 등을 임차하여 사용하는 방법도 전혀 배제할 수 없는 사실도 인정하였다.

이에 재판부는 이상의 인정 사실만으로 원고의 선로 취거청구가 정당한 권리행사의 범위를 넘어 권리자인 원고가 그 권리를 행사함으로써 사회적, 경제적으로 얻는 이익보다 상대방인 피고에게 과대한 손해를 입히는 결과가 됨에도 불구하고 원고가 권리행사라는 구실로 객관적으로 통념상 도저히 용인될 수 없는 부당한 결과를 자아내는 등 공공복리를 위한 권리의 사회적 기능을 무시하고 신의성실의 원칙과 국민의 건전한 권리의식에 반하여 그 권리를 남용하고 있다고 보기 어려워 피고의 항변은 이유 없다고 판시하였다.

② 고등법원의 판결

이상과 같은 세 건의 지방법원에서의 판결에서 서울지방법원은 남부유선방송사의 편을 들어주었고, 대구지방법원과 수원지방법원에서는 한국전력이 승소하였다. 구미유선방송사는 지방법원에서 패소하자 바로 대구고등법원에 항소를 한다. 그 판결내용을 살펴보면 다음과 같다.

한국전력 대 구미유선방송사, 대구고등법원, 1998, 98나3185

재판부는 구미유선방송사가 한국전력의 전주에 설치된 유선방송선로 총길이 합계 3,825.2m를 취거하라는 원심판결의 취소청구를 기각하였다. 그 이유는 다음과 같다.

> "구미유선방송사가 유선방송관리법 제20조에 의하여 이 사건 전주들을 이용할 수 있으려면, 이 사건 전주들이 한국전력이 전기사업자로서 보유하는 전기설비에 불과하여서는 아니되고, 전송망 사업자로서 케이블을 설치하여 전송선로시설로 보유하고 있는 것이어야만 할 것인데 이를 인정할 아무런 증거가 없다.
>
> 뿐만 아니라 이 사건 전주들이 '전송선로시설'에 해당한다고 하더라도, 유선방송관리법 제20조에서 '이용할 수 있다'고 규정한 취지는, 유선방송사업자는 전송망 사업자가 종합유선방송법 제20조 제2항에 의하여 정보통신부장관의 승인을 얻어 정한 이용약관에 따라 전송선로시설을 이용

할 수 있다는 것일 뿐, 유선방송사업자에게 전송망 사업자와의 아무런 합의도 없이 임의로 사용할 수 있는 권리를 부여하는 것은 아니라고 할 것이다.

구미유선방송사는 당초 정당하게 이 사건 전주들에 이 사건 선로를 설치하였을 뿐만 아니라 위 선로를 설치한 후 20년이 지나도록 그 취거를 청구하지 아니한 것은 원고가 묵시적으로 이를 승낙한 것이라는 취지의 주장을 하므로, 살피건대 당초 위 선로가 정당하게 설치되었다고 볼 만한 아무런 증거가 없고, 위 선로가 설치된 후 20년이 지나도록 위 선로의 취거를 청구하지 아니하였다고 하여 원고가 위 선로의 설치를 묵시적으로 승낙하였다고 볼 수도 없으므로, 구미유선방송사의 위 주장도 이유 없다."

결론적으로 구미유선방송사에게 이 사건의 선로를 취거하라는 한국전력의 청구는 이유 있다고 보고 구미유선방송사의 항소를 기각한 것이다. 1998년 11월에 이루어진 고등법원의 판결에 불복한 구미유선방송사는 바로 이듬해인 1999년 대법원에 상고를 한다. 이 사건은 한국전력과 구미유선방송사만의 문제가 아닌, 한국전력과 중계유선방송 업계 전체의 문제이자, 나아가 한국전력의 전주 사용을 원하는 모든 잠재적 망사업자와의 관계이기 때문에 상징적으로 중요한 의미를 가진다. 이에 대법원 판결내용을 소개하기로 한다.

③ 대법원 판결

한국전력 대 구미유선방송사, 대법원, 1999, 98다60798

이 상고는 기각되었다. 그 이유는 다음과 같다. 원심판결의 이유에 의하면, 원심은 이 사건 전주들은 원고(한국전력)가 전송망 사업자로서 케이블을 설치하여 전송선로시설로 보유하고 있다고 인정할 증거가 없고, 가사 이 사건 전주들이 유선방송관리법 제20조 소정의 전송선로시설에 해당한다 하더라도 유선방송사업자에게 전송망 사업자와의 아무런 합의도 없이 임의로 사용할 수 있는 권리를 부여하는 것은 아니라고 판단하여 피고가 이 사건 전주들을 이용할 권리가 있다는 주장을 배척하고 있다.

유선방송관리법 제 20조의 규정에 의하여 유선방송사업자가 이용할 수 있는 종합유선방송법에 의한 전송망 사업자의 전송선로시설은 종합유선방송법 제 17조의 규정에 의하여 전송망 사업자로 지정받은 자가 같은 법 제 18조 또는 제 19조 제 1항의 규정에 의하여 설치한 같은 법 제 2조 제 4호 소정의 전송선로시설을 의미하므로, 전송망 사업자가 종합유선방송의 전송을 위하여 설치한 선로설비가 아닌 시설은 유선방송관리법 제 20조 소정의 전송선로시설에 해당하지 아니한다.

그리고 유선방송관리법 제 20조가 유선방송사업자는 전송망 사업자의 전송선로시설을 이용할 수 있다고 규정한 것은 유선방송사업자로 하여금 전송망 사업자의 전송선로시설을 이용함으로써 설비의 중복투자를 막아 같은 법 제 6조, 유선방송시설기준에 관한 규칙 제 12조 소정의 시설기준에 따라 직접 전송 및 선로설비를 설치하는 부담을 경감하도록 함과 아울러 유선방송사업자가 전송망 사업자의 전송선로시설을 이용하고자 하는 경우 전송망 사업자가 정당한 이유 없이 합의 또는 이용약관에 따른 이용 자체를 거부할 수 없도록 함에 그 취지가 있는 것이므로, 유선방송사업자가 전송망 사업자와의 협의 등 정당한 절차를 거치지 아니한 채 아무런 계약관계도 없이 임의로 이를 이용할 수 있는 권한을 부여한 것은 아니다.

같은 취지의 원심판결은 정당하고, 거기에 유선방송관리법 제 20조의 규정에 의하여 유선방송사업자가 이용할 수 있는 전송선로시설에 관한 법리를 오해하였거나 심리미진, 이유모순 등으로 중대한 법령위반의 잘못을 저지른 위법이 없다. 따라서 이 점에 관한 상고이유는 받아들일 수 없다고 판시하였다.

피고(유선방송사업자)가 당초 정당하게 이 사건 전주들에 선로를 설치하였을 뿐만 아니라, 선로를 설치한 후 20년이 지나도록 그 취거를 청구하지 아니한 것은 한국전력이 묵시적으로 이를 승낙한 것이라는 주장을 하였는데, 이에 대해 고등법원에서는 선로의 설치를 묵시적으로 승낙하였다고 볼 수 없다고 판결한 데 대해서도 대법원은 유선방송사업자의 상고이유를 받아들이지 않았다. 그 이유는 다음과 같다.

> "… 이 사건 유선방송선로가 당초에 정당하게 설치되었다고 볼 아무런 증거가 없고, 위 선로가 설치된 후 20년이 지나도록 그 취거를 청구하지 아니하였다고 하여 원고가 위 선로의 설치를 묵시적으로 승낙하였다고 볼 수도 없다는 이유로 이 사건 전주의 사용에 관한 원고(한국전력)의 묵시적 승낙이 있었다는 피고(유선방송사업자)의 주장을 배척한 조치는 정당한 것으로 수긍이 가고, 거기에 상고이유에서 지적하는 바와 같은 법리오해, 이유불비 또는 심리미진 등으로 중대한 법령위반의 잘못을 저지른 위법이 없다 …"

3) 전주사용에 대한 미국의 입법례 및 판례

미국에서도 국내와 같이 전력주 사용과 관련하여 케이블TV 사업자와 전력회사 간의 갈등이 법정소송으로 이어진 역사적 사례들을 살펴볼 수 있다. 1950년 초 케이블TV 방송국은 케이블망 구축을 위해 전력주나 통신주를 이용하는 것이 필요했다. 국내와는 달리 전력회사들이 전화회사보다 통신주 사용에 대해 관대했다. AT&T가 자사의 재산에 타인이 망설비를 설치하는 데 대해 완강히 거절하다가 각 통신주마다 사용료를 지불하는 조건으로 계약이 체결되었다.[46)]

미국에서는 약 95% 정도가 공가선을 이용하고 나머지 5%가 지하 매설선이다. 케이블 사업자들은 연간 이용료를 지불하고 일정한 공간을 임대하는 형태로 계약을 진행했다. 케이블 운영업자들은 별도의 전주(*poles*)를 세우는 데 많은 비용이 필요하기 때문에 기존의 전주를 이용하는 것을 선호했다. 미국에서 전력회사와 케이블TV 운영업자들이 법정소송을 벌이게 된 것

---

46) Parsons, Patrick R. & Frieden, Robert M. (1998), *The Cable And Satellite Television Industries*, London: Allyn and Bacon Co., p. 33.

은 사용료와 관련해서였다. 전주의 소유자들이 요구하는 비용이 과다하다고 생각한 케이블TV 운영업자들이 연방통신위원회(FCC)에 부담을 경감시켜 달라고 요구한 것이다. 그렇지만 전주 사용요금에 관하여 FCC가 개입하는 것이 1934년 커뮤니케이션 법상으로는 월권이라고 FCC가 판단하기에 이르렀다.

이에 의회는 FCC가 전주 이용에 관한 불만을 처리할 수 있는 관할권을 부여하기 위해 법을 제정하게 되었다.[47] 케이블망은 '주(州)간 통상을 위한 매체'(*channel of interstate commerce*)로 기능한다고 보았다. 즉, 망은 전국의 가입자 가정에 상품, 쇼, 영화 등을 제공하는 데 활용되는 것이다. 의회는 전주를 소유한 회사들이 독점적 지위를 남용하여 케이블회사로부터 과도한 임대비용을 받아낼 수 있다는 점에 주의를 기울였다.[48] FCC가 이러한 가능성을 인정한 정책보고서를 1977년 발표하자 이 사건에 대한 관심이 최고조에 달했다. 이에 의회는 1984년 '전주 사용에 관한 법'(the Pole Attachments Act)을 제정하게 되는 것이다. 동법은 위원회로 하여금 망 사용의 요금, 기간, 조건 등이 공정하고 합리적이도록 규제할 수 있는 권한을 FCC에 부여하였고 그러한 요금, 기간, 조건 등에 관한 불만을 듣고 해결하기 위해 필요한 절차를 FCC가 취할 수 있도록 하였다.[49] 법제정 전후로 전주 사용에 대한 대표적 판례들을 살펴보면 다음과 같다.

FCC 대 플로리다 전력회사, 제11 순회항소원, 1987, NO.85-1658

1977년 텔레프롬프터사(Teleprompter Southeast, Inc.)는 플로리다 전력회사와 연간 전주 사용료로 한 주(*pole*)당 6.24달러를 지불하기로 계약하였다.[50] 그리고 계약내용에는 매년 가격을 인상한다는 조항도 포함되어 있다. 그리하여 텔레프롬프터사는 1981년에 6.51달러를, 1982년에는 6.79달

47) 47 U.S.C.A § 224.

48) S. Rep. No. 95-580, 95th Cong., 2d Sess. 13(1977).

49) 전주 사용에 관한 법 §224(b)(1).

50) Florida Power, 772 F.2d at 1541.

러를 지불하였다. 액턴 케이블TV사(Acton CATV)도 플로리다 전력회사와 전력주 사용계약을 체결하였다. 액턴사는 1980년 체결한 계약에 따라 연간 한 주당 7.15달러의 비용을 지불하도록 요구받았다.

'전주 사용에 관한 법'이 제정된 이후, 텔레프롬프터사와 액턴사는 FCC의 공중전기통신사업국(Common Carrier Bureau)에 불만을 접수한다. 양사의 불만은 동일한 것이었는데, 플로리다 전력회사가 너무 높은 가격을 부과하고 있다는 점이었다. 텔레프롬프터사는 전주당 2.23달러, 액턴사는 전주당 2.21달러의 사용료를 지불하는 것으로 계약해줄 것을 요청하였다. 이에 대해 플로리다 전력회사의 반응은 같았다. 즉, 그러한 비용은 정당한 보상을 하지 않은 채 사유재산을 취하려(*taking*) 한다는 것이었다.

FCC는 케이블TV사의 입장을 지지하였다. FCC는 최종적으로 케이블TV사가 요청한 요금도 과다하다고 판정하고, 연간 1.79달러의 가격을 설정하였다. 이것은 텔레프롬프터사가 요청한 금액보다 0.44달러, 액턴사가 요청한 금액보다 0.42달러가 낮은 가격이다.[51)]

그후 플로리다 전력회사는 FCC에 그와 같은 조치를 재고해줄 것을 요청하였으나, 2년 동안 FCC가 고려한 결과 플로리다 전력회사의 요청을 거절하였다. 한편 이러한 재고 요청이 검토되고 있는 동안 콕스케이블TV사(Cox Cablevision Corporation)가 FCC에 불만을 접수하였다. FCC는 역시 1982년에 콕스사의 요청을 받아들여 전주당 사용료를 1.79달러로 경감시켜 주었다.

이러한 FCC의 조처에 플로리다 전력회사는 제11 순회항소법원(the Eleventh Circuit Court of Appeals)에 FCC의 명령을 심사해 달라는 소송을 제기하였다. 플로리다 대 FCC의 소송에 관해 동법원은 FCC의 명령이 정당한 보상 없이 사유재산권을 취하도록 했다고 판결하였다. 아울러 법원은 '전주 사용에 관한 법'이 위헌이라고 판시했으며, FCC는 제5 수정헌법에서 규정하고 있는 정당한 보상가를 설정할 권한이 없다고 판결하였다.

---

51) 772 F.2d at 1541.

이에 대해 미국 대법원은 순회항소법원의 판결을 검토한 결과, "공공의 이용(*public use*)을 위해 사유재산을 이용하는 데 대한 요금의 규제는 헌법적으로 용납될 수 있다"고 판결한다.[52] 즉, 미국 대법원은 공공의 시설자산도 개인소유의 사유자산인 만큼 사적 자산으로서의 가치를 인정한 것이다.[53] 그러나 FCC와 같은 규제기관에 의한 요금규제 역시 위헌이 아니라고 최종판결을 내렸다.

미국 대법원이 케이블TV 산업에 대한 FCC의 규제가 유효하다는 판례는 미국 정부 대 사우스웨스턴 케이블TV사(Southwestern Cable Co.)와의 소송에서도 잘 나타나 있다.[54] 대법원은 1934년 법이 FCC에게 방송과 모든 형태의 커뮤니케이션을 규제할 수 있는 권리를 부여하고 있다고 주장하였다.[55] 특별히 커뮤니케이션법 152(a) 조항은 "유선이나 라디오에 의한 모든 주 사이나 외국과의 통신에 적용되며 유선 커뮤니케이션은 케이블에 의한 문자, 신호, 영상, 소리를 전송하는 것"으로 정의하고 있다. 대법원은 이에 케이블TV란 유선 커뮤니케이션을 의미하기 때문에 FCC의 관할권속에 포함되어야 한다고 판시한 바 있다. 이에 사우스웨스턴(Southwestern) 법원도 FCC의 책임은 협의로 정의되어서는 안 되고, 전기에 의한 다양한 형태의 커뮤니케이션에 대한 규제권한을 가지고 있다고 주장하였다.

전주 사용은 케이블TV 산업에서 중요한 요소이다. 전주를 이용하지 않고서 케이블TV는 존재하지 않는다. 따라서 전주 사용의 규제는 케이블산업의 규제에 중요한 요소가 되는 것이다. 결론적으로 FCC가 케이블산업에 대한 규제권한을 가지고 있기 때문에 케이블TV가 의존하고 있고 밀접하게

---

52) Florida Power, 107 S. Ct. at 1113. Goldberg, Alan M.(1987), "The Constitutionality of Pole Attachments Legislation: Not a Taking, But a Valid Regulation of Cable Television", *Southwestern University Law Review* Vol. 17, p. 324에서 재인용.

53) Goldberg, Alan M., *ibid.*, p. 328.

54) 392 U.S. 157(1968).

55) 47 U.S.C.A §§151-611(West 1962 & Supp. 1987).

연관된 전주와 같은 매개체에 대해서도 규제권한을 행사할 수 있다는 해석이 가능한 것이다. 사우스웨스턴 법원은 커뮤니케이션법 취지가 방송의 진화에 있어 급변하고 있는 요인들을 인식해야 하며 행정에서는 이러한 요인들을 탄력적으로 적용해야 한다고 주장하였다. 즉, FCC가 전력회사로 하여금 잉여공간을 케이블TV 회사에 임대해주도록 결정할 권한을 인정한 것이다. 이는 부설된 케이블의 99.9%가 전주 사이에 설치되어 있기 때문에 케이블산업을 규제하기 위한 필수적 권한으로 보고 있다.[56)]

5. 경쟁전략과 불공정행위

1) 새로운 질서하에서 불공정행위의 증가

1999년 종합유선방송법 개정과 2000년 통합방송법 제정으로 인해 케이블TV를 포함한 방송산업에 대한 진입 및 소유규제 완화가 이루어지고 프로그램 공급계약이 개별계약제로 전환되자, 케이블TV 사업자의 수가 비약적으로 증가하였고 사업자간 거래관계가 복잡해졌다. 유료방송의 도입과 방송의 디지털화 등으로 인해 방송산업은 가치 사슬에 따른 분화가 일어나고, 공정경쟁과 관련된 이슈가 가치 사슬의 단계별로 발생하기 시작하였다.[57)]

다양한 플랫폼들이 출현하면서 경쟁이 심해지자 사활이 달린 경쟁기업에 대한 대응전략은 불공정행위로 이어지고 있다. 사업자간 분규는 규제기관의 규제대상이 되거나 법률적 문제로 비화하였다. 방송사업자에 대한 제재는 1980년 이후부터 이루어졌지만, 대부분의 심결사례들이 1995년 케이블TV가 도입된 이후에 이루어졌으며 특히 2000년 이후에 많이 발생한 것으로 나타났다.

---

56) S. Rep. No. 95-580, 95th Cong., 2d Sess. 13(1977).

57) 김도연(2003), "방송사업자의 공정거래 관련 규제 방안", 방송위원회 주최 '방송사업자의 공정거래관련 규제방안' 전문가 토론회 발제문, p.9.

〈표 4-31〉 공정거래위원회의 방송사업자에 관한 심결건수 추이

연 도	1988~2001	2002	2003	2004	2005	2006	계
건 수	33	25	22	16	13	41	150

출처: 김희수 외(2006), 〈방송서비스의 다매체화 및 통신방송융합에 따른 공정경쟁 이슈 연구(Ⅰ)〉.

김희수 외(2006)의 연구보고서에 따르면 1988년부터 2006년 10월까지 공정거래위원회의 방송사업자에 대한 심결건수는 총 150건이다. 다른 일반 사업자의 심결과 비교해볼 때 그리 많지 않은 편이다. 심결건수의 추이를 보면, 2001년까지는 심결건수가 10건에 미치지 못했으나 2002년부터 불공정 거래행위가 급증하였다.[58]

불공정경쟁 관련 심결사례는 방송분야에서 경쟁적 환경이 형성되기 시작한 1995년 케이블 TV 도입 이후에 본격적으로 나타나고 있으며, 주로 SO와 PP를 중심으로 집중되고 있는 점이 특징적이다.[59] 보다 구체적으로 분석한 결과, PP의 경우 부당광고가 가장 높은 불공정행위로 분석되었으며, 그 이외에는 부당 경품지급 행위와 기업결합 신고규정 위반, 전자상거래 소비자 보호법 위반 등이 비교적 높은 분포를 보이고 있다. 특히 주로 홈쇼핑과 같이 경제적 가치가 보다 강조되는 방송채널 사업자 분야를 중심으로 공정거래위원회의 심의의결이 집중되고 있다는 점이 특징적이다.[60]

한편 종합유선방송 사업자의 경우 1995년에서 2004년 9월까지 조사한 2004년 실태조사에서는 부당광고행위와 부당고객유인, 부당공동행위가 집중되는 경향을 보이고 있으나 2000년에서 2006년까지의 분석결과에 따르면

58) 김희수 외(2006), 〈방송서비스의 다매체화 및 통신방송 융합에 따른 공정경쟁 이슈 연구(Ⅰ)〉, 정보통신정책연구원 연구보고서.

59) 장하용·이순연(2004), 〈방송사업자의 불공정거래행위 실태조사 연구〉(연구보고 04-11호), 방송위원회.

60) 권장원·김무곤·이수범(2008. 1), "방송 정책에서의 규제 완화와 공정경쟁 논의에 대한 소고", 방송학회 주최, 새 정부의 방송정책 방향성 모색: '방송구조 개편, 방통 융합, 탈규제 공정경쟁'에 관한 세미나 발제문, 한국외국어대학교.

경쟁제한적 기업결합과 부당공동행위, 기업결합 신고규정위반, 시장지배적 지위 남용 등에 집중되는 경향을 보이고 있다.[61] 2004년의 실태조사에서 부당한 공동행위를 중심으로 부당한 고객유인이나 광고행위가 나타나고 있는 것은 기존의 중계유선방송이 정책적 차원에서 종합유선방송으로 전환되는 과정에서 경쟁이 유발된 점과 2002년도 위성방송의 출범과 더불어 위성방송으로의 가입자 이탈을 방지하기 위한 SO의 영업행위와 밀접한 관련이 있는 것으로 해석 가능하며, 이후 경쟁이 가속화되고 기업결합 및 기업간

〈그림 4-2〉 방송채널 사업자(PP)에 대한 공정거래 위원회의 심결현황 (2000~2006)

(단위: %)

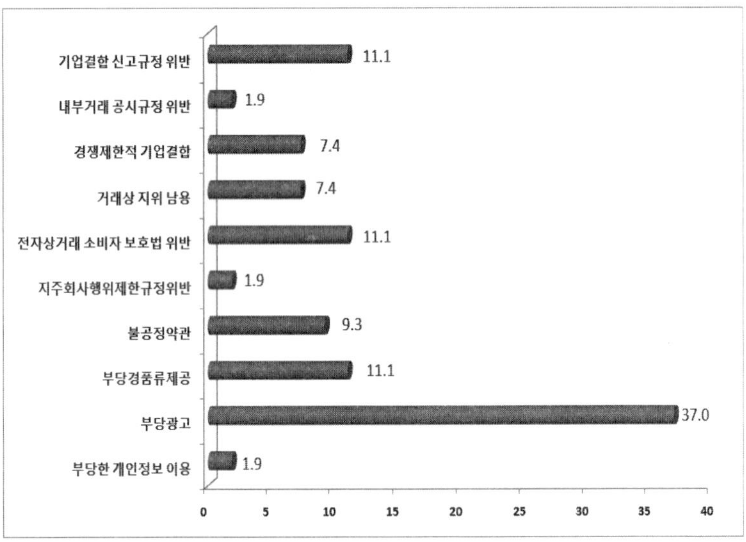

* 중복위반 사항의 경우 복수로 산정, 위반 개별사업자 중심으로 정리.
출처: 공정거래위원회 홈페이지 심의의결집 내용 재구성, 권장원·김무곤·이수범(2008)에서 재인용.

61) 연도별로 분석한 결과, 2000년대 초반에는 부당한 공동행위가, 2000년대 중반부로 가면서 경쟁제한적 기업결합과 기업결합 신고규정위반 행위가, 2007년에는 시장지배적 지위 남용 행위가 주된 위반유형으로 부각되고 있다.

의 상호작용이 활발해지면서 경쟁제한적 기업결합과 기업결합 신고규정위반 행위, 그리고 시장지배적 지위 남용 행위에 대한 제재가 증가하고 있는 것으로 유추해볼 수 있다.[62)]

〈표 4-32〉에서 보듯이, 대부분의 심결사례가 PP와 SO에 집중되어 있는 것을 볼 수 있다. PP의 경우 부당광고행위의 사례빈도가 높았으며, SO의 경우에는 부당광고행위에 이어 부당고객유인, 부당공동행위 사례도 많은 것으로 나타났다.

불공정경쟁 요인에 대한 조사 결과, PP들의 경우 2004년 조사에서는 '차별적 취급', '거래상의 지위 남용', '거래 거절', '경쟁사업자 배제' 행위를 지

〈그림 4-3〉 종합유선방송 사업자(SO)에 대한 공정거래위원회의 심결현황 (2000~2006)

(단위: %)

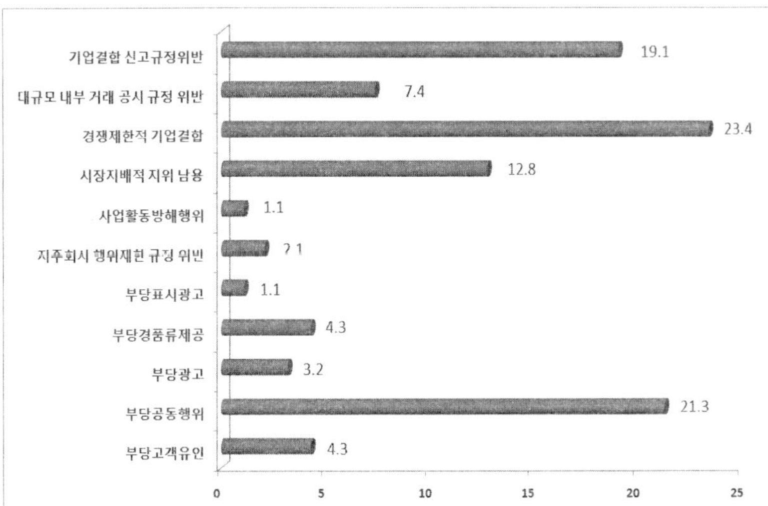

* 중복위반 사항의 경우 복수로 산정, 위반 개별사업자 중심으로 정리.
출처: 공정거래위원회 홈페이지 심의의결집의 내용 재구성, 권장원·김무곤·이수범(2008)에서 재인용.

62) 권장원·김무곤·이수범(2008), 앞의 글.

적하고 있으며, 2007년의 실태조사에서도 약간의 분포차이만 있을 뿐 '거래거절', '거래상 지위 남용', '차별적 취급' 등을 가장 핵심적인 불공정경쟁 요인으로 지적하고 있다. 특히 PP의 경우 (M)SO에게 채널을 공급하면서 가격과 거래조건에서 다른 (M)PP와 비교하여 차별적 취급을 받거나 해당 (M)SO와 특수관계에 있는 (M)PP와 비교하여 차별적 취급을 받은 사례가 많았으며, 정당한 이유 없이 (M)SO로부터 채널공급의 거래를 거절당하거나 (M)SO로부터 부당한 금전(채널 런칭비 등), 물품, 용역 등의 제공을 요

〈표 4-32〉 공정거래위원회의 방송사업자에 대한 심결현황(1995~2004년 9월)

사업자 구분	위반 유형	횟수	처분 내용
지상파방송 사업자	불공정약관	3	시정 명령
	계열사 부당 지원	1	과징금(합계 38.94억 원)
	기업결합 신고규정 위반	4	과태료(3백만 원, 1천만 원)
위성방송 사업자	부당광고	1	시정 명령
	부당경품제공	1	시정 명령
SO	부당고객유인	7	시정 명령
	부당공동행위	5	시정 명령
	부당광고행위	8	시정 명령
	사업활동 방해	1	시정 명령
	거래상 지위 남용	1	시정 명령
	부당경품제공	1	시정 명령
	지주회사(자회사) 행위제한 위반	2	시정 명령 및 과징금
	기업결합 신고규정 위반	1	과태료(3백만 원)
	기업결합 제한규정 위반	3	시정 명령
PP	부당광고행위	5	시정 명령 및 과징금
	거래상 지위 남용	2	시정 명령
	거래 거절 행위	1	시정 명령
	부당경품제공	2	시정 명령
	기업결합 신고규정 위반	3	과태료(3백, 9백, 1.5천만 원)
	기업결합 제한규정 위반	2	시정 명령

출처: 장하용(2004: 29).

구받은 경우도 적지 않음을 보여주고 있다.[63]

이에 비해 SO의 경우 2004년 실태조사에서는 '거래 강제', '부당한 고객유인', '차별적 취급' 등을, 2007년 조사에서는 특히 위성방송 사업자를 중심으로 부당한 고객유인, 즉 부당한 수신료 할인이나 경품제공 행위, 사실과 다른 광고 때문에 자사의 가입자를 빼앗긴 경우 등을 지적하고 있어 2002년에 도입된 위성방송 사업자와의 경쟁과정에서 발생한 불공정경쟁에 대해 심각하게 생각하고 있다(〈표 4-34〉 참조).

〈표 4-33〉 방송채널 사업자(PP)의 불공정거래에 대한 인식

방송위원회 (2004) 분석결과	방송위원회 (2007) 분석결과
▪ 정당한 이유 없이 특정 (M)SO로부터 방송프로그램의 공급중단 등 거래를 거절당한 경우 ▪ 특정 (M)SO로부터 가격과 거래조건에서 다른 PP와 비교해서 차별적 취급을 받은 경우 ▪ SO가 지나치게 낮은 가격을 제시하는 다른 (M)PP와 계약을 맺음으로써 거래에서 배제된 경우 ▪ 방송프로그램을 공급하는 조건으로 (M)SO로부터 다른 방송프로그램을 지나치게 낮은 가격이나 불리한 조건으로 공급하도록 요구받은 경우 ▪ 방송프로그램을 공급하는 조건으로 (M)SO로부터 부당한 금전이나 용역, 물품 등의 제공을 요구받은 경우	▪ (M)SO에게 채널을 공급하면서 가격과 거래조건에서 해당 (M)SO와 특수관계에 있는 (M)PP와 비교하여 차별적 취급을 받은 경우 ▪ 정당한 이유 없이 (M)SO로부터 채널 공급 거래를 거절당한 경우 ▪ (M)SO에게 채널을 공급하면서 가격과 거래조건에서 다른 (M)PP와 비교하여 차별적 취급을 받은 경우 ▪ (M)SO로부터 부당한 금전(채널 런칭비 등), 물품, 용역 등의 제공을 요구받은 경우 ▪ 위성방송 사업자나 경쟁 (M)SO의 부당한 수신료 할인이나 경품제공 행위, 사실과 다른 광고 때문에 자사의 가입자를 빼앗긴 경우(MSP)

출처: 방송위원회(2007), 〈방송사업자의 불공정거래행위 실태조사 연구〉.

63) PP의 경우 위성방송 사용료 전가와 끼워팔기 행위, 자사 PP에게 프로그램 우선 공급 시 해당 지상파 PP의 런칭 불이익 부여 문제와 그밖에 플랫폼 사업자와의 비대칭적 관계구조로 인한 추가비용 지불요인 발생, 편성권 침해, 지상파방송사 계열 PP와의 차별적 경쟁구조의 형성 등을 주요 문제점으로 지적하고 있다.

2) 불공정행위의 사례분석

앞서 살펴보았듯이 다양한 유형의 불공정행위들이 발생하고 있는데, 좀 더 구체적으로 불공정행위들의 사례를 살펴보기로 한다. 대표적 유형으로는 ① 가격과 관련된 불공정행위, ② 진입장벽을 통한 불공정행위, ③ PP 확보를 위한 경쟁 플랫폼간 불공정행위, ④ PP와 SO 간 프로그램 사용료 계약에서 불공정행위 등을 들 수 있다.

(1) 가격과 관련된 불공정행위

가격과 관련해서는 중계유선방송의 종합유선방송으로 전환을 승인하면서 불공정행위가 빈번하게 발생하였다. 대표적 사례는 가격인하이다. 가격과 관련된 규제는 방송위원회의 약관심사위원회와 공정거래위원회에서 담

〈표 4-34〉 종합유선방송 사업자(SO)의 불공정거래에 대한 인식

방송위원회 (2004) 분석결과	방송위원회 (2007) 분석결과
▪ 특정 (M)PP로부터 채널을 공급받으면서 가격과 거래조건에서 다른 SO와 비교해서 차별적 취급을 받은 경우 ▪ 경쟁 SO의 부당한 수신료 할인이나 경품제공 행위 때문에 자사의 가입자를 빼앗긴 경우 ▪ 경쟁 SO의 사실과 다른 광고 때문에 자사의 가입자를 빼앗긴 경우 ▪ 위성방송 사업자의 부당한 수신료 할인이나 경품제공 행위 때문에 자사의 가입자를 빼앗긴 경우 ▪ (M)PP로부터 인기 채널을 공급받는 조건으로 해당 (M)PP의 비인기 채널을 구매하도록 하는 행위	▪ 위성방송 사업자의 부당한 수신료 할인이나 경품제공 행위, 사실과 다른 광고 때문에 자사의 가입자를 빼앗긴 경우 ▪ 경쟁 M(SO)의 부당한 수신료 할인이나 경품제공 행위, 사실과 다른 광고 때문에 자사의 가입자를 빼앗긴 경우

출처: 방송위원회(2007), 〈방송사업자의 불공정거래행위 실태조사 연구〉.

당하였다. 방송위원회의 약관심사위원회가 방송법상 약관심사 시 가격을 승인하도록 되었다.

전환승인 전후로 중계유선방송사들의 가격전략의 변화는 매우 흥미롭다. 전환 이전에는 중계유선방송사들이 이용요금을 초과 징수하였으나, 전환승인 이후에는 가격을 파괴하여 징수하는 좋은 대조를 보였다.[64] 종합유선방송 시작 이후 전환승인 이전까지 종합유선방송위원회의 행정처분 내용에 따르면, 서울, 인천, 경기, 광주, 전남지역 등 중계유선방송사와 종합유선방송사 사이에 경쟁이 비교적 심했던 지역에서 중계유선방송사들이 이용요금을 초과 징수해서 과징금 처분을 받은 사례들이 빈번하게 발생하였다(종합유선방송위원회, 1999). 중계유선방송 사업자들이 허용된 채널을 초과 운영하거나 케이블TV PP 채널을 송출하면서 정부의 이용요금 승인을 받지 않고 임의로 요금을 인상하였던 것이다.[65]

한편 전환승인 이후 공정거래위원회에서 문제로 다루어진 대부분의 사례는 가격인하나 가격담합이었다.

한국케이블티브이 호남방송은 가입자 확대를 위해 정상적 거래관행에 비추어 부당하거나 과대한 이익을 제공 또는 제공할 것을 제의하는 방법으로 경쟁사업자의 고객을 자기와 거래하도록 유인하는 행위를 다시 하지 말도록 공정거래위원회로부터 시정명령을 받았다. 동사는 2002년 1월 가입자 확보를 위해 자신과 경쟁관계에 있는 서남방송의 단체가입자인 두 개의 아파트 주민들을 대상으로 각각 4년간, 5년간 월 수신료 무료 및 각각 발전기금 150만 원과 800만 원을 지급한다는 조건을 제시함으로써 경쟁사업자의 고객을 자기와 거래하도록 유인한 것이다.[66] 경쟁관계에 있는 한국케이블

64) 전환승인 이전에 가격을 인하한 사례를 가정할 수 있겠으나, 공식적으로 행정처분을 받거나 정책적 이슈로 대두된 사례는 발견되지 않았다.

65) 종합유선방송위원회의 행정처분 결과에 따르면, 1996년 1월부터 1999년 말까지 이용요금 초과징수로 인해 경고 혹은 과징금 처분을 받은 사례는 총 8건으로 나타났지만, 실제는 이보다 훨씬 많을 것으로 추정된다.

66) (주)한국케이블티브이 호남방송의 부당한 광고행위 및 부당한 고객유인 행위에

티브이 서남방송 역시 2002년 10월에 같은 행위로 공정거래위원회로부터 시정명령을 받았다.[67]

양 사업자간에 가격을 담합하는 경우에는 경쟁을 제한함으로써 소비자의 후생을 감소하였다는 이유로 공정거래위원회로부터 시정명령을 받았다. 기존의 SO인 한국케이블TV푸른방송(주)와 중계유선방송에서 종합유선방송으로 전환된 티씨엔대구방송(주)가 케이블TV의 설치비, 시청료 등의 가격과 상품구성을 동일하게 결정, 유지하기로 합의하였다. 티씨엔대구방송(주)와 한국케이블TV푸른방송은 2002년 4월 2일 '케이블TV 시장질서 유지 및 양사 공동발전을 위한 기본협약'을 체결하면서, "일체의 사업경쟁을 중단한다"는 방침을 정하고 협약을 체결하여 약 한 달 정도 시행하다가 양사가 이 협약을 파기한 적이 있다.

공정거래위원회는 양사가 대구광역시 달서구 및 달성군 지역의 종합유선방송 시장을 100% 점유하고 있어, 케이블TV 소비자로서는 양사 이외에는 거래처를 달리 선택할 수 없고, 지역사업권을 보장하고 있는 현행제도하에서는 같은 지역에 새로운 종합유선방송 사업자의 진입이 사실상 불가능한 점에 비추어볼 때, 양사가 설치비, 시청료, 상품의 구성을 동일하게 결정, 유지하기로 합의한 행위는 복점형태의 시장을 사실상 독점화하여 가격의 하방 경직화는 물론 품질의 저하 등 소비자의 후생을 감소시킴으로써 해당지역의 종합유선방송 시장에서의 경쟁을 제한하는 행위로 인정함으로써 시정명령을 내린 것이다.[68]

(2) 시장진입 장벽을 통한 불공정행위

대표적 예를 들면, 해당지역에서 경쟁사업자가 시장에 진입하지 못하도

대한 건, 공정거래위원회, 2002. 10. 30, 2002광사1272.

67) (주)한국케이블티브이 서남방송의 부당한 광고행위 및 부당한 고객유인 행위에 대한 건, 공정거래위원회, 2002. 10. 30. 2002광사0475.

68) 한국케이블TV푸른방송(주) 및 티씨엔대구방송(주)의 부당한 공동행위에 대한 건, 공정거래위원회, 2002. 12. 24, 2002구사1470.

록 하는 전략이 시도되었다. 2001년 SO가 경쟁체제로 전환되면서 경쟁사업자의 시장진출을 막기 위한 이러한 노력은 시장진입에 실패한 사업자들에 의해 공정경쟁을 저해했다는 이유로 소송이 제기되었다. 중계유선방송의 종합유선방송 전환승인 신청 후 탈락업체가 승인처분 업체에 대한 승인취소를 구한 것이다.[69]

이 사건은 방송위원회가 서울 도봉, 강북지역의 (주)도봉강북유선방송의 전환을 승인하자, 해당 방송구역에 '중앙방송TV'라는 상호로 중계유선방송사업에 종사한 원고(케이블TV하나로방송 - 중앙유선TV)가 승인결과에 대해 이의를 법적으로 제기한 것이다. 동일구역의 기존 SO인 미래케이블TV가 다른 중계유선방송을 매입하여 자신들을 견제하기 위해 이번 승인심사에 참여함으로써 자신들의 SO 진입기회를 박탈했다고 주장하였다.

원고의 주장에 따르면, 방송법 제9조 제3항의 입법취지는 기존의 중계유선방송 사업자를 대상으로 종합유선방송 사업자로 전환될 수 있는 기회를 부여하기 위함에도 불구하고, 방송위원회가 기존의 독자적 중계유선방송 사업자가 아니라, 이미 (주)미래케이블TV라는 기존의 종합유선방송 사업자가 실질적으로 소유하는 자회사에 불과하고 외양만 중계유선방송 사업자인 (주)도봉강북유선방송에 대하여 승인처분을 내린 것은 입법취지를 무시한 것이라고 주장하였다. 원고는 같은 구역 내의 SO 사업자인 미래케이블TV가 (주)도봉강북유선방송을 실질적으로 소유하고 있기 때문에 승인처분으로 미래케이블TV는 도봉, 강북구역 안에서 2개의 SO 사업권을 중복취득하였다고 주장하였다.

경쟁사업자의 시장진입을 막기 위한 불공정행위는 홈쇼핑사에게서 발생하였다. 앞서 시장구조 차원에서 살펴보았듯이, 홈쇼핑사들에게서 수직적 결합이 매우 두드러지게 나타나고 있는데 시장구조가 시장행위에 영향을 미친 대표적 사례들이다.

2003년 1월 7일 LG홈쇼핑은 울산케이블TV와 경쟁관계에 있는 전환 종

69) 배국철 외 3인 대 방송위원회, 서울행정법원, 2001. 6. 9, 2001구22464.

합유선방송사에 대해 프로그램을 부당하게 거절함으로 인해 공정거래위원회로부터 시정명령을 받은 바 있다. LG홈쇼핑은 울산케이블TV사 주식 29.6%를 소유한 수직적 기업결합의 상태에서 경쟁 SO를 배제하기 위해 프로그램 제공을 부당하게 거절하거나 차별적으로 취급한 사례이다. 반대로 울산케이블TV사가 LG홈쇼핑과 경쟁관계에 있는 다른 TV 홈쇼핑 프로그램 제공업체들에 대해 부당하게 거래를 거절하거나 차별적으로 취급하는 전략도 발견된다. 울산케이블TV사는 LG홈쇼핑 프로그램을 방영함에 있어, 다른 TV 홈쇼핑 프로그램 채널과 최고 10채널 이상 차이를 내는 전략을 구사하는 경우도 발생하였다. 공정거래위원회는 이에 대해서도 시정명령을 내렸다.[70)]

CJ홈쇼핑 역시 가야방송(주) 및 (주)중부산케이블TV와 경쟁관계에 있는 다른 종합유선방송사에 대해 자사 프로그램 제공을 부당하게 거절하거나 차별적으로 취급하지 말 것을 공정거래위원회로부터 명령받았다. CJ홈쇼핑사가 각각 주식 33%를 소유함으로써 수직적 결합상태에 있는 가야방송(주) 및 (주)중부산케이블TV는 CJ홈쇼핑과 경쟁관계에 있는 다른 TV 홈쇼핑 프로그램 제공업체들에 대해 부당하게 거래를 거절하거나 차별적으로 취급하는 행위를 한 것이다. 이에 대해 공정거래위원회는 홈쇼핑 경쟁사의 채널번호를 최저 채널번호와 최고 채널번호 사이에 10 이상 두지 말라는 흥미로운 주문을 하였다.[71)]

잠재적 경쟁기업의 등장을 억제하기 위해 시장진입 장벽을 쌓아올리는 사례도 발생하였다. 특히 수직적 결합 사업자에게서 이러한 불공정한 행위가 나타나고 있었다. MSP들은 자사가 소유한 SO에 대해서 자사의 채널을 우선적으로 배정하고 경쟁 PP를 배제하려는 시도를 한다. Mnet을 소유하고 있는 제일제당 계열 SO들이 경쟁기업인 KMTV의 송출을 중단한 것이

---

70) (주)LG홈쇼핑 등의 기업결합제한규정 위반행위에 대한 건, 공정거래위원회, 2003. 1. 7, 2002기결1849.

71) (주)CJ홈쇼핑 등의 기업결합제한규정 위반행위에 대한 건, 공정거래위원회, 2003. 1. 7, 2002기결1847.

이 경우에 해당된다. 국내 최대 MSP인 온미디어의 경우에도 경쟁관계에 있는 SO에 프로그램을 제공하지 않아서 문제가 제기된 바 있다.

(3) PP 확보를 위한 경쟁 플랫폼 사업자간 불공정행위

유료방송시장에서 위성방송 사업자와 케이블TV 사업자 간 대립이 더욱 심화되면서 PP 확보를 위해 계약에서 불공정행위가 빌생하였다.

2001년 SO가 프로그램 제작업체에 경쟁매체인 위성방송 사업자를 배제한 독점공급을 요구하고 나서자 불공정경쟁 논란이 일었다. MPP인 온미디어에게 11월 13일 MSO인 C&M사가 '투니버스' 등을 스카이라이프에는 제공하지 말고 자신들에만 독점 공급해 달라는 의사를 전달했다. C&M은 대신 '투니버스' 등 온디미어 제작 프로그램들을 가입자 수가 훨씬 더 많은 보급형으로 전환해주겠다는 우대조건을 제시했다.

스카이라이프는 C&M사를 시작으로 대형 SO들이 현재 42만 명의 가입자를 확보하며 서서히 성장하고 있는 위성방송의 '싹'을 자르기 위해 PP들에게 미끼를 내건 것이라고 비난하며, "이번 사태는 온미디어를 볼모로 한 명백한 불공정거래 행위에 해당된다"고 주장하였다. 반면 C&M사 관계자는 "SO와 스카이라이프는 경쟁력 있는 콘텐츠를 확보하기 위한 경쟁관계에 있으며 우수한 콘텐츠를 독점 공급받으려는 것은 시장논리에 부합한다"고 맞섰다.[72)]

2003년에 온미디어가 위성방송에 제공하던 투니버스와 수퍼액션, MTV 공급을 중단하고, CJ미디어 또한 홈 CGV를 중단했다. 케이블TV의 채널공급 중단에 대해 불공정거래 행위로 공정거래위원회에 제소했으나 증거 불충분으로 무혐의 처분이 내려졌다. 2005년에는 CJ미디어와 스카이라이프의 채널분쟁을 통해 본격적으로 가시화되어 CJ미디어는 자사채널인 Mnet과 XTM의 위성방송 송출을 중단했다. 스카이라이프는 채널공급 중단이 시장 내 우월적 지위를 이용한 MPP의 불공정행위라며 공정거래위원회에 신

---

72) 〈연합뉴스〉(2001. 11. 13), "투니버스 독점 공급 논란".

고하는 한편 법원에 채널공급 중단금지 가처분 신청을 냈다. 결국 계약기간이 만료된 Mnet 채널은 공급이 중단되었다.[73] 심각한 문제는 XTM의 경우 계약기간이 남아 있으나 일방적 계약파기 행위에 해당한다는 점이고, Mnet은 계약이 종료되었다 하더라도 당사자간 협의를 위해 60일간 방송을 송출해야 함에도 불구하고 CJ미디어는 송출중단 결정을 내렸다는 것이다.[74]

2006년 10월 개국한 CJ미디어의 종합오락채널 tvN의 스카이라이프 공급을 2007년부터 중단하기로 하면서 공정경쟁 논란은 계속되었다. CJ tvN은 CJ미디어가 지상파급 자체제작 채널로 육성하는 채널로 CJ미디어는 2006년까지 명시한 기존 계약기간이 만료됨에 따라 재계약을 하지 않겠다는 의사를 밝혔다. 반면 2006년까지 KMTV는 위성방송 스카이라이프를 통해서만 송출된다. 음악방송인 KMTV의 채널을 전환해 tvN을 송출했기 때문에 위성방송과의 기존 KMTV 계약기간을 존중해 2006년까지만 방송을 공급하고 커버리지 확대보다는 케이블TV 방송에서 먼저 위상을 높인 후 나중에 위성 등 다른 플랫폼으로 넓혀가겠다는 것이 CJ미디어의 기본입장이다.[75]

위성방송 사업자는 위성방송 시청자의 시청권을 무시한 처사이며 시장지배자에 의한 불공정거래라 주장하고 있다. 이처럼 '킬러 콘텐츠'를 확보하기 위한 방송사업자들의 경쟁은 치열하게 진행되고 있으며, 이는 위성방송사업자와 케이블방송 사업자 간 갈등의 양상으로 나타나고 있다. 콘텐츠를 중심으로 한 방송시장 내 방송사업자들간 갈등은 새로운 것은 아니다. 새로운 매체가 등장할 때마다 그 플랫폼을 통해서 '지상파방송의 재송신'이 가

---

73) 이수영(2005), "다매체 TV간 프로그램 공정경쟁 방안: Program Access Rule을 중심으로", 디지털 컨버전스 시대의 위성방송: 대응전략과 정책과제, 한국방송학회 학술세미나 발표논문.

74) 이상우(2006), "다채널 방송 시장에서 배타적 프로그램 거래 행위에 관한 연구", 〈한국방송학보〉 20(1).

75) 김태훈(2006. 12. 8), "케이블-위성 프로그램 공정경쟁 논란 쟁점화", 〈전자신문〉.

능한가 여부는 매번 중요한 이슈가 되었으며, 기존 방송사업자들과 신규 방송사업자 사이의 생존이 걸린 문제가 되었다.[76)]

우리나라에서 벌어지곤 하는 프로그램의 배타적 거래행위는 수직적으로 결합된 케이블TV 사업자들의 결합이윤을 극대화하기 위한 유인이라기보다 전체 케이블TV 사업자들이 위성방송의 성장을 저해하려는 담합행위에 가깝다. 콘텐츠 영역의 가치가 점차 증가하는 상황에서 프로그램에 대한 배

〈표 4-35〉 PP와 플랫폼 사업자 간 채널공급을 둘러싼 갈등 일지

일 자	내 용
2001. 11. 13	C&M사가 온미디어에게 투니버스의 독점공급 요구
2003. 1	온미디어 투니버스, 수퍼액션, MTV의 공급중단
2003. 3	CJ미디어 홈CGV의 공급중단
2003. 3	스카이라이프가 두 MPP를 불공정거래 행위로 제소했으나 증거 불충분으로 무혐의 처리
2005. 12	CJ미디어 Mnet과 XTM의 공급중단 발표
2005. 1. 18	스카이라이프가 CJ미디어를 불공정거래 행위로 공정위에 신고(계약이 만료되더라도 최종협상을 위해 60일간 송출해야 하는 계약약관을 근거로 신고)
2005. 1. 24	씨넥서스 ABO의 공급중단 발표
2005. 1. 27	스카이라이프 CJ미디어에 대한 '채널공급 중단금지 가처분' 신청서를 서울지방법원 제출/방송위원회는 XTM에 대한 채널계약 기준 준수, Mnet에 대한 협상기준 준수를 촉구
2005. 2. 2	CJ미디어 Mnet과 XTM의 공급중단 철회(Mnet에 대한 재계약은 성립되지 않아 공급을 중단, XTM은 계속 공급)
2006. 10. 9	CJ미디어가 KMTV를 변경해 tvN을 개국, KMTV의 공급계약이 곧 만료됨에 따라 2007년부터 채널공급 중단 결정

출처: 윤호진 · 최세경(2007: 37~38)을 수정 보완.[77)]

76) 이수영(2005), 앞의 글.

타적 거래행위의 논란은 향후 IP TV 진입 시 방송과 통신 간의 경쟁구도 측면에서 또다시 문제가 될 것으로 예상된다.[78] 실제로 현재 시범 서비스 중인 IP TV는 더 많은 케이블TV PP들의 콘텐츠를 제공하기 위해 CJ미디어, 온미디어 등 PP들과 협상 중이지만 SO들과의 관계 때문에 앞으로 케이블TV와 경쟁하게 될 IP TV에 콘텐츠를 선뜻 제공하지 못하고 있다. 지상파 재전송이 허가되어도 나머지는 케이블 PP로 채워질 것이고 결국 케이블TV와 IP TV 사업자들은 경쟁하게 될 것으로 예상된다.[79]

(4) PP와 SO 간 프로그램 사용료 계약에서 불공정행위

절대다수의 PP가 SO로부터 제대로 된 수신료를 받지 못하고 있다. 현재 SO들의 방송매출액 중에서 PP 사용료로 지급되는 비율은 15% 수준에 불과하다.[80] 15% 중에는 유료채널 매출과 SO들의 VOD(FOD) 콘텐츠 수급 비용 등이 포함되어 있어, 실제로 PP들에게 지불되는 PP 사용료는 12~13% 수준에 불과하다.

PP들이 SO로부터 지급받은 PP 사용료는 상당 부분 다시 SO에게 마케팅 비용으로 지원한다. 이는 광고매출을 위해 채널송출이 중요하기 때문에 수신료를 포기하면서라도 채널을 지키기 위해 마케팅 지원을 하는 것이다. 이러한 마케팅 지원금액을 제외한다면 실제로 PP들이 SO로부터 받는 실제 수신료(순매출액)는 더욱 줄어든다.

채널편성의 대가로 거액의 런칭비를 SO에게 지불해야 하는 실정이다. 방송위원회의 수신료 권고비율을 준수하기 위해 형식적으로 지급하고 다시 캐시백 형태로 SO가 돌려받는 음성거래가 관행화되고 있다. 이러한 자금들은 현금으로 회사 통장이 아닌 별도법인으로 관리하고 있다. 불건전한 금

77) 윤호진·최세경(2007), 〈디지털 융합 환경에서 방송영상 콘텐츠의 공정접근과 보편서비스 연구〉, 방송위원회 자유과제 2007-12.

78) 이상우(2006), 앞의 글.

79) 김대영(2006. 12. 12), "뉴미디어 콘텐츠 ② 케이블 위성 IP TV", 〈연합뉴스〉.

80) p. 217의 〈표 4-25〉 참조.

전거래는 회사 차원은 물론 실무자간에도 음성적으로 이루어지고 있는 것이 문제이다.

SO의 편법적 수신료 지급관행 중, 심지어 SO가 PP에게 1개월 프로그램 사용료를 지불하고 1년치 캐시백을 선불로 달라고 요청하는 경우도 있다.

일부 SO의 경우 채널이 송출되고 있더라도 채널공급계약이 완료되기 전까지 프로그램 사용료를 지불하지 않고 있는 것으로 나타났으며, 이는 PP의 원활한 자금순환을 어렵게 하는 요인이 될 수 있다.[81]

수익모델이 인포머셜 매출인 PP의 경우 매출신장을 위해 낮은 채널대역에 진입하기를 강력히 희망하고 그에 따른 별도의 광고료를 SO에 정기적으로 지불하고 있다. SO는 PP간 경쟁이 극에 달해 있는 점을 활용해 채널진입비용(몸값)을 올리는 전략을 갖고 있는 경우도 있다.

PP로서는 정당한 수신료와 광고영업 수익을 기반으로 프로그램 재투자가 이루어지는 선순환에 들어가야 함에도 불구하고, 이상과 같은 비정상적 수신료 시장의 문제점으로 인해 악순환이 반복되고 있다.

3) 불공정경쟁의 증가와 규제기관간의 갈등

방송사들의 불공정경쟁에 대해서 방송위원회는 방송정책의 관점에서 규제하고 있고, 공정거래위원회는 경제적 규제 차원에서 규제하고 있다. 그렇지만 방송위원회는 방송법상 경제적 규제에 대한 근거가 약하기 때문에 규제에 한계가 있다. 사실 방송사업자들의 불공정경쟁에 대한 주무부처는 공정거래위원회이다. 공정거래위원회는 2001년 언론사 세무조사 이후 2002년부터 방송사업자의 공정경쟁질서 확립을 위해 다양한 영역에서 규제를 추진함으로써 방송위원회 정책이나 직무와 상충되는 부분이 나타나기 시작하였다.

---

81) 방송위원회(2007), 〈SO의 PP수신료 지급 현황 실태조사〉, 종합유선방송 사업자 대표자 워크숍 자료집, p. 83.

복점경쟁 체제로의 전환에 대비하여 방송법상 공정경쟁의 원칙이 제대로 정비되지 못한 시기를 틈타 채널운용의 불법, 탈법사례도 심각하게 나타났다. 특히 종합유선방송 사업자와 중계유선방송 사업자의 중소기업 상품전과 유사 홈쇼핑 등 불법광고방송을 송출하여 시청자 피해사례가 발생하였고 기존 광고시장 질서를 어지럽히는 결과를 초래하였다.

〈표 4-36〉에 나타나 있듯이, 1차 전환승인 이후 양 사업자간에 불법적 시장행위는 극심하게 이루어진 것으로 나타났다. 불법, 탈법행위에 대해 2000년 방송위원회가 내린 행정처분이 154건이었던 것이, 2001년 135건으로 약간 감소하였으나 전환승인 이후 2002년 들어와서는 305건으로 2000년에 비해 약 2배가량 크게 증가하였음을 알 수 있다.

종합유선방송 사업자들의 행정처분 사례는 크게 증가하지 않았지만, 중계유선방송 사업자들의 처분사례는 전환승인을 전후로 해서 크게 증가한 점이 특징적으로 나타난다. 실제 불법사례가 증가한 것인지, 적발된 불법

〈표 4-36〉 종합유선방송 사업자와 중계유선 사업자 행정처분 현황

구분		종합유선방송 사업자	중계유선방송 사업자	합계
2000년	시정 명령	29	125	154
2001년	시정 명령	18	36	54
	과징금	2	47	49
	과태료	2	30	32
	합계	22	113	135
2002년	시정 명령	22	164	186
	과징금	3	20	23
	과태료	1	95	96
	합계	26	279	305
총계		77	517	594

출처: 방송위원회(2003: 193), 《제 1기 방송위원회 백서》.

사례가 증가한 것인지에 대해서는 규명하기가 어렵다. 하지만 전환승인이 이루어지고 난 후, 방송위원회에서는 불법사업자들에 대한 규제를 강화하기 시작하였다는 점을 미루어 짐작컨대 후자 쪽이 보다 설득력을 지닌다. 과거 중계유선방송 사업자들이 불법을 행하였던 명분이 전환승인 이후 사라졌다고 보고, 방송위원회는 전환승인 이후 불법행위에 대한 규제를 강화한 것이다.

행정처분 내용을 살펴보면 SO들은 중계유선방송과의 경쟁을 위해 불법을 자행한 것이 아니라, 주로 매출액을 증가시키기 위해 불법 홈쇼핑 채널을 운영한 데 따른 처분이 주를 이루고 있었다. 한편 중계유선방송 사업자들은 종합유선방송과 경쟁을 목적으로 방송법상 허용받은 31개 이상의 채널을 운영한 데 따른 행정처분 사례가 대부분이다. 예를 들면, 전체 운용 채널수 초과, 녹음 녹화 채널수 초과, 녹음 녹화 채널편성 변경, 불법 홈쇼핑 광고방송, 외국방송 송출 등의 위반사유로 행정처분 조치가 내려졌다.

방송위원회가 방송법상 방송사업자들의 불공정거래 행위를 규제할 수 있는 권한을 지니고 있기 때문에 방송산업시장의 특수성을 감안하여 독자적 정책을 추진하더라도 '독점규제및공정거래에관한법률'(이하 공정거래법)에 저촉되는 경우, 공정거래위원회가 시정조치를 내림으로써 방송위원회의 직무침해가 발생하였다. 예를 들면, 동일지역 내에서 종합유선방송 사업자간의 기업결합 제한 및 표준약관 보급, 홈쇼핑 광고심의 등의 활동은 기본적으로 방송위원회의 직무와 중첩되었다.[82]

앞서 전환승인 정책에서 살펴보았듯이, 방송위원회는 케이블TV 시장의 정상화를 위한 조치로 '동일 사업구역 내 복수 SO 사업자간 통합을 전제로 전환승인'을 추진하였다. 2002년 7월 C&M커뮤니케이션사가 해당 사업구역 내의 중계유선방송 사업자 주식을 인수한 사건에 대해 공정거래위원회는 종합유선방송사업과 중계유선사업의 서비스 범위가 유사하므로 상호 대체관계에 있고 경쟁관계가 성립될 수 있는 거래분야이므로 동일지역 내 종

82) 방송위원회(2003), 《제 1기 방송위원회 백서》, p. 165.

합유선방송 사업자와 중계유선 사업자 간 기업결합은 지역독점을 유발하여 경쟁을 실질적으로 제한하므로 현행 공정거래법에 저촉된다는 입장을 표명하였다. 이 사안은 정부가 지속적으로 추진한 케이블TV 통합정책이었기에 정부의 기본 매체정책과 2000년에 제정된 통합방송법의 취지에 크게 반하는 것이었다.

이에 대해 방송위원회는 2002년 7월 8일 방송위원회의 공식입장을 공정거래위원회에 통보하였다. 그 요지는 다음과 같다.[83]

> "중계유선방송 사업자의 역무는 지상파방송, 공공채널 등을 중계 송신하는 것으로 종합유선방송 사업자의 역무와 근본적으로 차이가 있으므로 동일한 경쟁관계를 형성하지 않는다.
>
> 또한 새 방송법(2000. 1)의 입법취지는 종합유선방송 사업과 중계유선방송 사업의 이중구도를 종합유선방송 사업이라는 단일시장으로 정비하고 유료방송 시장에서의 위성방송과의 경쟁구도를 정착하여 소비자 후생을 증진코자 한 것이다. 그리고 공정위의 기업결합 제한조치는 방송산업의 특수분야를 규제하고 있는 방송법의 입법취지와 이를 집행하는 주무관청인 방송위원회의 정책방향에 정면으로 배치됨으로써 국가기관간의 정책상충 및 정부의 행정행위에 대한 신뢰성 상실, 그리고 유선방송 시장의 혼란을 더욱 가중시킬 수 있다."

이에 따라 2002년 7월 10일 공정거래위원회에서 새 방송법의 입법취지 및 종합유선방송 사업자와 중계유선방송 사업의 역무 규정, 중계유선방송 사업자의 전환승인 관련규정 등을 고려, 종합유선방송 사업자와 중계유선방송 사업자는 일정한 거래분야에 해당하지 않으며 실질적으로 경쟁 제한성이 이루어지지 않아 위법하지 않는 것으로 최종결정이 내려졌다. 공정위원회에서 방송산업과 정책의 특수성과 매체정책의 역사성을 감안하지 않고 일반 경쟁법을 그대로 적용한 대표적 사례이다.

---

83) 방송위원회, 위의 책, pp. 164~165.

2004년 7월 21일 공정거래위원회는 향후 위성방송과 SO의 경쟁이 활성화될 것이라는 점과 케이블TV 시장의 활성화를 통하여 매체간(위성방송과 SO 간) 경쟁을 유도하려는 방송위원회의 정책방향, 그리고 현재의 방송정책이 '1개 사업구역 내 1개 SO 정책'을 추진하고 있다는 점을 감안하여 이에 대한 기업결합을 인정한다는 정책을 발표함으로써 이 문제는 일단락되었다.[84]

방송위원회 산하 이용약관심사위원회에서는 1999년 채널 티어링 제도의 도입 이후 같은 지역에서 종합유선방송과 중계유선의 경쟁 결과, 티어 상품의 용어나 채널구성 내역이 매우 혼돈스럽고 이용요금을 둘러싼 왜곡된 시장구조가 형성되어 소비자들의 불만이 적지 않게 발생하자, 이용약관 표준화 작업을 하였다. 이 결과 방송위원회는 2001년 9월 10일 '종합유선방송 이용약관'을 채택하고 SO에게 시행토록 권고하였다. 이에 대해 공정거래위원회는 이용약관 표준화는 공정거래위원회의 고유직무임을 들어, 종합유선방송 이용약관 역시 공정거래위원회의 심의를 거칠 것을 방송위원회에 통보하자, 방송위원회가 제정한 이용약관에 대해 공정거래위원회의 심의를 거친 바 있다.

또한 방송위원회는 방송법에 따라 방송위원회의 승인을 받은 홈쇼핑 채널의 경우, 상품소개 및 판매 프로그램을 광고로 보지 아니한다는 동법 제73조 제3항에 따라 사후심의를 행하고 있으며, 기타의 방송광고물은 사전심의를 하고 있다. 반면 공정거래위원회는 '표시 · 광고의 공정화에 관한 법률'에 의거하여 광고에 대한 사후심의를 하고 있다.

현행 방송법이 방송사업자간 합병 관련규정이 미비되어 있고 방송사업자간 겸영규제 시 공정거래법과의 관계를 고려할 필요성이 있으며 불공정경쟁 행위 기준에 대한 위원회의 고시 근거, 시장지배적 사업자에 대한 약관 승인 등의 규정이 미비되어 있어 방송위원회가 주체적으로 방송산업시장에

84) 전혜선(2005), "독립SO와 MSO의 시장행위 및 성과 분석", 〈방송연구〉 가을호, p. 208에서 재인용.

서 공정경쟁정책을 추진하기 어려운 한계점이 나타났다.

이에 방송위원회는 사안의 중요성을 인식하고 2005년 2월 들어 방송프로그램과 채널의 유통 등 방송시장에서의 공정거래질서 정착을 위한 가이드라인을 발표한 바 있다.[85] 그렇지만 이 가이드라인은 행정지도 수준이어서 구속력이 의문시되며 근본적으로 공정거래위원회와의 중층적 규제로 인한 갈등의 소지는 여전히 남아 있다.

6. 소결론

시장행위와 관련하여, 상품 및 가격전략과 경쟁자들에 대한 대응전략을 분석하였다. 종합유선방송산업 초기 동일 서비스를 동일 가격으로 제공한 것이 가입자 확보의 제약요인으로 작용하였으나, 부진한 종합유선방송 활성화를 위한 방편으로 SO의 채널선택권이 허용되었고 티어링 제도를 실시하였다. 이 결과 시장에서는 종합유선방송과 전환된 중계유선방송사 간에 가격인하 경쟁, 중계유선사들의 불법 채널송출, 중계유선사들의 전환승인 신청 시 경쟁사업자의 시장진입 봉쇄 등이 나타났으며 MSP사들이 경쟁 PP를 배제하기 위한 시도도 나타났다.

복점체제로의 시장구조 변화는 시장행위에 큰 영향을 미쳤다. SO들은 과거 독점체제 때보다 더욱 심각하게 경쟁기업에 대응했다. 과거 중계유선방송과의 경쟁에서는 상품 차별화가 용이했지만 이제는 동일한 상품으로 경쟁하게 된 것이다. 시장행위에서 상품의 차별성이 없게 되자, 결국 가격경쟁(*price war*)이 불가피했던 것이다. SO간의 과당경쟁의 피해는 고스란히 PP에게 돌아갔다. 독점체제 때보다 복점으로 전환되고 난 이후 PP들은 더욱 어려워졌다. 2002년도부터 시행된 SO와 PP 간의 개별계약 제도의 도입

85) 방송위원회(2005. 2), 〈방송프로그램과 채널의 유통 등 방송시장에서의 공정거래질서 정착을 위한 가이드라인〉.

〈그림 4-4〉 국내 PP 산업의 병목현상

은 MPP와 지상파 PP들을 제외하고 대부분의 영세 PP들을 더욱 어렵게 만들었다. SO들의 과도한 시장 파워와 MSP들의 불공정행위로 인해 영세 PP들의 채널진입이 점점 어려워지고 있다.

독립 SO와 MSO의 시장행위를 분석한 결과, 규모의 경제 효과로 인해 투입비용이 더 적은 MSO의 기본 티어 이용요금이 오히려 독립 SO에 비해 비쌌으며 제공되는 채널수도 적은 것으로 나타났다. 이러한 결과는 규모의 경제 효과로 인한 경제적 이익이 케이블TV 소비자 편익증대로 이어지지 않고 MSO의 사적 이익으로 변질되었다는 것을 의미한다.[86]

시장구조와 시장행위의 결과, 〈그림 4-4〉와 같은 두 차례의 병목현상이 발생하고 있음을 알 수 있다. 1차, 2차 병목구간에서 PP와 SO, 그리고 위성사업자 간에 과당경쟁, 불공정경쟁이 발생하고 있다. 설령 두 차례의 병목구간을 빠져나왔다 해도 수익으로 이어지지 않는다는 점에서 더욱 문제의 심각성이 있다. 이는 SO와 PP 사이에 수신료 배분이 제대로 이루어지고 있지 않기 때문이다.

경쟁을 강화하는 시장구조로의 이행과 동시에 개별계약제가 시행되면서

86) 전혜선(2005), 앞의 글, p. 225.

시장에 적지 않은 변화를 가져왔다. 개별계약제의 장점으로는 ① 채널 경쟁력에 대한 가중치를 부여하게 되어 장기적으로 바람직함, ② 프로그램의 질에 대한 관심과 투자를 유도, ③ 지역별, 시청자 계층을 고려한 탄력적인 계약이 가능해졌다는 점 등을 들 수 있을 것이다. 그러나 단점으로는 ① 전체적으로 협상력의 불균형에 따라 프로그램 사용료 몫이 종전 수신료의 32.5%에서 크게 줄어들었음, ② PP간 경쟁이 치열해지면서 출혈경쟁에 따른 시장의 혼탁상이 극심해진 점, ③ MSO-MPP 위주로 시장이 주도되면서 개별 PP들의 생존공간이 크게 위협받는다는 점, ④ 계약을 위한 인력, 비용, 시간 면에서 엄청나게 비효율적인 시스템이라는 점 등으로 요약할 수 있다.

SO들이 TPS와 같은 번들상품을 판매하면서 통신사업자간에 필수설비를 두고 갈등이 첨예화되고 있다. 이에 대해 방송통신위원회는 전주 사용에 관한 법 등을 제정하거나 설비 사용료를 둔 중재 역할을 수행하여야 한다.

경쟁이 심화됨으로 인해 불공정경쟁 행위가 증가하고 있다. 방송위원회와 공정거래위원회 간의 입장차이가 크게 나타나고 있어, 긴밀한 협조가 필요하며 방송법 개정을 통한 방송위원회의 경제적 규제에 대한 근거규정 마련이 시급하며 방송과 통신의 융합서비스를 고려할 때 방송통신위원회와 공정거래위원회의 역할에 대한 명확한 규정이 필요하다.

제 5 장
시장성과론

종합유선방송 산업이 산업 초기 형성된 초기질서에서 새로운 질서로 재편됨에 따라 차별적 시장성과가 확연하게 나타나기 시작하였다. 여기서는 가입자, 경영, 사회문화, 그리고 기술 측면에서 정책의 변화에 따른 시장효과를 살펴보기로 한다.

1. 가입자 확산

1) 케이블TV 가입자 개념정의

케이블TV의 가입자 개념은 다양한 차원에서 정의될 수 있다. 사용목적에 따라 가구수의 차이가 적지 않게 난다. 다양한 가입자 개념은 케이블TV 시장과 정부의 정책을 이해하는 데 유용하다. 종합유선방송 가입자, 중계유선방송 가입자, 유료가입자, 컨버터 설치 가입자, 복수가입자, 총 시청가입자로 크게 구분할 수 있다. 그리고 종합유선방송 유료가입자는 다시 PP에게 수신료를 배분하는 유료가입자와 PP 수신료가 배분되지 않는 유료가입자로 구분할 수 있다. 유료가입자는 다시 기본형 티어 가입자와 여타 티어 가입자로 나누어진다.

가입자 개념을 어떻게 조작적으로 정의하느냐에 따라 가입자 규모가 달라짐은 물론이고 산업적 의미도 차이가 있다.[1] PP에게 수신료를 분배하는 가입자는 PP 수익에 영향을 미치며 유료가입자는 SO의 수익에 영향을 미치고 총 시청가입자는 광고시장이나 홈쇼핑 시장을 분석할 때 주요한 자료가 된다.[2]

2) 가입자 증가현황

(1) 케이블TV 방송 가입자

2006년 4월 기준으로, 국내 유료매체(케이블TV와 위성방송) 보급률은 79.2%에 달하였다. 2004년 84.6%까지 이르렀지만 종합유선방송 가입자 감소추세에 기인하여 유료매체 전체 가입자 수도 감소하였다. 2004년 약 85% 가입률을 보인 시점을 고정형 유료 방송매체 보급의 최고점, 즉 시장 포화상태로 가정하였을 때 앞으로 약 5%(전체 가구수 기준으로 약 90만 가구) 정도 추가성장 가능성이 있다.

2006년 4월 기준으로, 케이블TV 총 가입자는 12,379,641가구, 대상가구 수 대비 68.7%의 높은 가입률을 보이고 있다. 그 가운데 종합유선방송이 12,083,052가구로 67.0%를 차지하고 있고, 중계유선방송은 가입자가 크게 감소하여 296,589(전체 가구수 대비 1.6%)가구로 이제 시장에서 거의 사라진 매체이다. 종합유선방송 가입자는 IMF 외환위기 시기를 제외하고

---

1) 유료서비스 가입자 통계에는 몇 가지 한계가 근본적으로 존재한다. 종합유선방송의 경우에는 기본형 서비스 가입가구 수는 비교적 정확하지만, 티어 상품 가입자는 SO들이 대외적으로 정확하게 공표를 하지 않아 통계 확보가 어려웠다. 중계유선방송의 경우에는 1999년까지만 하더라도 정보통신부, 한국정보통신진흥협회, 방송위원회가 발표한 통계수치 사이에는 220만 가구 정도 편차가 존재하였다. 2001년 종합유선방송 전환승인을 앞두고 자료의 신뢰성 여부와 가입자 규모가 비교적 정확하게 밝혀지기 시작하였다.

2) 손창용·여현철(2002), 《한국케이블TV산업론》, 나남, pp. 269~288.

꾸준히 성장했으나, 2005년도 들어와서 유료매체 시장이 포화상태인 상황에서 위성방송 가입자의 증가 등으로 인해 감소세로 돌아섰다. 2007년 4월 기준, 가구 보급률은 66.7%로 전년대비 약 0.3% 정도 감소하였다.

초기운영에서 살펴보았듯이, 종합유선방송 출범 이후 1998년 말까지만 해도 종합유선방송 가입자의 수적 증가는 기대 이하로 저조하였다. 방송 가입자가 급격하게 증가한 요인은 두 가지를 들 수 있는데, 하나는 티어링 제도의 도입이고 또다른 하나는 중계유선의 종합유선방송으로의 전환이다. 시차를 거의 두지 않고 도입한 이 두 가지 제도는 종합유선방송 가입자 증가에 상승효과(*synergy*)를 나타내었다.

종합유선방송 가입자가 본격적으로 증가하기 시작한 것은 티어링 제도가 도입된 1999년 이후이다. 그 이후 기본형 가입자 수는 크게 증가하지 않은 반면, 티어 가입자 수는 매년 기하급수적으로 증가하였다. 〈표 5-1〉에서 보듯이, 티어 도입 첫해인 1999년 말 티어 가입가구 수가 916,176가구이던 것이 2004년 6월에는 9,384,086가구로 불과 5년 사이에 약 10배가량 폭발적으로 증가하였다.

종합유선방송 가입자 증가에 영향을 미친 또다른 정책은 중계유선방송의 전환승인이었다. 두 차례에 걸친 전환승인의 결과, 중계유선 사업자의 23%에 해당하는 181개 사업자가 종합유선방송으로 전환하였다. 사업자들이 전환하면서 중계유선 가입자 역시 종합유선방송 가입자로 자연스럽게 전환하였다. 중계유선의 종합유선방송 전환승인 바로 전인 2001년 3월 종합유선방송 가구수는 3,275,240가구였다. 1차 전환승인이 끝난 후, 2001년 12월 말 종합유선방송 가구수는 5,844,118가구로 불과 9개월 사이에 256만 가구나 증가하였다.

종합유선방송 가입자의 급증에 대한 평가는 명암이 엇갈린다. 절대 가입자 수가 증가함으로 인해 외형적으로 케이블TV가 단기간에 성장했다는 긍정적 평가가 가능하다. 하지만 부정적 측면은 유료가구가 PP에게 수신료를 배분하지 않는 가구를 중심으로 확대되었다는 점이다. PP에게 수신료를 제대로 배분하는 유료 기본형 가구는 1997년 이후 거의 증가하지 않고 있다.

〈표 5-1〉 국내 유료매체 보급현황

	1995	1996	1997	1998	1999	2000
대상 가구수	13,765,000	13,765,000	14,502,079	14,913,543	15,173,729	15,442,700
전체 케이블TV	5,274,305	6,788,160	8,861,224	8,007,866	8,479,379	9,991,986
	38.3%	49.3%	61.1%	53.7%	55.9%	64.7%
종합 유선방송	556,305	1,536,160	2,529,782	1,002,866	1,955,889	3,086,267
	4.0%	11.2%	17.4%	6.7%	12.9%	20.0%
기본형	206,886	502,874	825,075	829,403	878,622	932,526
	1.5%	3.7%	5.7%	5.6%	5.8%	6.0%
티어					916,176	1,955,319
	0.0%	0.0%	0.0%	0.0%	6.0%	12.7%
중계 유선방송	4,718,000	5,252,000	6,331,442	7,005,000	6,523,490	6,905,719
	34.3%	38.2%	43.7%	47.0%	43.0%	44.7%
위성방송						
	0.0%	0.0%	0.0%	0.0%	0.0%	0.0%
유료매체	5,274,305	6,788,160	8,861,224	8,007,866	8,479,379	9,991,986
	38.3%	49.3%	61.1%	53.7%	55.9%	64.7%
	2001	2002	2003	2004	2005	2006
대상 가구수	15,720,668	16,080,111	16,489,115	16,987,703	17,655,548	18,022,619
전체 케이블TV	10,906,173	11,434,000	12,503,566	12,903,107	11,652,924	12,379,641
	69.4%	71.1%	75.8%	76.0%	66.0%	68.7%
종합 유선방송	5,844,118	6,911,514	9,401,606	11,724,055	11,133,775	12,083,052
	37.2%	43.0%	57.0%	69.0%	63.1%	67.0%
기본형	905,376	1,270,310	874,554	1,957,691	1,188,863	852,924
	5.8%	7.9%	5.3%	11.5%	6.7%	4.7%
티어	4,708,642	5,344,107	8,091,978	9,384,086	9,661,163	11,014,389
	30.0%	33.2%	49.1%	55.2%	54.7%	61.1%
중계 유선방송	5,062,055	4,502,000	2,322,846	1,179,052	519,149	296,589
	32.2%	28.0%	14.1%	6.9%	2.9%	1.6%
위성방송	176,387	301,594	779,114	1,297,214	1,825,538	1,902,920
	1.1%	1.9%	4.7%	7.6%	10.3%	10.6%
유료매체	11,082,560	11,735,594	13,282,680	14,200,321	13,478,462	14,282,561
	70.5%	73.0%	80.6%	83.6%	76.3%	79.2%

출처: 당해연도 방송위원회 방송산업 실태조사 보고서.

1997년 12월 825,075가구였던 것이 2003년 6월까지 874,554가구, 2006년 4월 기준으로 852,924가구로 거의 제자리에 머물러 있다.

전환승인 정책이 가시적 시장성과는 달성했지만, 중계유선방송 가입자가 단순하게 종합유선방송으로 전환된 것에 불과하다. 가입자 측면에서 볼 때 종합유선방송 초기 가입자 원형이 그대로 유지되면서 거의 정체되어 있다. 다소 극단적인 표현이 될지 모르지만, 종합유선방송이 중계유선을 외형적으로 흡수했으나 실질적으로는 종합유선방송이 중계유선화되었다는 평가가 가능하다. 외형적 성장전략에서 케이블TV 산업의 내실을 기하기 위한 전략으로의 수정이 필요하다.

수신료 배분비율이 낮은 가입자 중심으로 시장이 발전한 이러한 특성은 현금 흐름이 집중되는 SO에게는 의미가 있지만, 수신료를 제대로 배분받지 못하는 다수 PP들이 여전히 겪고 있는 경영상 어려움을 잘 말해주고 있다.

(2) 케이블TV의 초고속인터넷 가입자

OECD나 ITU 발표에 따르면, 우리나라의 초고속인터넷 보급률은 세계 최고 수준을 유지하고 있다. 초고속 인터넷서비스는 xDSL(ADSL, VDSL), 케이블모뎀, B-WLL, 아파트 LAN, 무선 LAN, 위성 등 다양한 기술방식에 의해 제공되고 있으며 전력선통신, 휴대인터넷 등 신기술 개발도 지속적으로 진행되고 있다. 우리나라에서는 케이블TV 망에 의한 초고속인터넷이 먼저 제공되기 시작했으나, 하나로텔레콤과 KT의 시장진입 이후 ADSL 방식의 서비스가 2004년 현재 61.7%를 차지하고 있다. 이어 케이블TV 모뎀이 초고속인터넷 시장의 약 30%를 차지하고 있다. 이렇게 통신회사들의 시장점유율이 높은 것은 성공적 마케팅 전략 때문인데, 하나로텔레콤의 경우 집단 주거지역을 중점적으로 공략했으며 한국통신의 경우에는 기존 전화가입자를 대상으로 마케팅을 강화하여 가입자를 확보하였기 때문이다. 위성방송의 경우 2004년부터 초고속 인터넷서비스를 제공하고 있지만, 점유율이 매우 미약하여 케이블TV와 비교할 때 양방향 매체로서의 한계를 보여준다.

〈그림 5-1〉 망별 초고속인터넷 가입자 증가추세

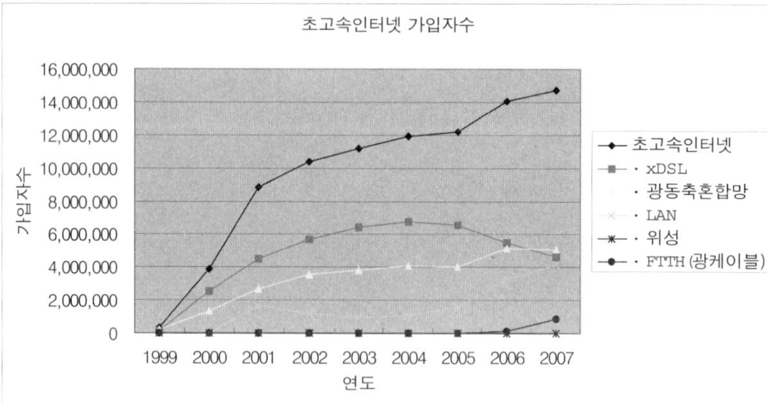

출처: 지식경제부(www.itstat.go.kr).

1998년 초고속 인터넷서비스가 개시된 이래 우리나라 초고속인터넷 시장은 급격히 성장하여 2002년까지 연평균 92.9%라는 높은 증가율을 보였다. 2004년에는 시장포화 상태에 도달하였다. 그렇지만 최근 들어 국내 인터넷 확산과 관련하여 큰 변화가 일어나고 있다. 2005년 들어서면서 아파트 거주자를 대상으로 서비스 속도가 최대 100Mbps에 육박하는 '아파트랜' 서비스가 급속하게 보급되고 있는 것이다. 아파트랜은 광랜으로도 불리며 아파트 단지까지는 광케이블로 연결하고 각 가정까지 LAN(근거리통신망)으로 연결하는 초고속 인터넷서비스를 말한다. 기존 ADSL, VDSL보다 2~20배 빠른 100Mbps 속도의 인터넷서비스를 상대적으로 저렴한 가격에 제공하고 있다.

2004년 말 100만 가입자 돌파 이래 꾸준한 보급증가로 초고속인터넷 가입자 중 100메가 광랜(Mpbs) 사용자의 비중이 2008년 3월 기준으로 30%에 육박했다. 가입자 수는 440만여 명으로 추정한다. 이는 전체 초고속인터넷 가입자 1,485만여 명의 29.6%에 해당한다. 초고속인터넷 시장에 100메가 바람이 불기 시작한 것은 2005년 말 LG파워콤이 '엑스피드'를 출시하면서부터다. 이 회사는 광케이블 인터넷망을 뜻하는 '광랜'이라는 말을 유행시키며 업체간 속도경쟁을 촉발했다. LG데이콤의 '엑스피드'는 100만 명, KT와 하나로텔레콤의 100메가 가입자는 각각 190만 명과 120만 명에 이른다. 케이블TV 사업들은 30만 가구를 확보하였다. 한편 저속 인터넷인 xDSL 가입자는 크게 줄었다. 2005년 말 656만 명이던 것이 2007년 말 460만 명으로 줄었다. 2006년 말부터 동영상 사용자제작콘텐츠(UCC)가 사이버 세상의 주류로 떠오르게 된 데에는 빠른 인터넷 속도가 큰 몫을 했다. 이러한 광랜의 보급률 급증으로 인해 IP TV 상용화가 당겨지고 있다.[3)]

100메가 아파트랜 보급확산을 통해 ADSL에서 VDSL로 진화한 뒤 한동안 정체되어 있던 초고속인터넷 시장이 새로운 활력을 찾고 있다. 향후 저속의 ADSL 등은 광랜, FTTH, 50Mbps급 이상의 VDSL 등에 의해 빠르게 대체될 전망이다. 이 같은 통신사업자들의 망 업그레이드에 따른 급속한 가입자 확산에 비해 2006년 이후 광동축혼합망(HFC)은 주춤하고 있다. 케이블TV 역시 100메가 시대에 접어들면서 통신사업자들과 경쟁해야 하는 과제를 안고 있다.

2. 경제적 성과

1) 방송콘텐츠 사업자의 경영현황과 문제점

(1) PP 사업자의 경영현황과 수익성

① 경영 개관

2006년 기준으로, 전체 PP들의 재무현황을 살펴보면 자산은 13조 9,516억 원, 부채는 약 6조 1,706억 원이다. 자본 총계는 7조 7,810억 원이다. 전년대비 부채는 감소하고 자본이 증가하고 자본의 증가율이 부채의 감소

3) 〈동아일보〉(2008. 4. 1), "광란의 속도 100메가 광랜, 440만을 쐈다".

〈표 5-2〉 방송채널사용 사업자 재무현황 총괄

(단위: 천 원)

구분	2005	2006	증감	증감률
자산총계	13,579,068,531	13,951,638,029	372,569,498	2.74%
부채총계	7,022,263,584	6,170,637,123	(851,626,461)	-12.13%
자본총계	6,556,804,948	7,781,000,906	1,224,195,958	18.67%

출처: 방송위원회(2007.11), 〈2006년도 방송채널사용사업자 경영분석〉.

율을 상회하여 자산이 약간 증가하였으며, 이로 인해 전체적 재무상태는 전기에 비해 매우 개선된 것으로 나타났다.[4]

자산규모는 2004년 이후 매년 꾸준히 증가한 것으로 나타났다. 2005년도에 부채는 2004년도에 비해 약간 증가하였으나 2006년도에는 상당히 큰 폭으로 감소하였으며, 자본은 2005년 및 2006년에 큰 폭으로 증가하고 있으며 증가폭이 확대된 것으로 나타났다. 자산의 증가율은 전 산업의 총자산 증가율과 비교할 때 2005년까지는 전 산업 평균에 비해 약간 낮았으나 2006년에는 전 산업 평균에 비해 낮았다.[5]

PP의 재무현황을 동업종 및 전 산업 평균과 비교해보면, PP의 2006년도 총 자산 증가율은 2.7%로 전기 6.8%에 비해서 그 성장률이 많이 둔화되었고, 동업종 및 전 산업의 성장률인 7.7%와 8.3%보다 낮게 나타나 총 자산 증가율은 크지 않음을 알 수 있다. 자기자본 증가율은 18.67%로 전기 14.5%에 이어 크게 증가하였고 증가폭도 확대되었다. PP의 자기자본 비율은 자본이 큰 폭으로 증가하는 데 힘입어 동업종 및 전 산업 평균에 비하여 높은 55.8%로 나타났으며, 같은 이유로 부채비율은 전기의 107.1%에서 79.3%로 크게 감소하여 동업종 및 산업 평균에 비하여 낮은 수준을 보이고 있다.[6]

---

4) 방송위원회(2007), 〈2006년도 방송채널사용사업자 경영분석〉, p.15.

5) 한국은행(2007), 〈2006년도 기업경영분석〉.

부채와 자기자본의 구성비율은 전 산업 및 동종업종 평균에 비하여 부채는 약 10% 정도 낮게, 자기자본은 약 10% 정도 높게 나타나 매우 안정된 자본구조를 보이고 있다. 그리고 자산의 구성비율에서는 고정자산 비율이 약 70~75% 수준으로 전 산업 평균 58.5%보다 월등히 높게 나타나고 있어 장치산업이라는 산업의 특성을 보여주고 있다.

② 자산규모

PP의 자산규모를 보면, 자산규모가 1조 원 이상인 사업자는 (주)LG텔레콤 등 총 3개 사업자로 모두 통신겸영사업자이며, 4천억 원 이상 1조 원 미만인 사업자는 (주)씨제이홈쇼핑 등 총 4개 사업자로 홈쇼핑 사업자가 2개이며, 2천억 원 이상 4천억 원 미만인 사업자는 (주)현대홈쇼핑 등 총 4개 사업자로 홈쇼핑 사업자가 3개이며, 1천억 원 이상 2천억 원 미만인 사업자는 씨제이미디어(주) 등 총 5개 사업자로 보도전문 사업자인 (주)와이티엔이 포함되어 있다. 5백억 원 이상 1천억 원 미만 사업자는 (주)씨와이알 등 총 6개사로 보도전문 사업자인 (주)매일경제티브이가 포함되어 있으며, 1백억 원 이상 5백억 원 미만 사업자는 씨제이뮤직 등 총 26개 사업자이다. 70억 원 이상 1백억 원 미만 사업자는 총 7개사, 70억 원 미만 사업자는 125개사로 나타났다. 분석대상 총 180개 사업자 중 70억 원 미만 사업자가 125개로 전체의 69%를 차지하고 있다. 사업자의 자산규모는 전반적으로 증가하고 있다.[7]

③ 부채규모

PP의 부채규모를 살펴보면, 부채규모가 1조 원 이상인 사업자는 (주)LG텔레콤을 포함하여 2개 사업자이며, 5천억 원 이상인 사업자는 (주)LG데이콤으로 통신겸영사업자가 모두 5천억 원 이상이다. 부채규모가 1천억 원

6) 동업종 평균 자료는 2006년도 기업경영분석의 오락, 문화 및 운동 관련산업의 자료를 이용하였음.

7) 방송위원회(2007), 앞의 보고서, p. 28.

이상인 사업자는 (주) 씨제이홈쇼핑 등 5개사이다. 부채규모가 5백억 원 이상 1천억 원 미만인 사업자는 (주) 우리홈쇼핑 등 총 3개 사업자, 1백억 원 이상 5백억 원 미만 사업자는 17개 사업자, 50억 원 이상 1백억 원 미만 사업자는 16개 사업자로 나타났다. 기타 10억 원 이상 50억 원 미만인 사업자는 54개 사업자, 10억 원 미만 사업자가 82개 사업자로 나타나고 있다. 전체 PP의 부채규모는 6조 1,706억 원으로 전기에 비해 12% 정도 감소하였

〈표 5-3〉 방송채널사용 사업자 자산규모

자산규모	사업자 수	방송사업자
1조 원 이상	3개사	㈜LG 텔레콤, 하나로텔레콤㈜, ㈜LG 데이콤
4천억~1조 원	4개사	㈜씨제이홈쇼핑, 화성산업㈜, ㈜지에스홈쇼핑, ㈜온미디어
2천억~4천억 원	4개사	㈜현대홈쇼핑, ㈜재능교육, ㈜농수산홈쇼핑, ㈜우리홈쇼핑
1천억~2천억 원	5개사	씨제이미디어㈜, 케이티하이텔㈜, ㈜와이티엔, ㈜오리온시네마네트워크, (재) 국제방송교류재단
5백억~1천억 원	6개사	㈜씨와이알, ㈜금영, ㈜엠비씨드라마넷, ㈜매일경제티브이, ㈜디지틀조선일보, 에스비에스드라마플러스㈜
1백억~5백억 원	26개사	씨제이뮤직㈜, ㈜서울음반, ㈜한국경제티브이, ㈜케이비에스엔, ㈜알티캐스트, 에스비에스골프채널㈜, ㈜썬티브이, ㈜성원아이컴, 인포뱅크㈜, ㈜와이티엔미디어, 토파스여행정보㈜, ㈜브로드밴드솔루션즈, ㈜온게임네트워크, ㈜디지틀온미디어, 국방홍보원, ㈜기독교텔레비전, 씨제이티브이엔㈜, 엠비씨에스에스스포츠㈜, ㈜에어코드, ㈜데이콤멀티미디어인터넷, 중앙방송㈜, 한국에이치디방송㈜, 에스비에스스포츠채널㈜, ㈜대원디지털방송, ㈜아이넷방송, ㈜아이디지털홈쇼핑
70억~1백억 원	7개사	㈜동아티브이, ㈜바둑텔레비전, ㈜엠비씨게임, ㈜드림콘텐츠넷미디어, ㈜아이엠넷피아, ㈜온뮤직네트워크, ㈜드라맥스
70억 원 미만	125개사	㈜티브이벼룩시장, ㈜무협티비, ㈜연합인포맥스, ㈜이토마토, 국회사무처 외 120개사

출처: 방송위원회(2007. 11), 〈2006년도 방송채널사용사업자 경영분석〉.

으며, 부채규모별 사업자 현황은 〈표 5-4〉와 같다.[8]

④ 자본규모

PP의 전체 자본규모는 약 7조 7,810억 원으로 전기대비 약 19%가 증가하였다. 개별 사업자 중 자본규모가 큰 회사는 하나로텔레콤(주), (주)LG텔레콤, (주)LG데이콤 등 최근 진입한 통신겸영사업자로 나타났으며, 그 규모는 약 1조 원을 초과하고 있다.

〈표 5-4〉 방송채널사용 사업자 부채규모

부채규모	사업자 수	방송사업자
1조 원 이상	2개사	㈜LG 텔레콤, 하나로텔레콤㈜
5천억~1조 원	1개사	㈜LG 데이콤
1천억~5천억 원	5개사	㈜씨제이홈쇼핑, 화성산업㈜, ㈜지에스홈쇼핑, ㈜현대쇼핑, 씨제이미디어㈜
5백억~1천억 원	3개사	㈜우리홈쇼핑, ㈜재능교육, ㈜농수산홈쇼핑
1백억~5백억 원	17개사	㈜와이티엔, ㈜썬티브이, ㈜금영, ㈜브로드밴드솔루션즈, 씨제이뮤직㈜, 케이티하이텔㈜, ㈜센추리티비, ㈜오리온시네마네트워크, 중앙방송㈜, ㈜기독교텔레비전, ㈜온미디어, 에스비에스드라마플러스㈜, 씨제이티브이엔㈜, ㈜엠비씨드라마넷, ㈜한국경제티브이, ㈜디지털온미디어, ㈜와이티엔미디어
50억~1백억 원	16개사	㈜성원아이컴, ㈜케이비에스엔, ㈜서울음반, 아이넷방송, ㈜온뮤직네트워크, ㈜씨와이알, 무협티비, ㈜알티캐스트, 에스비에스골프채널㈜, ㈜매일경제티브이, ㈜에어코드, ㈜디지틀조선일보, ㈜이텐티브이, 토파스여행정보㈜, 인포뱅크㈜, (재) 국제방송교류재단
50억 원 미만	136개사	㈜온게임네트워크, ㈜아이엠넷피아, ㈜에듀티브이, 엠비씨에스에스스포츠㈜, 개그스테이션 외 131개사

출처: 방송위원회(2007. 11), 〈2006년도 방송채널사용사업자 경영분석〉.

8) 방송위원회(2007), 앞의 보고서, p. 30.

개별 사업자별 자본규모가 1조 원 이상인 사업자는 3개 사업자가 있으며, 2천억 원 이상 5천억 원 미만인 사업자는 (주) 씨제이홈쇼핑 등 4개 사업자이며, 1천억 원 이상 2천억 원 미만인 사업자는 (주) 재능교육 등 8개

〈표 5-5〉 방송채널사용 사업자 자본규모

자본규모	사업자 수	방송사업자
1조 원 이상	3개사	하나로텔레콤㈜, ㈜LG 텔레콤, ㈜LG 데이콤
2천억~5천억 원	4개사	㈜씨제이홈쇼핑, ㈜온미디어, ㈜지에스홈쇼핑, 화성산업㈜
1천억~2천억 원	8개사	㈜재능교육, 케이티하이텔㈜, ㈜농수산홈쇼핑, ㈜현대홈쇼핑, ㈜와이티엔, ㈜오리온시네마네트워크, ㈜우리홈쇼핑, (재) 국제방송교류재단
5백억~1천억 원	4개사	씨제이미디어㈜, ㈜씨와이알, ㈜엠비씨드라마넷, ㈜매일경제티브이
1백억~5백억 원	19개사	㈜디지틀조선일보, 에스비에스드라마플러스㈜, ㈜서울음반, ㈜금영, ㈜한국경제티브이, ㈜알티캐스트, 에스비에스골프채널㈜, ㈜케이비에스엔, 인포뱅크㈜, ㈜성원아이컴, 토파스여행정보㈜, ㈜온게임네트워크, 씨제이뮤직㈜, ㈜와이티엔미디어, 국방홍보원, 엠비씨에스에스스포츠㈜, ㈜대원디지털방송, ㈜데이콤멀티미디어인터넷, ㈜아이디지털홈쇼핑
1백억~0원	112개사	한국에이치디방송㈜, ㈜디지틀온미디어, 에스비에스스포츠채널㈜, ㈜동아티브이, ㈜바둑텔레비전 외 107개 사업자
자본잠식	30개사	㈜비즈방송, 개그스테이션, ㈜방송과사람, 제이비에스미디어㈜, 이엠미디어㈜, 라이프엔티브이방송㈜, ㈜샨야티비방송, ㈜우리방송, ㈜월드이벤트티브이, ㈜썬티브이, ㈜카티비, (재) 시민방송, ㈜모든미디어, ㈜참티브이, ㈜온뮤직네트워크, ㈜뮤직시티미디어, ㈜기독교복음방송, ㈜어린이미디어어소시에이션, ㈜무협티비, 하오티비㈜, ㈜햇터방송, ㈜에이비에스농어민방송, ㈜리빙티브이, ㈜디지털스카이넷, ㈜썬티브이, ㈜에듀티브이, ㈜브로드밴드솔루션즈, ㈜이텐티브이, 중앙방송㈜, ㈜센추리티비

출처: 방송위원회(2007. 11), 〈2006년도 방송채널사용사업자 경영분석〉.

사업자로 전기 5개사에 3개사가 증가하였다.

자본규모 5백억 원 이상 1천억 원 미만인 사업자는 씨제이미디어(주) 등 4개 사업자, 1백억 원 이상 5백억 원 미만인 사업자는 (주)디지틀조선일보 등 19개 사업자, 0원 이상 1백억 원 미만 사업자는 한국에이치방송(주) 등 112개사로 나타났다. 자본잠식 사업자는 2005년도에는 19개 사업자였으나 2006년도에는 30개 사업자로 증가하였다.

⑤ 손익현황

방송채널사용 사업자들의 재무구조를 살펴보면, 출범 이후 예상보다 큰 적자폭을 기록하여 1998년 이전까지 자본잠식 상태에 들어갔다. 1995년부터 1998년까지 3년 동안 29개 채널들의 총 누적적자가 8,100억 원에 달하고,[9] 채널당 평균 누적적자만 337억 원을 기록할 정도였다. IMF 경제위기가 닥치자 많은 PP들의 부도가 발생하여 지배주주가 바뀌었다. 1999년부터 회복하기 시작하여 2000년도와 2001년도에는 재무구조가 크게 개선되었다.

전체 PP들의 매출액은 매년 지속적으로 증가하였다. 1997년 3,871억 원이었던 것이 1999년에는 7,294억 원, 2006년도에는 3조 6,687억 원으로 증가함으로써 10년 동안 외형적으로는 거의 10배가량 증가하였다. 이러한 매출액의 증가 원인은 가입자 수가 급증하면서 기타 사업, 광고, 수신료 수입 등이 크게 증가한 결과이다. 그 가운데 기타 수입이 1999년 358억 원에서 2006년에는 1조 3,184억 원으로 급증하였다. 다음으로 광고수입 역시 큰 폭으로 증가하였는데, 1999년 1,187억 원에서 2006년 7,181억 원으로 증가하였다. 수신료 수입 역시 가입자 증가로 인해 1999년 367억 원에서 2,006억 원으로 역시 크게 증가하였다.

PP들의 손익현황 변화추이를 살펴보면, 먼저 영업비용은 1999년 2,213억 원에서 지속적으로 증가하는 경향을 보이고 있다. 2004년 1조 원을 넘어선 후 2006년에는 1조 6,866억 원 규모로 크게 증가하였다.

---

9) 홈쇼핑 2개사 및 공공채널 3개사 제외.

당기순이익은 1997년 2,362억 원 적자에서 2000년 866억 원 적자, 2003년 48억 원 흑자로 전환되었다. 2004년 PP의 전체 당기순이익은 494억 원으로 크게 늘었으며, 2006년에는 1,060억 원으로 매년 큰 폭으로 증가하고 있다.

2006년도 PP의 매출액 영업이익률은 약 11%로 전년도와 비슷한 수준을 보이고 있으며, 동업종 평균에 비해서 약간 낮은 수익률을 보이고 있다. 전

〈표 5-6〉 방송채널사용 사업자 매출액 현황

(단위: 백만 원)

	1999	2000	2001	2002
수신료	36,704	50,983	264,248	95,836
광 고	118,682	175,079	145,434	255,586
협 찬				
프로그램 판매				20,437
상품 판매	519,021	1,014,789	2,007,569	4,249,708
비영리	19,225	35,586	389	16,572
기타 사업	35,781	52,431	41,838	288,710
매출 합계	729,413	1,328,868	2,459,478	4,926,845
영업 비용	221,289	342,203	620,011	731,988
당기순이익	-20,751	-86,614	-123,170	-47,745
	2003	2004	2005	2006
수신료	112,560	177,030	157,255	200,614
광 고	320,495	412,882	571,030	718,135
협 찬				58,037
프로그램 판매	5.962	9,226	19,503	31,990
상품 판매	767,242	9,54,301	19,503	31,990
비영리	94	27,882	46,848	25,163
기타 사업	1,095,903	1,007,070	1,068,616	1,318,379
매출 합계	2,302,255	2,588,390	3,126,497	3,668,708
영업 비용	925,338	1,071,482	1,359,154	1,686,562
당기순이익	4,776	49,430	41,600	106,016

출처: 방송위원회(2007. 12), 《방송통계자료집》; 방송위원회, 당해연도 방송산업 실태조사 보고서.

* 매출액에는 홈쇼핑이 포함, 영업 비용이나 당기순이익에는 홈쇼핑이 제외되었음.

산업에 비해 동종업종의 이익률이 2배 이상 높게 나타나고 있어 PP의 이익률은 전 산업 평균을 상회하여 동종업종 평균에 미치지 못하고 있으나 다소 개선된 모습을 보이고 있다.10)

(2) PP 수익구조 분석

2006년도 PP의 매출액은 3조 6,687억 원(37.7%)으로 지상파방송 사업의 매출액 총 3조 7,069억 원(34.2%)을 상회하기 시작하였다. 그렇지만 이 수치는 홈쇼핑을 포함한 것이다. 5개 홈쇼핑 사업자의 매출액은 1조 8,849억 원으로 전체 채널사업자의 매출액에서 차지하는 비중이 51.4%에 달하고 있다.

〈그림 5-2〉에서 보듯이, 방송채널 사업자의 매출액 가운데 기타 사업수익이 1조 3,184억 원(35.94%)으로 가장 큰 비중을 차지하고 있고, 상품

〈그림 5-2〉 방송채널사용 사업 서비스 매출액 구성내역

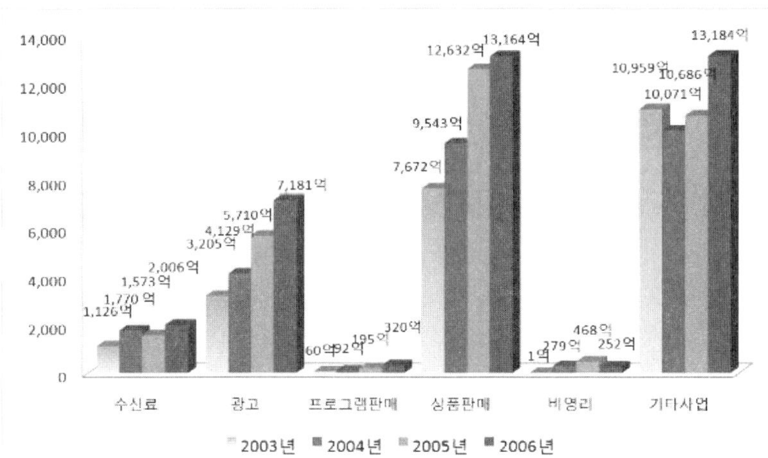

* 상품판매 매출액(13,164억)이 상당히 높은 이유는 홈쇼핑 채널을 통한 상품판매 매출액을 포함하고 있기 때문이다.

출처: 방송위원회(2007), 〈2006년 방송산업 실태조사 보고서〉.

10) 방송위원회(2007), 앞의 보고서, p.38.

〈표 5-7〉 미국의 케이블TV 2000년 매출 및 구성내역

(단위: 백만 달러)

구분		Basic 서비스수익	Pay 서비스수익	지역 광고수익	기타수익	총수익
Cable	금액	24,445	4,949	3,128	4,639	42,110
	구성비	58.1%	11.8%	7.4%	11.0%	100.0%
구분		프로그램 사용료 (*License Fee*)		광고수익*	기타수익	총수익
Basic Cable Network	금액	6,292		8,887	679	15,858
	구성비	39.7%		56.0%	4.3%	100.0%

출처: NCTA Industry Statics(www.ncta.com), Economics of Basic Cable Networks (Kagan World Media, 2001).

주) * 광고수익: Basic Cable Network Net Adv. Revenue(Billing 10,446 $mil.).

판매 수익이 1조 3,164억 원(35.88%)으로 두 번째로 큰 부분을 차지하고 있다. 그밖에 수신료 수익은 2,006억 원(5.5%), 광고수익은 7,181억 원(20.2%), 프로그램 판매수익은 320억 원(0.9%), 비영리 수익이 252억 원(0.7%)으로 광고수익을 제외하고는 매우 미약하다.

이상과 같은 PP의 프로그램 사용료 수입은 미국 케이블TV 채널과 비교할 때 많은 차이를 보이고 있다. 미국의 경우 전체 매출액에서 수신료 수입의 비중이 39.7%로 매우 높다. 광고수입의 비중 역시 56.0%에 달해 국내 수신료 구조와 좋은 대조를 보이고 있다(〈표 5-7〉 참조).

채널별 광고수익과 수신료 수익을 기준으로 2차원 도표상에 PP들을 위치시켜본 결과, 뚜렷한 수익모델을 가지고 있는 사업자들의 수는 매우 적었다. 이는 국내 PP들의 수익모델 설정이 어려운 산업 실상을 잘 말해주고 있다. 총 89개의 분석 채널들 중 13개의 채널을 제외한 나머지 76개의 채널이 35억 미만의 수신료 수익과 동시에 100억 이하의 광고수익을 얻고 있는 것으로 나타났다. 광고 100억 이상과 수신료 35억 이상 채널인 13개 채널은 투니버스, OCN, 채널CGV, XTM, MBC ESPN, SBS 드라마플러스, MBC 드라마넷, MBC MOVIES, ongamenet/쿼니, SUPER ACTION, 올

리브, YTN, 한국경제TV 등으로 나타났다.

① 광고수익 규모

2006년도 PP들의 전체 총 광고수익은 639억 9천만 원이었고, 전체 평균 광고수익은 71억 9천만 원으로 나타났다. PP들의 광고수익을 상, 중상, 중하, 하의 4가지 규모별로 살펴볼 경우, 총 89개의 PP 채널 중 상위집단에 속한 15개 채널(16.9%)은 평균 광고수익이 300억 이상인 것으로 나타났지만, 그밖의 74개 채널의 평균 광고수익은 57억 원 이하로 나타났고, 특히

〈그림 5-3〉 PP들의 수익성 모델 분석결과

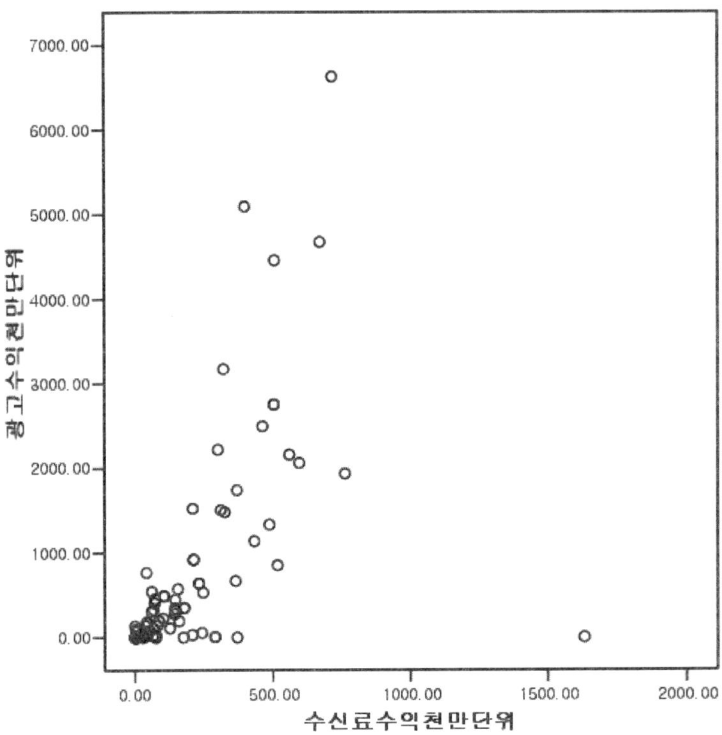

중하위 집단과 하위집단에 속하는 39개 채널(42.7%)의 평균 광고수익은 5억 원 이하인 것으로 나타났다.

PP들의 매출 중 광고와 수신료 수입의 불균형이 매우 심각하다. 장르를 불문하고 수입 불균형이 점차 심화되고 있어 광고 의존도가 높아지고 있다. 매출 불균형의 결과, 광고 의존도가 높아질수록 프로그램 편성은 시청률

〈표 5-8〉 광고수익 규모

광고수익 규모	총수익 (천만 원)	평균수익 (천만 원)	채널명
상위 15% (15개 채널/ 16.9%)	45,162.2118	3,010.8141	MBC MOVIES, MBC드라마넷, XTM, 투니버스, 매일경제TV/라디오MBN, channel CGV, On Style, MBC-ESPN, SBS Sports, SBS드라마플러스, SBSGolf, SUPERAction, OCN, YTN, Xports
중상 (상위 16~50%: 181.8816~1,505.3822) (30개 채널/ 33.7%)	17,271.8820	575.7294	MCN, FTV, Q채널, KBS N Sports, 한국경제TV(DTV), History Channel, English TV, JEITV, J 골프채널, GTV, 중화 TV, KBS Drama, EtN연예티브이, CinemaTV(Plus), I.NET, 코미디TV, KMTV, ongamenet/퀴니, MTV, 리얼TV, 바둑TV, NationalGeographicChannel, 올리브, Mnet(NONSTOP), MBC게임, YTN STAR, 동아TV, e채널, KBS Korea, 생활건강TV
중하 (하위 16~50%: 4.4775 ~181.8816) (31개 채널/ 34.8%)	1,548.4839	49.9511	한방건강 TV, Sky HD, 육아방송, Sky HD Movie, 브레인 TV, 비타민 TV, 부동산방송RCN, 웨이브 TV, 복지 TV, CRTV, 스타무비, CMCTV, 실버TV, 이토마토 TV, 실버아이, 어린이TV, 무협TV, 디원, MEDITV(Orient BeBe), CINEON, MGM(PLUS), DTN드라마, FHTV, AniOneTV, ABS농어민방송, 생활경제TV, KCN 무협채널, 부동산 TV, Sky 바둑, Car TV, CH[V]KOREA
하위 15% (7개 채널/ 7.9%)	8.7808	1.2544	게임TV, 채널칭, 애완TV, MountainTV, 가이드 TV, Hao TV, 애니맥스
누락 (6개 채널/ 6.7%)	-	-	CGV CHOICE, GAG Station, ON Demand(ON PPV), 스파이스TV, EDUON(Edu 1 2 3), CatchOn(PLUS)
전체 총광고수익	63,991.3585(천만 원)		
전체 평균광고수익	719.0040(천만 원)		

지상주의를 따르게 된다. 이 결과 다음과 같은 문제점들이 발생하고 있다.

- 손쉬운 방법으로 시청률을 끌어올릴 수 있는 지상파 프로그램의 재방영비율이 높아지게 되어 전체 PP의 지상파 프로그램 방영비율이 극단적으로 상승
- 지상파방송 사업자의 시장지배력이 유료방송 시장으로 옮겨지면서 일반 PP들의 프로그램 제작 및 편성능력을 약화시키고, 프로그램 유통구조를 왜곡시킴
- 이러한 상황에도 불구하고 시청률과 광고료 상승은 비례하지 않으며 이는 유료방송의 광고시장이 매우 큰 속도로 성장하더라도 분배가 고루 이루어지지 않아 지상파 MPP, 대형 MPP 위주로 일반광고가 분배되고 있음
- 이로 인해 매출 상위권에 포함되지 않은 PP들은 인포머셜 광고 유치에 주력하게 되고 전체 채널의 질을 낮추는 결과 초래

② 수신료 수익 규모

수신료 매출은 가입자가 포화상태인 상황에서 ARPU 개선 이외의 방안이 없다. ARPU 상승을 위한 요금인상은 시청자들의 수신료 인상에 대한 (심리적) 반발로 인해, 시간이 소요될 것으로 예상되며 PP의 경영부실을 해소하기에는 역부족이다.

2006년도 PP들의 전체 총 수신료 수익은 1,690억 원 정도였고, 전체 평균 수신료 수익은 19억 원 정도인 것으로 나타났다. PP들의 수신료 수익을 상, 중상, 중하, 하의 4가지 규모별로 살펴볼 경우, 총 89개의 PP 채널 중 상위집단에 속한 15개 채널(16.9%)은 평균 수신료 수익이 60억 원 이상인 것으로 나타났지만, 그밖의 74개 채널의 평균 수신료 수익은 22억 원 이하로 나타났고 특히 중하위 집단과 하위집단에 속하는 38개 채널(42.7%)의 평균 수신료 수익은 4억 3천만 원 이하였다.[11]

〈표 5-9〉 수신료 수익 규모

수신료 수익 규모	총수익 (천만 원)	평균수익 (천만 원)	채널명
상위 15% (15개 채널/ 16.9%)	9,103.3431	606.8895	OCN, SUPERAction, CatchOn(PLUS), 투니버스, 올리브, MBC드라마넷, 스파이스TV, MBC-ESPN, YTN, MBC MOVIES, XTM, SBS드라마플러스, channel CGV, ongamenet/퀴니, 바둑TV
중상 (상위 16~ 50%: 102.8965~ 369.7051) (30개 채널/ 33.7%)	6,450.8208	215.0274	History Channel, FTV, KBS Korea, EtN연예티브이, English TV, JEITV, MGM(PLUS), KBS Drama, KBS N Sports, On Style, Mnet(NONSTOP), NationalGeographicChannel, 매일경제TV/라디오MBN, Sky HD, e채널, 코미디TV, Xports, CinemaTV(Plus), 동아TV, AniOneTV, 어린이TV, 애니맥스, KMTV, SBSGolf, Sky HD Movie, 한국경제TV(DTV), YTN STAR, Q채널, SBS Sports, MBC게임
중하 (하위 16~ 50%: 4.9622~ 102.8964) (31개 채널/ 34.8%)	1,329.2988	42.8806	Sky 바둑, Car TV, CINEON, GTV, 중화 TV, J 골프채널, KCN 무협채널, 웨이브 TV, 육아방송, 디원, 복지 TV, 브레인 TV, 이토마토 TV, 무협TV, CRTV, MCN, CMCTV, 실버아이, CH〔V〕KOREA, 생활건강TV, 리얼TV, EDUON(Edu 1 2 3), FHTV, MEDITV(Orient BeBe), 게임TV, I.NET, GAG Station, 실버TV, MTV, 한방건강 TV, ABS농어민방송
하위 15% (7개 채널/ 7.9%)	17.3143	2.4735	생활경제TV, 비타민 TV, 부동산 TV, 애완TV, 스타무비, Hao TV, MountainTV
누락 (6개 채널/ 6.7%)	-	-	CGV CHOICE, DTN드라마, 채널칭, ON Demand(ON PPV), 부동산방송RCN, 가이드 TV
전체 총수신료 수익비율	16,900.7770(천만 원)		
전체 평균수신료 수익비율	189.8964(천만 원)		

11) CGV CHOICE, DTN드라마, 채널칭, ON Demand(ON PPV), 부동산방송 RCN, 가이드 TV 등 6개 채널은 아예 없거나 수신료 수익을 누락한 것으로 나타났다.

③ 프로그램 수익 규모

2006년도 PP들의 전체 총 프로그램 수익은 271억 원 정도였고, 전체 평균 프로그램 수익은 3억 원 정도인 것으로 나타났다. 총 89개의 PP 채널 중 상위 15%에 속한 15개 채널(16.9%)은 평균 프로그램 수익이 16억 7천

〈표 5-10〉 프로그램 수익 규모

프로그램 수익 규모	총수익 (천만 원)	평균수익 (천만 원)	채널명
상위 15% (15개 채널/16.9%)	2,510.0007	167.3334	한국경제TV(DTV), 투니버스, YTN, YTN STAR, EtN연예티브이, 코미디TV, History Channel, J 골프채널, Xports, Mnet(NONSTOP), Q채널, ongamenet/퀴니, OCN, KMTV, AniOneTV
중상 (상위70.1~84.9%: 6.2975~26.5006) (12개 채널/13.5%)	164.1126	13.6761	Car TV, 중화 TV, Sky HD Movie, GTV, 어린이TV, 동아TV, 생활건강TV, 매일경제TV/라디오MBN, CatchOn(PLUS), 채널칭, MGM(PLUS), Sky HD
중하 (상위 54~70%: 0.1394 ~6.2974) (14개 채널/15.7%)	36.8957	2.6354	Sky 바둑, FTV, 육아방송, 복지 TV, 부동산방송RCN, 웨이브 TV, SUPERAction, 한방건강 TV, MEDITV(Orient BeBe), CINEON, 무협TV, On Style, Hao TV, 부동산 TV
하 (하위 3.9%: 〈 0.1394) (48개 채널/53.9%)	-	-	I.NET, EDUON(Edu 1 2 3), ABS농어민방송, FHTV, 생활경제TV, MBC드라마넷, XTM, MCN, MBC게임, KBS Korea, 비타민 TV, 애니맥스, 브레인 TV, MTV, 이토마토 TV, 가이드 TV, JEITV, KBS Drama, KBS N Sports, e채널, English TV, MBC MOVIES, KCN 무협채널, GAG Station, SBS Sports, 애완TV, SBS드라마플러스, DTN드라마, 디원, Channel CGV, ON Demand(ON PPV), 올리브, MBC-ESPN, 게임TV, SBSGolf, CGV CHOICE, 바둑TV, 리얼TV, MountainTV, NationalGeographicChannel, 스타무비, CinemaTV(Plus), CH〔V〕KOREA, 실버아이, CRTV, 스파이스TV, CMCTV, 실버TV
전체 총 프로그램 수익	2,711.0090(천만 원)		
전체 평균 프로그램 수익	30.4608(천만 원)		

만 원 이상인 것으로 나타났지만, 그밖의 74개 채널의 평균 프로그램 수익은 1억 4천만 원 이하로 나타났고 특히 중하위 집단에 속하는 14개 채널(15.7%)의 평균 프로그램 수익은 3천만 원 이하인 것으로 나타났다. 뿐만 아니라 하위집단에 속한 48개 채널(53.9%)은 아예 프로그램 수익 자료조차 없었다. 다시 말해 전체 89개 분석 채널 중 절반 이상의 채널이 프로그램 수익이 전혀 없는 것으로 나타났다.

④ 기타 사업 수익 규모

2006년도 PP들의 전체 총 기타 사업 수익은 5,413억 5천만 원 정도였고, 전체 평균 기타 사업 수익은 60억 8천만 원 정도인 것으로 나타났다. 총 89개의 PP 채널 중 상위집단에 속한 15개 채널(16.9%)은 평균 기타 사업 수익이 348억 이상인 것으로 나타났으나 그밖의 74개 채널의 평균 프로그램 수익은 5억 9천만 원 이하였고, 특히 중하위 집단에 속하는 16개 채널(18.0%)의 평균 기타 사업 수익은 3천 2백만 원 이하였다. 하위집단에 속한 28개 채널(31.5%)은 아예 기타 사업 수익 자료조차 없었다. 다시 말해 전체 89개 분석 채널 중 3분의 1 정도의 채널이 기타 사업 수익이 전혀 없었다.

⑤ 시설투자비 규모

이상 산업실태 분석에서 나타난 열악한 재무구조는 낮은 시설투자비로 이어지고 있다. 2006년도 89개 채널 전체 평균 시설투자비는 약 2억 2천만 원 정도로 나타나 PP의 시설투자 규모는 전반적으로 매우 낮은 것으로 조사되었다. 이러한 결과는 PP의 디지털 추진이 현실적으로 어려운 이유를 잘 설명해주고 있다.

⑥ MPP 수익모델 사례분석

CJ 미디어와 경쟁사인 온미디어의 매출액 구성내용을 비교하면, 비즈니스 모델에 있어 많은 차이를 보이고 있다. CJ 미디어의 제일 중요한 수익원은 광고(65.0%), 기타(18.8%) 순이며, 방송 수신료 수입의 비율은 앞서 살펴본 PP들의 평균비율인 11.6%보다 약간 높은 12.2% 수준이다. 이러한 결과는 다시 한번 케이블TV Only 전략에 대한 근본적 검토를 필요로 하고 있다. 아울러 MPP로서 지닌 장점을 방송 수신료 협상에서 크게 살리고 있지 못하다는 점을 시사하고 있다. 광고수입 비율은 일반 PP(34.5%)보다 훨씬 높은 65.0%를 차지하고 있어 바람직하다고 보인다.

한편 온미디어의 경우에는 기타 수익이 가장 높은 60.8%를 차지하고 있고 다음으로 광고(27.3%) 순이며, 방송 수신료 수입은 일반 PP의 평균보다 훨씬 낮은 8.8% 수준에 불과하다. CJ 미디어가 경쟁사인 온미디어로부

〈표 5-11〉 CJ 미디어와 온미디어 매출액 구성내역 비교

(단위: 천 원)

구 분	CJ미디어	온미디어
방송 수신료	10,655,654(12.2)	5,287,060(8.8)
광 고	56,968,731(65.0)	16,303,648(27.3)
프로그램 판매	3,454,446(3.9)	386,400(0.7)
상품 판매	-	1,478,840(2.5)
기 타	16,504,807(18.8)	36,344,599(60.8)
총매출액	87,583,638(100.0)	59,800,547(100.0)

* 오리온시네마네트워크, 온게임네트워크, 온뮤직네트워크는 제외, 씨제이사운드, 씨제이엔지씨코리아는 제외.

〈표 5-12〉 기타 수입 내역 비교

	기타 사업 수익 세부내역
CJ미디어	영상물제작수익, 방송시설 임대수익, 행사수익, 상품 및 제품수익 등
온미디어	국내 MD, 비디오, 인터넷, 음반, ARS, VOD, 공동프로모션, 관리대행 수수료, 광고대행 수수료, 중개수수료, 지분법이익(19,939천 원), 배당금이익

터 벤치마킹해야 할 부분이 바로 기타 수익에 대한 부분으로 양사간에는 기타 수입 구성에 있어 많은 차이를 보이고 있다.

(3) 케이블TV 수익모델

① 현행 수익모델에 대한 평가

국내 협소한 시장규모(수신료와 광고시장 규모)를 고려할 때 경쟁매체나 채널수가 너무 많이 시장에 진출했다는 것이 근본적 한계이다. 수익원은 크게 두 가지로 구성되어 있다. 수신료와 광고수입이다.

ㄱ. 수신료에 대한 평가

2005년 케이블TV 가입자당 수신료 매출(ARPU)은 5,888원으로 전년도의 5,317원에서 571원 증가하였다. 케이블TV 시청자들은 현 케이블TV 수신료 가격이 적당하다는 응답이 50.4%, 비싸다는 응답이 40.7%를 차지함으로써 현행 저가체계에서 수신료 인상 가능성은 낮아 보이고 수신자들은 이러한 저가 수신료에 익숙해져 있다.

2006년도 들어 SO들이 수신료를 인상하자, 방송위원회를 비롯하여 소비자단체에 수신자들의 적지 않은 불만이 접수되었다. 공정거래위원회는 이와 관련하여 복점경쟁이 수신료 인상을 방지할 수 있을 것이라고 간주하고, 경쟁을 강화하는 방향으로 케이블TV 정책을 수립하겠다는 정책을 발표한 바 있다.

케이블TV를 통한 인터넷 수입 역시 통신사업자들과 과당경쟁이 발생하여 가격저하가 이루어지고 있고, 인터넷 시장의 포화상태로 인해 더 이상 발전가능성이 낮다. 앞으로 TPS 서비스 등을 제공한다 해도 결합상품에 대한 할인가격을 통한 마케팅 전략을 전개할 가능성이 높아 개별상품에 대한 ARPU가 증가할 것 같지 않다.

수신료 배분비율이 개별계약제 도입 이후 지속적으로 감소했다. 지상파계열 PP와 MPP를 제외하고는 수신료 배분비율이 턱없이 낮아졌고, 오히려 마케팅비용으로 채널 런칭(*launching*) 비용을 제공하는 경우가 관행으로 자리잡고 있다. 방송위원회에서는 재허가 심사를 통해 수신료 배분비율을 정상화시켜 향후 약 30% 수준까지 배분비율을 높이도록 행정지도를 하고 있는 상태이나 이면계약 등을 통해 이러한 규제정책을 현실화하기에는 적지 않은 어려움이 예상된다.

현실적으로 디지털화 추진으로 인한 부가서비스 제공으로 ARPU를 높이는 전략이 가장 바람직해 보인다. 그렇지만 디지털TV 전환속도가 더디고 아날로그 가입자들의 디지털 전환은 가격저항으로 인해 쉽지 않을 전망이다. 가입자당 ARPU를 높이는 것이 현실적으로 어렵다.

ㄴ. 광고에 대한 평가

광고비의 성장 역시 2002년도부터 정체상태이고 향후 국내 경제성장률이 4%대에 머물 예정이어서 향후 광고시장은 크게 확대되지는 않을 전망이다. 다만 케이블TV나 인터넷과 같은 뉴미디어 계열의 매체에 대한 광고비는 전통적 매체에 비교할 때 나은 편이다.

향후 광고시장 전망을 살펴보면, 2005년부터 약간씩 전체 규모는 증가하여 2007년에 가서는 약 75,816억 원 시장규모를 보여 2006년 대비 약 3,000억 원 정도 성장할 것으로 예상된다. 이후 꾸준히 성장하여 2010년 정도에는 89,261억 원 규모로 증가할 것으로 예측되고 있다. 이러한 시장을 전통적 4대 매체와 뉴미디어로 구분해서 살펴보면 좋은 대조를 보인다. 4대 매체는 매년 감소하는 반면 뉴미디어 부문에서 크게 증가할 것이다. 이러한 예측은 과거 성장경향을 고려할 때 크게 빗나가지 않을 것이다. TV나 라디오의 경우에는 큰 변동이 없을 것으로 보이나 인쇄매체(신문, 잡지)의 광고시장 규모는 매년 크게 감소할 전망이다. 뉴미디어계에서는 인터넷 매체의 광고시장 규모가 2006년 7,653억 원(예상치)에서 2010년경에 19,936억 원 규모로 크게 증가할 것으로 보이며 케이블TV나 위성방송의 경우에는 2006년 5,916억 원(예상치)에서 2010년 10,160억 원으로 증가할 전망이다.

그렇지만 새로운 경쟁매체의 등장으로 케이블TV의 광고시장은 위협을

〈그림 5-4〉 매체별 광고시장 전망

(단위: 억 원)

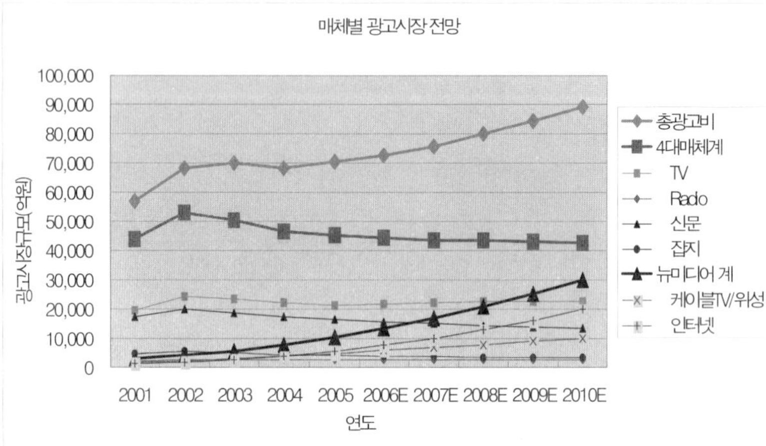

받게 될 것이다. 지상파 DMB가 출범 이후 광고수입이 저조함으로 인해 2007년도에는 파산까지 예상되면서 각계에 지원을 요청하고 있는 상태이다. 지상파방송사들이 MMS를 준비하고 있는데, 만약 상용화된다면 현행 지상파 다채널 라인업의 시청률이 높다는 점을 고려할 때 다채널TV 광고시장을 크게 잠식할 전망도 나오고 있다.

IP TV 역시 빠른 속도로 성장할 것으로 예상되어 적지 않은 광고시장을 잠식할 전망이다. 하나TV와 같은 TV 포털의 경우 본격적인 IP TV 서비스를 제공하지 않고 있음에도 불구하고 가입확산이 매우 빠른 속도로 이루어지고 있어 케이블TV 업계를 긴장하게 만들고 있다.

② 향후 PP 수익모델 개선방향

PP 입장에서는 경영다각화 전략이 필요하다. 케이블TV만 의지해서는 수익성 확보가 어려워 보인다. PP에서 CP(*content provider*)로의 변신을 통해 위성방송과 지상파 DMB뿐만 아니라 다양한 플랫폼을 통해서 송출하는 것이 바람직하다. 지상파 영향력 확대전략에서 볼 수 있듯이, 케이블TV, 위성방송, 인터넷TV, IP TV, DMB 등 통신영역이나 새로운 방송영역으로 윈도우를 확대하는 것이 필요하다.

수신료 배분비율을 높이는 것이 중요하다. 방송위원회는 프로그램 제작이 활성화될 수 있도록 수신료 배분권고안이 제대로 준수되고 있는지에 대해 감독해야 한다. SO 재허가 시에 영상산업발전에 대한 평가기준을 강화하여 수신료 배분율로 평가하는 것이 바람직할 것이나. PP들은 수신료 협상력을 강화할 필요가 있으며 디지털 케이블TV 가입자가 증가할 것을 대비하여 아날로그 가입자와 디지털 가입자를 구분하여 수신료 배분비율을 차등화시키는 것이 ARPU를 높이는 데 도움이 될 것이다.

그외 향후 Tivo나 PVR 확산에 대비함과 아울러 광고효과가 큰 PPL을 활성화시키는 전략이나 광고주로부터 프로그램 제작비를 지원받는 프로그램을 활성화시키는 것도 수익원 확대를 위해 좋은 방안이 될 수 있을 것이다. 이 경우 방송위원회는 지상파방송과 케이블TV와 같은 유료매체에 대해 차별적 규제를 적용하는 것을 검토할 필요가 있다.

경쟁력 있는 채널은 로열티 높은 시청자들을 대상으로 유료채널로 전환을 검토하는 방안과 알라카르테(*a la carte*)로 서비스를 제공토록 하여 경쟁력 있는 채널들의 ARPU를 높이는 방안도 진지하게 검토해볼 만한 가치가 있다. Free VOD 서비스 제공을 통해 디지털 케이블TV의 초기 보급확대를 위한 접근율(*triability*)을 높임과 동시에 광고수입을 확대할 수도 있겠다.

매체환경 변화에 따라 UCC(*User Created Contents*)의 제작을 활성화하는 것도 좋은 전략이다. 앞으로 대형방송사의 독점 위주의 공급체계에서 개인 위주의 소형방송이 활성화될 전망이다. 전문가에 의한 콘텐츠 생산에서 아마추어 소비자의 콘텐츠 공급은 이러한 변화에 주요한 역할을 담당하게 될 것이다. 제작비를 줄임과 동시에 창의적 콘텐츠를 개발하고 수용자의 참여를 유도한다는 측면에서도 바람직하다.

2) 종합유선방송국의 사업현황과 수익성

(1) 경영 개관

전체 SO의 재무현황을 살펴보면, 2006년 기준으로 자산은 4조 2,195억 원, 부채는 2조 2,689억 원, 자본총계는 1조 9,506억 원으로 나타났다. 전기대비 자산, 부채 및 자본이 전체적으로 증가하고 있으며 부채증가율보다 자본증가율이 높게 나타나 전체적 재무상태는 양호하게 나타났다. 자산규모는 2003년 이후 매년 약 30% 정도 급격하게 증가하였으나 당기에는 그 증가추세가 다소 완만해졌다. 부채 및 자본의 규모도 자산의 증가추세와 동일하게 2005년까지는 급격한 증가를 보이다 당기에는 그 추세가 완만한 증가추세를 보이고 있다.

자산의 증가율은 전 산업의 총자산 증가율과 비교할 때, 2005년까지는 전 산업 평균에 비해 크게 증가하였으며 2006년에는 전 산업 평균보다 낮은 수준이다. 총자산 증가율은 5.6%로 성장률이 많이 둔화되어 있는데, 이는 동업종 및 전 산업의 성장률인 7.7%와 8.3%보다 낮게 나타났다. 그러나 2006년도 유형자산 증가율은 13.7%로 동업종 및 전 산업 평균보다 높게 산출되었다. 이는 방송산업의 특성이 네트워크 산업, 장치산업이라는 특성상 타 산업에 비해 유형자산이 차지하는 비중이 크고 또한 방송산업의 디지털 전환 등 기술의 급격한 발전으로 인한 설비투자가 크게 증가하고 있는데 기인한다.[12)]

자기자본 증가율은 7.1%이고 동업종 14.9%와 전 산업 평균인 9.3%에 비해서 낮게 산출되었다. 총자산 증가율이 동업종 및 전 산업 평균보다 낮아 자기자본으로 조달한 자본이 낮게 나타난 것으로 분석된다.

SO의 자기자본 비율 및 부채비율은 각각 46.2%와 116.3%로 동업종 및 전 산업 평균과 비슷한 수준이다. 유동비율도 동업종이나 전 산업 평균과 거의 비슷한 수준이나 약간 양호하게 나타난다. 이러한 안정성 비율로 볼

---

12) 방송위원회(2007. 11), 〈2006년도 종합유선방송·위성방송·이동멀티미디어방송사업자 경영분석〉, p. 17.

때 종합유선방송 사업자의 재무구조는 안정적이라 할 수 있고 유동성 또한 양호하다고 할 수 있다.[13]

〈표 5-13〉 종합유선방송 사업자 재무현황 총괄

(단위: 천원)

구 분	2005	2006	증 감	증감률
자산총계	3,996,389,748	4,219,532,818	223,143,070	5.58%
부채총계	2,174,938,538	2,268,915,800	93,977,262	4.32%
자본총계	1,821,451,210	1,950,617,018	129,165,808	7.09%

출처: 방송위원회(2007.11), 〈2006년도 종합유선방송·위성방송·이동멀티미디어방송사업자 경영분석〉.

〈표 5-14〉 종합유선방송 사업자 주요 재무비율

(단위: %)

지 표	2005	2006	동업종	전 산업
총자산증가율	33.82	5.58	7.68	8.34
유형자산 증가율	21.33	13.66	5.03	5.15
자기자본 증가율	42.03	7.09	14.94	9.25
자기자본 비율	45.58	46.23	45.96	48.71
유동비율	101.87	133.72	129.86	123.60
부채비율	119.41	116.32	117.59	105.30

출처: 방송위원회(2007.11), 〈2006년도 종합유선방송·위성방송·이동멀티미디어방송사업자 경영분석〉.

13) 방송위원회(2007.11), 앞의 보고서, p.18.

(2) SO 경영 및 수익성 현황[14]

① 자산규모

SO 자산규모를 살펴보면, 자산규모가 4천억 원 이상인 사업자는 (주)씨앤앰 1개 사업자, 1천억 원 이상 4천억 원 미만인 사업자는 (주)씨제이케이블넷 등 총 5개 사업자, 5백원 억 이상 1천억 원 미만 사업자는 (주)큐릭스 등 총 14개 사업자이다. 전체 총 107개 사업자 중 3백억 원 미만 사업자가 68개사로 전체의 64%를 차지하고 있다. 사업자의 자산규모가 전반적으로 증가하고 있어 3백억 원 미만의 사업자의 수가 점차적으로 감소하고 있으며 합병 등으로 인해 사업자의 자산규모가 증가되고 있다.

② 부채규모

SO의 부채규모를 살펴보면, 부채규모가 가장 큰 사업자는 (주)씨앤앰으로 부채가 약 3,400억 원에 달하고 있다. 부채규모가 5백억 원 이상 1천억 원 미만인 사업자는 (주)티브로드전주방송 등 총 10개 사업자, 3백억 원 이상 5백억 원 미만 사업자는 1개로 집계되었다. 기타 3백억 원 미만 사업자가 85개로 대부분을 차지하고 있다.

③ 자본규모

SO의 전체 자본규모는 약 1조 9,506억 원이다. 개별 사업자별 자본규모가 2천억 원 이상인 사업자는 (주)에이치씨앤, (주)씨제이케이블넷, (주)씨앤앰 3개사이다. 5백억 원 이상인 사업자는 드림씨티방송(주), (주)큐릭스 2개이다. 또한 자본규모가 3백억 원 이상인 사업자는 (주)GS강남방송 등 9개 사업자, 1백억 원 이상인 사업자는 (주)디씨씨 등 30개 사업자, 1백억 원 미만인 사업자는 (주)큐릭스서대문방송 등 52개 사업자로 나타났다. 그리고 (주)티브로드천안방송 등 11개 사업자가 2006년 말 현재 자본잠식 상태인 것으로 나타났다.

---

14) 방송위원회(2007.11), 앞의 보고서, pp.43~51.

〈표 5-15〉 종합유선방송 사업자 자산규모

자산규모	사업자 수	방송사업자
4천억 원 이상	1개사	㈜씨앤앰
1천억~4천억 원	5개사	㈜씨제이케이블넷, ㈜에이치씨엔, ㈜티브로드수원방송, 드림씨티방송㈜, ㈜티브로드한빛방송
5백억~1천억 원	14개사	㈜큐릭스, ㈜씨앤앰마포케이블티브이, ㈜씨앤앰구로케이블티브이, 씨제이케이블넷가야방송㈜, ㈜티브로드기남방송, ㈜티브로드전주방송, ㈜씨앤앰동서울케이블티브이, ㈜한국케이블티브이새로넷방송, ㈜GS강남방송, ㈜티브로드 ABC방송, ㈜씨앤앰북부케이블티브이, 씨제이케이블넷경남방송㈜, ㈜한국케이블TV포항방송, ㈜씨앤앰경기케이블티브이
3백억~5백억 원	19개사	씨제이케이블넷마산방송㈜, 씨제이케이블넷북인천방송㈜, ㈜티브로드낙동방송, ㈜티브로드천안방송, ㈜에이치씨엔서초방송, ㈜씨씨에스, ㈜영서방송, ㈜티브로드남동방송, ㈜중앙케이블TV방송, ㈜한국케이블TV제주방송, ㈜디씨씨, ㈜씨엠비한강케이블티비, ㈜서경방송, ㈜씨앤앰중앙케이블티브이, 씨제이케이블넷해운대기장방송㈜, ㈜아름방송네트워크, ㈜티브로드지에스디방송, 씨제이케이블넷중부산방송㈜, 영남방송㈜
1백억~3백억 원	43개사	㈜한국케이블TV영동방송, ㈜에이치씨엔부산방송, 드림씨티방송㈜(은평), ㈜씨앤앰송파케이블티브이, 한국케이블티브이푸른방송㈜, ㈜GS울산방송, ㈜씨앤앰용산케이블티브이, ㈜티브로드동남방송, 울산중앙케이블방송㈜, 에이치씨엔충북방송, ㈜씨앤앰경동케이블티브이, 티씨엔대구방송㈜, ㈜한국케이블TV우리방송, 금강방송㈜, ㈜씨엠비대전방송, ㈜씨앤앰서초케이블티브이, ㈜한국케이블TV호남방송, ㈜티브로드새롬방송, ㈜씨앤앰서서울케이블티브이, ㈜큐릭스광진성동방송, ㈜한국케이블TV전남동부방송, ㈜티브로드케이씨엔방송, ㈜씨엠비웹앤티비, ㈜한국케이블TV충남방송, ㈜씨앤앰중랑케이블티브이, ㈜한국케이블티브이나라방송, ㈜씨엠비대구동부방송, 남인천방송㈜, 신라케이블방송㈜, ㈜한국케이블TV광주방송, ㈜씨엠비광주동부방송, ㈜씨앤앰노원케이블티브이, ㈜씨엠비광주방송, ㈜강원방송, ㈜수성케이블방송, ㈜티브로드중부방송, ㈜큐릭스대구방송, ㈜큐릭스종로중구방송, ㈜씨엠비동대전, ㈜에이치씨엔금호방송, ㈜큐릭스서대문방송, ㈜충북방송, ㈜한국케이블TV서남방송
1백억 원 미만	26개사	㈜노원케이블종합방송, ㈜한씨엔, ㈜씨엠비동서방송, ㈜에이치씨엔경북방송, ㈜디비에스대경방송, 대구케이블방송㈜, ㈜티브로드서해방송, ㈜한국케이블TV충청방송, ㈜관악케이블티브이방송, ㈜제일케이블TV방송, ㈜한국케이블TV전북방송, ㈜한국케이블TV서대구방송, ㈜동서디지털방송, ㈜티브로드강서방송, ㈜동구케이블방송, ㈜티브로드동대문케이블방송, ㈜한국케이블티브이경기동부방송, ㈜씨엠비전남방송, ㈜북부산케이블방송, ㈜한국케이블TV모두방송, ㈜티브로드서부산방송, ㈜씨엠비대구수성방송, ㈜동부산방송, ㈜한국케이블TV대전방송, ㈜대구중앙케이블티비북부방송

출처: 방송위원회(2007. 11), 〈2006년도 종합유선방송·위성방송·이동멀티미디어방송사업자 경영분석〉.

〈표 5-16〉 종합유선방송 사업자 부채규모

부채규모	사업자 수	방송사업자
1천억 원 이상	1개사	㈜씨앤앰
5백억~ 1천억 원	10개사	㈜티브로드전주방송, ㈜티브로드수원방송, ㈜티브로드한빛방송, ㈜씨제이케이블넷, ㈜티브로드천안방송, ㈜씨앤앰마포케이블티브이, ㈜티브로드기남방송, ㈜한국케이블티브이새로넷방송, ㈜씨앤앰구로케이블티브이, ㈜씨앤앰중앙케이블티브이
3백억~ 5백억 원	11개사	씨제이케이블넷가야방송㈜, ㈜한국케이블TV포항방송, ㈜씨앤앰경동케이블티브이, ㈜씨앤앰동서울케이블티브이, ㈜티브로드 ABC방송, ㈜씨앤앰경기케이블티브이, ㈜씨앤앰북부케이블티브이, ㈜티브로드남동방송, ㈜씨앤앰송파케이블티브이, ㈜씨앤앰중랑케이블티브이, ㈜영서방송
1백억~ 3백억 원	31개사	㈜티브로드낙동방송, 씨제이케이블넷㈜북인천방송, 씨제이케이블넷, 해운대기장방송㈜, ㈜중앙케이블TV방송, ㈜티브로드동남방송, 한국케이블티브이푸른방송㈜, ㈜티브로드지에스디방송, 씨제이케이블넷중부산방송㈜, ㈜씨앤앰용산케이블티브이, 울산중앙케이블방송㈜, ㈜GS강남방송, ㈜티브로드새롬방송, 씨제이케이블넷경남방송㈜, 영남방송㈜, ㈜한국케이블TV호남방송, ㈜한국케이블TV우리방송, ㈜씨앤앰서서울케이블티브이, ㈜씨엠비한강케이블티비, ㈜씨앤앰서초케이블티브이, ㈜씨엠비대전방송, ㈜아름방송네트워크, ㈜큐릭스, 드림씨티방송㈜, ㈜한국케이블TV제주방송, 신라케이블방송㈜, 씨제이케이블넷마산방송㈜, ㈜한국케이블TV충남방송, ㈜티브로드케이씨엔방송, 티씨엔대구방송㈜, ㈜엠비대구동부방송, ㈜디씨씨
1백억 원 미만	54개사	㈜한국케이블TV서대구방송, ㈜에이치씨엔서초방송, ㈜씨엠비광주동부방송, 금강방송㈜, ㈜티브로드중부방송, ㈜씨엠비광주방송, ㈜한국케이블TV충청방송, 드림씨티방송㈜(은평), ㈜씨씨에스, ㈜강원방송, ㈜씨엠비동대전, ㈜GS울산방송, 남인천방송㈜, ㈜북부산케이블방송, ㈜에이치씨엔충북방송, ㈜티브로드서해방송, ㈜한국케이블TV영동방송, ㈜씨앤앰노원케이블티브이, ㈜씨엠비전남방송, ㈜큐릭스종로중구방송, ㈜한국케이블티브이경기동부방송, ㈜한국케이블티브이나라방송, ㈜큐릭스대구방송, ㈜티브로드동대문케이블방송, ㈜씨엠비웹앤티비, ㈜큐릭스광진성동방송, ㈜한씨엔, ㈜한국케이블TV광주방송, ㈜한국케이블TV대전방송, ㈜충북방송, ㈜서경방송, ㈜에이치씨엔부산방송, ㈜디비에스대경방송, ㈜한국케이블TV서남방송, ㈜한국케이블TV전북방송, ㈜한국케이블TV모두방송, ㈜티브로드강서방송, ㈜제일케이블TV방송, 에이치씨엔, ㈜노원케이블종합방송, ㈜관악케이블티브이방송, 대구케이블방송㈜, ㈜티브로드서부산방송, ㈜한국케이블TV전남동부방송, ㈜에이치씨엔금호방송, ㈜씨엠비동서방송, ㈜동구케이블방송, ㈜에이치씨엔경북방송, ㈜수성케이블방송, ㈜큐릭스서대문방송, ㈜동서디지털방송, ㈜동부산방송, ㈜씨엠비대구수성방송, ㈜대구중앙케이블티비북부방송

출처: 방송위원회(2007. 11), 〈2006년도 종합유선방송·위성방송·이동멀티미디어방송사업자 경영분석〉.

④ 손익현황

2006년도 SO의 매출액은 약 1조 8,467억 원으로 전기보다 2,987억 원(19%)이 증가한 것으로 나타났다. 2004년과 2005년의 매출 증가율이 각각 25%, 21%이므로 전기의 증가율보다는 약간 둔화된 것으로 파악된다. 그러나 전 산업의 평균 매출액 증가율이 약 6%이고, 동업종의 평균이 10%이므로 SO의 매출액은 급격하게 성장하고 있음을 알 수 있다.[15]

SO의 영업비용은 1996년의 1,515억 원에서 2003년에는 8,946억 원으로 7년 동안 연평균 25.4%씩 증가했다. 2006년도 영업비용은 매출액이 증가함에 따라 전기대비 약 20%가 증가하였다. 매출증가에 따른 변동비의 증가와 설비투자에 대한 감가상각비의 증가로 인해 영업비용도 매출액과 거의 비슷한 비율로 증가한 것으로 나타났다.

당기순이익을 보면 1999년에 처음으로 97억 원의 흑자를 기록하였으나,

〈표 5-17〉 SO의 손익

(단위: 억 원)

금액(억 원)	매출액	영업 비용	당기순이익
1996년	857	1,515	-575
1997년	1,596	1,840	-484
1998년	1,996	2,147	-333
1999년	2,360	2,558	96
2000년	3,642	3,534	-57
2001년	5,479	4,997	713
2002년	5,922	6,636	842
2003년	10,750	8,946	283
2004년	13,480	11,100	692
2005년	15,480	12,451	1,031
2006년	18,467	14,994	867

출처: 1996년은 한국방송진흥원, 1997년 이후는 방송위원회(방송산업 실태조사 보고서, 각 연도), 2005년과 2006년도 자료는 방송위원회 경영분석자료.

15) 방송위원회(2007. 11), 앞의 보고서, p. 55.

2000년에는 2차 SO의 사업이 본격화됨에 따른 비용의 증가로 인해 다시 적자로 바뀌었다. 2001년과 2002년에는 비교적 큰 폭의 흑자를 기록하였고 2003년에는 흑자규모가 큰 폭으로 감소하였지만, 2005년에는 1,031억 원이라는 최대 당기흑자를 기록하였으며 2006년에도 867억 원의 흑자를 기록하였다.

2006년도 SO의 매출액 영업 이익률은 약 19%이고 동업종 및 전 산업 평균에 비해서 높은 수익률을 보이고 있다. 또한 영업 이익률이 높음에 따라 EBITDA/매출액도 30.79%로 전 산업 평균의 3배에 달하고 있어 SO의 수익성이 우수하다고 판단된다.[16)]

(3) SO 수익모델

SO의 수익모델은 크게 변화하고 있다. 매출액 구성을 보면, 1996년도 수신료의 비중이 94.8%를 차지하였다. 이후 광고수입과 기타수입이 차지하는 비율이 매년 증가함과 동시에 수신료의 비중이 지속적으로 감소하여 2002년도부터 50% 이하로 떨어져 2006년도에 들어와서는 45.7%에 불과하다. SO의 수입 중 기타수입의 비율이 1997년 22.8%에서 시작하여 매년 꾸준한 성장세를 보여 2003년도에는 27.6%를 차지하였다. 기타수입의 대

---

16) 방송위원회(2007.11), 앞의 보고서, p.56. EBITDA(*Earnings Before Interest, Taxes, Depreciation and Amortization*)는 '세전 · 이자지급전이익' 혹은 '법인세 이자 감가상각비 차감 전 영업이익'을 말한다. 이것은 이자비용(*Interest*), 세금(*Tax*), 감가상각비용(*Depreciation & Amortization*) 등을 빼기 전 순이익을 뜻하는 것이다. EBITDA는 영업이익에 순금융비용과 감가상각비를 더해서 계산한다. EBITDA는 이자비용을 이익에 포함하기 때문에 자기자본과 타인자본에 대한 기업의 실질이익창출 금액과 현금지출이 없는 비용인 감가상각비를 비용에서 제외함으로 기업이 영업활동을 통해 벌어들이는 현금창출 능력을 보여준다. 따라서 EBITDA는 수익성을 나타내는 지표로, 기업의 실가치를 평가하는 중요한 잣대로 쓰인다. 또 EBITDA는 국가간 또는 기업간에 순이익이 상이하게 계산되는 요인(세제의 차이 등)을 제거한 후, 기업의 수익창출 능력을 비교할 수 있는 지표로 널리 활용된다.

부분은 인터넷 접속 사업에 따른 수입이다. 한편 가입자 수가 증가됨에 따라 광고수입의 비중도 꾸준히 증가하였는데, 1996년의 5.2%에서 2003년에는 24.3%로 증가하였다. 2004년 이후에는 광고비율이 감소하고 있다. 상대적으로 기타 매출액의 비율이 크게 증가한 데 기인한다. SO의 매출은 크게 방송매출과 방송 외 매출로 구분할 수 있다. 주요 방송매출 구성항목은 방송 수신료 수익, 홈쇼핑 송출수수료 수익, 광고수익 등이 있으며 방송 외 매출은 인터넷 접속 서비스가 대부분을 차지하고 있으며 기타 사업 매출액이 포함되어 있다.

2006년을 기준으로 SO의 매출액은 전기에 비해 19.3%가 증가하였으며 그중 방송매출은 17.9%가 증가하였고 방송 외 매출이 22.4% 증가하여 방

〈표 5-18〉 SO의 매출액 구성비

(단위: 백만 원, %)

금액	수신료	광고	기타	계	구성비(%)	수신료	광고	기타	계
1996년	81,208	4,460	0	85,668		94.8	5.2	0.0	100.0
1997년	115,846	7,288	36,428	159,562		72.6	4.6	22.8	100.0
1998년	144,103	8,218	47,289	199,610		72.2	4.1	23.7	100.0
1999년	175,272	14,324	46,439	236,035		74.3	6.1	19.7	100.0
2000년	200,511	27,166	136,547	364,224		55.1	7.5	37.5	100.0
2001년	275,782	74,929	197,187	547,898		50.3	13.7	36.0	100.0
2002년	381,332	181,288	226,078	788,698		48.3	23.0	28.7	100.0
2003년	516,805	261,599	296,550	1,074,954		48.1	24.3	27.6	100.0
2004년	655,050	72,934	619,964	1,347,948		48.6	5.4	46.0	100.0
2005년	741,585	94,166	745,756	1,581,807		46.9	6.0	47.1	100.0
2006년	843,801	86,634	916,313	1,846,748		45.7	4.7	49.6	100.0

출처: 1996년은 한국방송진흥원, 1997년 이후는 당해연도 방송위원회 방송산업 실태조사 보고서.

송매출보다 방송 외 매출의 증가율이 좀더 큰 것을 알 수 있다. 방송 외 매출의 증가율은 계속해서 조금씩 증가하고 있으며 이러한 추세는 계속될 것이라 판단된다.

SO의 매출액 중 방송매출은 방송 수신료 수익, 홈쇼핑 수수료 수익, 광고수익, 협찬수익, 시설설치 수익, 컨버터 대여 수익 및 기타의 방송 수익으로 구분할 수 있다. 방송매출의 구성항목의 구성비율을 살펴보면, 방송 수신료 수익이 66.9%를 차지하고 있고, 홈쇼핑 송출수수료 수익이 18.5%를 차지하고 있어 상기항목이 85%를 차지하고 있다. 그리고 광고수익과 시설설치 수익이 각각 7.2%와 4%를 차지하고 있다. 방송 수신료 수익의 구성비율은 수신료의 증가로 인해 2004년 64%에서 꾸준히 증가하고 있다.

항목별 증가율은 방송 수신료 수익이 20.9% 증가하였으며 홈쇼핑 송출수수료 수익은 9.5% 증가하였다. 그리고 기타의 방송 수익이 94.2% 증가하여 가장 높은 증가율을 보이고 있다. 방송 수신료 수익의 증가율은 계속해서 증가하고 있으나, 홈쇼핑 송출수수료 수익의 증가율은 전기 19%에서 당기 9.5%로 증가율이 둔화된 것으로 나타났다.[17]

기타 수익의 비중이 매년 증가하고 있는데, 주된 내용으로는 VOD, 부가서비스(송출대행 등), 상품매출, 프로그램 판매 수입, 전송망 임대 수입, 사옥과 같은 부동산 임대료 수입, 인터넷전화(VoIP), 콘서트 행사 수입, 제작 수입 등이다.

향후 수익성은 TPS와 같은 번들링 서비스를 통해서 창출될 것으로 보인다. 양키(Yankee) 그룹에 따르면, TPS와 같은 번들링 서비스는 ARPU를 배가시켜줄 것으로 내다보고 있다. 미국은 음성만 제공하는 경우 ARPU는 57달러인 데 반해, 음성과 데이터를 동시에 제공하면 97달러, 그런데 음성, 영상, 데이터를 모두 제공할 경우 190달러로 크게 증가하는 것을 볼 수 있다(〈그림 5-5〉 참조).[18]

---

17) 방송위원회(2007.11), 앞의 보고서, p.104.

18) Davis, Matthew(2003), "Telcos Prepare for Video: A New Era of Competition," The Yankee Group, p.11.

〈그림 5-5〉 서비스에 따른 ARPU 분석

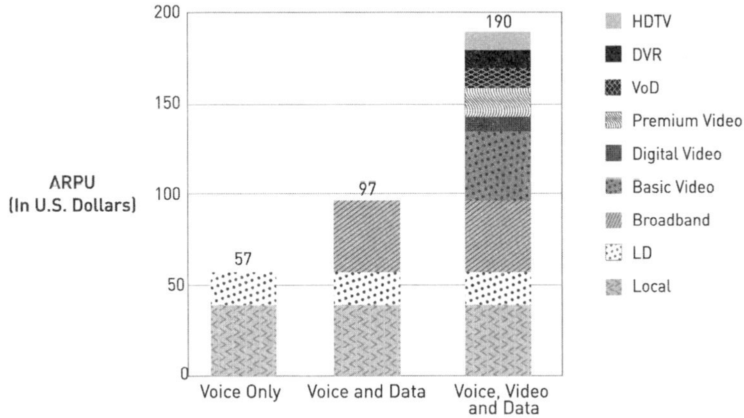

출처: Davis, Mattew(2003).

3. 사회문화적 성과

사회문화적 성과는 미디어 생산물의 질이나 그 효과를 평가할 수 있기 때문에 중요하다. 사회문화적 성과 분석을 통해서 케이블TV가 어떠한 특징을 가진 매체로 자리잡았는지 파악할 수 있다. 일반적으로 케이블TV 이념의 구현여부가 사회문화적 평가의 핵심적 내용이 된다. 방송에서 일반적으로 논의되는 이념으로 공익성, 상업성, 사회적 혹은 문화적 역할 등이 대표적인 예가 되겠다. 공익성 개념은 공공성, 다양성, 지역성 등을 포함하는 방송의 주요한 이념이다. 다양성은 다채널 케이블TV의 속성을 가장 잘 나타내주는 이념이다. 지역성 역시 지역밀착형 매체로서 케이블TV가 충실하게 수행해야 할 이념이다. 그외 오락성, 정보성과 같은 변인들이 사회문화적 성과에 포함될 수 있다. 여기서는 사회문화적 성과와 관련하여 케이블TV의 공익성, 사회적 책임, 그리고 시청행태 등의 측면에서 살펴본다.

1) 공익성에 대한 평가: 공공채널 및 공익채널 운영

유료매체에서 공익성을 확보하는 것은 중요하고도 오랜 정책과제 중의 하나이다. 시장논리에 맡겨둘 경우 살아남을 수 없는, 공익성이 강한 채널을 보호하는 정책을 수립할 필요가 있다.

방송법 제1조에서 방송의 목적으로 방송의 공적 책임과 국민문화의 향상 도모, 공공복리의 증진이라는 방송의 이념을 설정하고 있다. 방송법 제6조에서는 방송의 공익성을 실현하기 위해 방송은 상대적으로 소수이거나 이익추구의 실현에 불리한 집단이나 계층의 이익을 충실하게 반영하도록 하고[19] 방송은 사회교육 기능을 신장하고 유익한 생활정보를 확산, 보급하며 국민의 문화생활의 질적 향상에 이바지하도록 할 것을 규정하고 있다.[20] 현행 방송법에서는 방송의 공익성 이념을 구현하기 위해 공공채널과 공익채널을 운영토록 하고 있다.

SO들은 과학적으로 채널편성을 하는 것이 아니라, SO와 PP 간의 관계나 시장 파워에 따라 채널편성을 하고 있다는 점을 부인하기 어렵다. 이 결과 공익성 채널의 소외현상이 나타나고 있다. 홈쇼핑 채널 및 영화·드라마·음악·스포츠 등 오락성 채널의 SO 송출률은 매우 높은 반면, 환경TV(SO 확보율 10.2%), 웨더뉴스(SO 확보율 44.5%) 등과 같은 공익성 채널의 서비스율은 매우 낮은 것으로 조사되었다.[21] 공익성 채널에 대한 보호정책의 필요성은 이러한 시장의 문제점을 개선하기 위한 것이다.

공공채널에 대한 규제는 종합유선방송 초기시기까지 거슬러 올라간다. 구 종합유선방송법 아래 공공채널은 '국가가 공공의 목적으로 이용할 수 있는 채널'이라고 규정하고 있을 뿐 '공공의 목적'이 무엇인지 기준을 정하지 않았고 공공채널의 지정절차도 규정하지 않았다. 다만 공보처장관이 공공

---

19) 방송법 제6조 5항.

20) 방송법 제6조 7항.

21) 2001 회계연도에 자본잠식 상태(부채가 자산을 98% 초과)를 기록한 웨더뉴스 채널은 경영난을 이기지 못하고 지난 9월 폐업신고.

채널을 통해 송신되는 방송프로그램을 제작하는 기관 또는 단체를 지정할 수 있고,[22] 송신되는 방송프로그램 범위는 '국가의 시책 홍보를 위한 방송프로그램 기타 공공복리를 위해 공보처장관이 특히 필요하다고 인정하는 방송프로그램으로 한다'는 규정으로 보아 공보처장관의 재량 아래 지정할

〈표 5-19〉 채널별 SO 확보 현황 (2002. 6 기준)

SO 확보비율	채널명
90% 이상	LG · CJ39 · 현대홈쇼핑, 농수산TV, OCN, HomeCGV, 투니버스, KMTV, M-net, Q채널, 드라마넷, SBS스포츠, SBS드라마, SBS골프, MBC-ESPN, EBS+1 · 2, 대교방송, 리빙TV, JEI스스로방송, 푸드채널, 바둑TV, 한경와우TV, 공공, 종교, 보도 (31개)
80% 이상	우리홈쇼핑, 온게임넷, OCN액션, KBS드라마, 겜비씨, 코미디TV, 동아TV, e채널, SDNTV (여성), 무비플러스 (10개)
70% 이상	MTV (음악), KBS 스포츠, ETN (오락), 부동산TV (4개)
60% 이상	웨딩TV, CTN, 이벤트TV, BCN (영화) (4개)
50% 이상	히스토리, National Geographic Korea, 메디비즈, AMC (영화), DIY, KBS Korea (6개)
40% 이상	MCN (영화), OSB드라마, 스카이겜TV, OBC (정보), 웨더뉴스, 육아TV, 의료건강TV, FSTV (낚시) (8개)
30% 이상	OSB오락 (1개)
20% 이상	HEN (가족영화), KTL-TV (관광레저), FTV (낚시) (3개)
20% 미만	환경TV, C3TV (종교), HCB-TV (영화), KNTV (영화) (4개)
계	총 71개

출처: 이상식 (2003: 76).[23]

22) 종합유선방송법 시행령 제 22조 3항.

23) 이상식 (2003), 〈방송채널사용사업 활성화 방안연구〉, 방송위원회 연구보고서.

〈표 5-20〉 정부 지정 공공채널

운영기관	지정일	주요직무
국립영상간행물제작소, K-TV	1993. 3. 15	정부의 영상물 제작기관으로 주요정책 관련 각종 영상물의 제작, 송출, 배포
한국방송통신대학교, OUN	1995. 8. 7	국민 일반의 고등교육기관
국제방송교류재단, 아리랑TV	1996. 11. 8	외국인 및 방한 외국인에게 한국에 관한 정보제공

출처: 김정기(2003).

수 있음을 전제하였다.[24] 실제 공보처장관은 3개의 공공채널 운영기관을 지정하였다.[25]

공공채널과 관련하여 2004년 3월 개정된 방송법 제70조 제3항 및 동법 시행령 제54조에서는 SO, 위성방송은 방송위원회가 인정하는 공공채널을 의무 송출하도록 하고 있다.[26] 동법 시행령 제54조(공공채널 및 종교채널의 운용)에서는 "종합유선방송 사업자 및 일반위성방송 사업자는 법 제70조 제3항의 규정에 의하여 방송위원회가 인정하는 공공채널과 종교의 선교목적을 지닌 텔레비전방송 채널을 각각 3개 이상 두어야 한다. 이 경우 종교채널을 두는 경우에는 특정종교를 위한 종교채널만을 두어서는 아니 된다"고 규정하고 있다.[27] 그리고 종합유선방송 사업자 및 일반위성방송 사업자는 방송기술상의 문제 등 특별한 사유가 없는 한 공공채널 또는 종교채널을

24) 종합유선방송법 시행령 제22조 5항.

25) 김정기(2003), 《전환기의 방송정책》, 한울아카데미, p. 472.

26) 종합유선방송 사업자 및 위성방송 사업자(이동멀티미디어방송을 행하는 위성방송 사업자를 제외한다)는 대통령령이 정하는 바에 의하여 국가가 공공의 목적으로 이용할 수 있는 채널(이하 "공공채널"이라 한다) 및 종교의 선교목적을 지닌 채널을 두어야 한다. 개정 2004. 3. 22.

27) 방송법 시행령 제54조 3항. 개정 2004. 9. 17.

통하여 방송되는 내용을 변경하여 송신하여서는 아니 된다.[28)]

방송위원회는 2004년 유료방송 채널 운용기준 개선안을 수립하면서 공공채널의 개념을 '헌법상 보장된 국가정보의 국민 접근권 보장 등 국민의 알 권리 충족을 위해 국가가 보유하고 있는 공공의 정보를 방송을 통해 국민에게 적극적으로 제공하는 채널'로 정의하였다. 아울러 플랫폼 사업자로부터 수신료 배분을 받지 아니하며 상업적 광고를 하지 않아야 한다고 규정하였다. 공공채널의 운용주체로는 '국가'의 개념을 행정부, 입법부, 사법부에서 대표적으로 운영하는 각 1개의 채널로 한정하였다. 지방자치단체는 해당구역의 종합유선방송 사업자가 운영하는 지역채널을 통해 각종 정보를 제공 가능하므로 제외하였다. 행정부와 국회에서 직접 운영하는 공공채널이 이미 존재하고 있으므로 향후 공공채널 지정은 사법부에서 운영할 경우로 제한하였다.[29)]

이미 공공채널로 지정되어 있는 아리랑TV, OUN의 경우 공익성 채널로 순차적으로 전환하기로 하였다. 다만 방송법 시행령상 3개 이상의 공공채널을 의무 송신토록 되어 있으므로 사법부 채널지정 이전까지 OUN은 공공채널을 유지하도록 하였다. 아리랑TV의 경우 공익성 채널 고시 후 지정철회가 가능토록 하였다. 아리랑TV의 경우 공공채널 운영과 관련하여 많은 비판이 제기되었다. 아리랑TV가 공공채널로 지정된 취지가 국가시책의 홍보를 통해 세계화를 추진한다는 것이었다. 그것이 공공채널의 운용취지에 부합하는지 의문이 제기되었다. 또한 시청자를 국내거주 외국인 및 방한 외국인에게 한국에 관한 정보를 제공한다는 점은 세계화시대에 부응하는 공공적 필요를 인정하더라도 전국의 모든 지역 케이블TV와 전국을 커버하는 위성방송이 의무전송을 해야 할 정도로 필요한지에 대해서도 의문시되었다.[30)]

---

28) 방송법 시행령 제54조 2항. 개정 2004. 9. 17.

29) 오용수(2004. 7. 19), 〈방송채널정책 운용방안 수립을 위한 공청회 자료집〉, 방송위원회.

30) 김정기(2003), 앞의 책, p. 474.

이러한 맥락에서 새 방송위원회는 2001년 11월 19일 '공공채널 운용방안'을 공표하였고 통합방송법 개정을 전제로 공공채널의 새로운 인정기준과 지정절차를 예시하였다. 방송위원회가 발표한 공공채널 운용방안은 공공채널의 인정기준으로 운용주체를 국가를 포함한 공익재단 및 비영리법인으로 하되 공공복리에 적합한 단체일 것, 방송내용이 국가 및 국민의 공공복리와 밀접한 관련이 있을 것 및 시장이 제공하지 못하는 공공 가치재일 것을 정했으며 아울러 상업적 운용을 금하였다.

공익채널과 관련하여 방송법 제70조(채널의 구성과 운용) 8항에서는 공익성 및 사회적 필요성에 입각하여 방송통신위원회의 고시로 공익채널을 선정하도록 하고 있다.[31] 공익성 및 사회적 필요성이라는 개념이 구체적인 것이 아니기 때문에 그만큼 위원회에 광범위한 재량권을 부여한 것이다.[32]

방송위원회는 공익성 분야의 개념을 다음과 같이 두 가지 차원에서 보다 구체적으로 정의하였다.

① 다채널 유료방송 시장에서 민간에 의해 제공되는 채널로서 채널구성의 다양성 확보를 위해 필요하고 유익한 방송서비스라고 인정되지만 사업성이 없어 시장에서 수용자에게 제공되기 어려운 방송분야, ② 방송프로그램 편성에 있어 소수자의 이해나 소구의 반영, 사회적 공교육 기능의 담당, 국민 문화생활의 질적 향상에 적합한 방송분야로 한정함.[33]

동법 시행령 제56조의 2(공익채널의 선정 및 운용)에서는 종합유선방송사업자 및 일반위성방송 사업자는 방송위원회가 고시한 방송분야에 속하는 채널을 1개 이상 운용하도록 하고 있다. 방송위원회는 다음과 같은 기준에

---

31) 방송법 제70조. 신설 2007. 1. 26, 2008. 2. 29. "종합유선방송 사업자, 위성방송 사업자(이동멀티미디어방송을 행하는 위성방송 사업자는 제외한다)는 당해 방송 분야의 공익성 및 사회적 필요성을 고려하여 방송통신위원회가 고시한 방송분야에 속하는 채널(공익채널)을 운용하여야 한다. 이 경우 공익채널의 선정절차, 선정기준, 운용범위 그밖의 필요한 사항은 대통령령으로 정한다"고 규정하고 있다.

32) 김정태(2007), 《방송법 해설》, 커뮤니케이션북스, p. 291.

33) 오용수(2004), 앞의 글.

의해 공익채널을 선정하고 있다.

- 해당채널의 신청 방송분야에의 적합성
- 해당채널의 공정성·공익성 및 실현가능성
- 해당채널 운영계획의 적정성
- 공적 책임의식 및 사업수행능력
- 시청자 불만 및 민원의 처리현황

방송위원회는 공익채널 운영 기본방침을 다음과 같이 밝혔다.[34)]

① 고시의 실효성 확보를 위해 공익성 방송분야에 해당하는 채널을 지정
- 공익성 방송분야에 해당되는 채널의 공익성 유지 및 질적 수준 보장을 위해 채널편성 및 운영평가 시스템 마련
- 매년 개별 PP의 신청을 받아 공익성 해당여부에 대한 심사를 거쳐 선정된 방송채널을 선정
- 고시 분야에 해당되는 채널이 2개 이상 지정될 경우 해당분야 내에서 채널선택은 플랫폼 사업자 자율로 함

② SO/위성방송 사업자는 공익적 방송분야 의무 송출
- 한국문화 및 교육분야(총 4개 채널)의 경우 전 채널 구매 가입자(기본형/Sky Family)가 취약한 현실과 이미 중계유선에의 재송신을 허용한 점을 감안해 최저 티어 상품(의무형/SkyOn)에 반드시 포함
- 최저 티어 외 티어 상품의 경우 공익적 방송분야를 해당 티어 전체 채널수의 10% 이상 포함

이상의 정책에 따라 2005년부터 채널구성에 반영하도록 하였다. 이러한 정책(안)에 대해 사업자들은 다양한 반응을 보였다. 센추리TV, 불교TV 등

---

34) 오용수(2004), 앞의 글.

과 같은 단독 PP들은 즉시 도입되어야만 수익성 없는 분야의 어려운 PP들의 여건이 개선되어 다양한 프로그램 공급이 가능하다고 환영하였다. 하지만 MPP들은 유료방송 시장 전체 규모를 키우는 것이 더욱 시급하며 과다한 규제보다는 시장논리 및 시청자 선택에 맡겨두어야 한다는, 규제정책보다는 시장자율 논리를 강조하였다. 한편 SO들은 새로운 채널이 생길 때마다 공공채널을 계속 추가로 지정할 것이 아니라 차제에 공공채널 및 공익성 채널을 전체 운용채널의 10% 이내로 비율 제한만 하고 SO가 자율적으로 선택하도록 하는 공공채널 쿼터제 도입을 건의하였다. 공공채널의 의무송신 때문에 오히려 공공채널의 경쟁력이 약화되고 있음을 지적하면서 공익채널의 경쟁력을 제고할 수 있도록 여러 공익성 채널 중 SO가 선택할 수 있도록 할 것을 주장하였다.[35]

방송위원회는 2005년 7월 26일 총 10개 공익성 방송분야 중 8개 분야 14개 채널을 '공익성 방송분야 해당채널'로 선정하였다. 금번 '공익성 방송분야 해당채널' 선정과 관련하여 '종합유선방송 사업자'와 '위성방송 사업자'는 고시된 분야 중 8개 이상 분야에 해당하는 채널의 송출 의무를 부과하였다. 방송위원회가 선정한 '공익성 채널'에 대해서는 2006년부터 방송발전기금을 통한 '프로그램 제작비 지원' 등 다양한 지원방안을 수립·시행하기로 하였다.[36] 프로그램 제작계획에 따른 추진비용을 매칭펀드 방식(방송위원회 80%)으로 32억 원을 지원하기로 하였다.

2007년 1월 26일 방송법 개정 이전에 방송위원회 정책사항으로 운영되었던 공익채널 정책에 있어서 가장 큰 논란거리는 공익채널 선정기준에 대한 것이었다. 공익채널 분야에 포함될 경우 해당채널은 유료방송 시장에 비교적 쉽게 진출할 수 있고 각종 지원정책의 대상으로 선정될 가능성도 높아지기 때문이다. 이에 프로그램 단위로 지원하자는 정책방안과 6개 분야에 1개 채널씩 선정하는 방안을 방송위원회 내부에서 논의했으나, 2007년 11월

---

35) 오용수(2004), 앞의 글, 공청회 자료집 첨부자료, "세부 진행경과 및 이해당사자 의견" 참조.

36) 방송위원회(2005. 7. 27), 〈방송위, 공익성 방송 14개 채널 선정〉, 보도자료.

공익채널 선정 시에는 6개 분야에 걸쳐 총 12개 채널을 선정하였다.

그동안 방송위원회가 공익채널을 운용하며 내린 평가는 다음과 같다.[37)]

- 공익채널 지정을 통한 송출 SO 수는 늘었으나 최저 티어(보급형)가 시청가구 수 감소로 전체 송출가구 수는 감소
- 공익채널 지정 후 채널 운영비(SO 마케팅비 등) 증가 및 인포머셜 축소 등의 영향으로 영업수지(영업이익 및 당기순이익)는 오히려 악화
- 분야당 복수채널 지정에 따른 PP간 채널공급 경쟁으로 채널 마케팅비용 상승

〈표 5-21〉 2007년도 공익성 방송분야 및 해당채널

(선정시점: 2007. 11. 2)

공익성 방송분야	선정 채널	
	법인명	채널명
시청자 참여·사회적 소수이익 대변	(주) 희망복지방송	복지TV
	(재) 시민방송	RTV
저출산·고령화사회 대응	(주) 유로TV	육아방송
	(주) 실버방송	실버TV
문화예술 진흥	(주) 예당엔터테인먼트	예당아트
	(주) 미디어랩	예술TV Arte
과학·기술 진흥	(주) YTN	사이언스TV
	(주) 센추리TV	환경TV
공교육 보완	한국교육방송공사	EBS플러스 2 중학·직업
	한국교육방송공사	EBS플러스 1 수능
사회교육 지원	한국교육방송공사	EBS English
	(주) 일자리방송	JCBN
총 계		6개 분야(12개 채널)

37) 평가내용은 방송위원회가 공익채널 운용과 관련한 2006년 말 내부보고서를 인터뷰를 통해 확인하였음.

▪ 프로그램 제작투자 및 신규 프로그램 편성은 전반적으로 감소

공공채널 및 공익채널로 선정될 경우, SO들은 의무적으로 채널편성에 포함시켜야 한다. 그런데 법상 의무송출 채널 외에 실제 운용과정에서 포함시켜야 하는 채널들이 있다. 지상파 채널, 보도채널, 지역채널, 홈쇼핑 채널들이 대표적인 예이다. 따라서 실제 송출해야 하는 채널의 수는 늘어난다. 이 결과 영세 PP들이 포함될 가능성이 상대적으로 어려워진다. PP들이 송출채널에 포함되기 위해 적지 않은 마케팅비용을 지불해야 하는 이유가 여기에 있는 것이다. 참고로 SO와 위성방송이 (준) 의무적으로 편성하고 있는 채널은 약 27개에 달하는 것으로 조사되었다.

공공채널이나 공익채널 운영과 관련하여 방송위원회의 평가나 사업자들의 주된 비판은 첫째, 선정의 일관성이 약하다는 것이다. 특히 아리랑TV가 처음에는 공공채널로 지정되었지만 방송위원회의 2004년 채널정책 발표 이후 공익채널로 전환하였다. 그런데 아리랑TV가 2007년 순수예술분야로 지원하면서 선정에서 탈락한다. 이에 거센 항의가 있었고 방송위원회는 추후 행정지도로 SO들에게 송출해줄 것을 요청하기에 이르렀다. 이러한 방송위원회의 조처에 대해 SO들의 불만이 나타났음은 말할 나위가 없다.

둘째, 채널의 수가 너무 많다는 것이다. 이 결과 영세한 PP들이 채널편성에서 배제되기 때문에 SO들을 대상으로 마케팅비용 부담이 커진다. 공공채널이나 공익채널 제도에 대한 비판은 사실 제도 자체의 문제도 있지만, 제도운영의 문제에서 비롯되는 경우도 적지 않다. 예를 들면 종교채널들은 반드시 송출되어야 할 채널이지만 반드시 최저가 티어에 포함되어야 할 의무는 없다. 즉, 어떠한 티어에 포함되든지 송출만 하면 되는데, SO들이 보급형 티어에 포함시킴으로써 PP의 입지가 좁아지는 결과를 낳고 있다. 그리고 민영방송 역시 의무송출 대상이 아닌데, 지상파방송 채널의 선호도 때문에 포함하는 것을 당연시하고 있다. 홈쇼핑 채널 역시 승인채널이라 하여 송출을 의무시하는 것도 공익채널 제도 도입취지에 어긋난다. SO들이 홈쇼핑사로부터 받는 송출수수료가 크기 때문에 송출하고 있는 것이다.

따라서 이러한 채널들을 (준)의무송출 채널에서 제외한다면 실제 SO들이 반드시 송출해야 하는 채널의 수는 16개 정도로 줄어든다. 현재 약 10개 이상의 채널이 제도운영상의 문제로 인해 송출되고 있다는 것이다. 제도 자체에 대한 논의보다는 제도운영상의 문제점에 초점을 맞추어 논의하는 것이 바람직하다. 아울러 이러한 문제는 아날로그 방송에서 심각하게 나타나고 있지만, 디지털화가 추진되면 가용 채널수가 증가하기 때문에 자연스럽게 해소될 것으로 예상된다.

〈표 5-22〉 케이블TV (준)의무편성 채널 현황

(2008. 3 현재)

<table>
<tr><th colspan="3">구 분</th><th>방송채널명(운영주체)</th><th colspan="2">비 고</th></tr>
<tr><td rowspan="7">의무
재전송</td><td>지상파
(2개)</td><td>공 영</td><td>KBS1(공영), EBS(공영)</td><td colspan="2">방송법 제78조(재송신)</td></tr>
<tr><td rowspan="4">PP
(14개)</td><td>공 공
(3개)</td><td>KTV(국영), 국회방송(국영),
방송대학TV(국영)</td><td rowspan="5">방송법
제70조
(채널의
구성과
운용)</td><td rowspan="2">시행령 제54조
(공공채널 및
종교채널의 운용)</td></tr>
<tr><td>종 교
(3개)</td><td>불교TV, 기독교TV, CBS,
평화방송 중 택 3</td></tr>
<tr><td>보 도
(2개)</td><td>YTN, MBN</td><td>시행령 제53조
(채널의 구성과 운용)</td></tr>
<tr><td>공 익
(6개)</td><td>분야별(6개 분야)
1개씩 선정</td><td>방송법시행령 제56조의
2(공익채널의 선정 및
운용)</td></tr>
<tr><td colspan="2">SO 지역채널
(1개)</td><td>지역방송</td><td>방송법시행령 제55조
(지역채널의 운용)</td></tr>
<tr><td colspan="2">소 계</td><td>17개 채널</td><td colspan="2"></td></tr>
<tr><td rowspan="5">준의무
재전송</td><td rowspan="2">지상파
(3개)</td><td>공 영</td><td>KBS2(공영)</td><td colspan="2" rowspan="2"></td></tr>
<tr><td>민 영</td><td>MBC(민영), SBS(지역민방)</td></tr>
<tr><td rowspan="2">PP
(7개)</td><td>공 익</td><td>아리랑TV, EBS플러스 2</td><td colspan="2">방송위원회 행정지도</td></tr>
<tr><td>홈쇼핑</td><td>GS홈쇼핑, CJ홈쇼핑, 현대홈쇼핑,
롯데홈쇼핑, 농수산홈쇼핑</td><td colspan="2"></td></tr>
<tr><td colspan="2">소 계</td><td>10개 채널</td><td colspan="2"></td></tr>
<tr><td colspan="3">합 계</td><td>총 27개 채널</td><td colspan="2"></td></tr>
</table>

2) 다양성에 대한 평가

(1) 다양성에 대한 이론적 논의

케이블TV를 이해함에 있어 채널이나 장르의 다양성은 무척 중요하다. 종합유선방송 초기에 채널허가제를 도입한 목적 중의 하나도 전문편성채널이나 장르의 다양성을 유지하기 위함이었다. 당시에는 주편성과 부편성 개념을 도입하여 주편성 비율을 준수하도록 함으로써 채널의 주된 장르나 프로그램 특성들을 유지하도록 했다. 방송법 제69조(방송프로그램의 편성 등) 1항에서는 '방송사업자는 방송프로그램을 편성함에 있어 공정성·공공성·다양성·균형성·사실성 등에 적합하도록 하여야 한다'고 규정함으로써 다양성을 강조하고 있다.

2001년 3월 도입된 PP 등록제의 도입은 수많은 채널의 등장을 가져왔기에, 다양성의 측면에서 살펴보는 것은 의미가 있다. 다양성에 대한 기존 연구결과들은 일반화하기에 어려울 정도로 일관성이 없다.

케이블TV 도입 이후 다양성 증가여부에 대한 연구의 경우, 찬 옴스테드(Chan-Olmsted, 1996)는 케이블TV 도입에 따른 어린이 채널의 증가로 인해 다양한 어린이 프로그램이 제공되고 있음을 발견했다. 배현석(Bae, 1999)의 연구는 뉴스전문 채널 증가로 인해 다뤄지는 뉴스의 내용이 차별화되었음을 보여주고 있다.

이런 연구는 대부분 경쟁의 증가로 인하여 미디어 상품 내용의 다양성이 증가했음을 보여주는데, 이와는 정반대의 결과를 보여주는 연구들도 있다(Burnett, 1992; Lin, 1995; Liu, 1997). 기존연구들은 이른바 '탈규제 역설'(*deregulation paradox*) 명제를 지지하고 있는 것처럼 보인다. 즉, 이 명제는 탈규제가 역설적으로 경쟁과 다양성을 감소시키는 역효과를 초래하였다는 점을 주장한다.[38] 데종과 베이츠(Dejong & Bates, 1991)는 채널수 증

38) Nam, Siho(2005), "The Politics of 'Compressed Development' in New Media: Cable Television, Diversity, and New Challenges for Korean Democracy", Unpublished Ph. D thesis, Penn State University, State

가는 프로그램 다양성 증가로 이어지지 않는다고 주장함으로써 이러한 명제를 뒷받침하고 있다.[39] 레이시(Lacy, 1988)에 의하면 텔레비전, 케이블, 라디오 등 타 매체가 신문내용에 미치는 결과를 분석하였는데, 경쟁이 특별하게 내용에 영향을 미치지 않는 것으로 나타났다. 실제로 채널용량이 늘어났다고 다양한 프로그램 편성이 반드시 보장되는 것은 아니라는 것이다(Wedster, 1986).

한편 아인슈타인(Einstein, 2004)의 연구에 따르면 미국 주시청시간대 프로그램 다양성은 증가했다가도 감소하는 등 기복이 있었고 사실상 60년대와 현재는 크게 다르지 않다고 주장한다. 그는 다양성을 공급원의 다양성과 내용(장르)의 다양성으로 분석하였다. 이와 같이 다양성이 특별히 증가하지도 감소하지도 않았다는 경험적 연구도 있다. 뿐만 아니라 케이블 네트워크를 대상으로 연구한 그랜트(Grant, 1994)도 특정 프로그램 유형의 채널이 증가한다고 해서 프로그램 유형의 다양성이 증대하는 것이 아니라고 주장한다.[40]

우리나라도 역시 새로운 채널이나 뉴미디어의 등장으로 인해 시장경쟁이 유발되면서 프로그램 다양성이 증가한다는 연구가 있는 반면 경쟁의 증가는 다양성을 감소시킨다는 연구들도 적지 않게 존재한다. 내용 다양성과 관련한 국내연구들은 주로 프로그램 장르 중심으로 이루어지고 있다(이준호, 1998; 이은미, 2001; 박소라, 2003; 이준호·조경섭, 2003; 유세경·김미라, 2005; 황상재·정영주, 2005). 방송시장의 변화와 지상파방송의 편성 다양성 추이에 대해서 1990년대의 프라임타임대 편성 다양성 지수를 통해서 살펴본 이은미(2001)는 전반적으로는 10년 동안 다양성이 감소했는데, 특

College, PA, p. 112.

39) De Jong, A. & Bates, B. (1991), "Channel diversity in cable television", *Journal of Broadcasting and Electronic Media* 35(2), pp. 159~166.

40) Grant, A. (1994), "The promise fulfilled? An empirical analysis of program diversity on television", *Journal of Media Economics* 7(1), pp. 1~64.

히 민방 도입시기인 92년과 케이블 도입시기인 95년을 기준으로 감소하여 방송시장의 경쟁이 심화될수록 다양성이 감소되는 것을 발견했다.[41]

그런데 이렇게 상반된 연구결과가 나온 이유는 경쟁이나 다양성이라는 개념에 대한 합의가 이뤄지지 않아 각각 다른 차원의 경쟁 또는 다양성 개념을 검토하였기 때문인 것으로 생각된다. 반덴불프와 반쿨렌버그(Van der Wurff & Van Cuilenburg, 2001)의 연구에서는 경쟁의 정도에 따라 다양성이 달라지는 것을 발견했는데, 적정 수준의 경쟁일 때에는 다양성이 증가하는 경향이 있지만 극심한 경쟁상황에서는 오히려 감소하고 있었다는 것이다. 즉, 경쟁 수준에 따라 다르게 나타난다는 점이 주목할 만하다.

(2) 케이블TV 다양성에 대한 실증적 평가

다양성 개념은 나폴리(Napoli, 2003)가 잘 정리하고 있는데, 그는 다양성을 세 가지 차원으로 구분하였다: 소스 다양성(*source diversity*), 콘텐트 다양성(*content diversity*), 노출 다양성(*exposure diversity or access diversity*).[42] 소스 다양성은 전통적으로 프로그램이나 편성의 다양성, 미디어 소유구조의 다양성, 미디어 채널 인력의 다양성 등의 세 가지 하부개념을 포함하고 있으며 시장에 의해 결정되는 성향이 강하다. 내용 다양성은 장르 다양성과 인구 다양성, 의견/사상의 다양성으로 구성되어지며 이것 역시 시장에 의해 결정된다. 노출 다양성은 무료로 중요한 콘텐츠에 접근이 가능한가와 다양한 미디어 시스템을 이용할 수 있는가에 대한 측정을 의미하며 시장과 정책에 의해 동시에 결정되는 경향이 있다.

이 세 가지 차원의 다양성은 상호 연관되어 있는데, 논리적으로 그 연관성의 방향은 소스 다양성→내용 다양성→노출 다양성 순으로 나타난다.

---

41) 이은미(2001), "1990년대 텔레비전 방송의 다양성 분석", 〈한국언론학보〉 46권 1호, pp. 388~414.

42) Napoli, Philip M. (2001), *Foundation of Communications Policy*, New Jersey: Hampton Press.

〈표 5-23〉 소스의 다양성

(2007.3 기준)

구분	1차 (1995)	2차 (2000)	신규 홈쇼핑 (2001)	소계	3차 등록(2001.3~)			소계	총계
사업자 수	25	11	3	37 (중복 제외)	141	41	20	199 (중복 제외)	220 (중복 제외)
채널수	27	12	3	42	179	76	211	466	508 (텔레비전: 215)

출처: 손창용 · 여현철(2007: 254).

① 소스의 다양성

2007년까지 TV 분야 PP 채널수는 1995년 28개, 2000년 12개, 2001년 3개(신규 홈쇼핑 승인) 및 47개(일반 PP 등록), 2002년 22개, 2003년 24개, 2004년 20개, 2005년 39개, 2006년 1개로 점진적으로 증가하였다. 특히 등록제가 시행된 2001년 이후 TV PP 채널수는 크게 증가하였다. 2001년 120개 채널 등록, 2002년 45개 채널 등록, 2003년 40개 채널 등록, 2006년 15개 채널 등록 등 2001년과 2006년 사이에 282개의 채널 등이 등록했고, 115개 채널이 폐업하거나 등록 취소하여 220개 채널이 2007년 3월 현재 운영 중이다.[43] 이러한 채널수의 증가는 소스의 다양성도 증가했다는 것을 시사한다.

하지만 2007년까지 국내 PP 사업은 MPP가 지배하는 시장이며, 특히 지상파방송 계열의 PP 시장 점유율이 매우 높은 특징을 보인다.[44] MPP의 시장점유율 변화추이를 보다 구체적으로 살펴보자. 〈표 5-24〉는 시장진입이 자유로워진 2000년과 2004년의 MPP와 지상파계열 PP의 수와 점유율의 증가를 비교하고 있다. 실제 케이블 시청률 상위 30개 업체들 중에 2000년 MPP의 수와 점유율은 8개(48.1%)였는데, 2004년에는 21개(84.6%)로 증

43) 손창용 · 여현철(2007), 《한국케이블TV산업론》, 나남, p.254.

44) 조은기(2005), "케이블TV 10년 산업 정책의 성과와 프로그램 및 시청자", 방송위원회, 《케이블TV 10년》, p.113.

〈표 5-24〉 MPP와 지상파 PP의 수와 점유율(상위 30개 채널)

(2000~2004년)

2000					2004				
순위	채널명	시청률	점유율	계열	순위	채널명	시청률	점유율	계열
1	OCN	0.91	11.0	동양	1	투니버스	1.42	11.7	동양
2	투니버스	0.79	9.5	동양	2	MBC 드라마넷	0.94	7.7	MBC
3	39쇼핑	0.68	8.2	제일제당	3	OCN	0.83	6.8	동양
4	Dramanet	0.54	6.5	제일제당	4	SBS 드라마플러스	0.76	6.2	SBS
9	바둑TV	0.42	5.1	동양	5	KBS 드라마	0.57	4.7	KBS
10	SBS 스포츠채널	0.36	4.4	SBS	6	Super Action	0.54	4.4	동양
20	SBS 골프채널	0.15	1.8	SBS	7	YTN	0.54	4.4	YTN
24	KBS 위성방송 2	0.08	1.0	KBS	8	Home CGV	0.48	4.0	제일제당
27	KBS 위성방송 1	0.06	0.7	KBS	10	MBC ESPN	0.41	3.3	MBC
					11	Qwiny	0.37	3.0	동양
					12	SBS 스포츠	0.32	2.6	SBS
					13	ongamenet	0.29	2.4	동양
					14	코미디TV	0.29	2.4	YTN
					16	MBC Movies	0.24	2.0	MBC
					17	KBS 스포츠	0.20	1.7	KBS
					18	Mnet	0.20	1.6	제일제당
					21	바둑TV	0.16	1.3	동양
					23	XTM	0.15	1.2	제일제당
					25	CJ 홈쇼핑	0.13	1.0	제일제당
					27	MBC 게임	0.12	1.0	MBC
					28	Q채널	0.12	1.0	중앙일보
MPP 채널수				8	MPP 채널수				21
30개 채널 중의 MPP 채널 점유율 계				48.1	30개 채널 중의 MPP 채널 점유율 계				84.6
지상파 MPP 채널수				4	지상파 MPP 채널수				8
30개 채널 중 지상파 MPP 점유율				7.8	30개 채널 중 지상파 MPP 점유율				33.3

출처: 방송위원회(2005: 114), 《케이블TV 10년》.

가하였다. 또한 지상파계열 PP들도 2000년 4개(7.8%)에서 2004년 현재 8개 채널(33.3%)로 급증하였다. 특히 지상파계열 PP들의 점유율은 4배 이상 증가하였다.

② 내용의 다양성

내용의 다양성은 프로그램(포맷) 다양성, 인구학적 다양성, 사상의 다양성을 의미하는 의견 다양성으로 나누어진다. 내용의 다양성은 인종적, 민족적, 성별적 다양성의 측면에서 볼 수 있다. 사상의 다양성은 내용의 다양성 가운데 정의하기가 가장 어려운 부분이다. 사회적, 정치적, 문화적 시각의 다양성을 의미한다.

'95년 개국 이후부터 장르별 채널변화의 특징을 살펴보자. 전체적 비율면에서 오락장르의 전체적 채널수가 급증하였음을 알 수 있다. 비오락 장르의 경우 정보장르에서 크게 늘어나 1997년 7.1%에서 2002년 22%, 2005년에는 22.5%로 증가하였다. 대상장르는 1997년에는 0%였으나 2002년 2.2%, 2005년에는 1.6%로 변화하였다. 드라마 장르는 1996년 3.6%에서 2002년 4.9%, 2005년 4.2%로 전체 채널 중에서 차지하는 비율은 오히려 감소하였다. 스포츠 장르는 1997년 10.7%에서 2002년 18.15%, 2005년 22.0%로 점유율이 2배 이상 증가한 것으로 나타났다. 또한 오락장르의 채널수는 증가하였으나 전체적 채널수 점유율은 1997년 14.3%에서 2002년도에는 18.1%, 2005년도에는 14.7%로, 2002년도에 비해 2005년도의 점유율이 감소하는 현상이 나타났다. 또한 음악장르는 점유율 면에서는 1997년도 7.1%에서 2002년도 5.5%, 2005년도 5.2%로 점유율 면에서는 감소하고 있음을 알 수 있다.[45]

한편 이러한 PP 시장의 장르별 채널수 집중도를 시기별로 분석해본 결과 집중도가 크게 증가한 것으로 나타났다. 1997년도에는 허핀달-허쉬만(HHI) 지수가 1134.6로 적절한 집중도였으나, 2002년도에도 1785.7, 2005

45) 김성태 · 김선미(2007), "방송 정책에 따른 케이블TV 장르의 집중도 변화에 관한 연구", 〈한국방송학보〉 제 21-3호, pp. 108~109.

〈표 5-25〉 장르별 채널비율 변화

장 르			1997년	2002년	2005년	비 고
비오락 장르	교양/다큐		7.1	3.8	4.7	교양, 다큐멘터리, 환경
	교육		17.9	9.3	9.9	교육, 수능교육, 어린이, 직업, 자격증, 영어, 유아, 육아, 화훼정보 및 교육
	문화		3.6	3.8	3.1	식문화, 일본문화, 중국문화, 한국문화, 패션/뷰티, 미술, 문화예술
	보도		7.1	1.1	1.0	경제보도, 종합보도
	정보	일반	3.6	8.8	4.7	시민 악세스, 공공채널, 국방정보 및 홍보, 법률, 의회, 이벤트, 인터넷, 건설, 정보오락, 지방자치, 창업/취업
		경제	0.0	2.7	4.7	디지털 비즈니스, 비즈니스 정보, 증권
		생활	3.6	7.7	8.9	생활여가, 식문화 및 생활정보, 요리/건강, 여성, 부동산 정보, 방송프로그램 가이드, 자동차
		의료	0.0	2.7	4.2	건강의료, 한방
		소계	7.2	22.0	22.5	
	종교		10.7	3.8	3.1	기독교, 불교, 천주교, 증산도
	대상		0.0	2.2	1.6	노인, 노인생활문화, 농어민, 실향민, 이산가족
	소계		53.6	46.2	46.1	
오락 장르	드라마		3.6	4.9	4.2	
	스포츠		3.6	4.4	5.2	
	영화	영화	7.1	16.5	20.4	무협영화, 아시아 영화, 영화&애니메이션, 영화 연예 정보, 인디 영화
		만화	3.6	1.6	1.6	만화, 애니메이션
		소계	10.7	18.1	22.0	
	오락		14.3	18.1	14.7	연예정보, 가족문화, 공연, 오락, 코미디, 버라이어티쇼
	음악		7.1	5.5	5.2	
	홈쇼핑		7.1	2.7	2.6	
	소계		46.4	53.8	53.9	
합계			100.0	100.0	100.0	

출처: 김성태 · 김선미(2007: 109)를 보완.

년도에는 1989.5로 HHI 지수가 매우 높아졌음을 알 수 있다. HHI 지수가 등록제 이후 급격히 증가해 고도의 집중상태에 이르게 된 것으로 나타났다.

이런 채널 집중화 현상은 두 가지 측면에서 설명할 수 있다. 영화와 오락 등과 같은 시청률이 높고 프로그램 구매가 비교적 용이한 장르에 많은 채널들이 진입하고 있다. 교육, 정보와 같은 장르의 경우에는 비교적 낮은 비용으로 프로그램의 수급 혹은 제작이 가능하여 매우 적은 비용으로 채널을 운영할 수 있기 때문에 시장진입이 용이하다는 점이 작용한 것으로 해석할 수 있다.[46]

③ 노출의 다양성

노출의 다양성은 수용자 입장에서 수신된 내용의 다양성을 의미한다. 노출의 다양성은 수용자가 미디어 소비에 있어 얼마나 많은 다른 정보원에 노출되는지, 다양한 정치적, 사회적 시각에 노출되는지, 다양한 프로그램 유형과 포맷들에 노출되는지 정도를 의미한다. 초기 다양성 연구들은 대체로 내용의 다양성에 관심을 기울였다.[47]

노출의 다양성을 이해하는 데 채널 레퍼토리(*repertoire*) 개념은 유용하다. 채널 레퍼토리란 '개인이나 세대가 규칙적으로 시청하는 채널묶음'을 의미한다.[48] 닐슨(Nielsen)사에 따르면, 시청가능한 채널이 증가해도 반드시 그에 비례하여 시청하는 채널수가 증가하지 않는 것으로 나타났다. 케이블TV의 채널이 20개 이상 되는 상황에서 실제로 시청자가 시청한 채널수는 세대 평균 8.1개였다.[49]

---

46) 손창용 · 여현철(2007), 앞의 책, p.334.

47) 황상재 · 정영주(2005), "방송채널사용사업자 등록제 이후 케이블 방송의 다양성 변화에 관한 연구", 〈방송학보〉 2005년 여름호, 통권 제19-2호, p.206.

48) Heeter, C.(1985), "Program Selection with Abundance of Choice: A Process Model", *Human Communication Research* Vol. 12, p.133.

49) Nielsen Jr., Arthur C.(1982), "The Outlook for Electronic Media", *Journal of Advertising Research* Vol. 22, p.10.

윤석민(1996)은 국내 시청자들의 평균 채널 레퍼토리 수는 12.1개 정도라고 주장하였다.[50] 최양수·장성아(1998)의 연구에서는 34~41개 가용채널 수 상황에서 레퍼토리는 12.4개로 나타났다.[51] 이상식과 김관규(2001)는 총 50개 채널로 증가한 상황에서 채널 레퍼토리 수의 분포를 살펴본 결과, 80%의 응답자가 10개 이상의 채널을 규칙적으로 시청하고 있는 것으로 나타났다. 지상파방송을 포함해서 평균 14.8개 레퍼토리가 형성되어 있었다. 그 가운데 케이블TV 채널의 레퍼토리 수는 평균 9.4개를 차지하고 있었다.[52] 채널수가 약 15개 정도 증가하면서 레퍼토리 채널은 약 2개 정도 증가한 셈이다.

장르에 따른 시청자의 시청률 분포를 통해서 노출의 다양성에 대해 살펴보자. 〈표 5-26〉은 시청자들이 주로 시청하는 상위 20개 채널의 장르별 분포를 나타내고 있다. 2005년 6월 상위 20위 내 프로그래밍이 전체 프로그래밍 시청점유율의 약 78%를 차지하고 있다. 2005년 6월 기준으로, SO가 송출하는 채널수가 107개임을 감안하면 상위 20위의 시청점유율은 상당히 높은 것이다.

시청점유율이 높은 장르는 드라마, 영화, 만화, 스포츠, 교육, 오락, 음악 채널 등이다. 이는 소비자의 선호분포를 잘 보여준다. 드라마, 영화, 스포츠 장르의 채널이 상위 20위 중 12개를 차지하여 60%를 점유하고 있다.

시청점유율이 가장 높은 장르는 드라마이다. 드라마가 가장 선호되는 장르라는 것은 지상파에서도 여실히 나타난다. 영화에서는 5개 채널이 상위 20위 프로그램에 포함되어 25%를 차지하고 있다. 2005년도 등록된 영화채널만 30여 개가 되어 경쟁이 매우 치열하다.

---

50) 윤석민(1996), "케이블TV의 도입이 TV시청 관련 활동에 미치는 영향에 관한 연구", 〈한국언론학보〉 제 38호 가을호, pp. 5~38.

51) 최양수·장성아(1998), "케이블 텔레비전 시청자의 채널 레퍼토리(*repertoire*) 분석", 〈한국방송학보〉 제 10호, pp. 323~353.

52) 이상식·김관규(2001), "케이블TV의 채널 레퍼토리에 관한 연구," 〈한국언론학보〉 제 45-3호 여름호, p. 283.

3) 지역성에 대한 평가

(1) 지역채널 운영실태

케이블TV는 지역밀착형 매체이다. 현행 방송법에 따라 종합유선방송 사업자는 지역채널 운영의 의무를 지닌다. 방송법에서는 "종합유선방송 사업자는 대통령령이 정하는 바에 의하여 지역 정보 및 방송프로그램 안내와 공

〈표 5-26〉 장르별 시청률 분포(상위 20개 채널)

채널장르	채널명	시청점유율 (%)	채널별 평균 시청률(%)	채널수
드라마	MBC 드라마넷	23.1	0.61	4
	SBS 드라마플러스			
	KBSSKY DRAMA			
	MIN			
영 화	OCN	18.3	0.39	5
	SUPERACTION			
	HOME CGV			
	MBC MOVIES			
	XTM			
만 화	Tooninverse	11.2	1.19	1
스포츠	MBC ESPN	7.9	0.28	3
	SBS 스포츠채널			
	KBSSKY SPORTS			
어린이/교육	JEI 재능방송	4.8	0.26	2
	어린이TV			
게임/퀴즈	ongamenet	4.6	0.24	2
	Qwiny			
보도/뉴스	YTN	3.7	0.39	1
연예/오락	코미디TV	2.8	0.30	1
음 악	Mnet	1.7	0.18	1
합 계		78.1	0.43	20

* 2005년 1.1~11.9까지의 평균 시청율임.
출처: TNS 2005년 상반기 시청률 자료, 이상우·이인찬(2005: 107)에서 재인용.

지사항 등을 제작, 편성 및 송신하는 지역채널을 운용하여야 한다"고 명시하고 있다.[53]

종합유선방송 사업자는 지역채널 운영계획서를 방송위원회와 특별시장, 광역시장 또는 도지사에게 제출해야 한다.[54] 지역채널을 통해 송신할 수 있는 방송프로그램의 범위는 시청자가 자체 제작한 프로그램, 지역생활정보 방송프로그램, 지방자치단체 시책홍보를 위한 프로그램 등이다.[55]

지역채널의 운영은 케이블TV가 가지는 지역밀착형 매체의 특성이 가장 잘 반영된 제도임에도 불구하고, SO들의 미온적 참여와 인력 및 예산의 한계로 인해 부진했다. 지금까지 케이블TV의 지역성 구현에 관한 과학적 분석은 이루어지지 않았지만 부정적 평가를 받고 있다.[56]

1995년 사업 초기에 지역채널을 운영하고 있는 SO들의 1일 평균 프로그램 방영시간은 본방 기준으로 1~2시간에 불과했으며 하루 2~3회 재방송하였다. 방송프로그램은 1주일 단위로 30~60분 길이로 각종 행사안내와 명소탐방 등 새로운 기획 프로그램을 제작, 방송하였다. 대부분의 SO는 지역 내 생활정보를 제공하는 지역소식 전달 프로그램을 자체 제작하여 방송하였다. 그밖에 케이블TV 홍보 및 각 채널안내 프로그램과 공익광고협의회, 선거관리위원회, 공보처 등에서 제공하는 공익광고를 대부분 정규 프로그램으로 편성하였다. 타 지역 SO와의 프로그램 교환을 통해 지역채널 프로그램을 편성하기도 하였다.[57]

케이블TV SO는 법적 성격이 유사하지만 MSO, 대기업이 운영하는 SO, 중계유선에서 전환한 SO 등 그 성격에 따라 지역채널의 운영에 있어 많은 차이를 보이고 있다. MSO는 지역채널 활성화를 위해 다양한 전략을 수립

53) 방송법 제70조 4항.

54) 방송법 시행령 제55조 2항.

55) 방송법 시행령 제55조 3항.

56) 최영묵 · 이상훈(2006. 9), 〈SO 지역채널의 프로그램 포맷 연구〉, 방송위원회 자유연구과제, p. 25.

57) 종합유선방송위원회(1995. 6. 29), 〈지역채널 운용현황〉, 미간행 보고서.

〈표 5-27〉 CMB 지역채널 운영현황

지역채널 번호	기준 일자	주간 방송시간(분)		주간 본방송 시간(분)		주간 순환편성 시간(분)		주간 본방송 비율(%)	주간 순환편성 비율(%)
		평일(5일)	주말(2일)	평일(5일)	주말(2일)	평일(5일)	주말(2일)		
CH20	2006 4. 30	7, 200	2, 880	1, 240	225	5, 855	2, 760	14. 5	85. 5

출처: 최영묵·이상훈(2006: 27).

하고 있다. 지역특성에 맞게 목표 시청자를 설정, 편성하고 있다. 전문제작사 설립, 전문인력 확보, 보도 프로그램의 브랜드화를 지향하고 있다.

지역채널 운영의 한 예를 살펴보면, CMB는 지역채널을 20번 채널을 통해 방송하고 있다. 연간예산은 8억 5천만 원 정도로 월 7천만 원 정도 예산이 소요되고 있다. 주당 방송시간은 평일 7, 200분, 주말 2, 880분이며 순환편성 비율이 85. 5%에 달하고 있어 매우 높다.

참고로 〈표 5-28〉은 2005년 방송위원회가 조사한 지역채널 운영실태다.

방송위원회는 지역매체를 통한 공중접근을 활성화하기 위해 시청자 참여 프로그램에 대한 방송발전기금을 지원하기로 결정하고 2002년 12월 18일 방송법과 시행령을 개정하였다. 시청자가 직접 제작한 방송프로그램은 기금의 지원대상이다.[58] 지역채널을 통해 송신할 수 있는 방송프로그램의 범위에 시청자 제작 프로그램이 포함된다.[59] SO들이 시청자 제작 방송프로그램의 방송을 요청받은 경우, 방송기술 및 방송편성의 제약이 없는 한도에서 최대한으로 방송해야 한다.[60]

방송위원회는 종합유선방송의 지역채널을 통해 방송되는 시청자 제작 프로그램의 편성확대를 유도하고 시청자 참여를 활성화하기 위하여 해당 프

58) 방송법 제 3조 4항(방송발전기금의 용도).

59) 동법 시행령 제 55조(지역채널의 운용) 1항.

60) 방송위원회 규칙 제 51호 제 18조(종합유선방송 사업자 및 위성방송 사업자의 시청자제작 방송프로그램 방송).

로그램에 대한 지원금 지급기준을 마련하고 2003년 7월 1일부터 시행토록 하였다.[61]

이에 대해 프로그램 채택료가 현실화되어야 하며 기존의 프로그램 형식

〈표 5-28〉 SO 지역채널의 주요 정규 프로그램

방송사업자	편성 프로그램	주요내용
강원방송	6mm 시청자시대	지역문제, 여행 정보 등/"즐거운 산천어 축제 속으로"
경북케이블TV	VJ 리포트	문화활동, 지역문제, 정보제공 등/ "배워봅시다-호신술"
서경방송	시청자영상	지역문제, 사회이슈 등/ "남강도보순례-지리산에서 낙동강까지"
씨.씨.에스	내가 만드는 세상	단편영화, 문화활동, 지역문제 등/ "청남대 호반 축제"
우리방송	내가 만든 TV TV 우리 세상	문화활동, 지역문제 등/ "친환경 주말 농원 바보꽃밭"
중앙케이블TV	채널 파이브	문화활동/"메리트무용단 공연모습"
청주케이블TV	HCN 단편영화상영관	단편영화
	우리가 만드는 TV	문화활동, 지역문제 등/ "시트콤 제작현장 꿈을 제작하는 사람들"
한국케이블TV 충청방송	STNADBY 3.2.1	뮤직 비디오, 다큐멘터리, 영화
C&M	단편영화관	단편영화
	Hello TV	단편영화, 문화활동, 지역문제 등/ "아카클럽축구 열정의 현장을 가다"
CJ케이블넷 양천방송	주부 VJ가 간다	지역소식, 정보제공/ "직장인들의 활력소 재즈댄스와 함께"
CMB한강	씨네공작소	단편영화
KCTA제주방송	6mm 시청자세상	지역문제, 정보제공/ "농업생태원 체험현장 가다"
YBS영동방송	우리들 TV	지역문제, 정보제공 등/ "옛 추억이 새록새록 너와마을 체험 여행"

출처: 방송위원회(2005) 조사자료, 최영묵·이상훈(2006: 27)에서 재인용.

61) 지원금의 성격은 제작비 보상 개념이 아니라 방송채택료로 간주하였고, 지원액은 프로그램 1편당 지원상한액은 50만 원이며, 30분물 기준 50만 원, 20분물 기준 30만 원, 10분물 기준 20만 원으로 차등하여 지급하도록 하였다. 방송위원회(2003.7.1), 〈시청자제작프로그램 지원금 지급기준〉.

에 얽매이지 않는 다양한 형식과 내용의 프로그램을 개발함으로써 프로그램 제작 수준과 콘텐츠의 질을 향상시켜야 되고, 현행 주간당 1편 지원에 국한하지 말고 모든 채택 프로그램에 대한 지원으로 확대되어야 한다는 주장이 제기되었다.[62]

(3) 직접사용채널 정책실패와 전파낭비

종합유선방송은 지역채널 외에 직접사용채널(이하 직사채널)을 3개까지 운영할 수 있다.[63] 직사채널이 허용된 것은 위성방송이 도입되면서부터이다. 2000년 제정된 통합방송법에서 스카이라이프의 직사채널 비율을 10%로 규정하였다. 이때 SO 역시 매체 균형 차원에서 10%의 직사채널을 운영할 수 있게 되었으나, 2004년 9월 17일 방송법 시행령을 개정하면서 그 수를 3개로 제한하였다.

국내 영상산업의 활성화, 부가서비스 개발, 일반 PP가 운영하기 어려운 방송프로그램의 편성 등 공익성 있는 방송프로그램 편성을 유도하기 위해 직접사용채널 편성의 범위를 다음과 같이 정하였다:

- 스포츠, 영화 등 PP와 과당경쟁을 유발할 수 있는 특정장르 집중편성 지양(다만 PP는 적용 제외)
- SO 직접사용채널에서의 지상파 프로그램 무단 녹음 녹화 편성 제한
- SO 운영의 데이터방송의 경우 지역밀착형 서비스 활성화 적극 지원
- 보도 전문편성 또는 보도를 포함하는 종합편성 지양. 다만 해당지역 지상파 방송사업자 내지 승인받은 보도전문 채널에서 송출된 보도 프

62) 김덕모(2004), "케이블TV와 액세스 채널 활성화 방안", p. 70, 한국지역언론학연합회 주최 제 2회 지역미디어 포럼 발제문, 지역미디어로서 케이블TV의 과제와 전망, 광주 리츠컨벤션홀, 2004. 11. 18.

63) 방송법 제 70조 1항에 따르면, 대통령이 제한하는 범위 내에서 직사채널을 운영하도록 허용하고 있는데, 방송법 시행령 제 53조 2항에서 직사채널의 수를 3개로 제한하고 있다.

로그램을 VOD로 다시 방송하는 경우는 별도 승인 불필요

직접사용채널을 운영한 결과, 그 취지를 살리지 못한 것으로 나타났다. 스카이라이프의 경우 재정이나 인력이 뒷받침되기 때문에 직사채널 운영이 가능하였으나, SO의 경우 직사채널을 운영하기에는 역부족이었다. 방송위원회에서 직사채널 운영에 대한 가이드라인조차도 제시하지 않았기 때문에 SO들은 원칙 없이 직사채널을 운영하였다. 직사채널은 실패한 채널정책이었고 전파낭비였다. 보다 구체적인 문제점은 다음과 같다.[64]

① 직접사용채널의 취지가 살지 못함

지역채널과의 구분이 모호하였다. 지역채널에서 방송되었던 프로그램이 직접사용채널에서 방송되기도 하며 한 프로그램의 재방되는 횟수가 수십 차례에 이르는 등 심각한 수준에 달했다. 자사 홍보수단 및 광고채널로 이용되기도 하였다. 광고시간과 프로그램 시간의 비율이 별 차이가 없을 정도로 직접사용채널의 광고비율은 높은 실정이었으며, 자사의 초고속인터넷, 케이블, 기타 서비스 광고수단으로 활용되었다. 공익성 없는 프로그램 편성을 유도하겠다는 직접사용채널 운용방안에 부합하지도 못하였다. 직접사용채널이 입법취지에 입각하여 제대로 운영되지 못함에 따라 전파낭비와 더불어 일반 PP의 진입을 오히려 저해하는 요소가 되었다.

② HD 전용채널로 직접사용채널 운용 시 일반 PP들의 사업기회 박탈

2006년 6월 SO의 디지털 전환계획에 의하면 직접사용채널을 SO가 공동으로 편성하여 HD 전용채널로 활용하겠다고 발표하였다. 보도기능을 제외한 종합편성 채널로 지역별 문화탐방, 지역별 주요 이벤트, 주요 지역사회 이슈에 대한 릴레이 대담, 스포츠, 드라마, SO의 우수 프로그램 소개 등의 내용을 담은 프로그램을 편성할 계획임을 밝혔다.

---

64) 방송위원회(2006. 9. 6), 〈PP 활성화를 위한 정책 제안〉, 미간행 최종 보고서, pp. 29~31.

SO는 2010년까지 약 150개의 채널을 송출할 계획이므로 직접사용채널은 15개까지 가능하게 된다.

③ 유사규제와 중복됨

직접사용채널은 국내 영상산업의 활성화, 부가서비스 개발, 일반 PP가 운용하기 어려운 빙송프로그램의 편싱을 통해 공익싱을 구현하겠다는 취시를 표명하였으나, 이는 공공채널 및 공익성 분야 채널 의무전송 규정과 지역채널 규정에서 이미 구현되고 있는 것으로 규제중복 문제가 제기되었다.

디지털 전환으로 채널수는 증가하지만 각종 의무전송채널, 직접사용채널 등으로 PP의 활성화 도모를 저해하고 정책취지와도 상충되었다. 향후 2010년에 SO가 운용하는 채널이 150개라고 가정할 때, 기본적으로 SO가 의무적으로 전송해야 할 채널이 총 31개로 전체 채널의 5분의 1에 이르는 수준이다. 여기에 SO들이 디지털화 전환으로 기본적으로 서비스하게 될 VOD와 PPV 채널을 감안한다면, 일반 PP들이 편성될 수 있는 채널공간은 크지 않다. 이는 결국 PP들간의 경쟁을 심화시키고 진입장벽만 높일 뿐 아니라 PP 산업 활성화에 기여하지 못한다는 것이었다.

이러한 문제점들은 정상윤(2006)의 실증적 조사로 뒷받침되고 있다. 80%가 넘는 SO가 직사채널을 그대로 방치하는 것으로 나타났다. 주로 지상파방송 이시 재전송에 할당했으나, 2005년 7월 지상파 무단 녹음, 녹화에 대한 저작권 문제가 불거지면서 직사채널 운영 자체를 중단시켰다. 운영능력이 있는 MSO 경우도 예외가 아니었다.[65]

직사채널 운영현황을 살펴보면, 자체제작 프로그램을 지역채널과 함께 편성, 드라마 채널로 변경, 공지채널로 운영, 행사 및 관공서 문자홍보 방송을 하는 것으로 나타났다. 아예 일반 PP 채널을 방영하는 곳도 있었다. 별도인력도 없이 지역채널과 병행해서 직사채널을 운영하고 있었다. 직사채널에 대한 명확한 개념을 가지고 있지 않았다. 콘텐츠 수급의 어려움, 재

---

65) 정상윤(2006), 〈SO 직접사용채널 운영 연구〉, 방송위원회, pp. 37~38.

정과 인력의 문제가 심각한 것으로 나타났다.

이에 방송위원회는 정책방안으로 다음과 같은 두 가지 정책을 제안하였다.66)

첫째, 직접사용채널 제도를 폐지한다. 직접사용채널의 취지가 구현되고 있지 않고 직접사용채널로 인해 SO의 PP에 대한 교섭력이 증대하였는데, PP의 협상력을 증대시켜야 할 시점이다.

둘째, 유사채널간 통합운용 방안을 모색한다. 직접사용채널, 지역채널, 공공 및 공익성 분야 채널의 의무전송 규정간 중복되는 부분을 정비하도록 한다.

(3) 케이블TV를 통한 선거방송

선거방송은 케이블TV가 지역매체로 성장해야 하는 이유와 가능성을 보여준다. 케이블TV가 선거에 활용되기 시작한 것은 1995년 실시된 제4대 지방자치선거부터이다. 당시 선거방송에 대한 분명한 정의와 기준이 정해져 있지 않았고, 선거방송은 분명히 정치 관련정보 제공으로 방송위원회 규칙에서 규정한 지역생활정보 방송프로그램에 대한 정의 — 비정치적인 생활정보 프로그램 — 를 벗어나 과연 선거방송을 할 수 있을지에 대해서 문제가 제기되었다.

방송위원회는 지방의회의 중계와 지방선거 과정 및 결과의 통보 등과 관련된 선거방송이 지역사회 발전에 반드시 필요하다고 인정되며, 지역채널 운영에서 공보처장관과 시도지사가 인정하는 공지사항 등의 방송프로그램을 통해 선거방송이 가능하다는 유추해석을 하였다. 또한 정부의 '돈 안 드는 깨끗한 선거운동'에 부응하여 지역채널을 효과적으로 활용하는 것은 국가 중요시책이라고 판단하였다. 지역주민의 중대한 관심사항이자 지역사회 발전을 위해 반드시 필요한 지방자치선거에 대한 정보를 SO의 지역채널에서 제공하지 않을 경우 지역채널에 대한 지역주민의 시청률이나 참여도가

66) 방송위원회(2006), 앞의 보고서, pp. 31~32.

낮을 것으로 예상하여 결과적으로 종합유선방송 조기정착과 활성화를 위해 필요하다고 본 것이다.

선거방송에 대한 이러한 해석으로 전국 40개 SO에서 선거후보자 경력 방송 및 방송연설을 실시하였다. 대다수 SO에서는 선관위로부터 유선으로 전달받은 개표현황을 자막과 함께 아나운서 진행으로 개표 방송하였다. YTN 등의 개표방송을 중계하면서 해당지역 후보자 개표현황을 자막으로 방송하였다. 사전에 대다수 SO에서는 선거법 설명과 투표절차 안내 및 공명선거실천을 위한 각종 공익광고와 선거캠페인 드라마(1995년 6월 27일자) 등을 방송하여 지방자치단체선거 캠페인을 전개하였다.[67]

후속선거들에 있어 방송의 역할이 강조되면서 2004년 17대 국회의원선거를 앞두고 개정된 선거법에서는 모든 지역구에서 해당 지역선거 방송토론위원회가 주관하여 TV 토론 혹은 TV 합동연설을 반드시 개최하도록 하였다. 국회의원선거는 국민들에게 케이블TV의 중요성과 그 가치를 인식시킬 수 있는 좋은 기회가 되었다. 케이블TV는 총 지역구(243개)의 약 45%를 차지하는 서울, 인천, 경기의 수도권 전 지역구(109개)에서 개최된 후보자 대담, 토론회(63회)와 합동방송연설회(51회)를 제작, 방송하였다. 또한 대구, 전북지역의 SO는 해당 지역구에서 개최된 모든 후보자 합동방송연설회(14회)를 방송하였다.[68]

한국케이블TV방송협회에서는 선거방송기획단을 구성하는 등 의욕적으로 TV 토론을 추진하였다. 하지만 일회성 성격이 강했고 시청률이 낮아서 긍정적 평가를 받지 못했다. 2003년 대통령선거의 경우에는 140회 이상의 대통령후보 초청 방송토론이 있었음에도 케이블TV의 경우 끼어들 여지가 없었다. 이 같은 결과는 선거에 나서는 후보들이 지상파방송을 선호하기 때문이기도 하지만, 케이블TV는 시, 군, 구 단위 정도의 지역매체이기 때

67) 종합유선방송위원회(1995. 6. 29), 〈지역채널 선거관련방송 결과보고〉, 미간행 보고서.

68) 송종길(2004. 6), "17대 국회의원 선거와 케이블TV 선거방송 현황과 개선방안", 한국케이블TV방송협회(2004), 《케이블TV 선거방송 백서》.

문에 광역지역 또는 전 국민을 대상으로 하는 선거후보들을 대상으로 TV 토론을 개최하기에는 한계가 있었다.[69]

케이블TV를 통한 선거방송은 제도적으로 다음과 같은 한계점을 나타냈다.[70]

첫째, 국회의원선거는 지역선거라는 점에서 케이블TV가 TV 토론을 중계방송하는 주체가 되어야 함에도 불구하고, 개정 선거법에서는 공영방송사가 TV 토론을 중계방송할 수 없을 경우에만 케이블TV가 중계방송하도록 되어 있어 케이블TV의 역할은 매우 제한적이었다.

둘째, 케이블TV 지역채널에 대한 인지도가 낮아서 선거방송토론위원회에서 케이블TV를 통한 토론회를 외면하고 후보자들의 선호도 낮았다는 점이다.

셋째, 지상파방송사에 비해 케이블TV 방송사의 자체제작 능력 및 여건이 떨어져 공동제작을 많이 하였다. 주로 MSO를 중심으로 토론회를 개최해 해당 지역구를 벗어나는 등 공정성 여부에 대해 우려를 낳았다.

4) 케이블TV의 시청행태

(1) 케이블TV 매체 특성

다양한 매체이용상의 특징을 매체 상호간에 비교해봄으로써 케이블TV의 특징을 살펴보면, 케이블TV는 가장 재미있고 자주 이용하는 매체로 자리잡았음을 알 수 있다. 한국광고주협회(2003)의 조사에 따르면 가장 자주 이용하는 매체로 지상파TV를 전체 응답자의 44.5%가 든 반면, 케이블TV는 지상파방송에 이어 두 번째로 많이 이용한다고 응답(22.1%)하였다. 케이블TV는 역시 오락매체적 특징이 강하게 나타난다. 응답자들이 가장 재미있는 매체로 지적한 것이 케이블TV(32.9%)로 지상파방송(23.4%)보다 훨씬 높

---

69) 이기영(2004.6), "TV토론과 지역매체로서의 케이블TV에 대한 기대", 한국케이블TV방송협회(2004), 앞의 책, p.30.

70) 한국케이블TV방송협회(2004), 위의 책, pp.30~31.

〈표 5-29〉 매체 비교를 통해서 본 케이블TV 특성

(단위: %)

	지상파	케이블	라디오	신문	잡지	인터넷	차이없음	무응답	계
가장 자주 이용	44.5	22.1	1.3	3.9	0.3	18.9	1.4	7.8	100.0
접근 용이 (실안)	46.6	28.2	1.5	3.8	0.3	12.5	1.2	6.1	100.0
접근용이 (집밖)	9.3	8.5	14.9	29.0	5.9	23.0	4.5	5.2	100.0
재미있음	23.4	32.9	2.0	1.6	2.3	28.2	5.4	4.4	100.0
필요 생활정보 획득원	17.7	14.8	1.3	13.3	1.4	40.9	3.5	7.3	100.0

출처: 한국광고주협회(2003: 13).[71]

게 나타났다. 케이블TV는 실생활에 필요한 정보의 획득을 위한 매체로서의 역할에 대한 평가도 나아지고 있다. 지상파방송(17.7%)보다는 떨어지지만 신문(13.3%)을 앞지르기 시작하였다.

(2) 케이블TV와 지상파방송의 시장분할(*fragmentation*)

케이블TV가 도입됨으로 인해 매체간 경쟁이 발생하면서 기존 독과점적 지위에 있던 지상파방송의 시청점유율에도 변화가 일어났다. 케이블TV의 시장점유율은 매년 상승하였고 이에 대비해 지상파TV의 시장점유율은 다소 하락하는 경향을 보이고 있다. 〈표 5-30〉에 정리된 AGB닐슨미디어리서치의 자료를 통해 지상파방송과 케이블TV 시청률을 비교해보면, 지상파방송은 2002년 25.66%에서 2006년 21.1%로 해마다 감소하고 있는 추세에 있다. 한편 케이블TV는 2002년 10.63%에서 2006년 13.7%로 꾸준히 상승하고 있다. 시청점유율 면에서는 지상파방송은 2002년 70.71%에서 2007년 54.50%로 16.21% 정도 감소한 반면, 케이블TV는 같은 기간 동안 29.29%에서 37.50%로 8.21% 증가한 것으로 나타났다.

71) 한국광고주협회(2003), 〈방송매체수용자조사〉.

〈표 5-30〉 지상파방송과 케이블TV 시청률 비교

구분	시청률(%)		점유율(%)	
	지상파TV	케이블TV	지상파TV	케이블TV
2002.12	25.66	10.63	70.71	29.29
2003.12	23.05	12.28	65.24	34.76
2004.12	21.70	13.36	61.89	38.11
2005.12	19.70	14.20	58.11	41.89
2006.6	21.10	13.70	60.63	39.37
2007.6	19.40	13.30	54.50	37.50

출처: AGB닐슨미디어리서치.

이 자료만 보면, 케이블TV의 영향력이 무척 커진 것으로 보인다. 그렇지만 케이블TV PP에는 지상파계열 PP들이 포함되어 있다. 지상파계열 PP를 고려하여 다시 자료를 분석해보면 지상파방송의 영향력에 대한 평가는 다른 시각에서 이해할 수 있다. 지상파계열 PP들을 지상파방송에 포함시켜서 다시 시청점유율을 계산하면, 지상파방송의 전체 점유율은 2002년 4월의 85%에서 2005년 5월의 72%로 13% 정도 감소한 것으로 나타났고, 지상파계열 PP를 제외한 순수 케이블TV PP의 시청점유율은 15%에서 28%로 13% 증가한 것으로 나타났다.[72]

2000년 이후 표면적으로는 지상파방송의 시청률 하락의 추세가 지속되지만 지상파계열 PP의 시청률이 상승하고 있고, 지상파방송 계열 PP의 주된 프로그램이 지상파방송 프로그램이기 때문에 지상파방송 프로그램의 시장 지배력은 과거에 비해서 감소했다고 보기 어렵다. 이 점은 우리나라 방송영상산업의 가치 사슬에서 여전히 지상파방송 중심의 프로그램 수급구조가

72) 권호영 · 오정호(2005.7.8), "케이블TV 10년의 산업적/정책적 평가", 한국케이블TV협회/한국언론학회/한국지역언론학회 주최, 케이블TV 10주년 출범기념 세미나 발표논문, pp.24~25.

〈그림 5-6〉 지상파TV와 케이블TV의 시청점유율

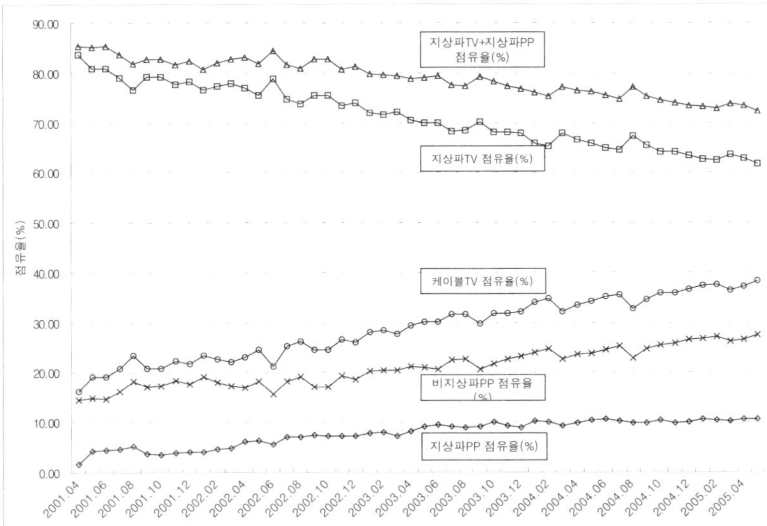

〈그림 5-7〉 지상파TV 시청률 대비 케이블TV 시청률

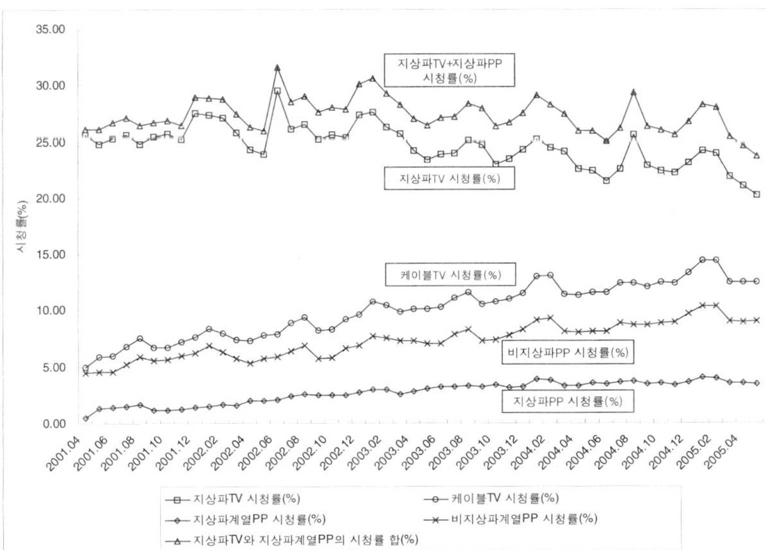

출처: 권호영 · 오정호(2005)에서 재인용.

발생할 수밖에 없다는 점을 시사한다고 하겠다.[73] 〈그림 5-7〉에서 보이는 것처럼 2004년 이후 지상파계열 PP의 시청률은 대체로 4%대로 케이블TV 전체 채널 시청률 10%의 40% 이상을 점유하고 있고, 2001년 이후 지상파방송 시청률 감소 5%를 거의 회복시키고 있다.

결론적으로 2001년부터 2005년까지 우리나라 케이블TV의 시청률은 5.0%에서 12.5%로 두 배 이상 증가했는데, 이 증가폭 중 60%는 비지상파계열 PP가 기여하였고 나머지 40%는 지상파계열 PP의 몫이다. 따라서 국내에서 케이블TV는 새로운 채널의 등장으로 인하여 성장한 부분과 동시에 지상파TV 프로그램의 2차 창구의 역할을 하면서 성장하였다고 볼 수 있다. 실제로 비지상파계열 PP가 편성하는 국산 프로그램의 대부분은 지상파TV가 제작하거나 저작권을 가지고 있는 프로그램이다. 이렇게 비지상파계열 PP가 편성하는 지상파TV 프로그램을 감안하면 케이블TV에서 지상파TV의 영향력은 더욱 증대한다.[74]

(3) 주 5일제 근무와 케이블TV 시청행태 변화

주 5일제 근무의 확산으로 인해 케이블TV를 포함한 방송 시청행태의 변화가 예상된다. KBS와 서울대 언론정보연구소가 조사한 '2005년 국민생활시간 조사결과'에 따르면, 2000년과 비교할 때 TV 시청시간은 15~32분 줄어들었다고 밝혔다.[75] 이 자료에 따르면 TV를 시청하는 사람의 비율은 2000년 평일 84.6%, 토요일 86.8%, 일요일 90.7%였던 것에 비해 2005년 평일은 79.4%, 토요일 84.2%, 일요일 87.6% 등으로 나타나 2000년도보다 감소한 것으로 나타났다.

'2005년 시청률, 낮방송 그리고 광고매출 변화'[76]에 따르면, 2005년 지

---

73) 조은기, "케이블TV 10년 산업 정책의 성과와 프로그램 및 시청자", 방송위원회, 《케이블TV 10년》, p. 108.

74) 권호영·오정호(2005. 7. 8), 앞의 글, pp. 25~26.

75) 〈데이터뉴스〉(2006. 3. 7), 홈페이지(www.datanews.co.kr)를 참고할 것.

76) 한국방송영상진흥원 발표자료(2006. 2. 7).

〈표 5-31〉 전 국민의 TV 시청률

구분	평일		토요일		일요일	
	2000년	2005년	2000년	2005년	2000년	2005년
TV 시청률(%)	84.6	79.4	86.8	84.2	90.7	87.6

〈표 5-32〉 지상파와 케이블TV의 일일 시청량과 시청률

구분	평균 일일 시청량		평균 일일 시청률	
	2001년	2005년	2001년	2005년
지상파방송	2시간 37분	2시간 6분	39.2%	31.9%
케이블TV	21분	1시간 5분	4.1%	12.1%

상파와 케이블TV의 일일 평균 시청량은 3시간 11분이고, 이중 케이블TV는 1시간 5분으로 나타났다. 케이블 TV의 경우 2001년의 21분보다 44분이 증가했으나, 지상파 시청률은 감소하였으며 TV의 총 시청량은 13분밖에 증가하지 않은 것으로 나타났다. 2005년의 지상파 시청률은 31.9%로 2001년(39.2%)보다 7.3% 줄어드는 등 지속적으로 감소하고 있었다. 반면 2005년 케이블 시청률은 12.1%로 2001년(4.1%)보다 8%가 늘었다.[77] 즉, 2005년 기준으로 국민은 하루의 8분의 1 이상을 TV 시청에 보내고 있고 특히 케이블TV 시청비율은 증가하고 있었다.

TNS 미디어가 서울 수도권 직장인을 대상으로 주 5일제 시행 이전인 2003년 7월 1일~12월 31일과 주 5일제 시행 이후인 2004년 7월 1일~12월 31일로 나눠 분석한 결과를 보면 〈표 5-33〉과 같다.[78] 전체적인 TV에 대한 시청비율은 줄어들었지만, 케이블TV 시청비율은 약간 증가하였다.

주 5일 근무제 실시에 따른 여가시간의 증대는 다양한 여가활동의 증가로 이어질 것이며, 텔레비전 시청의 상황도 매우 다양하게 나타날 것으로

77) 인터넷 〈서울신문〉(2006.2.7), 홈페이지(www.seoul.co.kr)를 참고할 것.
78) 〈데이터뉴스〉(2005.1.30), 홈페이지(www.datanews.co.kr)를 참고할 것.

보인다. 주말 여가활동이 텔레비전 시청량에 영향을 미칠 수 있다. 주말에 주로 휴식을 취하면서 시간을 보내는 가구(휴식형 여가활동) 일수록 주말 텔레비전 시청량이 많은 것으로 나타난다. 가족과 함께 외식, 여행 등의 활동을 하면서 주말여가를 활용하는 가구(가족형 여가활동) 일수록 주말 텔레비전 시청량이 적었다.[79] 이동 중 수신가능한 텔레비전을 통하여 차안이나 야외에서 프로그램을 시청하는 현상도 일반화될 것이며 여행지에서 텔레비전을 시청하는 경우도 현재보다 훨씬 많아질 것이다.[80] 이러한 점을 고려하여 케이블TV PP는 이동 중이나 야외에서 시청하기에 적절한 프로그램 유형을 개발하거나 제작된 프로그램들을 이동매체에 판매하는 데 관심을 가질 필요가 있다.

〈표 5-33〉 직장인 TV 시청률 변화 (주 5일제 근무 전후)

시간대	구분	전체	지상파	케이블TV
금 저녁 (19~23시)	주 5일제 이전	24.4	20.5	2.6
	주 5일제 이후	22.5	18.2	2.9
	증감	▽1.9	▽2.3	△0.3
금 심야 (24~06시)	주 5일제 이전	14.6	8.5	3.9
	주 5일제 이후	15.6	8.7	5.2
	증감	△1.0	△0.2	△1.3
토 오전 (09~12시)	주 5일제 이전	12.9	9.3	2.5
	주 5일제 이후	13.0	8.8	3.1
	증감	△0.1	▽0.5	△0.6
일 오전 (09~12시)	주 5일제 이전	23.0	18.8	2.9
	주 5일제 이후	21.6	17.0	3.2
	증감	▽1.4	▽1.8	△0.3

79) 배진아(2003), "주 5일 근무제 실시에 따른 텔레비전 시청패턴 변화 연구: 여가활동 및 주말의 시청패턴에 대한 영향을 중심으로," 《방송과 커뮤니케이션》, 문화방송, p. 155.

80) 배진아, 위의 글, p. 162.

〈표 5-34〉 프로그램 내용에 대한 만족도

	1995	1997	2000	2006
프로그램 내용	55점	63점	64점	61점

출처: 방송위원회(1995, 1997, 2000, 2006년 시청행태 조사).
* 1995년과 1997년 자료는 4점 척도 측정결과를 점수로 환원.

5) 케이블TV의 사회적 책임

(1) 케이블TV에 대한 만족도

케이블TV가 질적으로 발전하고 있음에도 불구하고 가입자들의 태도, 욕구, 만족도에 대한 이해를 소홀히 한 경향이 있다. 케이블TV 만족도는 가입유지, 해지, 재가입 등을 결정하는 중요한 요소이다. 만족도를 결정하는 요인은 다양하다. 제이콥스(Jacobs, 1995)는 서비스의 신뢰도, 가치, 프로그램 다양성, 전화상담원, 불만 제기 횟수 등을 지적하였다.[81] 국내에서는 프로그램 오락성, 정보 신속성, 채널선택권, AS 직원의 친절성 등이 중요한 것으로 나타났다(이은미 · 박창희, 2004).[82]

케이블TV가 처음 시작하던 해 프로그램 내용에 대한 만족도는 100점 만점을 기준으로 55점에 불과하였던 것이 1997년에 63점, 2000년에 64점을 기록하고 있다(〈표 5-34〉 참조). 2006년도 조사에서도 61점을 기록해 채널이 크게 증가하였음에도 불구하고, 여전히 프로그램 내용에 대한 만족도는 높지 않다.[83] 지상파방송과 비교할 때 2000년도에는 케이블TV가 7.6점 낮았으나, 2006년 지상파방송이 64점을 기록함으로써 케이블TV가 3점 낮았

81) Jacobs, R. (1995), "Exploring the determinants of cable television subscriber satisfaction", *Journal of Broadcasting & Electronic Meida* 39(2), pp. 262~274.

82) 이은미 · 박창희(2004), "케이블TV 가입자의 만족도 결정 요인 연구", 〈방송연구〉 2004년 여름호, pp. 179~203.

83) 이러한 평가는 경쟁매체인 지상파방송에 비하면 7.6점이나 낮은 점수이다. 방송위원회(2000. 12), 〈2000년 TV 시청행태 연구〉, p. 97.

다.[84] 시청자들이 느끼는 프로그램 만족도에 있어, 지상파방송과 케이블TV와의 간격은 줄어들었으나 국내 프로그램에 대한 시청자들의 평가는 썩 좋은 편이 아닐 뿐만 아니라 개선되고 있지도 못하다.

2000년 이후 등록제가 시행되면서 채널수가 급증한 이후 케이블TV를 지상파방송과 비교해보았을 때, 아주 근소한 차이가 있는 것으로 시청자들이 평가함으로써 비교적 짧은 기간 동안 프로그램의 다양한 차원에서 케이블TV가 지상파방송을 따라가고 있다.[85] 평가내용을 다양성, 유익성, 흥미성, 프로그램 질 차원에서 살펴보기로 한다. 프로그램의 다양성 차원에서는 지상파방송이 3.37점(4점 만점)을 얻은 데 반해, 케이블TV가 3.29점으로 거의 지상파방송에 근접하고 있다. 또한 프로그램의 유익성은 지상파방송이 3.19점으로 케이블TV가 0.19점 낮은 3.00점, 프로그램의 질 차원에서는 지상파방송이 2.98점이고 케이블TV가 2.83점으로 0.15점 차이, 프로그램의 흥미성 차원에서는 지상파방송이 3.38점인 데 반해, 케이블TV가 3.12점으로 0.26점 차이를 보이고 있다.

프로그램의 만족도와 관련하여 전반적으로 시청률이 높은 장르에 대한 만족도가 높은 경향이 나타났지만, 반드시 일치하지 않은 장르도 존재하였다. 2004년의 경우 만족도가 가장 높은 장르는 드라마(3.5점)였고, 다음으로 스포츠(3.45점), 뉴스(3.43점), 영화(3.42점), 음악(3.36점), 다큐멘터리(3.28점) 순으로 나타났다. 시청률에서 만화의 경우 채널별 시청률은 가장 높았지만, 2003년의 경우 2.73점으로 시청 만족도는 크게 떨어지는 것으로 평가되었다.

(2) 시청자 불만을 통해서 본 사회적 책임

'사회적 책임' 개념은 다차원적이다. 2005년도를 전후로 해서 종합유선방송국에 대한 시청자 불만이 급증하고 있어 사회적 문제가 되고 있다. 대 시청자 서비스 차원에서 시청자 불만 현황을 중심으로 종합유선방송의 사회

84) 방송위원회(2006.12), 〈2006년 TV 시청행태 연구〉, p.43.

85) 방송위원회, 위의 보고서, p.326~327.

적 책임에 대해 살펴보자. 2006년 방송위원회에 접수된 시청자 불만은 총 2,546건에 달하였다. 불만 내용별로 보면 가장 비율이 높은 것이 채널편성(38.3%), 이어서 요금에 관한 불만이 25%를 차지하고 있어, 두 항목이 63.3%로 대부분을 차지하였다. 그외 A/S 지연이 10.8%, 설치관련 9.2%, 임의중단 등의 수신과 관련된 사항이 8.4%를 차지하였다(〈표 5-36〉 참조).

〈표 5-35〉 연도별 케이블TV 시청 만족도(5점 척도)

채널유형	2000		2001		2003		2004	
	사례수	평 균	사례수	평 균	사례수	평 균	사례수	평 균
뉴스	416	3.38	249	3.43	355	3.23	445	3.43
다큐멘터리	417	3.39	240	3.32	301	3.13	346	3.28
드라마	422	2.98	237	3.25	348	3.35	480	3.50
스포츠	414	3.35	250	3.42	315	3.19	398	3.45
유료영화(무광고)	69	3.48	20	3.00	315	2.77	22	2.91
영 화	430	3.12	239	3.32	657	3.25	446	3.42
음 악	381	3.13	237	3.10	583	2.93	335	3.36
만 화	372	2.94	208	2.77	523	2.73	연예/오락 채널로 병합	
교 육	420	3.13	242	2.91	522	2.78	194	3.18
외국위성	393	2.88	234	2.74	449	2.65	182	2.93
홈쇼핑	423	2.84	238	2.83	607	2.93	369	3.14
연예/오락	411	3.01	243	3.05	574	3.01	370	3.34
종 교	해당 없음		해당 없음		505	2.71	113	3.04
여 성					469	2.67	139	3.01
생활/취미/정보					543	2.80	183	3.15
공공/외국어					476	2.62	119	2.88

출처: 방송위원회(2005: 119), 《케이블TV 10년》.

주요 불만사례들을 유형별로 살펴보면 〈표 5-37〉과 같다. 첫째, 채널편성 변경과 관련한 대부분의 불만들은 시청자들이 충분히 사전에 인식하지 못한 상태에서 잦은 채널변경이나 특정채널들의 방송을 중단하면서 초래되었다. 방송법상 SO들이 채널편성 권한을 지니고 있는데, 수익성(ARPU)을 높이기 위한 마케팅 전략으로 시청률이 높은 드라마 채널이나 스포츠 채널을 고가형 티어로 옮기면서 불만이 폭증하였다.

종합유선방송 사업자는 약관에 명시된 채널상품을 판매해야 하며 채널을 추가하는 경우 등 예외적 경우를 제외하고 일방적으로 채널상품을 변경해서는 아니 된다.[86] 채널상품을 변경하고자 할 경우에는 변경일 전후 15일 동안 전체 운용 채널 중 3분의 2 이상 채널을 통하여 수신자에게 고지해야

〈표 5-36〉 2004~2006년 SO 관련 시청자 불만사항

(단위: 비율 %)

	2004년		2005년		2006년		합 계	
	건 수	비 율	건 수	비 율	건 수	비 율	건 수	비 율
설치관련 (이전 포함)	145	12.1	106	5.2	281	11.0	532	9.2
요금관련	427	35.7	414	20.4	600	23.6	1,441	25.0
채널편성관련	174	14.6	1,004	49.5	1,035	40.7	2,213	38.3
A/S 등 가입자 서비스 관련	208	17.4	204	10.0	211	8.3	623	10.8
해약관련	34	2.8	52	2.6	109	4.3	195	3.4
약관관련	20	1.7	17	0.8	39	1.5	76	1.3
기기관련	95	7.9	78	3.8	34	1.3	207	3.6
방송중단관련	92	7.7	155	7.6	237	9.3	484	8.4
	1,195	100.0	2,030	100.0	2,546	100.0	5,771	100.0

출처: 2004~2006년, 방송위원회, 〈2006년 시청자불만처리보고서〉.

86) 종합유선방송 이용약관 제9조(사업자의 의무).

〈표 5-37〉 채널변경 관련 불만 현황

구 분	채널편성 변경	특정채널(홈쇼핑 등) 편성	계
건 수	534건	2건	536건
비 율	99%	1%	100%

출처: 방송위원회(2006).

〈표 5-38〉 요금 관련 불만 현황

구 분	요금인상	요금과오납	이전비 설치비	저가상품 미소개	고지방법 등	계
건 수	103건	77건	75건	21건	18건	294건
비 율	35%	26%	26%	7%	6%	100%

출처: 방송위원회(2006).

한다. 예외적인 경우는 ① 프로그램 공급업자 폐업 등 불가피한 사유가 있는 경우, ② 채널 상품 중 특정채널 상품의 시청률이 상당한 기간 동안 현저히 감소하여 변경할 필요가 있는 경우, ③ 채널 상품이 변경된 후 6개월 이상 경과한 경우 등이다.

이런 종류의 불만을 해소하기 위해서는 현행약관을 사업자들이 제대로 준수해야 하고 방송위원회는 감시감독을 강화할 필요가 있다. 채널편성 시에는 종합유선방송 표준약관에 따라 방송자막 고지(전체 채널 3분의 2 이상, 편성 전후 15일) 사항을 충실히 이행하고, DM 발송 등을 통해 채널편성 변경취지와 과정 등을 수신자에게 미리 안내하여야 하여야 한다. DM을 발송하기 위해선 비용이나 인력이 소요되기 때문에 방송사들은 시행할 가능성이 낮다. 따라서 방송자막 고지에 역점을 두어 실행하도록 해야 한다.

두 번째 주요한 불만유형은 가격이다. 〈표 5-38〉은 요금과 관련하여 제기된 불만으로 불합리한 요금인상이 35%를 차지하고 있다. 종합유선방송이 방송구역 내 다른 종합유선방송사와 경쟁하거나 중계유선사와의 경쟁으

〈표 5-39〉 독점/경쟁지역 수신료와 채널수 비교

(단위: 원)

변 수	독점지역	경쟁지역	경쟁지역 지수 (독점=100)
SO 업체수	53	66	124.5
채널당 수신료	144.18	104.50***	72.4
월 수신료	7231.00	5787.87***	80.0
공급 채널수	51.38	58.06***	113.0

출처: 공정거래위원회(2006).
주) 채널당 수신료, 수신료, 채널수는 SO별 여러 상품의 가중평균값.
주) * ** ***는 경쟁지역의 표본평균이 독점지역에서의 표본평균과 비교해서 각각 10%, 5%, 1% 유의수준에서 확연히 다른 값임을 의미.

로 승인요금 수준 이하에서 저렴한 수신료를 징수하다가 사업자 인수 등을 통해 독점체제가 되면서 요금을 본래대로 되돌리면서 나타난 부작용이다. 이러한 불만은 가입자에게 충분한 안내가 없었고 짧은 시일 내에 과도하게 요금인상을 하면서 초래되었다.

가격과 관련된 불만들은 독점지역인 경우 더욱 심하게 제기되고 있다. 공정거래위원회에서 2006년 4월 경쟁지역과 독점지역의 케이블TV 가격과 서비스를 비교한 결과, 독점지역에서 가격은 더 비싸고 제공하는 채널수는 더 적은 것으로 나타났다. 독점지역은 채널당 수신료 기준으로 37.9% 더 비싸고 월 수신료 기준으로 24.9% 더 비쌌다. 제공하는 채널수는 경쟁지역이 약 7채널이 더 많았다(〈표 5-39〉 참조).

세 번째 주요유형은 수신과 관련된 것이다. 〈표 5-40〉에서 보듯이, 임의로 중단한 것이 68%를 차지하고 있고 유료 영화채널 시청과 관련된 불만이 9%, 디지털 수신 불가가 10%, 설치지연이 8%를 차지하고 있다. 헤드앤드 이전, 망공사, 도청 가입자 정리 등의 사유로 임의중단이 되는 경우, 사전고지 미흡으로 시청자 불만이 발생하고 있다. 아울러 임의중단 불만은 해당 방송사의 민원접수가 원활하지 못했고, 방송중단에 대한 사후안내도 제대로 되지 않은 결과 방송위원회에 불만을 접수한 경우가 대부분이었다.

〈표 5-40〉 수신 관련 불만 현황

구 분	임의중단	유료영화 채널시청	디지털 수신불가	설치 지연	기 타	계
건 수	127건	17건	18건	15건	10건	187건
비 율	68%	9%	10%	8%	5%	100%

출처: 방송위원회(2006).

케이블TV 사업자는 수신자에게 양질의 방송서비스를 지속적, 안정적으로 제공할 의무를 진다.[87] 단, 천재지변 등 불가피한 경우와 법령에 의하여 일시 중단해야 할 사유가 있는 경우에는 사전 또는 사후에라도 그 사유를 수신자에게 즉시 고지해야 한다. 아울러 사업자는 수신자에게 수신의 장애가 있을 경우 지체 없이 이를 원상회복해야 하고, 이 경우 수신의 장애가 수신자의 귀책사유로 인한 때에는 원상회복에 소요되는 비용은 수신자가 부담하도록 하고 있다.[88] 만약 사업자 시설의 하자 등 사업자의 귀책사유로 인하여 수신하지 못한 때에는 사업자는 당월의 월 요금을 일 단위로 계산한 금액에 수신하지 못한 일수를 곱하여 산출된 금액을 당월 요금에서 감액해야 하며, 특히 연속 5일 이상 또는 월간 총 7일 이상 수신하지 못한 때는 당해 월 요금을 면제해주어야 한다.[89]

수신장애가 발생할 경우 사업자는 이를 신속하게 해결하여야 하는 것이 의무이다. 망공사 등의 작업은 새벽 등 시청이 드문 시간을 이용함으로써 시청활동에 지장이 없도록 배려하고, 콜센터 기능을 강화하여 가입자 요청에 신속하게 대처할 수 있도록 해야 한다. 수신장애가 사업자의 귀책사유로 인하여 발생한 경우 일할 계산으로 당월 수신료를 감액하여 청구하여야 한다.

네 번째, 민원접수와 관련해서이다. 민원접수에 대한 시청자 불만이 총

87) 종합유선방송 이용약관 제9조(사업자의 의무) 4항.

88) 종합유선방송 이용약관 제9조(사업자의 의무) 5항.

89) 종합유선방송 이용약관 제7조(요금청구 및 납부) 2항.

불만 건수의 3%를 차지하고 있는 것으로 집계되었는데, 방송사에 민원접수가 되지 않아 위원회로 민원을 접수한 사례가 대부분이다. 특별히 임의중단, A/S 지연 불만은 방송사업자의 민원접수가 원활하지 않아 위원회로 동사안을 접수하여 해결을 요청한 경우이다.

시청자들의 민원접수는 종합유선방송 사업자가 기본적으로 갖추어야 할 대 시청자 서비스의 기본책무이다. 방송중단, 채널편성 변경, 요금인상 등 시청자 불만 발생요인이 있다고 예상되는 경우에는 콜센터를 한시적으로 확대하여 불만 제기자들에 대한 충분한 안내와 대응이 이뤄질 수 있도록 구성하는 등 SO 위기관리 능력을 강화할 것이 요구된다. 아울러 상담원들에 의한 질 높은 시청자 서비스가 이뤄지도록 교육을 강화하여야 할 것이다. 이와 관련하여 대 시청자 서비스 기준을 마련하는 것이 필요하다. 미국 FCC나 캐나다 CRTC에서는 이러한 기준을 제정하여 사업자로 하여금 준수토록 하고 있다. 그 주요내용으로는 전화 불만 처리에 대한 자세한 시행지침 등 소비자들의 권익을 보호하기 위한 다양한 조처들이 포함된다.

다섯 번째는 설치비와 관련된 것이다. 이전 설치비와 설치비에 대한 불만이 75건으로 전체 SO 불만의 7%를 차지하고 있다. 특별히 인터넷과 방송서비스의 번들 상품을 운용하면서 설치비를 면제해주고, 약정기간을 지키지 않았거나 요금이 높은 채널 상품으로 전환하지 않을 경우 설치비를 청구하는 사례가 있어 불만이 증가하고 있다.

'설치비'는 케이블TV 가입에 따른 수신시설 설치에 드는 비용을 가입자에게 부과하는 것이다. 인터넷과 방송서비스 번들 상품 가입 시 설치비를 청구하지 않은 것은 마케팅 전략의 일환으로 가입자 유치를 위한 가격전략이라고 보아야 한다. 그런데 계약 당시에는 이에 대한 아무런 사전 설명 없이 해지 시 설치비를 위약금처럼 징수하는 것은 부당하다. 종합유선방송 이용약관상에도 설치비를 위약금처럼 징수할 수 있는 근거가 없어, 위약금 징수 관련규정이 미비점으로 남아 있기 때문에 이용약관을 보완할 필요성이 있다.

결론적으로 방송사업자들 스스로 사회적 책임을 깊이 인식하고 대 시청자 서비스 수준을 향상시키려는 성숙된 자세가 무엇보다 중요하다. 자율규제 차원에서 시청자위원회를 설치하여 운용하거나 콜센터의 기능을 강화할 것이 요구된다. 방송위원회는 소비자권익을 보호하기 위해 현행 종합유선방송 이용약관의 미비점을 보완하거나 별도로 대 소비자 서비스 기준을 제정하는 등 현행제도의 선진화를 위한 조처들이 필요하다. 이러한 노력에도 불구하고 문제가 개선되지 않는다면, 경쟁매체들과의 유효경쟁을 유도하여 시장경쟁을 통해 서비스가 개선되도록 할 수 있겠다.

4. 케이블TV 기술의 발전

1) 케이블TV의 디지털화 추진 개요

우리나라는 지상파방송이 디지털 방송 서비스를 2001년 11월부터 가장 앞서 제공하였고, 직접위성방송은 2002년 3월부터, 그리고 케이블TV는 2003년부터 시작함으로써 양 매체가 각각 1년의 시차를 두고 거의 비슷한 시기에 추진되었다.

우리나라의 디지털 방송 추진현황을 선진외국들과 비교해보면, 미국은 위성방송이 1994년, 케이블TV가 1997년, 지상파방송이 1998년에 추진했다. 영국은 1998년에 지상파방송, 케이블TV, 그리고 위성방송이 동시에 시작되었다. 일본은 위성방송은 1997년, 지상파방송은 2003년으로 늦추어졌다. 프랑스는 위성방송이 1996년, 케이블TV가 1998년, 지상파방송이 2002년에 추진될 예정이었다. 이상과 같이 각국들마다 처해진 매체환경 속에서 매체마다 차별적으로 디지털화를 추진하고 있는 것을 볼 수 있다.

외국과 우리나라의 추진현황을 비교할 때 위성방송의 디지털화는 약 5년 정도 늦었는데, 이는 디지털 위성방송은 시작했지만 방송법 제정이 지연됨으로 인해 위성방송 사업 자체가 늦어진 데 기인한다. 지상파방송의 경우에는 선진국들과 비교할 때 거의 비슷한 시기에 시작한 것으로 나타났다.

다만 케이블TV 분야에서 디지털화는 상대적으로 뒤처진 상태이다. 특히 PP들의 디지털화에 비하면 SO들의 디지털 추진은 뒤늦게 시작되었다. SO가 개별적으로 투자재원을 마련하는 것이 어려웠기 때문이다.

2) 케이블TV의 디지털 추진현황

(1) 디지털 가입자 증가현황

2005년 2월 양천지역을 시작으로 본방송을 시작한 디지털 케이블TV의 2008년 1월 가입세대는 937,058가구로 예상보다 저조한 실적을 보이고 있다. 이는 당초 목표치의 약 30%에 불과하다. 당초 디지털 케이블TV 가입세대는 2006년 83만, 2007~2008년에 296만, 2009년 319만으로 최고점을

〈표 5-41〉 각국의 디지털 방송 추진현황

국가	위성방송	케이블TV	지상파방송
호주	1997	1998	2002
벨기에	1996	1999	-
캐나다	1994	1998	1999
네덜란드	1996	1998	-
핀란드	1997	1998	2000
프랑스	1996	1998	2002
독일	1997	-	2001
홍콩	1997	-	-
이탈리아	1997	-	-
일본	1997	-	2003
스페인	1997	1998	1999
스웨덴	1996	1998	1999
영국	1998	1998/9	1998
미국	1994	1997	1998
한국	2002	2005	2001

출처: Forrester, Chris(2000: 72)를 보완.

이룬 후 2010년 161만여 가구에 이를 것으로 예측하였다. 그러나 2008년 1월 기준으로 903,774가구에 그치는 기대 이하의 디지털TV 가입실적을 보이고 있다. 사업자들이 지적하고 있는 저조한 이유로 ① 케이블TV 시청료의 저가구조, ② 콘텐츠 차별화 미흡, ③ 공익채널 의무편성과 같은 정부규제상 문제점 등을 들고 있다.[90] 하지만 실질적 이유는 가격대비 서비스 질이 뒷받침되고 있지 못한 상태에서 저가 티어 가입자들이 디지털 전환을 하

〈표 5-42〉 디지털 케이블TV 가입자 현황

(2008년 1월 기준)

지 역	가입가구 수 기준	가입자 수 기준
서 울	439,190	461,406
부 산	78,622	80,555
대 구	6,887	7,278
인 천	90,897	91,455
광 주	-	-
대 전	212	297
울 산	3,279	3,366
경 기	111,389	115,396
강 원	5,553	5,553
충 북	2,502	2,502
충 남	2,114	2,114
전 북	2,566	2,566
전 남	1,551	1,551
경 북	6,139	6,187
경 남	136,898	138,825
제 주	15,975	18,007
합 계	903,774	937,058

출처: 한국케이블TV방송협회(2008: 95), 〈Cable AD〉 봄호.

90) 한국케이블TV방송협회 SO협의회(2006.8), 〈케이블TV 디지털 활성화 방안〉, pp.65~78.

고 있지 않기 때문이다.

2007년 8월 현재, 전국 총 106개의 SO 가운데 디지털 케이블TV 서비스를 실시하고 있는 SO는 모두 64개로 전체의 60.4%가 방송위원회의 디지털 전환승인을 받았다. 복수 SO가 허가되어 있는 지역을 고려한다면 디지털 전환율은 이보다 좀더 높아질 수 있다. 지역별로 보면 서울, 경기, 경남, 인천, 제주지역은 거의 100% 전환이 이루어졌으며 대구, 부산, 충남, 충북지역은 50% 이상 디지털 전환이 달성되어 있는 상태이다. 강원, 전남, 전북은 해당지역 SO 중 약 3분의 1가량이 디지털 케이블로 전환하였고 아직 경북, 광주, 대전, 울산만이 디지털 전환이 이루어지지 않았다.

대부분의 방송권역에서는 MSO들을 중심으로 활발하게 디지털 전환절차가 진행되고 있지만, 상대적으로 규모가 작은 개별 SO들의 경우 DMC의 협조를 받거나 MSO의 디지털망을 임차해서 디지털 전환을 추진하고 있는 실정이다. 그러나 여전히 디지털 전환을 추진하지 못하고 동일 방송권역에서 디지털 전환된 MSO와 경쟁관계에 있는 개별 SO들도 다수 있다. 중계유선에서 전환한 CMB의 경우 디지털 전환이 가장 느리게 추진되고 있다.

(2) 디지털 추진을 위한 투자

2006년 4월 SO를 대상으로 한 협회 조사에 따르면, SO의 디지털화 투자비용(DMC 구축, H/E 디지털화, 전송망 고도화/증축, 가입세대 댁내망 도화개선, 디지털 셋톱박스 투자비 포함 등)은 2005년까지 총 1조 3,076억 원이었다. 이 가운데 현재까지의 투자규모는 전송망 고도화/증축비용의 비중이 가장 높은 것으로 나타났다. 2006년 이후 투자계획은 디지털 셋톱박스 투자비를 제외하고 약 2조 2,275억으로 추산된다.[91]

91) 참고로 방송위원회에서 조사한 2005년까지의 디지털화 투자비용(제작 및 송출장비, 전송망 고도화, 컨버터, 부대장비에 투자하는 금액과 시설 자동화, 노후교체/보강, 기타 포함)은 총 1조 1,201억 1,300만원으로 나타나 양 조사상의 차이는 크게 나타나지 않았다. 방송위원회(2004.11), 〈2004년 방송산업 실태조사 보고서〉; 방송위원회(2005.10), 〈2005년 방송산업 실태조사 보고서〉.

〈표 5-43〉 지역 및 MSO별 디지털 케이블 전환현황

(2007년 8월)

행정구역	방송권역	MSO	디지털 전환	디지털 미전환	합계	경쟁 OverBuild 지역	디지털 케이블 경쟁 양상	행정 구역별 전환율	방송 권역별 전환율
강원	3	개별 SO		2	2		경쟁 없음	33.3	33.3
		On Media	1		1				
경기	9	개별 SO	1	1	2	의정부, 양주, 동두천, 포천, 연천에서 C&M과 나라방송 경쟁	개별 SO인 나라방송은 디지털 전환 안 됨	90.9	100
		티브로드	5		5				
		C&M	3		3				
		CJ	1		1				
경남	4	개별 SO	1		1		경쟁 없음	100	100
		CJ	3		3				
경북	4	개별 SO		2	2		경쟁 없음	0	0
		CJ		1	1				
		HCN		1	1				
		TCN		1	1				
광주	2	개별 SO		1	1	광주 동구 북구에서 CMB와 광주방송	디지털 전환 안 된 SO간 경쟁	0	0
		CMB		3	3				
대구	6	개별 SO	1	2	3	수성구에서 CMB와 On Media 경쟁 달성 달서구에서 푸른방송과 TCN 경쟁	모두 디지털 전환된 SO간 경쟁	50	67
		큐릭스		1	1				
		CMB		2	2				
		HCN	1	1	2				
		On Media	2		2				
		TCN	2		2				
대전	2	CMB		4	4		경쟁 없음	0	0
부산	8	개별 SO		3	3	북구 사상구에서 티브로드와 북부산케이블 서, 사하구에서 티브로드와 동서디지털방송 해운대 기장구에서 CJ와 동부산케이블	개별 SO 모두 디지털 전환 안 됨	50	63
		티브로드	3	1	4				
		CJ	2	2	4				
		HCN	1		1				
서울	21	큐릭스	5		5	노원, 서대문, 성동광진, 종로중구에서 큐릭스와 C&M 경쟁 동대문에서 CMB와 C&M 경쟁 서초구에서 HCN과 C&M 경쟁	CMB 외에 모두 디지털 전환된 SO간 경쟁	89.7	95
		티브로드	3		3				
		C&M	12		12				
		CJ	2		2				
		CMB		2	2				
		GS홈쇼핑	1		1				
		HCN	3	1	4				

〈표 5-43〉 계속

행정구역	방송권역	MSO	디지털 전환	디지털 미전환	합계	경쟁 OverBuild 지역	디지털 케이블 경쟁 양상	행정구역별 전환율	방송권역별 전환율
울산	1	개별 SO		1	1	울산중앙케이블방송과 GS 경쟁	디지털 전환 안 된 SO간 경쟁	0	0
		GS홈쇼핑		1	1				
인천	5	개별 SO	1		1		경쟁 없음	100	100
		티브로드	3		3				
		CJ	1		1				
전남	3	개별 SO		2	2		경쟁 없음	25	33
		CMB		1	1				
		On Media	1		1				
전북	3	개별 SO		2	2		경쟁 없음	33.3	33
		티브로드	1		1				
제주	1	개별 SO	1		1			100	100
충남	3	개별 SO		1	1		경쟁 없음	50	50
		티브로드	2		2				
		CJ		1	1				
충북	2	HCN	1	2	3		경쟁 없음	33.3	50
합계	18		64	42	106			60.4	

출처: 김병선·탁진영(2007).

(3) 전송망 고도화

1995년 케이블TV가 시작하면서 1차 SO 53개 지역의 전송망 사업자인 KT(21개 SO), 한전(32개 SO)은 대역폭 450~550MHz의 전송망을 구축하였다. 1998년 IMF 이후 공영기업인 KT의 전송망사업 철수와 한전의 전송망사업 민영화(파워콤)로 전송망 증설 신규투자가 부진하였다. 1998년 2차 SO에 대한 자가망 구축 허용으로 SO 자체 재원 조달로 대역폭 750~864MHz 망으로 구축을 시작하였다. 2000년부터 KT, 파워콤 등의 전송망 사용료 인상으로 1차 SO에서도 자체망 구축을 본격화하였다. 2003년 이후 정부의 디지털 전환정책 독려에 따라 전송망 등 본격적인 디지털화 투자를 확대하기 시작하였다.

방송위원회 제2기 디지털방송추진위원회는 2001년 다음과 같은 정책목표를 가지고 전송망 고도화의 필요성을 제시하였다.

〈표 5-44〉 케이블 사업자별 디지털 케이블 전환현황

(2007년 8월)

<table>
<tr><th colspan="3">사업자</th><th rowspan="2">브랜드명</th><th rowspan="2">DMC</th><th rowspan="2">디지털 케이블 서비스를 제공하고 있는 SO</th><th rowspan="2">디지털 본방송 개시일</th><th colspan="2">총가입자</th></tr>
<tr><th>MSO</th><th>SO수</th><th>디지털 케이블 SO수</th><th>가구수*</th><th>가입 대수**</th></tr>
<tr><td rowspan="2">CJ 케이블넷</td><td rowspan="2">13</td><td rowspan="2">9</td><td>Hello-D</td><td>Hello-D</td><td>가야방송, 마산방송, 경남방송, 중부산방송, 해운대기장방송, 양천방송, 북인천방송</td><td>2005 2. 1</td><td rowspan="2">175, 454</td><td rowspan="2">179, 375</td></tr>
<tr><td>DreamPlus</td><td>BSI</td><td>드림씨티방송 은평, 부천</td><td>2005 7. 1</td></tr>
<tr><td>씨앤엠</td><td>15</td><td>15</td><td>C&M 디지털 케이블</td><td>자체 DMC</td><td>경기, 경동, 우리, 강동, 구로, 노원, 마포, 서서울, 서초, 동서울, 북부, 송파, 용산, 중앙, 중랑 케이블TV</td><td>2006 2. 1</td><td>147, 977</td><td>165, 665</td></tr>
<tr><td>큐릭스</td><td>6</td><td>5</td><td>빅박스</td><td>자체 DMC</td><td>노원케이블, 도봉강북방송, 서대문방송, 광진성동방송, 종로중구방송</td><td>2005 8. 1</td><td>40, 350</td><td>41, 429</td></tr>
<tr><td>HCN</td><td>11</td><td>6</td><td>HyRoad</td><td>BSI</td><td>금호방송, 부산방송, 관악방송, 동작방송, 서초방송, 충북방송</td><td>2005. 8 . 1</td><td>37, 380</td><td>37, 447</td></tr>
<tr><td>GS홈쇼핑</td><td>2</td><td>1</td><td>디지털강남 케이블TV</td><td>BSI</td><td>지에스강남방송</td><td>2005 6. 1</td><td>28, 839</td><td>28, 839</td></tr>
<tr><td>티브로드</td><td>18</td><td>17</td><td>I-Digital</td><td>KDMC</td><td>ABC방송, 한빛방송, 수원방송, 기남방송, KCN 방송, 낙동방송, 동남방송, 서부산방송, 강서방송, 지에스디방송, 동대문방송, 남동방송, 새롬방송, 서해방송, 전주방송, 중부방송, 천안방송,</td><td>2006 10. 1</td><td>17, 059</td><td>17, 815</td></tr>
<tr><td>온미디어</td><td>4</td><td>4</td><td>I-Digital</td><td>KDMC</td><td>영동방송, 대구동구케이블방송, 대구수성케이블방송, 전남동부방송</td><td>2006 11. 1</td><td>3, 412</td><td>3, 486</td></tr>
</table>

〈표 5-44〉 계속

사업자			브랜드명	DMC	디지털 케이블 서비스를 제공하고 있는 SO	디지털 본방송 개시일	총가입자	
MSO	SO수	디지털 케이블 SO수					가구수*	가입 대수**
TCT 대구	3	2	TCN 디지털	자체 DMC	TCN대구방송, TCN대구케이블방송	2006 11.1	296	348
CMB	12	0	미정		준비 중		-	-
개별 SO	22	5	봅서예 D	자체 DMC	한국케이블TV제주방송	2005 8.1	10,764	10,764
			Hello-D	Hello-D	아름방송네트워크	2006 7.1	1,575	1,616
			Hello-D	Hello-D	남인천방송	2007 3.1	1,264	1,304
			서경 Hi-D	자체 DMC	서경방송	2006.7.1	1,120	1,120
			Hello-D	Hello-D	한국케이블TV푸른방송	2006.7.1	-	-
총 106개 SO		64개					15,019	15,152

주) * 가구수: 세대당 가입한 가구수(2007년 4월 31일 기준).
  ** 가입대수: 설치한 가입대수(2007년 4월 31일 기준).
출처: 김병선·탁진영(2007).

〈표 5-45〉 SO 디지털화 투자금액(실적 및 계획)

(단위: 천 원)

구분	DMC 구축	SO H/E 디지털화	전송망 고도화/증축	가입세대 댁내망(구내설비) 고도화 개선	디지털 셋톱박스 투자비(SD/HD)	계	
~ 2004	107,198,944	18,573,660	454,288,953	185,594,553	181,250	765,837,360	1조 3,076억 원
2005	48,021,378	49,616,273	274,724,549	144,351,319	25,041,500	541,755,019	
2006	47,426,682	73,331,096	344,051,545	181,470,230	-	646,279,553	
2007	24,045,000	62,874,583	206,530,112	99,287,699	-	392,737,394	
2008	89,592,000	61,884,093	181,897,340	78,166,122	-	411,539,555	
2009	19,869,000	52,817,844	271,495,153	63,206,433	-	407,388,430	
2010	17,879,000	53,820,546	236,913,715	60,904,217	-	369,517,478	

출처: 한국케이블TV방송협회(2006.4), 〈SO 디지털 전환 추진 현황 및 계획 조사〉.

- 케이블TV의 디지털 전환 조기 추진
- 다양한 부가서비스 제공을 위한 광대역 인프라 구축
- 등록제 시행에 따른 신규 방송채널사용 사업자(PP)의 원활한 수용
- 전송망사업의 정상화를 통한 케이블TV 사업 활성화 기반 구축

국내 HFC망 구축 현황을 살펴보면 2005년 6월 말 현재 HFC망 설비는 총 대상가구 수를 초과하는 118%(*tap-off* 기준)의 홈패스율(단자수 20,704,801)을 보이고 있으며, 전국 1,759만 가구 중 약 93%인 1,636만 가구에 750MHz 이상의 전송망이 구축되어 있다.

〈표 5-46〉 SO 디지털화 시설투자 현황

망 구분		SO 전송망		파워콤 (통신전용)	하나로텔레콤	두루넷
		자가망	임대망(자가+임대)			
유 형		SO 자체	파워콤, 하나로, 두루넷, 중계유선 등	온세, 하나로, 두루넷 등에 임대	자 체	자 체
SO 수(구역)		81(61)	38(32)	(43)	(46)	(5)
전송망 성능 (㎒)	450	4%	3%	-	-	-
	550	5%	4%	-	-	-
	750	25%	43%	100%	100%	100%
	860	66%	50%	-	-	-
설치단자 수		14,690,645	6,014,156	2,625,772	2,070,000	670,000
셀 수		10,548	5,180	3,945	1,774	739
홈패스율		103.6%	80.2%	58%	27%	16%

* 자료 미취합 부분은 방송위 자료(방송실태조사보고서 2005.6 기준) 참고.
* 전체 119개 SO 자료 현황이 중심이 됨.
* 하나로 약 30개, 두루넷 약 20개 지역에 HFC전송망 보유.
출처: 한국케이블TV방송협회(2005.6), 〈국내 HFC망 구축 현황〉.

2004년부터 SO들의 케이블TV 디지털 전환 조기추진과 다양한 부가서비스 제공을 위한 광대역 인프라 구축을 위해 자가망 확대가 이루어졌다. 현재 자가망 확보비율은 약 85%에 이르고 있다. 일부 지역에서 파워콤 등의 임대망을 이용하고 있으며 광망의 경우 자가망과 파워콤의 임대망을 주로 이용하고 있다.

SO의 전송망 고도화는 완료단계에 이르렀으며 2005년 12월 말 기준 자가망 81개사, 자가망과 임대망을 같이 사용하는 사업자가 24개사, 파워콤 등의 임대망만 사용하는 SO가 11개사가 있다.[92)]

한국케이블TV협회 SO협의회의 SO 전송망 고도화 계획을 보면, 2006년까지 상향 65MHz, 하향 864MHz 대역의 HFC망 정보통신부 기술고시를 수정할 예정이다. 750MHz 미만의 전송망(자가망 9%, 자가망 및 임대망 6%)에 대한 업그레이드를 하고 현재의 셀당 가입세대 수를 서비스 요구조건에 따라 셀당 100가입세대 수준까지 점진적으로 세분화를 추진할 예정이다. 2008년까지 상향 108MHz, 하향 1.5GHz 대역 전송기술 확보 및 초소형 셀(셀당 100가입세대 이하)로 고도화하는 방안을 준비하고 있다.[93)]

---

92) 전국 119개 사업자 중 법인 통합에 따라 116개 사업자 기준으로 산출됨.
- C&M 성북유선방송 북부방송과 통합(2005. 7. 29)
- 범진케이블TV 중앙케이블TV와 통합(2005. 9. 12)
- 원주방송 영서방송과 통합(2005. 12. 30)

단, 2006년 이후 재허가 승인 취소 및 재허가 거부에 따라 2006년 5월 현재 SO 사업자 수는 112개임.
- 충남연합방송사 재허가 승인 취소(2005. 10. 5), 처분결정일(2006. 3. 7)
- 우리넷, 하나방송 재허가 거부·처분결정일(2006. 1. 23)
- ㈜한국케이블TV수원방송과 한국케이블TV경기연합방송㈜이 ㈜티브로드 수원방송으로 법인 합병(2006. 4. 12)

망 구분에 따른 SO 사업자 수와 가입세대 수는 2005년 12월 기준임.
망 성능과 홈패스율은 2005년 6월 방송위원회, 〈방송산업 실태조사 보고서〉 자료임.

93) 한국케이블TV방송협회 SO협의회(2006. 8), 〈케이블TV 디지털 활성화 방안〉, p. 46.

〈표 5-47〉 SO 전송망 현황

(2005년 12월 말 기준)

구 분	SO 수	망성능(%)				가입세대	설치단자 수	셀 수	홈패스율
		450 MHz	550 MHz	750 MHz	864 MHz				
자가망	81	4	5	25	66	10,334,780	15,017,145	10,830	103.6%
자가망 + 임대망	24	0	5	43	52	2,757,903	4,060,210	4,195	79.7%
임대망	11	0	7	75	18	987,131	1,582,244	1,427	56.7%

출처: 한국케이블TV방송협회 SO협의회(2006.8).

① 케이블TV와 BcN 사업

2004년 8월 31일 정보통신부는 방송통신 융합시대를 대비하기 위해 광대역통합망 1단계 시범사업자로 SK텔레콤과 KT, 데이콤의 3개 컨소시엄을 선정했다. 2005년 3월 23일 정통부는 '케이블 BcN 컨소시엄'을 시범사업자로 추가로 지정했다. 정부가 케이블망을 NGcN(*Next Generation convergence Network*) 망으로 지정하자, 케이블TV와 통신사업자들이 광동축혼합(HFC) 망을 이용하여 BcN 서비스를 2005년 7월부터 개시하였다. 2005년 3월 BcN 시범사업자로 추가 선정된 케이블TV 방송사 컨소시엄은 늦어도 9월까지 VOD·양방향데이터 방송을 중심으로 한 서비스를 선보이고 망 고도화 작업에도 탄력을 붙인다는 방침이다. 통신·방송융합 등 융합서비스들이 본격화되는 것은 물론 현재보다 50배 빠른 50~100Mbps급 BcN 구축이 가속화될 것으로 예상된다.

데이콤이 주도하는 광개토 컨소시엄은 서울·울산·부천 등지의 350가구를 대상으로 파워콤의 HFC망을 기반으로 TV포털·TV전자정부·영상전화 등 다양한 융합서비스를 제공할 방침이다. 광개토 컨소시엄은 포털업체인 다음과 공동으로 가정의 TV를 통해 포털서비스를 비롯해 각종 콘텐츠를 이용할 수 있는 TV 포털서비스 등을 통해 BcN 서비스 활성화에 적극 나선다는 계획이다.[94]

SK텔레콤·하나로텔레콤이 참여하는 유비넷 컨소시엄은 2005년 4월 서울 성북지역 가입자를 대상으로 SCN(*Satellite Cable Network*) 시범서비스를 개시했다. SCN은 HFC망에 위성망을 실어 가입자에게 초고속인터넷과 디지털 위성방송을 제공하는 융합서비스다. 유비넷 컨소시엄은 SCN 시범서비스에 이어 오는 2005년 9월까지 초고속인터넷·방송·전화를 결합한 TPS, TV 포털, 영상전화 등 본격적인 BCN 시범서비스를 단계적으로 제공할 예정이다. KT가 주사업자인 옥타브 컨소시엄도 9월에 영상전화, VOD(주문형 비디오) 기반의 iCOD(주문형 콘텐츠) 서비스 등으로 차별화된 BcN 시범서비스를 전개할 계획이다.

② 홈패스 현황

홈패스율은 가입세대가 서비스를 신청하면 바로 인입하여 서비스를 제공할 수 있도록 가구 앞까지 전송망 인입점(*tap-off*)을 설치한 비율로(*tap-off* 단자수/대상가구 수), 이는 가입세대 수 대비 tap-off 단자수를 나타내는 침투율과 구별된다.

현재 SO의 홈패스율은 자가망을 보유한 SO는 103.6%, 자가망과 임대망을 모두 사용하는 SO는 79.7%, 임대망만을 사용하는 SO는 56.72%로 지난 수년간 SO의 지속적인 전송망 투자를 통해 현재 난시청 해소가 94.2% 수준에 이르렀다고 할 수 있다.[95]

(4) DMC 구축 현황

DMC(*Digital Media Center*, 이하 DMC)는 케이블TV의 디지털화 전환을 위해 디지털 설비에 대한 막대한 투자와 최신기술 도입의 필요성에 따라

---

94) 〈디지털타임즈〉(2005. 7. 5), "TV포털·위성케이블방송·TPS등 속속 선보여".

95) 전체 홈패스율을 tap-off 단자수/대상가구 수로 산출하면, 118.8%로 나타난다. 그러나 동일지역 경쟁 SO의 중복설치를 감안하여, 〔(자가망 소유 SO 수 × 자가망 홈패스율)+(임대망 소유 SO 수 × 임대망 홈패스율)+(혼용망 소유 SO 수 × 혼용망 홈패스율)〕/116으로 산출한 결과 94.2%의 홈패스율을 보인다.

SO H/E의 공동운영 등을 통한 디지털 전환비용 절감과 부가서비스의 규모화를 통한 효율성을 높이기 위해 추진되었다.[96]

DMC는 권역별로 슈퍼 헤드엔드를 구축하여 개별 SO로 하여금 공동 활용케 함으로써 단위 SO의 디지털 투자비용을 절감하고 전국적 디지털망을 구축하여, 나아가 다양한 부가서비스의 규모화를 통해 신규 수익모델을 창출할 수 있도록 하였다.

2000년 6월 서울지역의 MSO들이 디지털 추진계획을 수립하였고, 2001년 8월에 24개 SO들의 디지털화를 담당할 별도의 법인인 자본금 450억 원 규모의 '한국 케이블TV 디지털 미디어센터'(KDMC)를 설립하였다.[97]

초기 DMC는 전국 SO 연합형태의 단일 컨소시엄을 구성하여 추진하는 것으로 검토되었으나 구성단계에서 SO간 디지털 서비스 도입에 대한 입장 차이와 지분배분 문제, 사업추진 방식 등에 대한 이견으로 2001년 8월 SO 주도의 KDMC 설립 시 24개 SO만 참여하였다.[98]

발족 이후 KDMC는 전국적 망을 지향하여 꾸준히 SO 가입을 확대시켜 2006년 현재 전국 23개의 SO들이 주주로 참여하고 있다. 한편 SKT로부터 총 800억 원의 투자를 유치하였으며 하나로통신과 DMC 사업을 통합하는 계약을 체결하는 등 통신사업자와의 협력관계를 활발하게 구축하였다. KDMC와는 별도로 MSO들은 독자적으로 DMC를 구축하여 2006년 현재 MSO를 중심으로 총 7개 DMC 사업주체들이 개별적으로 구축하고 있다.

---

96) 방송위원회(2005. 12), 《케이블TV 10년》.

97) 방송위원회(2002), 〈케이블 · 라디오방송의 디지털 전환 및 데이터방송에 관한 종합계획〉, pp. 130~131.

98) 손창용 · 여현철(2003), 《한국케이블TV산업론》, 커뮤니케이션북스, p. 161.

〈표 5-48〉 케이블TV DMC 구축 현황

DMC	서비스명	서비스 제공대상 SO (사업자 수)		규 모	구축 완료 시점	주요 서비스
KD MC	DIGITAL	티브로드, 온미디어	23	450만	2006. 3	• 디지털 SD급: 100여 채널, 오디오: 30채널(CJ 미디어) • VOD: RVOD(디지털 온 미디어) • PPV: 20채널(디지털 온 미디어) • 데이터방송
CJ	HELLO D	CJ케이블넷, 아름방송, 남인천방송	13	300만	2005. 2	• 디지털 SD급: 100여 채널, 오디오: 30채널(CJ 미디어) • VOD: SVOD(CJ 미디어) • PPV: 20채널(CJ 미디어) • 데이터방송
C&M	-	C&M	16	350만	2005. 10	• 디지털 SD급: 100여 채널, 오디오: 30채널(KISS) • VOD: RVOD, SVOD(디지털 온 미디어) • PPV: 24채널(디지털 온 미디어/CJ 미디어 각 12채널) • 데이터방송
Qrix	BIG.BOX	Qrix	6	100만	2005. 5	• 디지털 SD급: 100여 채널, 오디오: 30채널(CJ 미디어) • VOD: RVOD, SVOD(CJ 미디어) • PPV: 22채널(CJ 미디어) • 데이터방송
BSI	HyRoad	HCN, 강남케이블, 드림씨티 등	14	300만	2005. 8	• 디지털 SD급: 100여 채널, 오디오: 45채널(EM 미디어) • VOD: RVOD(SVOD 개발 완료) • PPV: 20채널(디지털 온 미디어) • 데이터방송
CMB		CMB 대전방송 등	12	200만	시스템 구축중	• 디지털 SD급: 100여 채널, 오디오: 30채널(EM미디어) • PPV: 20채널(CJ 미디어) • 데이터방송
제주	봅세예-D	KCTV 제주방송	1	20만	2005. 8	• 디지털 SD급: 100여 채널, 오디오: 30채널(CJ 미디어) • VOD: RVOD(CJ 미디어) • 데이터방송
기타	-	기타 SO	26	-	도입 검토중	-

* 규모는 향후 증가할 가입세대를 감안하여, DMC상의 서비스 능력을 의미함.
출처: 한국케이블TV방송협회 SO협의회(2006. 8).

5. 소결론

10여 년이라는 비교적 짧은 기간임에도 불구하고 케이블TV의 외형적 시장성과는 놀라울 정도로 개선되었다.

2007년 현재 국내 유료매체 시장은 이미 포화상태에 달하고 있다. 케이블TV의 신규시장 확대는 지역에 따라 약간의 가능성은 있지만 어려워 보인다. 초기 위성방송은 케이블TV에 비해 성장률이 상대적으로 높았으나 성장이 거의 둔화되어 있다. 유료매체 시장에서 아날로그 케이블TV의 높은 시장점유로 인해 위성방송의 가입자 확보가 어렵다.

양 매체간의 경쟁의 결과, 케이블TV는 저가 티어 가입자를 중심으로, 위성방송은 중·고가 티어 가입자를 중심으로 분할되어 있다. 케이블TV의 고가상품인 기본형 가입자는 감소하는 추세에 있다. 위성방송은 저가 티어 가입자를 확보하기 위해 아파트와 같은 다세대 주택을 대상으로 SMATV 전략을 시도하고 있다. 케이블TV는 저가 티어 가입자로 인한 낮은 ARPU를 해결하기 위해 지속적으로 초고속인터넷 가입자를 확보하였다. 하지만 초고속인터넷 시장 역시 성장한계에 달하였다.

케이블TV가 저가 티어를 중심으로 가입자 증가가 이루어진 것은 중계유선방송의 종합유선방송 전환승인 정책의 결과이다. 현재 케이블TV의 유료가입자 증가는 중계유선방송 가입자가 종합유선방송 가입자로 전환된 것에 불과하다.

기존 저가 티어 가입자를 중·고가 티어 가입자로 전환하려는 노력이 필요하다. 아날로그 케이블TV 가입자의 디지털 케이블TV로의 전환이 불가피하다. 그렇지만 디지털 가입자 전환은 가격대비 서비스 질이 따라가지 못함으로 매우 더디게 진행되고 있다. 디지털 케이블TV에 대한 인식을 제고하기 위한 적극적 홍보가 필요하다. 아울러 TPS 번들 상품의 가격경쟁력을 토대로 디지털 가입자를 확보하는 것이 바람직하다.

SO와 MPP나 지상파방송 계열의 PP 중심으로 경영수지가 개선되고 있으나, 크게 개선된 SO의 경영실적과 여전히 흑자에 시달리고 있는 영세 PP들의 경영상태는 좋은 대조를 보인다. SO의 수신료 배분비율이 높아져야 하고, PP들은 멀티 플랫폼시대에 걸맞게 사업다각화를 통해 부가가치를 창출해야 한다.

케이블TV의 주요한 방송이념인 공익성에 대한 평가 결과, 다양성과 지역성의 이념들이 제대로 구현되고 있지 못하고 있다. 등록제 이후 경쟁이 심해지고 있고, PP 분야의 집중도가 높아지면서 장르의 다양성이 감소하고 있다. 케이블TV의 지역성은 케이블TV의 핵심적 특성을 반영하는 속성이다. 전국적인 MSO의 등장으로 지역성이 약화되고 있다. 지역채널의 활성화를 위해 지역성을 구현할 수 있도록 다양한 형태의 프로그램 개발과 투자가 요구된다. 공공성과 관련하여서도 공공채널이나 공익채널 제도운영에서 개선할 점이 나타났다.

제 6 장

디지털 경쟁매체 시기(2002년 이후)

1. 멀티 플랫폼과 케이블TV 경쟁

멀티 플랫폼 경쟁시대에 지상파방송사와 통신사업자들의 적극적 행보가 두드러지게 나타나고 있다. 지상파방송사의 콘텐츠 경쟁력과 통신사업자의 막강한 자본력은 케이블TV를 위협하기에 충분하다. 지상파방송사들은 유료 플랫폼에 PP 형태로 성공적으로 영역을 확대하고 있다. 한 걸음 더 나아가 위성방송과 DMB, 그리고 IP TV까지 외연을 확장하고 있다. 지상파방송사들은 디지털 전략을 고화질에서 다채널(MMS)로 선회함으로써 케이블TV의 시장확대에 대응하고 있다.

최근 통신사업자들은 통신시장의 포화상태를 맞이하면서 방송 플랫폼 사업에 진출하고 있다. 위성방송사업 진출에 이어 IP TV와 DMB와 같은 신규매체에 진입하면서 부족한 콘텐츠 문제를 해결하고 경쟁 플랫폼과 차별화시키기 위해 콘텐츠의 확보에 역량을 쏟고 있다. 2007년 12월에는 IP TV를 위한 '인터넷멀티미디어방송사업법'이 국회 방송통신융합특별위원회를 통과했기 때문에 2008년 하반기부터 본격적 상용서비스가 예상된다.

성장이 거의 정체된 위성방송사 역시 자구노력을 전개하고 있다. 공동주택을 대상으로 한 케이블TV의 저가전략에 대응하고 아파트 난시청 지역 시청자를 확보하기 위해 공동수신설비(SMATV)를 활용하고자 한다. 정보통신부는 위성방송사에 의한 SMATV를 허용하기 위해 2007년 11월 기술기준규칙을 개정하였다. 이 결과 위성방송과 케이블TV, 통신사업과 케이블TV, 지상파방송과 케이블TV 간의 대립이 첨예하다(〈그림 6-1〉 참조). 이 글에서는 다양한 플랫폼간의 경쟁이 어떻게 진행되고 있으며 어떠한 정책적 문제가 대두하고 있는지에 대해서 살펴보고자 한다.

〈그림 6-1〉 고정 시청 플랫폼 경쟁상황

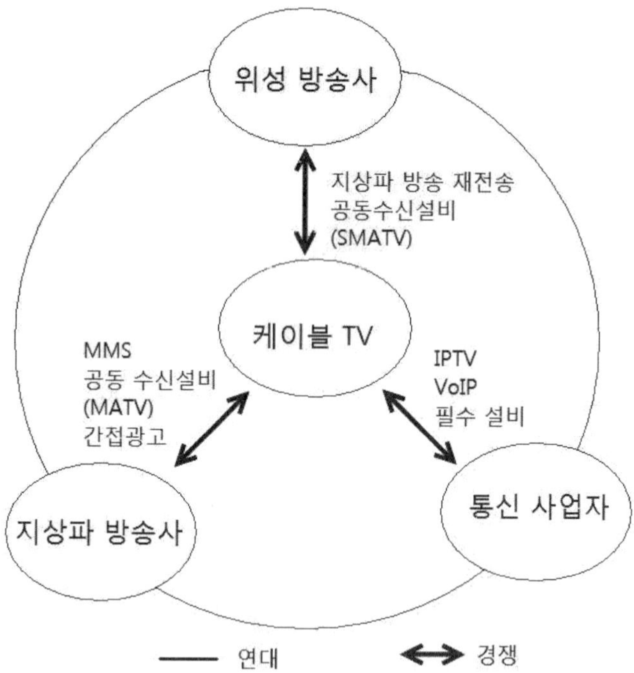

1) 케이블TV와 지상파 멀티모드 서비스(MMS)

(1) MMS 추진경과

방송위원회는 2000년 12월에 디지털방송추진위원회가 작성한 '지상파TV 방송의 디지털 전환을 위한 종합계획'에서 멀티캐스팅의 기본 정책방향을 제시하였다. 이 안에 따르면 지상파 디지털은 궁극적으로 HDTV를 지향하며 HDTV 이외의 나머지 여유대역은 부가서비스로 활용하되 부가서비스 응용방안은 방송위원회와 정보통신부가 협의해 별도로 제정하기로 하였다.

방송위원회는 2006년 5월 KBS, MBC, SBS, EBS 등의 지상파방송사가 월드컵 기간에 한시적으로 서울 및 수도권지역에서 DTV 멀티캐스팅 시험방송을 허가해 달라는 요청에 대해 서울 및 수도권지역에서 시범실시를 허용하였다.

방송위원회는 디지털 방송에 대한 특수가 예상되는 2006년 독일 월드컵 기간 중 디지털 방송에 대한 홍보, 조속한 디지털 방송 전환을 통한 디지털 방송 활성화를 기대하였다. 그렇지만 시범방송 실시 후 시청자들은 TV 화질이 현저히 저하되었다며 MMS 시험방송을 중단할 것을 요구하였다. 불만의 주요내용은 전송률 저하에 따른 주채널 HD 프로그램 화질 열화, 화면 멈춤, 특정채널 선택 불가 등 디지털TV와 셋톱박스의 수신불량 및 오동작 등이었다. 이에 방송위원회는 같은 해 6월 15일 MMS 시험방송의 허용내용을 변경하였다. 시험방송 기간과 시간을 단축하였고 주시청 시간대는 금지하였다. 시험방송 채널도 원래 HD급 주채널과 SD급 부채널 등 다양한 형태를 허용하였던 것을 HD급 주채널과 SD급 부채널 1개로 한정하였다.

방송협회는 2006년 6월 15일 방송위원회의 MMS 시험방송의 축소는 디지털 방송 활성화에 역행하는 처사라고 강하게 반발하면서 MMS 화질 비교 시연회를 개최하였다.[1)]

지상파방송사들은 무료DTV활성화추진위원회(무디추)를 구성하고, 2006

---

1) 한국방송협회 보도자료(2006. 6. 14), 〈지상파 DTV MMS 시험방송 허용내용 변경에 대한 방송협회 입장 발표 및 MMS 화질 비교 시연〉.

년 6월 21일에 토론회를 개최하였다. 방송기술인연합회가 주최한 '무료 디지털TV 시청권, 어떻게 확보할 것인가'라는 주제로 개최된 토론회에서 KBS는 지상파 DTV 수신환경 실태조사 결과를 발표하면서 수신환경 개선을 위해 다섯 가지 정책적 제안을 하였다.[2)]

① DTV 전환 특별법 제정
② 공동주택의 공시청선로 분리배선 구간 변경
③ 공동주택의 사용 전 검사제도 개선
④ DTV 난시청 관련규정 제정
⑤ 공시청 설비개선 지원

2006년 9월 한국케이블TV방송협회 SO협의회에서는 지상파방송사들의 디지털 다채널방송(MMS)은 허용되어서는 안 된다며 다음과 같이 강력하게 반발하였다.[3)]

▪ 지상파 MMS(*Multi Mode Service*)는 기존의 1개 채널 HD 방송 주파수 대역(19MHz)을 여러 개로 나누어, 전송대역이 축소된 (한 단계 낮은 수준의) HD 방송과 SD 방송 등을 다채널로 전송하는 방식을 말하는 것임. 이는 기존 지상파방송사에게 추가채널을 허용하는 것이므로 지상파방송국을 신규로 허가해주는 것과 같은 것임. 이는 반드시 국민적 합의를 통해 정책이 결정되어야 하는 사안임.

▪ 정부가 당초 국내 지상파 디지털 방송을 HD 고화질의 미국 ATSC (*Advanced Television System Committee*) 방식으로 확정한 것은 시청자 복지증

---

2) 김용환(2006. 6. 21), "지상파 DTV 수신환경 실태(수도권 조사 연구를 바탕으로) 조사 연구보고 및 개선방향", 한국방송기술인연합회 주최 세미나 발제문.

3) 한국케이블TV방송협회 SO협의회(2006. 9), 〈방송·통신융합 관련 케이블TV 업계 의견〉.

진과 대미 수상기 수출을 염두에 둔 것이었음. 당시 단점으로 제기되었던 HD 방송의 이동수신 제한문제는 지상파 DMB가 허가됨으로써 해결한 바 있음.

▪ 케이블TV 업계에서도 정부의 지상파 디지털 방송 로드맵에 맞추어 오는 2010년까지 모든 가입세대(1,400~1,600만 세대)를 HD 중심으로 디지털 전환하는 계획을 지난 6월 발표하고 추진하고 있음.

▪ 따라서 MMS(*Multi Mode Service*)는 정부의 "Only HDTV" 지상파 디지털 정책과 배치되는 관계로 정부(방송위, 산자부, 정통부 등 정부부처) 정책을 수정해야 하는 문제가 발생하는 것뿐만 아니라 이로 인해 유료방송 시장은 그 존립기반 자체가 붕괴되는 심각한 상황에 직면할 것임. 그리고 많은 부분을 지상파 콘텐츠에 의존하고 있는 PP의 콘텐츠 유통창구가 축소되어 PP의 존립이 위협받게 될 것임. 또한 PP의 광고시장이 지상파 MMS에 의해 심각하게 잠식당하게 될 것임.

케이블TV방송협회의 이러한 주장은 MMS 추진절차상 문제에 대한 문제제기로는 적절하다. 하지만 HDTV 중심으로 지상파방송사들이 디지털화를 추진해야 한다는 점은 해외 지상파방송사들의 디지털화 추세를 고려하지 못한 지적이다.

(2) MMS가 유료매체 시장에 미칠 영향[4)]

지상파 MMS 서비스로 지상파방송은 다채널 사업자로 변신하게 되어 다채널 TV 플랫폼 시장에 새로운 사업자가 진입하는 효과가 예상된다. KBS1, KBS2, MBC, SBS, EBS가 각각 HD 1개 + SD 1개 + 오디오 2개 + 데이터 2개의 채널을 운영할 경우 TV 10개, 오디오 10개, 데이터 10개,

---

4) 이에 대한 보다 자세한 내용은 한국케이블TV방송협회(2006), 〈방송통신융합시대의 시청자 복지 제고 방안: PP를 중심으로〉, 제 6장 참조할 것.

총 30개의 다채널 운영사업자가 등장하는 효과가 발생한다. 이렇게 되면 기존 케이블 SO, 스카이라이프, 그리고 티유미디어 등과 직접적으로 수신자 확보경쟁을 벌이게 될 것이다. 지상파 MMS가 도입되면 지상파 지역방송도 MMS 서비스를 제공하게 되어 지역방송의 MMS 서비스는 지역기반의 SO에 영향을 주게 된다.

MMS는 PP와 직접적 경쟁관계를 형성하게 될 것이다. 지상파 멀티캐스팅 채널이 등장할 경우 지상파 멀티캐스팅 채널들은 케이블과 위성 PP들과 직접적 경쟁관계를 이룰 것으로 예상된다. 특히 시청률과 광고시장에서 경쟁이 불가피한 측면이 있다. 특히 멀티캐스팅 채널이 기존채널의 순환편성의 성격을 갖거나 또는 기존채널에서 보여주지 못하는 틈새용 프로그램으로 주로 편성된다면 케이블 PP와의 차별화가 약화되어 경쟁강도는 더욱 심화될 것으로 보인다. PP는 특정장르 위주의 편성을 하는 협송(*narrow-casting*) 모델을 주로 이용하여 기존 지상파와 차별화하는 방식으로 시청률과 광고시장에서 지상파와 경쟁하고 있기 때문에 지상파 MMS 채널이 비슷한 개념의 편성을 하게 되면 양자간의 차이가 모호해진다. 특히 드라마, 스포츠, 영화 등 인기장르의 확대편성으로 이어진다면 지상파의 시청률이 상승할 가능성이 높다.

MMS는 유료방송 시장경쟁의 증가와 존립기반에 위협을 가할 것이다. 지상파방송의 경우 사업자의 특성상 무료로 서비스를 제공하기 때문에 케이블TV, 위성방송, 위성DMB의 저가 티어 상품과 대체관계가 될 것으로 예상되어 유료방송 가입자들의 시장이탈이 가속화될 가능성이 크다. 저가 티어의 비중은 전체 유료방송가입자의 77.13%(케이블TV 방송: 81.4%, 위성방송: 44.19%)에 달하고 있다. 궁극적으로 유료방송은 위축될 가능성이 높다.

MMS는 케이블TV 서비스 부실화와 PP 존립의 위기를 초래할 것으로 예상된다. 지상파 MMS의 도입은 필연적으로 PP들의 콘텐츠 유통창구의 축소, 가입자 감소를 가져와 수신료 및 광고수입의 급감으로 이어져 존립의 위협을 가져오게 될 것이다. MSP, 즉 PP와 수직 결합된 SO의 경우에는 추가적 위협요인이 등장한다. 즉, 지상파 MMS 채널들은 MSP 계열 PP와 경쟁관계를 형성하여 타격을 줄 수 있다. 따라서 MSP에게는 지상파 MMS가 이중적 위협요인이 된다.

MMS 도입으로 지상파방송이 다채널의 서비스를 제공할 경우, 지상파방송의 독과점현상은 더욱 가속화될 가능성이 크다. 기존 지상파방송의 인지도와 신뢰도가 높기 때문에 MMS에서 어떠한 서비스를 제공하든지 시청점유율은 더욱 높아질 가능성 크다.

지상파 MMS가 HDTV 1개 채널, SDTV 1개 채널로 방송할 경우 SDTV는 새로운 콘텐츠로 방송하기보다는 ① HDTV 1개 채널의 보완채널 혹은 ② HDTV의 재방송 중심의 채널로 방송할 가능성이 높다.

(3) 지상파방송사와 종합유선방송국 간 공시청 설비를 둔 갈등

2006년 들어 지상파방송사들이 MMS를 추진하면서 공시청 설비를 두고 지상파방송사와 종합유선방송국 간 갈등이 심화되고 있다. 지상파방송사들이 수신환경을 개선한다는 명목으로 공시청 설비 개선을 위해 국고지원을 요청하면서 갈등은 더욱 첨예화되었다.

지상파방송에 대한 수신방법은 다양하다. 케이블TV가 50.0%로 가장 높게 나타나고 있고 다음으로 중계유선 20.3%, MATV 15.4%, 개별 단독 지상파 안테나 6.6%, 위성방송 6.4% 순으로 나타났다. 케이블TV와 중계유선, 위성방송 등 유료TV를 통해 지상파방송을 수신하고 있는 국민들이 76.7%로 압도적인 다수를 차지하고 있고, 공시청 설비인 MATV로 시청하는 경우는 15.4%로 나타났다.

종합유선방송국이 공청설비에 대하여 민감한 반응을 보인 이유는 건축물의 TV 공시청 설비형태로 '케이블TV'가 43.1%, '중계유선'이 20.7%나 차지하여 전체적으로 케이블TV가 63.8%를 차지하고 있기 때문이다. 지상파 DTV 수신방법으로, '케이블TV'를 통해서가 40.1%로 가장 높게 응답되었고 다음으로 'MATV' 18.3%, '위성방송' 12.7%, '개별 단독 DTV 안테나' 6.9% 순으로 나타났다. 국민들 다수가 케이블TV나 위성방송 등 유료TV를

〈표 6-1〉 지상파방송 수신방법

구분	%(명)
케이블TV	50.0(1,106)
중계유선	20.3(450)
MATV	15.4(340)
개별 단독 지상파 안테나	6.6(147)
위성방송	6.4(141)
기 타	1.3(27)
전 체	100.0(2,211)

출처: 김용환(2006).[5)]

통해 지상파 DTV 방송을 시청하고 있는 것이다. MATV로 시청한다는 응답이 18.3% 정도이다. 지상파방송사들은 유료매체에 대한 의존도가 너무 높다고 판단하고 단독 안테나나 MATV를 통한 DTV 시청을 위한 전략을 강화하고 있는 것이다.

KBS를 비롯한 지상파방송사들은 정통부에 '디지털방송 활성화 특별법(안)'을 제안하였다. 주요내용은 지상파 디지털 방송의 수신환경 개선을 위해 전국적으로 방송 보조국 설립을 허가하고 공동주택 공시청 시설개선 지원 등에 대해 정부예산을 지원하는 근거를 마련하는 것이다. 이러한 제안은 '지상파 텔레비전 방송의 디지털 전환과 디지털 방송의 활성화에 관한 특별법(안)'(이하 특별법)으로 2008년 2월 26일 국회를 통과하였다.

한편 케이블TV 업계에서는 케이블TV에 대한 이해부족과 관련 법규정의 미비로 케이블TV의 공동주택 구내 전송선로 설비가 제대로 시설되지 않았고 TV 공동시청 안테나와 공동으로 배선되었거나 부실 시공되어 그동안 많은 유지보수 비용과 시설 및 장비의 중복투자가 발생하고 있다고 주장하고 있다.

5) 김용환(2006.6.21), "지상파 DTV 수신환경 실태(수도권 조사 연구를 바탕으로) 조사 연구보고 및 개선방향", 한국방송기술인연합회 주최 세미나 발제문.

(4) MMS와 관련된 정책이슈

지상파방송사들의 MMS 추진은 다채널 유료매체에 적지 않은 영향을 미칠 것이다. 국내에서 MMS는 시험방송 수준이기 때문에 앞으로 다각적 측면에서 제도적 정비가 이루어져야 한다. 다음과 같은 다양한 정책적 이슈에 대해 깊은 논의가 필요하다.

첫째, 현행 방송법의 대폭개정이 요구된다. 현행 방송법은 아날로그시대법으로서 디지털시대와는 동떨어진 법이다. 디지털 방송 허가와 관련하여 문제점을 지니고 있다. 채널 단위로 허가할 것인가, 주파수 단위로 허가할 것인가, 주파수 사용에 대한 방송사업자의 자유로운 사용을 허락할 것인가, 현재 방송사업자에게 다채널을 허용할 것인가의 여부에 대해 방송법에서 명확하게 규정해야 한다. 참고로 영국은 디지털 방송을 시작하기 전 1996년에 방송법을 디지털시대에 걸맞게 대폭 개정하였다. 방송사업자를 허가하는 대신 멀티플랙스(*multiplex*) 사업자를 허가하였다. 국내에서 2008년 2월 제정된 특별법만으로는 디지털 방송을 추진하기에 불충분하다. 차제에 현행 아날로그 방송법을 디지털 방송법으로 개정하고 디지털 방송법에 디지털 전환 촉진을 위한 법안을 포함시키는 것이 바람직하다.

둘째, MMS가 유료매체에 미칠 영향에 대한 연구와 정책수립이 요구된다. 다채널 시장은 완전경쟁 체제로 이행하고 있다. IP TV, TV포털, DMB, 와이브로 등 다양한 형태의 다채널매체가 등장하고 있다. 지상파방송의 다채널 서비스인 MMS가 시청률과 광고시장에 미치는 영향을 보다 정확하게 예측할 필요가 있다. 현재 통합시청률 계산이 이루어지고 있지 않은데, MVPD(*Multichannel Video Programming Distributor*) 시장에 대한 전체 시청률을 기준으로 규제하는 방안을 검토할 시점이다.

셋째, 지상파 공익성을 담보할 수 있는 방안을 강구해야 한다. 상업적 유료매체가 발전하면서 지상파방송사조차도 이러한 상업적 경쟁에 가담하면서 공영방송의 위상이 많이 흔들리고 있다. MMS가 본격적으로 추진될 경우, 현재 시청률이 높은 케이블TV나 위성방송의 지상파계열 유료채널들의 프로그램의 일차 유통이 MMS 채널에서 이루어질 것이다. 유료매체는 지상파 MMS 서비스의 이차창구로 전락할 것이다. 이렇게 될 경우 지상파 방송의 상업화는 더욱 심해질 것이며 방송의 다양성은 기대하기가 어렵게 될 것이다. 이에 디지털시대 방송의 공익성을 보장하기 위한 정책을 수립해야 한다. KBS의 수신료 인상을 정상화시키는 방안을 긍정적으로 검토할 필요가 있다. 지상파방송이 담당해야 할 공공서비스, 채널허용 및 구성의 기준, HD 서비스 전송 가이드라인 등을 마련할 필요가 있다. 참고로 미국의 경우 방송사에게 DTV 멀티캐스트를 통해 어린이를 위한 교육 및 정보형 프로그램 비중을 높이도록 요구함으로써 공익성을 증진시키고 있다.[6]

넷째, MMS 서비스에 대해서 어느 정도까지 허용할 것인지에 대해 정책을 수립해야 한다. 즉, 방송과 연관된 서비스에 국한할 것인지 혹은 통신서비스(예를 들면 *paging*과 같은 이동 라디오 서비스)까지 포함할 것인지 여부이다. 유료 프로그램, 방송이나 협송 오디오 서비스, 홈쇼핑 등과 같은 서비스들을 허용할 것인지에 대해 결정해야 한다. 참고로 미국 벤튼 재단(Benton Foundation)은 방송사업자들에게 주파수 사용에 대해 융통성을 부여하는 것은 경쟁자를 고려할 때 불공평한 경쟁력을 주는 것이기 때문에, 두 번째 채널의 주된 사용은 방송서비스로 제한되어야 함을 주장한다.[7]

다섯째, 지상파방송사들이 다채널 서비스를 제공함에 따라, 발생하는 수입에 대해서는 일정 비율의 license fee를 징수할 필요가 있다. 이러한 수입은 디지털 방송의 보편적 서비스를 확대하기 위해 활용할 것을 제안한다.

---

6) Indecent and Gratuitous and Excessively Violent Programming and Control of 2005, Rockefeller, 2005. 3. 14, 주요입법활동 109차(이완기, 2006).

7) Benjamin, S. M, D. G. Lichtman and H. A. Shelanski(2001), *Telecommunications Law and Policy*, NC: Carolina Academic Press, p. 355.

〈표 6-2〉 디지털 케이블방송과 TV포털서비스(하나TV)의 가입자 변화추이

(단위: 가구)

구 분	2007. 1	2007. 2	2007. 3	2007. 4	2007. 5	2007. 6
디지털 케이블방송	377, 400	330, 000	419, 200	465, 836	503, 288	545, 157
TV포털 서비스 (하나TV)	232, 843	302, 131	382, 590	433, 206	486, 375	547, 979

출처: 미디어 미래 연구소(2007).[8)]

2) 케이블TV와 IP TV

(1) IP TV 추진현황

IP TV 법제화가 지연되면서 통신회사들은 IP TV 전단계로 VOD 서비스 중심의 TV 포털 사업을 시작하였다. 하나로텔레콤은 2006년 7월 24일 '하나TV' 상용서비스를 개시하고 지상파방송 등 각종 매체를 통해 대대적 판촉활동을 벌인 결과, 2007년 6월 기준으로 약 55만 가구를 확보하였다.

디지털 케이블TV와 IP TV는 유사 서비스를 제공하는 대체재이다. 현재 양매체의 보급률을 비교해보면 디지털 케이블TV보다 IP TV의 보급이 조금 빠르게 이루어지고 있다. 디지털 케이블TV 전체 가입자와 하나TV 한 회사의 가입자만 비교해보아도 2007년 1월 디지털 케이블TV 가입자 수가 377,400가구에서 6월 들어 545,157가구로 증가한 데 반해, 하나TV는 같은 기간 232,843가구에서 547,979가구로 디지털 케이블TV 전체 가입가구에 맞먹는 가입자를 확보하였다. IP TV 사업자는 세 개가 있다. SK가 인수한 하나로통신의 하나TV는 2006년 7월 서비스를 개시하였는데, 2008년 1월 기준으로 85만 가구, 2007년 7월에 개시한 KT의 메가TV는 39만 가구,

---

8) 미디어미래연구소(2007), "디지털케이블방송과 하나TV의 가입자 추이", 미디어통계, 김영수(2007), "디지털케이블TV방송과 IP TV 서비스의 동향과 분석", 〈KBI 포커스〉 07-18(통권 37호)에서 재인용.

〈그림 6-2〉 유료매체 보급률

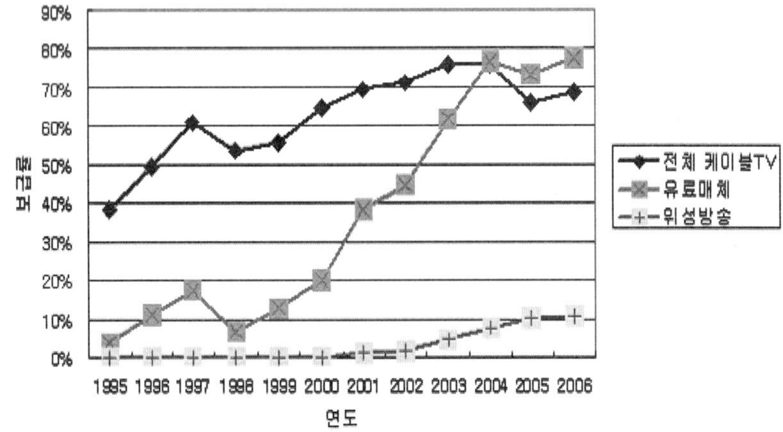

2007년 12월 가장 늦게 진입한 LG텔레콤의 myLGTV는 3천 가구를 확보하였다. 비슷한 시기 약 100만 가입자를 확보한 디지털 케이블TV 가입자를 앞지르고 있다.

(2) IP TV가 케이블TV 산업에 미칠 영향

KT 등 막강한 자본력을 가진 거대 통신업체가 방송시장에 진입했을 때 기존 사업자들에 대한 잠식과 전체 유료미디어 시장의 영향은 매우 클 것으로 예상된다.

국내 유료매체 시장은 2004년 이후부터 약 75% 수준에서 정체상태에 있다. 위성방송의 가입자 증가는 둔화되었고 케이블TV 가입자는 감소추세에 있다. 2000년 이후 케이블TV와 위성방송이 경쟁하면서 양매체의 가입자가 동시에 증감한 결과, 유료매체 시장이 확대되었으나 유료매체 시장은 이제 더 이상 성장을 기대하기가 어려울 것으로 전망된다.

유료매체 시장의 포화상태에서 IP TV가 도입된다면 유료매체 시장은 어떻게 변모할 것인지가 관심의 대상이 된다. IP TV 미래전망 가운데서 비교

〈그림 6-3〉 케이블TV, 위성방송과 IP TV 보급 전망

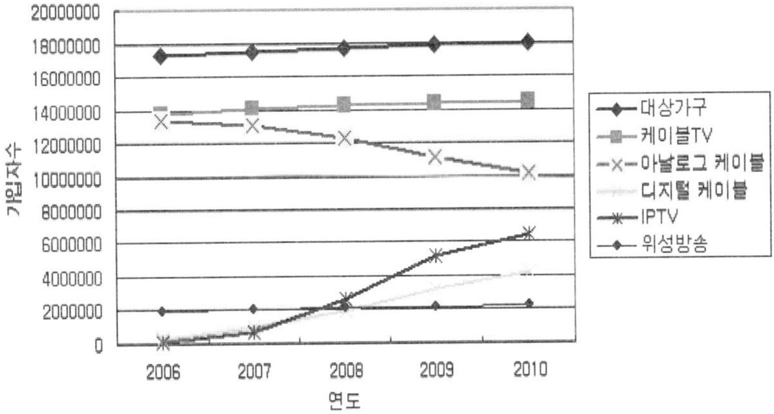

출처: 케이블TV(T-commerce, 2006), IP TV(OVUM, 2005), 위성방송(민영상, 2007).

적 예측력이 높다고 판단되는 OVUM 자료를 중심으로 그 영향력을 살펴본다. 2010년까지 케이블TV 가입자가 현행 수준을 유지한다고 했을 경우, 아날로그 가입자는 크게 감소할 것이며 감소한 가입자들은 디지털 케이블TV 가입자로 전환되거나 IP TV 혹은 위성방송으로 전환될 것으로 예상된다. 그렇지만 위성방송은 현재 발전추세를 감안할 때 특단의 조처가 없는 한 디지털 케이블TV 잠재가입자를 잠식할 가능성은 그다지 크지 않을 것으로 보인다.

보급률을 기준으로 IP TV가 케이블TV와 위성방송에 미칠 영향력을 평가해보면 〈그림 6-4〉와 같다. IP TV는 가입자 확보 측면에서 몇 가지 유리한 점이 있다. 먼저 위성방송 가입자들이 IP TV 가입자로 전환될 가능성이 존재한다. 아울러 통신사업자들의 자사 초고속인터넷과 전화가입자들을 대상으로 번들 상품에 대한 마케팅을 전개할 경우, 초기 확산에서 400~600만 가구 확보(대상가구 대비 약 35% 전후)를 확보할 수 있을 것으로 예상된다.

그러나 그 이상은 쉽지 않을 전망이다. 그 이유는 IP TV의 경쟁매체인 케이블TV 가입자의 특성에 근거한다. IP TV와 케이블TV의 매체특성이 매

〈그림 6-4〉 케이블TV, 위성방송과 IP TV 보급률 전망

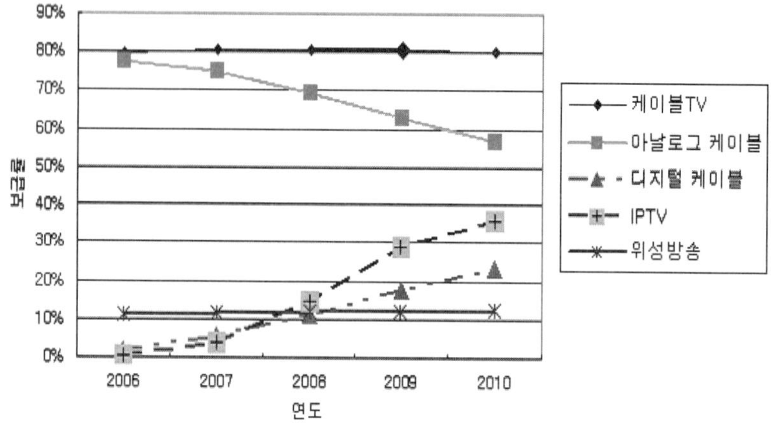

출처: 케이블TV(T-commerce, 2006), IP TV(OVUM, 2005), 위성방송(민영상, 2007).

우 유사하기 때문에 동시 가입자 수는 많지 않아 보인다. 따라서 케이블TV를 해지하고 IP TV로 전환해야 할 것이기 때문에 현행 케이블TV 가입자들의 만족도와 해지의사를 살펴보는 것이 필요하다. 2007년 현재 케이블TV 고급형인 기본형 상품의 가입가구 수는 약 120만 가구이고, 약 80% 정도의 가입자는 저가 티어 상품인 보급형과 국민형에 가입해 있다. 기본형 가입자들의 해지의사는 상대적으로 저가 티어 상품 가입자보다 높지만 전반적으로 그다지 높은 편은 아니다(5점 만점 중 2.5점). 저가 보급형, 국민형 가입자들의 해지의사는 매우 낮다(5점 만점 중 2.0점)(방송위원회, 2004). 아울러 위성이나 IP TV의 경우에는 케이블TV의 저가상품에 대응할 만한 티어 상품이 존재하지 않는다. IP TV의 저가상품의 경우 가격대가 8,000~9,000원 정도여서 케이블TV의 3,000~6,000원과 비교할 때 가격경쟁력이 약하다. 케이블TV의 가격대비 질이 높아 가격경쟁력이 있기 때문에 케이블TV의 대다수 가입자들이 IP TV로 전환할 가능성은 낮아 보인다.

(3) IP TV에 대한 정책이슈

현재 IP TV 사업 출범이 지연되고 있는 근본적 이유는 법과 규제정책 때문인데, 이는 근본적으로 정보통신부와 방송위원회 간의 IP TV를 보는 차별적 시각에서 비롯된다. 현행 방송법과 전기통신사업법은 방송과 통신을 이분법적으로 분리하고 있어서 IP TV의 성격을 명확히 구분하기가 현실적으로 어렵다. 현 규제체제 아래서는 관할권의 혼란이나 중복이 불가피한 형편이다.

IP TV에 대한 기관별 입장을 종합적으로 정리해보면 서비스에 대한 성격 규정과 법적 위상, 관할권 등 다양한 규제정책들에서 차이를 보이고 있다(〈표 6-3〉 참조). 방송을 규제하고 있는 방송위원회와 통신을 규제하고 있는 정보통신부 사이에 경계 영역적 서비스를 보는 입장차이가 현격하게 존재하였다.

방송위원회는 IP TV를 통해 제공되는 주된 서비스는 방송서비스이며 현행 방송법상 케이블TV 사업과 동일하며 시청자 입장에서는 콘텐츠의 접근방식에 케이블망과 IP망의 차이가 없으며 IP TV는 케이블TV 사업과 강력한 경쟁관계를 형성하는 등 방송산업 전반에 파급효과가 클 것으로 보여, 방송법 체계 내에서의 규율이 필요하다고 간주하였다. 2005년 방송위원회는 4기 디지털방송추진위원회를 마무리하면서 IP TV를 '텔레비전 등 방송프로그램을 유선 인터넷망(IP망)을 이용하여 공중에게 보내주는 다채널방송'으로 정의내리고 직접 IP TV 시범사업을 추진하기로 공표한 바 있다.

한편 정보통신부는 IP TV를 통신영역의 서비스 확장으로 보고 전기통신사업법상 부가통신서비스 역무에 해당된다고 주장하였다. 따라서 현재 제공되고 있는 양방향 서비스 등은 광대역 서비스로 TV 단말기를 통해 IP TV 서비스가 제공되더라도 단말기의 차이가 서비스 역무를 좌우하지 않는다고 간주하였다. 정보통신부는 IP TV를 통신영역으로 보고 실시간 방송서비스를 제외하고 VOD 서비스를 주로 제공하는 ICOD(*Internet Contents on Demand*)라는 명칭을 내세웠다.

방송위원회는 방송법 개정 시에 별정방송사업을 신설하여 IP TV 관련규

〈표 6-3〉 IP TV에 대한 기관별 입장의 차이

구분		정보통신부	방송위원회
서비스 정의	서비스 성격	▪ 광대역융합서비스 ▪ 방송과 통신 콘텐츠가 공존하는 융합서비스 ▪ 보안기술 발달로 개인정보보호, 콘텐츠 유출 방지뿐만 아니라 금융거래까지 보안성을 보장하므로 통신임	▪ 멀티미디어 방송서비스 ▪ 비밀성이 보장되지 않아 통신이 아님 ▪ 디지털 케이블과 동일한 방송서비스에 통신부가서비스 결합
	역무 구분	▪ 방송콘텐츠를 인터넷망과 서버 등에 연결한 통신서비스	▪ IP TV의 주서비스는 방송서비스
	기획·편성권	▪ 기획·편성하는 채널권은 PP가 갖고 있으며 통신사업자는 단순히 전송만 하므로 통신임	▪ 방송프로그램을 기획·편성·제작해 공중에 제공하므로 방송임
	망에 따른 서비스 구분	▪ 원칙적 동의	▪ 적절치 않음
규제 정책	서비스 도입 시기	▪ 즉시 도입	▪ 디지털 케이블이 본궤도에 진입한 이후 도입
	적용 법률 및 법리해석	▪ 광대역융합서비스사업법 제정 ▪ 전기통신사업법은 통신사업종류를 공제주의(*negative* 방식)에 입각하여 규정하고 있기 때문에 결과적으로 융합서비스는 부가통신사업에 해당[9]	▪ 방송법 개정(멀티미디어 방송법 신설) ▪ 별정방송 사업[10] 개념을 도입해 방송위가 관할해야 함
	인허가 방식	▪ 전송사업자로 등록	▪ 방송사업자로 허가
	서비스 규제 원칙	▪ 융합서비스로서 규제완화 필요	▪ 디지털 케이블과 동일한 방송규제 적용 필요
	기간통신 사업자 진입제한	▪ 진입 허용, 자회사 분리 자율	▪ 진입 허용하되, 자회사로 분리
	규제 형평성	▪ 부가통신인 만큼 전기통신사업법상 신고만 하면 서비스 가능	▪ SO가 인터넷전화, 초고속인터넷 역무 허가를 받으니 통신사업자들도 방송진입 절차규제 받아야 함
	사업 권역	▪ 전국 면허(사업자 자율)	▪ 77개 권역 유지, 지역면허, 전국면허 가능, 사업자의 cream-skimming 방지
	통·방 융합 규제 재정립	▪ 현행 통신법상에서 신규 서비스 제공하고 추후에 논의	▪ 진입규제, 겸영정책, 채널정책, 광고정책 등을 총괄 논의해 제도화

9) 한편 정통부(2005. 4)는 방송법은 방송사업의 분류를 열거주의(*positive*) 방식

〈표 6-3〉 계속

규제 정책	규제 기관	▪ 망 정책(정부)과 콘텐츠 규제(별도 규제기관)를 분리	▪ 방송과 통신을 포함해 단일 규제 기구를 설립
	경쟁 활성화	▪ 인터넷의 자연스런 확장에 실시간 방송채널만 추가 규제	▪ 망보유 사업자의 지배력 전이에 대한 강한 규제 필요(시장지배력 우려 사업자에 자회사 분리 규제)
	경쟁 구도	▪ 독점 케이블 시장에 자유경쟁 도입	▪ 매체간 균형발전 개념 유지
	지상파 재전송	▪ 케이블과 동일한 수준의 재전송 필요	▪ 일정 기간 재전송 유예

출처: 정인숙(2005), 문화관광부(2006), 이상우(2007) 내용 중심으로 재구성.[11]

정을 두고 이를 규제하는 방안을 검토하였다. 정보통신부는 가칭 통신방송 융합서비스법에 '융합전송사업'과 '융합정보사업'을 신설, 규정하여 이에 입각한 규제방안을 검토하였다.

정통부 입장에서는 IP TV가 인터넷망과 양방향성을 기반으로 제공하는 서비스이므로 통신서비스에 해당된다고 주장하였다. 부가통신서비스에 해당하므로 현행 전기통신사업법상 신고만 하면 서비스가 가능하다는 것이다. 융합형 서비스는 규제가 엄격한 방송규제보다는 산업육성과 발전 차원에서 통신의 관점에서 규제를 적용하는 것이 바람직하다고 보았다.

한편 방송위원회 입장은 양방향성은 통신만의 특성이 아니라 방송서비스의 확대로 보는 것이 바람직하다는 것이다. IP TV는 방송법상 방송사업에 해당하므로 전기통신사업법의 규제를 받는 것은 불필요한 이중규제에 해당한다고 보았다. 기존 방송사업자와의 경쟁관계 등을 고려하여 매체간 균형

에 입각해 규정하고 있기 때문에 규제근거가 불명확하다고 주장한다. 통신과 방송의 고유영역은 기존 법체계에 따라 규제가 가능하나 융합서비스 영역은 관점에 따라 상이한 규제가 가능하며 불확실성이 존재한다고 법적 성격을 규명하고 있다.

10) 별정방송은 '지상파방송 · 종합유선방송 · 위성방송 · 방송채널사용사업에 해당하지 않으면서 전기통신설비를 이용해 방송을 행하는 사업'으로 정의.

11) 이상우(2007), "IP TV 성공할 것인가?", KISDI-정보통신정책학회 쟁점 세미나 발제문.

〈표 6-4〉 융합추진위원회의 IP TV 도입정책 방안

	다수(안)	소수(안)
서비스 성격	방송이 주, 통신은 부	방송과 통신의 융합
사업자 분류	방송사업자	통신사업자
면허방식	허 가	등 록
사업권역	전국 권역	지역 권역
진입제한	대기업, 지배적 통신사업자 제한 없음	대기업, 통신사업자 자회사 분리
시장점유율 제한	유료방송 시장 33%	국내 총 가구 기준 33%
망 동등접근	사업면허 시 모든 사업자에게 부과	일정 유예기간 후, 일정 규모 및 시장점유율 이상 사업자, 필수설비 보유사업자

출처: 이상우(2007).

발전을 주장하였다.

방송위원회와 정보통신부의 입장이 맞서는 가운데, 2006년 7월 28일 방송통신융합추진위원회가 출범하면서 방송통신기구 개편과 함께 IP TV에 대한 논의를 시작하였다. 2006년 10월 27일 기구 통합방안을 건의하였고, 추진위원회의 건의내용을 토대로 정부가 방송통신 통합기구 설립 법안을 마련하기로 결정하였다. 2007년 1월에는 법안을 국회에 제출하였다. IP TV 도입은 정보통신부와 방송위원회 간 이견조정 및 합의도출을 통해 추진하기로 결정하였다. 융합추진위원회 내부에서도 IP TV 도입정책에 대한 입장은 나누어지면서 입장차이가 발생하였는데, 〈표 6-4〉와 같다.

2007년도 들어와 국회에서 다양한 법안들이 만들어지면서 입장차이가 크게 발생하여 사분오열 양상을 보이고 있다(〈표 6-5〉 참조). 2007년 6월 12일 열린우리당 홍창선 의원이 IP TV 법안을 발의하고, 한나라당 서상기 의원이 법안발의를 한 가운데 같은 해 6월 13일 손봉숙 민주당 의원(방통특위, 문화관광위)이 별도 법이 아니라 방송법을 통해 IP TV를 수용하기 위한 방송법 개정안을 발의했다. 이에 따라 국회 방통특위 위원들이 내놓는 IP

TV 법제화 방향이 제 3의 법을 통한 IP TV 서비스 도입이냐(홍창선 의원, 서상기 의원), 방송법 개정이냐(손봉숙 의원)로 갈라지고, 각 기관과 사업자 간 이해도 극명하게 드러나 특위 법제화 과정에서 진통이 이미 예고되었다.[12]

법안들의 발의로 지금까지의 부처간 논란이 국회로 이동한 양상이다. 하지만 이러한 법안들을 둘러싸고 정부 내에서는 방송위원회와 정보통신부

〈표 6-5〉 국회 IP TV 입법화 시도(2007년)

구분		방송법 일부 개정안 (손봉숙 의원)	광대역통합정보통신망 등 이용 방송사업법안 (홍창선 의원)	디지털미디어 서비스법안 (서상기 의원)
법안형태		방송법 개정	특별법: 광대역 통합정보통신망 등 이용 방송사업법(안)	특별법: 디지털미디어 서비스법(안)
규제정책	진입	현행 방송법 ▪ 방송위 추천, 정통부장관 허가 ▪ 허가기간: 5년을 초과하지 않는 범위에서 대통령령	▪ IP TV 방송사업: 방송통신위 허가 ▪ 허가기간: 7년 이내에서 대통령령 ▪ 콘텐츠 공급사업: 방송통신위 신고	▪ 디지털미디어전송사업: 방송위 추천, 정통부장관 허가 ▪ 디지털미디어콘텐츠사업: 방송위 등록 ▪ 뉴스통신의 보도전문: 방송위 승인
	사업권역	현행 방송법 ▪ 방송위 고시, 지역사업권 부여	전국 원칙 신청내용에 따라 지역 허가 가능	지역사업권 부여 및 고시: 방송위원회 ▪ 법 시행 4년 후 전국 서비스
	소유제한	현행 방송법 ▪ 일간신문, 뉴스통신: 유선방송사업 100분의 33 초과 소유 금지	▪ 일간신문, 뉴스통신: 100분의 49 초과 소유 금지	▪ 일간신문, 뉴스통신(미디어 서비스사업자와 특수관계자 포함): 전송사업 100분의 49 초과 금지

출처: 〈디지털타임즈〉(2007. 6. 14) 내용 수정.

12) 안경애(2007. 6. 14), "IP TV 법제화 두갈래, 세갈래", 〈디지털타임즈〉.

가, 국회 상임위원회에서는 문화관광위원회와 과학기술정보통신위원회가 각 입법안의 문제점을 지적하며 입장차이를 좁히지 못하였다. 이상 다양한 법안 중 어떤 법안도 사업자나 학계 혹은 전문가들로부터 전폭적 지지를 받고 있지는 못한데, 이는 각 법안이 일종의 절충안이 되지 못하고 기존 방송위와 정통부, 방송업계와 통신업계가 제시하던 대립적 방송통신구조 개편방안을 반영하고 있기 때문인 것으로 보인다.

2008년 1월 18일 3년여에 걸친 진통 끝에 IP TV 법제화 작업이 마무리되었다. 국회 방송통신특별위원회에서 '인터넷멀티미디어방송사업법'을 통과시켰다. 법의 주요내용과 문제점은 다음과 같다.

첫째, IP TV는 방송으로 정의하고 있다는 점이다.[13] '인터넷 멀티미디어 방송을 광대역 통합정보통신망 등을 이용하여 양방향성을 가진 인터넷 프로토콜 방식으로 일정한 서비스 품질이 보장되는 가운데 텔레비전 수상기 등을 통하여 이용자에게 실시간 방송프로그램을 포함하여 데이터, 영상, 음성, 음향 및 전자상거래 등의 콘텐츠를 복합적으로 제공하는 방송'으로 정의하고 있다. 방송으로 정의하고 있음에도 불구하고, 별도의 법체계로 가져감으로 인해 방송법상 규제를 받는 케이블TV를 비롯한 타 매체와의 형평성 논란이 예상된다. 아울러 실시간 방송을 포함할 것을 규정함으로 인해 원천적으로 지상파방송 프로그램의 재전송을 허용함으로써 위성방송이 겪었던 지상파 재전송 문제를 근본적으로 해결하고자 하였다.

둘째, 방송 제공사업의 경우 전국을 하나의 사업권역으로 하는 전국 사업자로 허가한다는 것이다.[14] 이는 케이블TV 사업자가 '동일 서비스 동일 규제 원칙'을 강조하면서 그동안 강하게 반발했던 사안으로 비대칭적 규제라는 논쟁을 불러올 것으로 보인다. SO들은 지역사업자이면서 한 SO가 전국 77개 사업권역 가운데 15개(20%)를 초과해 소유할 수 없도록 규정하고 있는 것과 대조를 이룬다.

---

13) 인터넷멀티미디어방송사업법 제2조.

14) 인터넷멀티미디어방송사업법 제6조.

셋째, 기존 콘텐츠 제작 및 공급사업자들이 IP TV 사업을 위해 별도의 신고 및 등록을 하거나 승인을 얻도록 하고 있다.[15] 이 결과 방송위원회로부터 등록했거나 승인받았던 PP 사업자들도 IP TV에 프로그램을 공급하기 위해 다시 동일한 진입절차를 거치도록 하는 불편함이 있다. 보다 중요한 점은 플랫폼 사업자간 경쟁이 심한 상태에서 배타적 계약이 현실적으로 이루어지고 있는 PP와 SO 관계를 감안할 때, 과연 PP들이 IP TV로 프로그램을 송출하기 위해 다시 등록이나 승인절차를 밟을지에 대해서 의문시된다. IP TV PP로 등록한다는 것은 경쟁 플랫폼인 SO로부터 배척을 감수한다는 것을 시사하기 때문이다.

넷째, 외국인의 주식 소유제한을 100분의 49로 제한하고 있다.[16] 정보통신부는 KT 등 외국인 지분소유 비중이 큰 기간통신사업자의 IP TV 진입을 허용하기 위해 외국인 소유제한 규정을 방송법이 아닌 전기통신사업법을 준용하자는 의견을 제시해 소위에서 관철시킨 결과이다. 그러나 KT의 경우 외국인이 의결권을 가진 주식비율이 60%를 넘어버려 자회사 분리가 불가피한 상황이 만들어졌다. 케이블TV 업계에서는 KT의 시장지배력 전이를 방지하기 위해 자회사 분리를 주장했는데, 법안에서는 이러한 요구가 수용되지 않았지만 입법과정에서 '실수'로 자회사 분리가 이루어질 전망이다. 외국인 허용지분을 상향 조정할 경우 다른 경쟁 플랫폼과의 형평성 문제가 대두될 것이다. 국회 처리과정에서 방송통신특별위원회가 이 문제에 대해 수정키로 하자, 방송계에서는 다른 조항도 연계 논의해야 한다는 요구가 강하게 제기되었다.[17]

마지막으로 인터넷 멀티미디어 방송 제공사업의 공정경쟁체제 구축과 이용자 보호를 위한 공정경쟁환경 조성, 시장점유율 제한, 전기통신설비의 제공, 이용자 보호, 사업자의 금지행위 등을 규정하고 있다(제 12조부터 제 17조까지). 공정거래위원회는 동법안이 공정위의 시장경쟁 촉진 및 불공정 거

---

15) 인터넷멀티미디어방송사업법 제 18조.

16) 인터넷멀티미디어방송사업법 제 9조.

17) 황지혜(2007. 11. 26), "IP TV법안 연내 처리 '캄캄'", 〈전자신문〉.

래행위 감시기능을 상당히 제약할 수 있는 규정이 다수 포함되어 있다면서 이견을 제시하였다. 현재 통신과 방송분야의 전문적, 기술적 사항에 대한 규제는 정통부(통신위), 방송위원회가 담당하고 일반불공정 거래행위 등 경쟁적 규제는 공정거래위원회가 담당하도록 역할 분담하고 있다. 제3조는 타 법률과 관련, 동법이 우선 적용되도록 규정하고 있는데, 지나치게 포괄적으로 규정되어 공정거래위원회 기능을 크게 제약할 우려가 있다는 것이다.

법 제17조(금지행위)도 문제인데, 통합규제기관이 경쟁법적 사후규제까지 담당할 경우 공정거래법과 '인터넷 멀티미디어방송사업법'의 중복적용으로 이중규제가 발생할 우려가 있다고 공정위는 지적하였다.[18] 또한 동일한 위반유형에 대해 방송법이 적용되는 방송사업자에 대해서는 공정위가 조치를 취하고, 인터넷 멀티미디어 방송사업자는 방송위가 조치를 취하게 되어 조치결과가 상이하게 될 우려가 존재한다는 점을 공정위는 지적하였다.

3) SMATV를 둘러싼 케이블TV와 위성방송 갈등

(1) 공동주택 방송수신 실태

공동주택은 지상파방송, 종합유선방송 및 위성방송을 서로 다른 수신설비를 통해 방송을 수신하고 있다. 지상파방송은 MATV(텔레비전 공동시청설비), 종합유선방송은 CATV 구내선로설비, 위성방송은 건물 외벽 접시안테나를 이용하고 있다.

그러나 정보통신부의 조사에 따르면(2007) 실제 공동주택의 구내 수신설비는 법·제도적으로 규정된 용도와는 다르게 이용되는 경우가 많다. MATV는 노후화로 이용이 곤란하거나 CATV 사업자가 MATV를 CATV 선로로 이용하는 경우도 있는 것으로 나타났다.[19]

---

18) 공정거래위원회(2007. 11. 22), 〈인터넷 멀티미디어 방송사업법안 관련 공정위 의견〉.

19) 정보통신부 전파방송기획단(2007. 9), 〈위성방송 공동수신설비(SMATV) 정책방안〉.

〈표 6-6〉 아파트의 방송 공동수신설비 이용현황

준공시기	배선형태	이용실태
95년 이전	MATV 단독배선	대부분 선로 노후화로 이용 곤란 일부는 CATV 사업자가 서비스 제공에 이용
95~04년	층별 단자함까지 MATV와 CATV 분리배선	층별로 MATV 또는 CATV 선택 가능
05~07년	세대단자함까지 분리배선	세대별 MATV 또는 CATV 선택 가능(자체 구축한 설비를 통하여 일부는 DTV 및 위성방송 수신도 가능)

출처: 정통부 및 관련사업자 합동 실태조사(2007. 6).

위성방송의 경우에는 가구별로 건물외벽에 위성안테나를 설치하여 수신하거나 일부에서는 불법사업자의 유사 위성방송을 시청하고 있다. 주상복합 등 베란다가 없는 건축물이나 건물미관 훼손을 이유로 입주자가 반대하는 경우 위성안테나 설치 곤란으로 위성방송 수신이 제한받고 있다. 일부 공동주택은 건축업자가 건물신축 시 공동수신설비를 설치하여 위성방송을 수신하고 있다.

DTH 방식과 SMATV 방식의 가격을 비교해보면 SMATV는 DTH에 비해 설치비가 15,000원가량 저렴하다. SMATV의 비용이 저렴한 이유는 DTH와 달리 안테나 설치 공정이 제외되기 때문이다. SMATV-IF의 경우 사용하는 수신기는 DTH용과 동일하여 가격이 같고, SMATV-DTM의 경우 복합형 수신기를 사용하는데, QAM 모듈이 추가 탑재되기 때문에 DTH 수신기보다 2만 원 더 비싸다. 월 수신료는 DTH와 SMATV 사이에 차이가 없다. 따라서 DTH와 비교했을 때 SMATV가 13,000원에서 35,000원 정도가 저렴한 것으로 조사되었다(〈표 6-7〉 참조).

국내 총 가구수(약 1,450만 가구) 중 아파트나 연립주택 등 공동주택 비

〈표 6-7〉 DTH 대 SMATV 가격 비교

(2004년 9월 초 기준, 단위: 원)

구 분	DTH	SMATV
설치비	40,000	25,000
수신기 구매	66,000	66,000~88,000
안테나 구매	20,000	해당 없음
가입비	면 제	면 제
월 수신료	이용약관 적용, 전사적 이벤트 적용	(좌 동)
합 계	126,000	91,000~113,000
차 이	13,000~35,000	

율이 62.7%에 달하는데, 일정 규모의 공동주택은 지상파TV 공청안테나와 구내선로를 의무적으로 설치하도록 되어 있어, 이를 이용한 단순공청 및 유료 공동수신 환경이 비교적 잘 구비되어 있다. 건설교통부에서는 공동주택을 매년 증설한다는 계획을 갖고 있어 향후 공동주택이 국내의 지배적인 주거문화가 될 것으로 보인다.

이 환경을 이용해 SMATV 사업을 하는 사업자들은 크게 SO, 중계유선, SMATV 사업자로[20] 구분되는데, 이들은 공동주택의 관리사무소나 주민대표들이 공청안테나와 선로관리 계약을 맺어 사업하고 있다.[21] 공동주택, 빌딩 등에 TV 공시청설비 구축이 입주자 부담으로 제도적으로 의무화되어 있다.

TV 공시청설비를 이용한 위성방송 도입에 대해 법적인 근거 및 기술기준이 없어 현재는 위성방송 사업자가 공동주택 등의 입주자(건축주, 동대표 회의, 권한을 위임받은 관리실)와 협의하여 공동주택 등의 환경에 따라

20) 정확한 통계는 나와 있지 않지만 SO와 위성방송의 틈새에서 상당한 영역을 형성하고 있으며, 이들 중에는 허가받지 않은 프로그램(불법 홈쇼핑, 해외 위성채널)을 불법적으로 제공하고 있는 사업자도 있다.

21) 가입자 댁내 셋톱박스는 없음.

SMATV-IF, SMATV-DTM 방식을 혼용하여 시공하고 있는 실정이다.

향후 광케이블 구내망(FTTH) 구축 시 TV 공시청설비 및 종합유선방송 구내전송설비, 위성방송설비를 광케이블에 수용하여 각 세대 단자함까지 배관, 배선토록 하여 시청자가 직접 기호에 따라 원하는 방송 및 통신서비스를 선택할 수 있도록 각 방송설비 제조 및 시공업체들이 솔루션을 연구중에 있으며, 최근 "초고속정보통신 건물 인증 특등급 제도"가 신설되어 이에 대한 촉진제 역할을 하고 있다.

(2) SMATV에 대한 법개정

① 공동주택 방송설비 법령체계

"주택건설기준 등에 관한 규정"(대통령령)은 MATV와 CATV 구내설비를 공동주택 건축 시 설치하도록 의무화하고 있다. 설치기준 및 방법은 "텔레비전 공동시청안테나시설 등의 설치기준에 관한 규정"(정통부령, 이하 MATV 규칙)에 위임하고 있다. 건축법시행령에서 공동주택과 판매·운수·의료·업무·숙박시설에 공동시청안테나를 설치 시 설치기준은 정통부령에 따르도록 규정하고 있다. 위성방송의 경우에는 구내설비 설치에 대한 규정이 미비한 상태이다. 설치 의무화 근거가 되는 주택법령과 설치방법·기준이 되는 정통부령에 위성방송 관련조항이 없다.[22)]

② 방송위원회와 정보통신부의 법개정 시도

방송위원회는 2003년 7월 위성방송의 공시청수신설비 이용을 허용하기로 결정하고 방송법 개정안을 마련하였다. 개정안에 따르면 "공시청수신설비" 개념 속에 송신하기 위한 수신장치, 케이블, 증폭장치, 주전송장치 등의 설비를 포함시켰다. 방송위원회의 방송법 개정안에 대해 정보통신부는 "① 공시청수신설비 관련조항이 건축법 등의 관련규정이 존재하는 상황이

---

22) 정보통신부 전파방송기획단(2007. 9), 〈위성방송 공동수신설비(SMATV) 정책방안〉.

고, ② 설비의 소유에 관한 해석에서 사업자와 소비자 간 법적 분쟁의 소지가 있으므로 현행 텔레비전 공동시청안테나시설에 관한 규칙에서도 관련사항에 대한 충분한 규제근거가 존재하므로 별도의 규정을 신설할 필요성이 없다"는 의견을 제시하였다.

방송법 개정안 제93조에 따르면 '위성방송 사업자는 대통령령이 정하는 기준에 해당하는 경우에 한해 대통령령이 정하는 바에 따라 공시청수신설비를 이용해 위성방송사업을 할 수 있다'고 규정함으로써 위성방송 사업자도 종합유선방송 사업자 및 중계유선방송 사업자와 동일하게 공시청수신설비를 사용하도록 허용하였다. 이에 대해 정보통신부는 공시청수신설비의 이용에 대한 선택권은 공동주택 주민에게 있으므로 방송법에서 규제하는 것은 적절치 못하다는 부처 의견을 방송위원회에 전달하였다.

방송법 개정안 제93조 제4항에서는 "종합유선방송 사업자·위성방송 사업자 또는 중계유선방송 사업자가 아닌 자는 제1항 및 제2항의 규정에 의하여 종합유선방송 사업자·위성방송 사업자 또는 중계유선방송 사업자가 행하는 방송을 시청자에게 중계 송신하기 위하여 공시청수신설비를 설치하거나 이를 이용하여 방송을 행하는 경우를 제외하고는 공시청수신설비를 이용한 방송(공시청수신설비를 설치 또는 관리하는 제3자가 수신료, 유지보수비 또는 기타의 명목으로 정기적으로 대가를 징수하는 경우를 포함한다)을 행할 수 없다"고 규정함으로써, 앞서 기술한 세 개의 방송사업자 외에 별도의 공시청 방송사업자를 두지 않을 것임을 명시하였다.

한국케이블TV협회는 이러한 방송위원회의 방송법 개정시도에 대해 정면으로 반발하였다. 협회는 위성방송의 SMATV 도입 문제점을 지적하고 이를 철회할 것을 요구하는 건의서를 문화부와 정통부, 그리고 방송위원회에 제출하였다. 케이블TV협회는 공시청수신설비 이용에 위성방송 사업자를 배제할 것을 요지로 하는 건의를 2003년 8월 6일 방송위원회를 비롯한 관계부처에 제출하였다.[23]

---

23) 한국케이블TV방송협회, 〈케이블TV회보〉 2003년 8월호, pp. 1~2.

정보통신부는 방송위원회의 SMATV 관련조항을 삭제해줄 것을 요청하였고 최종적으로 방송위원회의 방송법 개정안에 SMATV 허용조항은 삭제되었다. 한편 정보통신부는 2003년 12월에 공동주택 위성방송 공동수신을 허용하기 위해 법령개정을 추진하였다. 정통부는 개정 배경에서 '공동주택 입주자의 시청권익 증대를 위해 음영지역 및 전파간섭 발생 시에도 모든 TV 방송신호를 수신할 수 있도록 한다'고 밝히고, SMATV 실시를 위한 추가 주파수대역을 명시했다.

정통부의 규칙개정안에 대해 방송위원회는 일단 모법인 방송법 개정을 우선 추진하고 사업자의 역무 구분 등에 대해 보다 명확한 근거규정 등이 마련돼야 한다는 입장을 밝혔다.[24] 방송위원회는 2003년 12월 상임위원회를 통해 불법 홈쇼핑사업자의 악용을 방지하고 방송사업자가 아닌 자가 방송을 목적으로 악용하지 못하도록 방송 역무 등을 명확히 규정하는 관련법령의 근거를 확보한다면, 정통부의 SMATV 허용 기술기준 관련규칙 제정을 찬성한다고 최종 결정하였다.[25]

그러나 동규칙 제정은 2005년으로 미뤄졌다. SMATV를 허용하기 위해서는 이해당사자들의 협의와 의견조율이 되어야 하는데, 특히 SO들의 반대가 심해 2005년 위성방송의 재송신이 이루어졌을 때에 추진하고자 하였다.

사업자들의 거센 반발로 인해 입법화하지 못하다가 2007년 11월에 허용하는 기술기준에 대한 규칙이 개정되었다.[26] 주된 내용은 지상파 텔레비전 방송은 채널에 따른 54~806MHz의 범위에서, 위성방송은 950~2150MHz 범위에서 주파수를 각각 할당하여 SMATV를 허용키로 결정하였다. 정통부의 이러한 결정에 대해 케이블TV협회가 강력하게 반발하자, 정통부와 협회는 신규 공동주택에 한하여 허용하는 방향으로 의견조율을 한 것으로 알려지고 있다.

---

24) 〈전자신문〉(2003. 12. 17), "위성방송의 SMATV 허용 논란".

25) 〈전자신문〉(2003. 12. 11), "방송위, SMATV 허용 조건부 찬성".

26) 텔레비전 공동시청 안테나시설 등의 설치기준에 관한 규칙, 정보통신부령 제229호.

(3) SMATV와 관련된 정책이슈

더 이상 SMATV 문제를 방치하기에는 이해당사자간의 갈등이 심각하다. 기술기준 측면에서 SMATV가 허용되었기 때문에 방송위원회는 공정경쟁을 위한 규칙들을 조속히 제정해야 한다. SMATV 관련 주요쟁점별 정책방안들을 다음과 같이 제안하고자 한다.

무엇보다 중요한 쟁점은 SMATV 사업자의 법적 지위이다. SMATV 사업자를 별도의 사업자로 허가해서는 안 될 것이다. 별도의 사업자로 인정할 경우, 또 하나의 종합유선방송국이나 위성방송 플랫폼 사업자를 허용하는 결과를 초래하여 협소한 유료매체 시장에 과당경쟁을 더욱 부추길 수 있고, 이는 사업자들의 수익성을 악화시킬 것이다. 별도 사업자로 허가한다면 수익성이 높은 다세대 주거 단위 지역만을 대상으로 하는 경쟁적 사업자의 존재를 허용하는 결과가 될 것이다.

허가받지 않은 SMATV 사업자가 서버와 헤드엔드 시설을 아파트 단지 등에 설치해주고 해외 위성방송 또는 유사 위성방송의 재송신 서비스를 실시할 경우 방송시장의 혼란을 초래할 수 있다.[27] 앞으로 허가받은 방송사업자 외에 이러한 불법 방송사업자들은 시장 정상화를 위해 엄격하게 규제하여야 한다.

다음으로 SMATV를 이용할 경우 가격규제 정책이 필요하다. 만약 위성방송사가 SMATV를 이용하여 저가전략을 구사한다면 이는 장기적으로 누적손실을 증가시켜 다채널 TV 산업의 기반을 흔들리게 할 수 있다.[28] 케이블TV사와 위성방송사 간에 가격경쟁은 과거 중계유선 사업자와 종합유선방송 사업자 간에 벌어진 가격경쟁과 비슷한 상황을 초래하게 되어, 지금도 낮다고 평가받고 있는 ARPU를 더욱 떨어뜨릴 가능성이 있다.

---

27) 조은기 · 최성진(2003), 〈위성방송의 유선 전송망을 통한 재전송 모델의 문제점과 정책 대안(SCN, SMATV 중심)〉, 한국케이블TV방송협회, pp. 11~12.

28) 최양수(2001), "다채널TV시대 케이블TV와 위성방송의 위상", 박홍수(편), 《디지털시대 방송의 이해》, 나남, pp. 159~160.

4) 케이블TV와 VoIP

(1) VoIP 추진현황

2006년 7월 기준 국내 인터넷전화의 가입자 규모는 총 88만 명으로 조사되었다. 국내 인터넷전화 업체수는 기간통신사업자 8개사, 별정통신업체 165개사에 날한다. 실제로 인터넷전화 사업을 진행하고 있는 곳은 38개시이며 이들의 월평균 매출규모는 76억 1,665만 원으로 1년으로 환산하면 약 913억 원으로 추정된다. 소프트폰 형태로 서비스 중인 네이버폰, 네이트온, 스카이프 폰의 경우 각 60만, 50만, 50만 명의 가입자를 유치한 것으로 추정되고 있다. 포털 사업자의 경우 IP TV와의 결합서비스에 있어 VoIP가

〈표 6-8〉 인터넷전화 사업자별 가입자 수 및 매출액

(2006년 7월 기준)

사업자명	가입자 수(회선)	월평균 매출액(천 원)
KT	21,830	1,223,122
하나로	680	10,472
드림라인	1,500	150,500
LG데이콤	504,000	279,000
SK텔링크	6,542	231,170
SK네트웍스	4,000	120,000
온세통신	1,356	46,112
삼성네트웍스	49,006	1,680,000
새롬리더스	1,199	179,943
솔본	3,266	254,371
큰사람컴퓨터	30,600	50,000
애니유저넷	34,536	960,174
새롬씨앤티	123,345	377,500
서브원	50,000	592,543
무한넷코리아	11,514	424,819

출처: 인터넷전화 시장현황 조사(KISDI, 2006년 8월).

중요한 역할을 할 것이라는 점과 포털 가입자간의 음성통화의 경우 무료라는 이점과 메신저 이용자에 대한 서비스 차원에서 경쟁적으로 소프트폰 시장에 진입하였다.

한국케이블텔레콤(KCT)은 2006년 12월 정보통신부로부터 인터넷전화 역무 기간통신사업 허가서를 교부받아 현재 시스템 구축을 추진하는 등 상용화 준비에 나서고 있다. KCT는 2006년 8월 공정거래위원회의 기업결합 심사를 거쳐 태광산업을 1대 주주로 주요 SO 업체들이 참여해 정식법인으로 설립됐다.

2007년 6월 최초로 TPS 서비스를 제공하기 시작하였다. 같은 해 9월 큐릭스, 티브로드가 상용서비스를 개시하였으며 이어 10월에 HCN, 2008년 1월에는 CJ케이블넷, 서경방송, 3월에는 온미디어, 4월에는 C&M, GS강남, 남인천방송, 서남방송 등이 상용서비스를 시작하였다. VoIP 서비스 제공시점이 미뤄지면서 SO의 TPS 시장전망이 불투명하였다. SO들은 기존 인터넷전화 사업자들도 고전하고 있는 현재의 통신시장 환경에서 KCT가 수익성을 낼 수 있을지에 대한 의문을 제기하고 있다. 디지털 케이블TV 전환이 더디게 진행되면서 KCT 인터넷전화를 기반으로 TPS를 이용해 가입자를 유치한다는 전략이 주춤하고 있다.[29)]

(2) 케이블TV의 VoIP 정책이슈

초고속 인터넷서비스가 확산되고 차세대 망(*Next Generation Network*)에 대한 논의가 진전되면서 전 세계적으로 IP 기반 서비스에 대한 규제원칙 및 방향에 대한 관심도 높아지고 있다.[30)] VoIP와 관련하여 정책적으로 검토되어야 할 사항들은 다음과 같다.

---

29) 〈디지털타임즈〉(2007. 2. 19), "KCT, VoIP 상용서비스 '삐걱'".

30) 김남심(2005), "VoIP 규제 동향 및 시사점", 〈정보통신정책〉 제 17권 3호, 통권 264호, p. 24.

① **VoIP의 개념정의**

VoIP 등과 같은 새로운 매체가 등장했을 때 문제가 되는 것은 해당 서비스의 성격규정이다. 즉, VoIP가 정보서비스와 통신서비스 중 어느 것에 해당하느냐가 논란이 될 수 있다. 통신서비스일 경우에는 일반적 통신규제 조항의 저촉을 받지만, 정보서비스일 경우에는 인터넷의 부가서비스로 판단되어 정부규제를 받지 않게 된다. 국내에서는 기간통신사업으로 분류하고 있으나 미국에서는 정보서비스(*information service*)로 분류하고,[31] 연방 혹은 주정부에 의한 일반운송사업(*common carrier*)에 대한 규제원칙을 적용하지 않고 있다.[32] 그 이유는 VoIP 서비스는 전통적 전화서비스와는 현저히 다른 특징을 지니고 있다는 것이다. 예를 들면 영상전화, 음성채팅, 영상채팅 등이다. 아울러 통신을 통한 고도 서비스(*enhanced service*)—정보생산, 습득, 저장, 변형, 처리, 검색—를 제공한다는 점도 성격규정에 영향을 미친다.[33] 참고로 케이블 모뎀 서비스(*cable modem service*)의 경우에도 통신사업자와 케이블방송 사업자 간의 알력이 있었지만, 미국 연방대법원이 이를 정보통신서비스로 최종 결정을 해주었기 때문에 법적 문제 없이 서비스를 지속할 수 있었다.[34]

② **VoIP 긴급통화 정책**

사회적 규제이슈로 VoIP 사업자들의 긴급통신 서비스 제공의무가 강조

31) 1934 통신법에서는 정보서비스를 다음과 같이 규정하고 있다. "통신(*telecommunications*)을 통해서 정보를 생산, 수집, 변형(*transforming*), 처리(*processing*), 복구(*retrieving*), 활용 혹은 정보를 제작할 수 있는 재능을 부여하는 것이 정보서비스이며, 여기에는 전자출판 등이 포함된다. 그러나 정보서비스에는 통신시스템의 관리, 통제, 작동 등은 포함되지 않으며, 통신서비스의 관리 역시 정보서비스에 포함되지 않는다"(47 U.S.C. § 153(20)).

32) NCTA(2004), "Balancing Responsibilities and Rights: A Regulatory Model for Facilities-Based VoIP competition", p. 33.

33) NCTA(2004), *ibid.*

34) NCTA v. Brand X, (2005), 125 S. Ct. at 2695, 2702 10.

되고 있다. 이와 관련하여 국민들이 생명과 재산을 위협받는 사례가 발생되고 있다. 미국의 경우, 2005년 3월 텍사스에서 집안에 강도가 침입하자 VoIP 서비스 사용자가 긴급 도움을 받기 위해 911로 전화를 걸었으나 911 통화가 연결되지 않아 피해를 보는 사건이 발생하였다. 2005년 5월 코네티컷과 플로리다에서는 자신의 갓난아이에게 응급치료가 필요하여 VoIP 서비스를 사용하여 911로 전화를 걸었으나 긴급 서비스 담당자와 연결되지 않아 피해를 당한 사건이 발생하였다. 그리하여 미국에서는 VoIP 사업자들에게 긴급통화 서비스 제공에 대한 의무를 규정한 고시(*order*)를 추진하였다.[35] 또한 캐나다, 영국 등에서도 국민들의 안전을 위하여 이와 유사한 형태로 긴급통화 서비스 제공에 대한 의무를 부과하고 있다.

미 의회에서는 911 법(911 Act)을 채택하였고 이 법에 따라 911 긴급통화가 유무선에 관계없이 긴급 서비스 번호로 911이 지정되었다. 이 법에 따라 FCC는 2005년 5월 VoIP E911 고시(*order*)를 채택하였다. VoIP E911 고시는 상호 연결된 VoIP 서비스 사업자가 자신들의 고객들에게 E911 서비스를 제공하도록 요구하고, 고시 발효일 이후 120일 이내에 모든 상호접속 VoIP 서비스 제공자에게 E911 솔루션을 지원하도록 요구하고 있다.[36]

③ 보편적 서비스 의무

보편적 서비스 원칙이란 비용이 많이 필요한 지역이나 임금수준이 낮은 이용자들에게 전화서비스를 제공토록 하는 것이다. 이러한 원칙은 커뮤니케이션 정책의 근간이 되었다. 1996년 미국 통신법은 보편적 서비스 원칙을 학교, 도서관, 수익성이 낮은 시골 보건소 등으로 확대하고 있다. 통신서비스를 제공하는 케이블 회사들도 보편적 서비스 기금에 대한 책임을 져야 할 것으로 보인다.[37] 국내 케이블TV에 대한 보편적 서비스 의무에 대

---

35) FCC E911, http://www.fcc.gov/911/.

36) 허미영 · 박선옥 · 강신각(2007. 2), "미국의 VoIP 긴급통화 정책동향", 〈전자통신동향분석〉 제 22권 제 1호, pp. 140~150.

37) NCTA(2004), *op cit.*, p. 23.

한 정책이 수립되지 않은 상태에서 VoIP 서비스에 대해 그러한 의무를 부과하기에는 시기상조인 면도 없지 않다. 이 문제를 해결하기 위해 앞서 문제를 제기했듯이 VoIP의 개념 재정립이 선행되어야 한다.

④ 시내전화와 인터넷전화 간 번호이동제

결합판매 제공 시 경쟁업체가 인터넷전화를 이용해 KT 시내전화와 동일한 결합상품을 구성하기 위해서는 인터넷전화와 시내전화 간 번호이동을 허용하는 것이 필요하다. 정보통신부는 VoIP의 번호이동성을 검토하기 시작하였다.[38] 정보통신부는 종합적인 인터넷전화 활성화 방안을 2007년 말까지 마련할 계획이다.[39]

지배적 사업자의 결합상품 할인판매를 허용하는 방향으로 가닥을 잡아온 정통부는 시장지배력을 가진 사업자가 결합상품을 할인판매까지 할 수 있게 되면 후발업체들이 입을 타격이 클 것으로 예상하고 있다. 지배적 사업자의 요금할인이 포함된 결합판매를 허용하되, 후발업체가 동등하게 경쟁할 수 있는 여건을 보장하는 것과 아울러 지배력 남용을 막을 수 있는 장치를 마련할 계획이다. 따라서 인가대상인 시내전화의 결합판매를 허용하게 되면 인터넷전화와 동등 경쟁이 불가능하다고 보고, 이에 대한 보완 차원에서 번호이동을 검토하게 된 것이다.[40]

---

38) 정보통신부 · 정보통신정책연구원(2006. 12. 27), 〈중장기 통신정책 방향 공청회〉.

39) 시내전화 시장의 90% 이상을 점유하고 있는 KT가 번호이동성 제도에 적극적이지 않다. KT 교환기의 낙후로 대부분의 번호이동은 수작업으로 이루어지며, 처리 지연 및 작업에 소요되는 시간이 길어짐에 따라 이용자들이 불편함을 느껴 번호이동 자체를 꺼려하고 있다. 한편 경쟁사업자의 시내전화 가입자를 대상으로 수개월간의 기본료 면제와 이동전화 무료상품권을 제공하는 등 공격적 마케팅활동을 전개하고 있다.

40) 2004년에 도입된 이동전화 번호이동성 제도는 안정적 제도로 정착(33%)되었다. 2006년 11월 기준, 전체 번호이동 가입자는 1,450만 명이며 KTF가 565만 명, SK텔레콤이 507만 명, LG텔레콤이 378만 명의 번호이동 가입자를 유치한

⑤ 정부와 사업자들의 적극적 홍보

VoIP 활성화를 위해서 070 번호에 대한 인식변화 및 인지도 확산을 추진할 필요가 있다.[41] 현재 인터넷전화 자체에 대한 인지도가 낮으며 070 번호에 대한 홍보가 부족하고 스팸 용도로 많이 사용되는 060, 080 번호와 유사하여 070 번호를 스팸번호로 인식하고 있는 실정이다.[42]

국내 070 인터넷전화 가입자가 해외에서 동일한 번호로 인터넷전화를 하면 불법으로 간주되고 있다. 정보통신부는 현행 통신역무 규정에 위배되므로 해외에서의 인터넷전화 활용을 불법으로 규정하고 있다. 인터넷전화는 지역에 상관없이 활용할 수 있도록 고안된 개방형 서비스다. 미국 등 선진국들은 인터넷전화 서비스 범위를 자국 내뿐만 아니라 해외까지 인정해주고 있다. 인터넷전화는 세계 어디서든 자유롭게 사용할 수 있도록 해야 한다.[43]

미국 이베이 계열의 스카이프가 옥션을 통해 서비스하는 '스카이프인'(skypein)은 세계 어디서나 통화할 수 있다. 국내에 거주하는 외국인들은 해외에서 부여받은 인터넷 전화번호를 그대로 사용하고 있다. 정부가 내국인과 외국인을 차별한다는 비판이 제기되고 있다.[44]

⑥ 상호 접속료

케이블TV를 통해 VoIP를 추진하는 사업자들은 현재 상호 접속료가 너무 높게 책정되어 있어 통신사업자에게 비용을 지불하고 나면 채산성이 낮다고 고충을 토로한다. 인터넷전화의 매출대비 접속료(접속통화료, 망이용대가 등) 비율이 70%에 달한다.[45] 유무선 통신사업자의 접속통화료를 낮추

것으로 나타났다.

41) 2007년 정통부는 정통부 본부와 통합전산센터, 노동부, 관세청, 해외홍보원 등 5개 기관에서 인터넷전화를 개통하고 시범운영에 들어갔다.

42) KCT(2007. 2), 〈인터넷전화 활성화를 위한 제도개선 사항〉, 미간행 내부자료.

43) 〈디지털타임즈〉(2006. 12. 15), "인터넷전화 '불필요한' 규제 없애라".

44) KCT(2007. 2), 위의 글.

어 VoIP의 비용을 절감하고 원가에 근거한 VoIP의 접속통화료 산정을 현실화하여 VoIP의 접속료 수입을 증가시킴으로써 VoIP의 조기 시장 안착을 도모할 필요가 있다. 2008년 접속통화료 산정에 대비하여 VoIP의 원가 검증 체제를 구축하고 있다.

정보통신부가 2년마다 '전기통신설비의 상호접속 기준' 고시를 개정해 접속통화료를 조정하고 있다. 개별사업자의 원가와 주파수 효율 차이, 통화량 규모 등의 특성, 시장경쟁 상황 등을 고려한다.

⑦ 시내외 전화역무 통합 및 단일요금제

정보통신부는 시내외 전화역무 구분을 없애는 방안을 강구하고 있다. 시내외 전화가 차지해온 기간통신 역무 중심점이 인터넷전화로 이동할 것으로 예상된다. 시내외 역무통합은 정부정책의 문제이고 시외 혹은 시내·외 단일요금제를 출시하는 것은 사업자 선택의 문제라는 것이 정통부의 입장이다. 장거리 통화로 인해 전기통신설비 제공원가가 늘어나는 구조가 아니다. 도입시기의 문제일 뿐 VoIP 시장 활성화에 따라 기존 시내외 전화(*Public Service Telephone Network*: PSTN)의 역무통합은 예정된 것이다.

유선전화 사업자들은 기존 요금체계의 변화를 적극 모색하는 등 경쟁력 확보를 위한 다양한 방안을 시도할 것으로 예상된다. 완전한 시내외 단일요금제 도입의 전단계인 시외전화 단일요금제 및 통화권 광대역화가 요금전략이 자유로운 후발사업자들을 중심으로 적극 추진될 전망이다. 관련사업자들의 시내외 전화요금의 단일요금 작업도 가속화될 전망이다. 사업자들의 다양한 상품 출시로 경쟁 및 시장변화에 대응할 것이다.[46]

---

45) 박영환(2008), "SO 인터넷 집전화의 활성화를 위한 제도개선 및 서비스 방향 제안", KCTA 주최 Digital Cable TV Show 발표집, p. 54.

46) 예를 들면 10초당 과금제: 3분당 과금에서 10초 단위 과금으로 바꾸는 방안이나 정액요금제, 약정할인 등.

5) 소결론

플랫폼과 관련하여 가장 중요한 정책이 공정경쟁 정책이다. 다양한 플랫폼들이 경쟁하고 있음에도 불구하고, 플랫폼간 공정한 경쟁을 할 수 있는 조건이 만들어지지 않고 있다. 공정한 경쟁을 보장하기 위해서는 다음과 같은 몇 가지 근본적 문제에 대한 입장이 정리되어야 한다.

무엇보다 먼저 매체의 성격규정이다. 유사한 매체인지 상이한 매체인지를 분별해야 한다. 이에 대한 규정이 이루어져야 매체시장을 획정할 수 있다. 두 번째, 경쟁정책의 수립이다. 매체간 균형발전 정책의 기조를 유지할 것인지, 시장논리에 따라 매체간 무한경쟁을 지향할 것인지에 대한 정책의 방향이 결정되어야 한다. 이러한 두 가지 정책기조가 결정되어야 개별매체에 대한 규제 혹은 지원정책을 수립할 수 있다.

현재 시청자들은 지상파방송을 제외하고 동일한 매체로 인식하고 있음에도 불구하고, 위성방송, 지상파, 케이블TV, IP TV는 관련법에서 각각 전송 네트워크와 플랫폼을 기준으로 다른 시장으로 본다. 이 결과 사업권역, 대기업, 외국자본, 신문 등과 같은 소유규제나 매체간 겸영규제, 채널운용에 대한 원칙이 설정되지 않아 플랫폼 정책에 있어 일관성이 결여돼 있다.

IP TV와 SO는 동일한 서비스를 제공한다. 그럼에도 불구하고 IP TV는 전국, SO는 지역으로 사업권역을 제한하고 MSO의 규모에 대해 규제하고 있다. 근본적으로 거대한 IP TV 사업자와 SO가 경쟁하기에 SO는 절대적으로 불리한 입장이다. 매출액을 기준으로 IP TV와 SO 간에 큰 차이가 있음에도 불구하고, IP TV는 전국을 대상으로 사업을 할 수 있도록 한 데 반해, SO는 사업권역과 사업규모에 대한 이중규제를 받고 있다.

〈표 6-9〉에서 보듯이, 대기업 참여는 케이블TV SO는 완전 허용, IP TV는 역시 금지하지 않고 있지만 위성방송은 33%로 제한하고 있어 위성방송이 차별을 받고 있다. 외국자본과 관련하여 SO와 IP TV는 각각 49%까지 허용하고 있으나 위성방송은 33%로 제한하고 있다. 자본확보에 있어 위성은 상대적으로 불리한 대목이다. 신문과의 겸영의 경우 SO는 33%,

〈표 6-9〉 유료 플랫폼에 대한 차별적 규제

	사업 권역	소유 및 겸영				채널 운용	
		대기업	외국 자본	일간 신문	PP	직접사용 채널	지상파 재전송
종합유선방송 (SO)	지 역	-	49%	33%	1/5	3개	권역 내 제한
위성 방송	전 국	33%	33%	33%	-	10%	2년 유예 후 허용
IP TV	전 국	-	49%	49%	1/5	불 허	사업초기 허용

위성방송 사업자 역시 33%로 제한하고 있으나, IP TV는 49%까지 허용하여 역시 플랫폼간에 큰 차별성을 보이고 있다. IP TV의 언론기능이 SO나 위성방송보다 훨씬 활성화될 수 있는 유리한 입장에 있는 것이다. 이러한 차별적 소유규제의 원인은 IP TV를 방송으로 규정하고 있지만, 기본적으로 IP TV를 통신의 시각에서 본 결과로 해석된다. 즉, 대기업이나 외국자본, 그리고 일간신문의 방송에 대한 영향력을 전통적 방송영역에 있는 SO나 위성방송에서는 엄격하게 규제했지만, IP TV에 대해서는 상대적으로 관용적인 정책이 이를 시사한다.

플랫폼 사업자와 PP 간의 겸영에 있어서도 차별성이 나타난다. SO는 PP의 5분의 1로 제한하고 있고 IP TV도 5분의 1로 제한하고 있으나, 위성방송의 경우에는 제한하지 않고 있다. 수직적 결합을 통한 사업다각화에 있어 SO나 IP TV가 위성방송에 비해 불리할 수 있는 조항이다.

직접사용채널(이하 직사채널)과 관련해서도 매체간에 큰 차이를 보이고 있다. 직사채널에 대한 제한은 다채널 사업자가 사업이익에만 치우쳐 불공정하거나 편중되게 채널을 운용하는 걸 방지하기 위한 제도이다(방송법 제70조 제2항). SO는 3개로 제한하고 위성방송은 10%로 제한하고 있으나, IP TV는 아예 불허하고 있어 매체간에 큰 차이를 보이고 있다. IP TV에 대한 대자본이나 외국자본, 그리고 일간신문으로부터 영향력은 매우 관용적이면서 직사채널은 엄격한 규제를 적용하고 있는 점 역시 경쟁 플랫폼간에 규제의 형평성을 결여하고 있는 부분이다.

공정경쟁과 관련하여 규제기구의 위상 재정립이 필요하다. 케이블TV나 위성방송의 불공정 경쟁과 관련하여 공정거래위원회와 방송위원회가 동시에 간여하고 있지만, 주로 공정거래위원회가 경제적 규제를 담당하고 있다. IP TV의 경우에는 인터넷멀티미디어방송사업법의 특별법 우선원칙을 적용하여 공정거래위원회 개입을 원천적으로 배제하고 있다. 이에 공정거래위원회는 국회 법사위원회로 하여금 관련조항의 개정을 하게끔 노력하였다. 인터넷멀티미디어방송사업법에서는 IP TV의 공정경쟁과 관련하여 보다 구체적인 조항들이 마련되었지만, 방송법에서는 방송사업자간의 공동사업이나 분쟁의 조정, 방송프로그램 유통상 공정거래질서 확립에 관한 사항에 대한 정책수립, 집행의 권한과 의무를 방송위원회에 부과하고 있다.[47] 방송시장의 공정경쟁정책에 대해서 방송위원회를 주무기관으로 정하되, 공정거래에 관한 일반법적 주무기관인 공정거래위원회의 의견을 존중하도록 하고 있다. 그렇지만 방송위원회의 이러한 권한을 뒷받침하기 위해서는 법적 근거를 대폭 강화해야 한다. 현행법상 IP TV와 기존방송(SO와 위성방송 등) 간에 규제의 형평성 문제가 해소되기 위해서 향후 논의가 불가피하다.

2. 멀티 플랫폼 경쟁시대 콘텐츠 사업자

다양한 플랫폼 사업자들이 등장할 경우 콘텐츠 제공업자들은 OSMU(*One Source, Multi Use*)를 통해 창구효과를 기대할 수 있다. 하지만 국내 실정은 그렇지 못하다. 새 플랫폼이 등장하면서 오히려 콘텐츠 사업자들의 입지가 좁아지는 이상한 현상이 발생하고 있다. 방송채널사용 사업자(이하

---

47) 방송법 제27조 제6호 및 제7호.

PP)들의 경우 시장지배적인 특정 플랫폼을 의식해 배타적 공급계약을 체결함으로써 멀티 플랫폼 송출이 이뤄지지 못하고 있다. IP TV의 등장으로 콘텐츠 사업자의 멀티 윈도 효과를 기대할 수 없는 이유가 바로 여기에 있다.

이 절에서는 멀티 플랫폼 시대가 전개되면서 PP와 데이터방송 사업자(이하 DP)에 초점을 맞추어 방송콘텐츠 사업자들의 산업현황을 살펴보기로 한다. 이를 위해 멀티 플랫폼의 경쟁현황을 분석하고 미래전망을 해본다. 방송콘텐츠 사업자들의 산업현황을 분석하기 위해서 89개 방송채널사용 사업자(PP)들의 2006년도 경영자료들을 분석하였다. 당면문제들을 파악하기 위해 PP 업계 종사자들을 대상으로 개별 심층인터뷰를 실시하였으며, DP 업계 종사자들을 대상으로 집단 심층인터뷰를 실시하였다.

1) PP 사업자의 멀티 플랫폼 전략

(1) PP 사업자의 멀티 플랫폼 전략

PP들의 플랫폼 송출현황을 살펴볼 경우, PP들은 SO(36개 채널, 40.4%)에 가장 많은 채널을 송출하는 것으로 나타났고, 그 다음으로 SO/위성 동시 송출(27개 채널, 30.3%), 위성(8개 채널, 9.0), SO/위성/TU 동시 송출(7개 채널, 7.9%), SO/위성/TU/지상파 DMB 동시 송출(2개 채널, 2.2%), SO/TU 동시 송출(1개 채널, 1.1%), TU(1개 채널, 1.1%) 순으로 나타났다.[48] 다양한 플랫폼들이 등장하였음에도 불구하고, 멀티 플랫폼 송출을 통한 OSMU 효과가 발생하지 않고 있음을 시사하고 있다.

상대적으로 협상력이 있는 MPP인 경우에도 멀티 플랫폼에 프로그램을 송출하지 않고 있는 실정이다. 씨제이의 경우 최근 들어 케이블 Only 전략을 강조하고 있다. 〈표 6-11〉에서 보듯이, 2008년 1월 기준으로 19개 채널

---

48) CGV CHOICE, KMTV, ON Demand(ON PPV), Sky 바둑, 가이드 TV, 부동산방송RCN, 애완TV 등 7개 채널(7.9%)은 플랫폼 송출자료가 누락되어 있음.

〈표 6-10〉 플랫폼 송출전략

플랫폼	빈도(%)	채널명
SO	36(40.4)	생활경제TV, Mnet(NONSTOP), Food Channel, Channel CGV, CGV CHOICE, SBSGolf, SBS Sports, 리얼TV, 동아TV, DTN드라마, 디원, 채널칭, ON Demand(ON PPV), 매직TV, MEDITV(Orient BeBe), 애완TV, 무협TV, MCN, 바둑TV, CRTV, MountainTV, 생활건강TV, 스타무비, CinemaTV(Plus), 실버아이, Xports, CMCTV, 실버TV, I.NET, EDUON(Edu 1 2 3), FHTV, SUPERAction, ongamenet/쿼니, MTV, 투니버스, 육아방송, e채널, 이토마토 TV, 중화 TV, GTV, 부동산방송RCN, Car TV, 비타민 TV, 가이드 TV, 브레인 TV, 복지 TV, KCN 무협채널, KCN 드라마, 부동산 TV
위 성	8(9.0)	CINEON, 게임TV, GAG Station, AniOneTV, 웨이브 TV, Sky 바둑, Sky HD, 애니맥스
SO + 위성	27(30.3)	XTM, KMTV, National Geographic Channel, SBS드라마플러스, MBC-ESPN, 어린이TV, 매일경제TV/라디오MBN, CH〔V〕KOREA, 스파이스TV, ABS농어민방송, MBC게임, MBC드라마넷, MBC MOVIES, MGM(PLUS), CatchOn(PLUS), OCN, On Style, YTN, YTN STAR, 코미디TV, EtN드라마월드, EtN연예티브이, JEITV, English TV, KBS Korea, KBS N Sports, KBS Drama, 한국경제TV(DTV), FTV, Q채널, History Channel, J골프채널, Hao TV, Sky HD Movie, 한방건강 TV
TU	1(1.1)	GAG Station
SO + 위성 + TU + 지상파 DMB	2(2.2)	매일경제TV/라디오MBN, YTN
SO + 위성 + TU	7(7.9)	MBC드라마넷, MBC-ESPN, SBS SPORTS, SBS드라마플러스, SBSGolf, YTN STAR, 코미디TV
SO + TU	1(1.1)	ongamenet/쿼니
송출자료 누락	7(7.9)	CGV CHOICE, KMTV, ON Demand(ON PPV), Sky 바둑, 가이드 TV, 부동산방송RCN, 애완TV
전 체	89(100)	

가운데 단 3개만이 SO에 이어 위성방송에 제공하고 있다. 온미디어도 사정이 크게 다르지 않다. 17개 채널 가운데 4개 채널만 SO와 위성에 동시 송출하고 있다. 이런 MPP사들의 케이블TV 위주의 전략은 MSP사인 데다가 케이블TV가 유료매체 시장에서 절대다수의 가입자를 확보한 데 기인한다.

〈표 6-11〉 국내 주요 MPP 채널의 위성방송 제공현황 (2008년 1월 기준)

지배주주	채널수	채널명	위성방송 제공여부	비 고
씨제이	19	Mnet	×	2005년 공급중단
		my Mnet	×	
		Channel CGV	×	2003년 공급중단
		CGV CHOICE	×	
		XTM	○	2004년부터 공급
		올리브 네트워크	×	2005년 공급중단
		CJ on Demand (VOD)	×	
		OZIC Mnet (음악채널)	×	
		OZIC Mnet PLUS (음악채널)	×	
		CH. CGV DMB	×	
		Entertainment on Demand	×	
		tvN	×	2008년 공급중단
		KM	×	
		National Geographic Channel	○	2002년부터 공급
		CJ 홈쇼핑	○	2002년부터 공급
		챔프	×	
		Xports	×	
		Showcase	×	
		Showcase On Demand	×	
온미디어	17	OCN	○	2002년부터 공급
		SUPER ACTION	×	2003년 공급중단
		Catch On	○	2002년부터 공급
		Catch On PLUS	○	2002년부터 공급
		On Style	○	2004년부터 공급
		스토리온	×	
		투니버스	×	2003년 공급중단
		Ongamenet	×	
		퀴니	×	
		On&On	×	
		MTV	×	2003년 공급중단
		NICK	×	
		바둑TV	×	
		온바둑	×	
		ON PPV	×	
		ON Demand	×	
		ON Demand Family	×	

출처: 스카이라이프 (2008. 2. 18).

(2) 송출 SO당 수신료 수입

송출 SO당 수신료는 일반적으로 기업비밀로서 공개하지 않고 있다. 따라서 PP별 수신료 수입을 송출 SO 수로 나누어 추정하여보았다. 89개 PP 채널의 평균 송출 SO당 수신료는 약 3억 3천만 원 정도였다. 상위 15개 채널을 제외한 나머지 대부분 PP 채널들의 송출 SO당 수신료 수입은 3,500만 원 이하로 상당히 낮은 것으로 나타났다.

PP의 송출 SO당 수신료 규모를 상, 중상, 중하, 하의 4가지 범주로 나누어 살펴보면, 먼저 상위 15% 집단의 평균 SO당 수신료는 약 18억 8천만 원으로 15개 채널(16.9%)이 포함되었고, 상위 16~50% 집단의 평균 SO당 수신료는 약 3,300만 원으로 30개 채널(33.7%)이 포함되었으며, 하위 16~50% 집단의 평균 SO당 수신료는 약 950만 원으로 30개 채널(33.7%)이 포함되었고, 하위 15% 집단의 평균 SO당 수신료는 약 71만 원으로 5개 채널(5.6%)이 포함되었다.[49]

① 수신료 배분의 비정상적 구조

다수의 PP가 SO로부터 제대로 된 수신료를 받지 못하고 있는 실정이다. 방송위원회에서는 07년도 18%, 08년도 25% 수준(아날로그 기준, 디지털은 30%)의 PP 사용료 지급을 SO들에게 권고하고 있다. 물론 SO의 재허가 시 중요한 기준으로 삼아 이를 어길 때 재허가 취소까지도 하겠다고 발표하였다. 현재 SO들의 방송매출액 중에서 PP 사용료로 지급되는 비율은 15% 수준에 불과하다(〈표 4-25〉 참조). 15% 중에는 유료채널 매출과 SO들의 VOD(FOD) 콘텐츠 수급비용 등이 포함되어 있어 실제로 PP들에게 지불되는 PP 사용료는 12~13% 수준에 불과하다.

PP로서는 정당한 수신료와 광고영업 수익을 기반으로 프로그램 재투자가 이루어지는 선순환에 들어가야 함에도 불구하고, 이상과 같은 비정상적

---

49) 가이드 TV, DTN드라마, ON Demand(ON PPV), 채널칭, KMTV, 애완 TV, CGV CHOICE, Sky 바둑, 부동산방송RCN 등 9개 채널(10.1%)은 송출 SO당 수신료 자료가 누락되어 있음.

수신료 시장의 문제점으로 인해 악순환이 반복되고 있다.

PP들이 SO로부터 지급받은 PP 사용료는 상당 부분 다시 SO에게 마케팅 비용으로 지원하게 된다. 이는 광고매출을 위해 채널송출이 중요하기 때문에 수신료를 포기하면서라도 채널을 지키기 위해 마케팅 지원을 하는 것이다. 이러한 마케팅 지원금액을 제외한다면 실제로 PP들이 SO로부터 받는 실제 수신료(순매출액)는 너욱 줄어들세 된다.

〈표 6-12〉 SO당 수신료 규모

SO당 수신료 규모	총가격 (천만 원)	평균가격 (천만 원)	채널명
상위 15% (15개 채널/ 16.9%)	2,827.3948	188.4930	XTM, Channel CGV, 애니맥스, CINEON, CatchOn(PLUS), OCN, 투니버스, Sky HD, MBC-ESPN, 게임TV, 웨이브 TV, ABS농어민방송, AniOneTV, GAG Station, Sky HD Movie
중상위 16~50% (30개 채널/ 33.7%)	99.8956	3.3299	MCN, MEDITV(Orient BeBe), SBS Sports, 매일경제TV/라디오MBN, CinemaTV(Plus), 바둑TV, SBS드라마플러스, Xports, 스파이스TV, SBSGolf, 올리브, MBC게임, History Channel, Q채널, 코미디TV, KBS Drama, KBS N Sports, MBC MOVIES, MGM(PLUS), ongamenet/퀴니, SUPERAction, English TV, On Style, KBS Korea, 한방건강 TV, 한국경제TV(DTV), YTN, YTN STAR, MBC드라마넷, 어린이TV
하위 16~50% (30개 채널/ 33.7%)	28.5808	0.9527	CH[V]KOREA, MTV, FHTV, 리일TV, CMCTV, 실버아이, EDUON(Edu 1 2 3), GTV, 생활건강TV, Car TV, 실버TV, 육아방송, e채널, 무협TV, 디원, 동아TV, I.NET, FTV, 이토마토 TV, 복지 TV, Mnet(NONSTOP), 중화 TV, J 골프채널, NationalGeographicChannel, Hao TV, JEITV, 스타무비, KCN 무협채널, 브레인 TV, EtN연예티브이
하위 15% (5개 채널/ 5.6%)	0.3543	0.0709	비타민 TV, MountainTV, 부동산 TV, CRTV, 생활경제TV
누락 (9개 채널/ 10.1%)	-	-	가이드 TV, DTN드라마, ON Demand(ON PPV), 채널칭, KMTV, 애완TV, CGV CHOICE, Sky 바둑, 부동산방송RCN
전체 평균 송출 SO당 수신료	33.2160(천만 원)		

채널편성의 대가로 거액의 런칭비를 SO에게 지불해야 하는 실정이다. 방송위원회의 수신료 권고비율을 준수하기 위해 형식적으로 지급하고 다시 캐시백 형태로 SO가 돌려받는 음성거래가 관행화되고 있다. SO의 편법적 수신료 지급관행 중, 심지어 SO들이 PP에게 1개월 프로그램 사용료를 지불하고 1년치 캐시백을 선불로 달라고 요청하는 경우도 있었다.

일부 SO의 경우 채널이 송출되고 있더라도 채널공급계약이 완료되기 전까지 프로그램 사용료를 지불하지 않고 있는 것으로 나타났으며, 이는 PP의 원활한 자금순환을 어렵게 하는 요인이 될 수 있다.[50] 수익모델이 인포머셜 매출인 PP의 경우 매출신장을 위해 낮은 채널대역에 진입하기를 희망하고 그에 따른 별도의 광고료를 SO에 정기적으로 지불하고 있었다. SO는 PP간 경쟁이 극에 달해 있는 점을 활용해 채널진입비용(몸값)을 올리는 전략을 갖고 있는 경우도 있었다.

2) 데이터방송 현황 및 문제점

(1) 데이터방송 추진현황

대표적인 방송과 통신의 융합서비스인 데이터방송의 경우 사업이 매우 부진한 상태이다. 위성방송의 경우 2003년 5월 스카이라이프가 국내 최초 데이터방송 서비스를 시작한 이후 2007년 말 스카이라이프 데이터방송 가입자 약 119만 가구에게 23종의 독립형 서비스와 6종의 연동형 서비스를 실시하고 있다.

지상파방송은 2006년 6월 방송위원회의 데이터방송 변경허가 이후 각 지상파방송사는 다양한 데이터방송 프로그램을 편성하여 방송 중이다. 현재까지는 선거, 올림픽, 월드컵과 같은 주요 이벤트를 중심으로 한 연동형 서비스와 생활정보를 제공하는 독립형 서비스가 중심이나 점차 개별적인 서비스를 늘려가고 있다. 사업자가 직접 수상기를 보급하는 케이블이나 위성

50) 방송위원회(2007), 〈SO의 PP수신료 지급현황 실태조사〉, 종합유선방송 사업자 대표자 워크숍 자료집, p. 83.

방송과 달리 지상파의 경우 수상기 보급을 일반 소매유통을 통해 진행하므로 그 보급확산 속도가 더디다.

디지털 전환을 추진 중인 각 케이블TV 사업자는 초기에 데이터방송을 주요 수익 서비스로 인식하여 관련 시스템을 구축하였다. TV를 통한 전자상거래인 T-Commerce, T-Banking, 주문, 게임, 노래방 등의 오락서비스를 제공하고 있다. 그렇지만 수익성이 없다고 판단한 대표적인 MSO들이 금년부터 서비스를 포기하고 있는 실정이다.

현재 IP TV를 준비 중인 각 사업자는 IP의 주요 속성인 데이터 서비스를 계획하고 일부 시행하고 있다. 그 속성에 있어 기존 인터넷서비스와 데이터방송의 구분이 모호한 상태이다.

(2) 문제점 및 과제

① 표준화가 되지 못함으로 인한 멀티 플랫폼 송출의 어려움

현재 국내 데이터방송은 위성의 MHP, 케이블TV의 OCAP, 지상파방송의 ACAP 등 세 가지 표준을 사용하고 있다. 이 결과 멀티 플랫폼 송출이 원천적으로 어렵다. 비록 이 세 가지 표준이 GEM이라는 동일한 표준에서 출발하고 상호 호환성을 염두에 둔 표준이지만, 실제 적용과정 중 해석의 차이로 인해 호환성이 떨어진다. 더욱이 같은 케이블방송에서도 DMC 혹은 MSO마다 차별적 미들웨어를 적용함으로써 호환성이 떨어진다. 이런 결과로 데이터방송 사업자는 각 플랫폼별로 별도의 콘텐츠를 제작하여 투자비가 과중하게 된다.

② 제한된 데이터방송 수익모델

국내 대부분의 방송 플랫폼에서 제공되는 데이터방송의 경우, 시청자 수신료 수입에 대부분 의존하고 있으나 이 또한 플랫폼 사업자가 우선적으로 가져가는 배분구조라 데이터방송 사업자의 매출규모를 이끌어내는 데 한계가 있다. 스카이라이프의 경우 데이터방송으로 2천 원을 징수하여 60%를 스카이라이프사가 가져가고 DP사에게 40%를 배분하고 있다.

단일 정보형 서비스 제공으로는 플랫폼이 요구하는 각종 유지비용 대비 수신료의 비율이 높지 않아 수익성이 결여되며 플랫폼 상황에 따라 투자비 회수 이전에 서비스 중단으로 이어지기도 한다.

양방향 광고 및 T-Commerce는 방송법상 규제 등이 활성화를 어렵게 하고 있다. 예를 들어 킬러 데이터 방송콘텐츠인 고스톱, 경매, 베팅 등은 일반 PP보다 엄격한 규제를 받고 있다. PP 기준으로 주·부편성을 요구하고 있는 것도 데이터방송 사업자들이 준수하기는 어렵다. 24시간 송출하지만 주·부편성 기준이 없어 어려움을 겪고 있다.

또한 플랫폼 입장에서는 사업적 수익보다는 플랫폼 차별화라는 마케팅 도구 이외의 데이터방송의 활용도가 없는 상황으로 투자가 소극적이 될 수 밖에 없다. 이는 사업자들이 좋은 콘텐츠를 공급할 수 없게 되는 악순환 구조의 원인이 되고 있다.

③ 플랫폼 사업자 중심의 사업구조

플랫폼 사업자 이해가 선행 고려되는 사업구조로 특정 플랫폼에 서비스를 적용하기 위해서는 그 플랫폼 사업자가 정의한 UI 기준을 따라야 한다. 이 결과 중복적 투자가 발생하고 있다.

또한 최근 IP TV 사업자 및 플랫폼 사업자간 경쟁이 치열해지며 DP 서비스의 잦은 개편 및 조기종영 등으로 DP 사업자에게 불안정적인 사업환경이 조성되고 있다. 기획단계부터 플랫폼 사업자의 요구사항을 많은 부분 수용하며 진행되었던 서비스들도 시청률 부진 등의 부정적 결과에 대해서는 서비스 종영과 같이 DP 사업자에게 책임이 전가되고 있다.

결과적으로 "서비스 개발하여 틀어놓고 시청률이 안 나오면 뺀다"는 플랫폼사들의 정책하에서 DP 사업자들은 까다로운 플랫폼의 요구사항에 응할 수밖에 없으면서도 막대한 선행개발, 투자에 대한 대가를 충분히 보장받지 못하고 있다. 이로 인해 자금력이 있는 몇몇 DP를 제외하고는 대부분의 DP가 데이터방송 시장이 성숙하기도 전에 고사위기에 처해 있다.

④ 플랫폼별 비대칭적 정부규제

데이터방송의 경우 '동일 서비스 동일 규제원칙'이 지켜지지 않고 있다. 현재 데이터방송과 관련하여 디지털 케이블에서는 방송위원회 등록사업자로서의 규제를 받고 DP 서비스가 이루어지고 있으나, IP TV에서는 데이터방송 서비스에 대한 규제를 하고 있지 않다. 예를 들어 IP TV는 현재 방송위원회 DP 사업자 등록 없이 대부분의 데이터방송 서비스가 이루어지며, 이중에는 고스톱 등의 서비스도 포함되어 있다. 이 결과 IP TV에 서비스를 제공하는 DP사들과 비교할 때 기존 디지털 방송 DP들에게는 불리한 상황으로 역차별을 받고 있는 실정이다.

또한 IP TV는 기존 인터넷 포털 사업자들이 진입하고 있는데, 이러한 포털 사업자들이 콘텐츠를 독점하는 상황의 발생 가능성도 배제할 수 없다. 방송법상 종합편성, 보도채널 등은 엄격히 규제되고 있으며 종합편성을 하는 지상파방송의 영향력이 크기 때문에 DP들이 틈새시장을 확보하기가 어려운 실정이다. 따라서 10개 DP사가 14종의 서비스를 제공하고 있으나 현재 MDP사인 보라존과 알티캐스트를 제외하고는 경쟁력이 있는 DP들이 별로 없는 실정이다.

⑤ 부진한 단말기의 보급

위성 DMB나 지상파 DMB에 양방향 데이터 기능이 탑재된 수신단말기가 보급이 되고 있지 못한 실정이다. 가입자가 증가하지 않고 표준화도 되어 있지 않아 단말기 제조사들이 중단한 것이다. 케이블TV의 경우에는 최근 데이터방송 송출이 불가능한 단말기를 위주로 보급하고 있다. 수신기의 가격을 인하하여 디지털 방송 가입자를 확보하기 위한 전략이다. 지상파방송사가 데이터방송을 추진해도 국내 시청자들의 76.7%가 케이블TV와 중계유선, 위성방송 등 유료TV를 통해 지상파방송을 수신하고 있다는 점을 감안한다면 지상파방송사의 데이터방송 사업은 활성화되기가 어려울 것으로 예상된다.

3) 소결론: 콘텐츠 산업 활성화를 위한 정책과제

서론에서 문제 제기했듯이, 국내 방송 플랫폼과 콘텐츠 시장의 절대 규모가 작다. 따라서 현존하는 다수 사업자들은 살아남기 힘든 상황이다. 그렇지만 다음과 같은 몇 가지 정책적 처방이 이루어진다면 구조적 한계를 극복하고 산업을 활성화시킬 여지는 있다.

(1) 케이블TV PP 활성화를 위한 정책

수신료가 조속히 정상화되어야 한다. 수신료와 관련하여 두 가지 측면에서 정책적 노력이 필요하다.

첫째는 수신료 배분의 정상화이다. 방송위원회에서 SO 재허가 시 담보하였던 PP 분배율 인상을 보다 정확하고 엄격하게 관리하여 낮은 PP 수신료 분배율을 끌어올려야 한다. 수신료 배분을 제대로 하도록 규칙을 만들고 준수하지 않을 경우 강제할 수 있는 제도를 보완해야 한다. 규제기관에 의한 지속적 모니터링이 동반되어야 한다. 이용요금 승인 시 PP 수신료 배분비율의 적정성 심사 및 수신료 배분계획 이행평가를 통한 재허가 반영비중을 높이는 것이 바람직하다. 플랫폼 경쟁에서 살아남기 위해 PP들이 출혈하고 있는 마케팅비용을 제작비로 돌림으로써 현행 비생산적인 시장요소를 생산적으로 전환하여야 할 것이다. 음성적 거래관행 역시 개선되어야 한다.

둘째는 수신료 징수의 정상화이다. '도서정가제'처럼 유료방송 시청료의 최저가격제와 같은 특단의 정책이 필요하다. 특히 IP TV 등 플랫폼이 다양해지면서 가격경쟁이 일어날 경우 최대의 피해자는 PP가 될 것이다. 유료방송 수신료 정상화를 위한 방안으로 유료방송사들이 초저가 의무형을 편성하여 수용자들에게 과도한 경제적 부담을 주지 않게 하고, 그 위의 티어에 대해서는 최저가격제를 적용하여 지나친 가격경쟁으로 인해 시장이 파행으로 치닫는 것을 규제토록 하는 것이 바람직하다.

SO의 채널 상품에 대한 덤핑 방지책이 필요하다. 현재는 약관에 채널 상품의 최고가격만을 규정하고 있다. 약관에 최고가격이 아니라 실제가격을 기재하도록 한다. 할인판매의 경우 할인요건과 할인가격을 기재하도록 한다. 통신서비스의 경우 이와 같이 실행하고 있다. IP TV의 도입 등으로 SO가 채널 상품을 임의로 인하할 여지가 있다. 특히 통신서비스로 번들링하여 판매할 경우에 채널 상품의 가격을 덤핑할 가능성이 있다.

(2) 데이터방송 활성화를 위한 정책

데이터방송은 플랫폼 표준화, 단말기 보급, 규제완화, 서비스 개선 등이 이루어지지 않는다면 시장에서 독자생존이 어려울 것으로 보인다. 플랫폼 표준화를 업계의 자율에 맡겨둘 경우 표준화는 거의 불가능할 것이다. 양방향 데이터방송 수신기능을 탑재하는 것을 의무화하지 않을 경우 단말기 보급도 어려울 것으로 예상된다. PP와 동일한 규제를 받고 있는 DP 관련 정책 역시 DP 발전을 제약하는 요인으로 작용하고 있다. 영세한 DP 사업자 규모로는 양질의 서비스를 제공하기가 어렵다. 이에 다음과 같은 정책을 제안하고자 한다.

첫째, 경쟁을 통한 사후 표준화(*De Facto Standard*) 정책에서 공적 표준(*De Jure Standard*) 정책으로 수정해야 한다. 표준화가 이루어져야 일회 제작으로 모든 플랫폼에서 적용 가능한 콘텐츠를 개발할 수 있는 것이다. 국가가 나서서 표준화 작업을 하도록 한다. 즉, 인증제도를 도입하는 것이다. 다양한 플랫폼들에 Java 기술을 공통적으로 적용하고 있기 때문에 약 97% 정도가 유사한 기술을 사용하고 있다. 보안 인증 솔루션, 리모콘, 가입자 정보 등 3% 정도 차이가 있을 뿐이다. 경쟁매체들의 전략이나 보급현황을 고려할 때 표준은 지상파를 기준으로 하는 것이 바람직하다. 위성방송은 현재 SDTV에서 HDTV로 전략 수정을 고려하고 있고,[51] 이 경우 이

---

51) 위성방송은 국내에서 최초로 2003년 9월 29일부터 24시간 전용 HD채널(SkyHD)을 제공했다. 2008년부터 지상파재송신 HD 전환과 더불어 6개 정도의 PP 채널을 HD로 전송할 계획이며, 수신료 등의 유인책을 통한 PP의 HD 편성비율 제고방안을 검토할 예정이다.

미 보급된 셋톱박스를 새롭게 교체해야 한다. 케이블TV는 디지털 초기에 있고 DMC 사업자들마다 표준이 달라 호환성이 없어 케이블 내부에서도 표준화가 필요하다. 디지털 케이블TV의 가입자가 많지 않아 지금이 적기이다. 만약 이러한 시기를 놓치게 될 경우 향후 표준화 작업은 더욱 어려워질 것이다.

둘째, 데이터방송의 양방향 수신이 가능한 단말기 보급이 제대로 이루어져야 하는데, 가전사들의 도움이 필요하다. 방송 디지털화의 가장 큰 수혜자는 가전사이다. 가전사들은 수익의 일정 부분을 디지털 매체산업의 발전을 위해 기여해야 할 책임이 있다. 가전사들의 수익의 일정 부분을 디지털 방송 활성화를 위한 기금으로 활용하고, 데이터방송을 포함한 새로운 융합형 서비스의 발전에 활용되는 방안을 검토해볼 것을 권고한다.

제 7 장

종합적 결론

1. 케이블TV 산업정책의 역사적 전개와 평가

케이블TV의 역사를 맥퀘일(McQuail)이 제시한 정책 역사를 분석하기 위한 모델의 관점에서 살펴보았다. 그리고 각 정책의 시장효과를 산업조직론에서 주요하게 다루는 시장구조, 시장행위, 시장성과 측면에서 살펴보았다. 역사가 짧기 때문에 체계적 시대구분은 어렵지만 케이블TV 도입 시 만들어진 구 질서기에서 새로운 질서기로 급속하게 이행하고 있다. 케이블TV의 역사를 맥퀘일의 역사적 분석틀에 따라 모델로 정리하면 〈그림 7-1〉과 같다.

산업 초기 문민정부가 만들었던 이른바 한국형 모델로 일컫던 구질서는 시행하자마자 사업자, 전문연구자, 시청자, 심지어 정부부처 간 갈등으로 인해 제도개선의 강한 압력을 받았다. 정부는 케이블TV를 국책사업으로 추진하면서 적극적으로 시장에 개입해 규제와 지원책을 강구하였으나, 한국형 모델은 시장실패로 평가받았다.

실패의 근본적 원인은 과거 국책사업의 추진경험이 없던 공보처가 가시적 업적에 지나치게 집착한 점과 사업자들의 경험부족, 그리고 초기 산업구도를 형성함에 있어 자문 연구자들의 전문성 부족 등의 복합적 요인들에 기인되었다.

구질서가 가져온 사업 초기 부진한 시장성과에 설상가상으로 IMF 외환위기라는 외부의 강한 압력은 사업 자체의 존립을 위태롭게 만들었다. 문민정부 김영삼 정부 시절 제도개선을 위한 시도가 있었지만 정치적 갈등으로 인해 법제도화되질 못하였다. 법 제·개정 과정에서 국회는 정당간의 첨예한 대립에서 헤어나지 못하였다. 이로 인해 법개정이 지연되어 산업에 부정적 영향을 미쳤을 뿐만 아니라 종합유선방송법 개정 후 불과 1년 만에 통합방송법을 제정하는 비생산적 국회의 모습을 보여주었다.[1)]

〈그림 7-1〉 케이블TV 정책과 산업의 역사적 변화

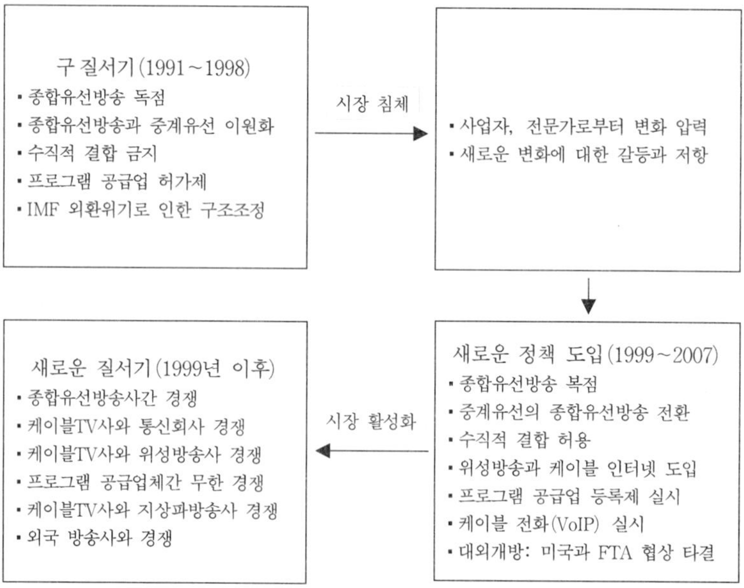

1) 통합방송법은 디지털 방송 시행을 목전에 두고 제정되었음에도 불구하고, 디지털시대를 대비하기 위한 법이라고 보기는 어려웠다. 김정기 전 방송위원장의 표현에 따르면, 통합방송법은 '이질적 동숙자'(*strange bedfellows*)의 하숙방처럼 서로 다른 이방인들이 무질서하게 모여 있는 대합실의 모습을 연상시킨다는 혹평을 받기도 했다. 김정기(2003), 《전환기의 방송정책》, 한울아카데미, p. 25.

국민의 정부인 김대중 정부가 신자유주의를 기본이념으로 내세우며 추진한 케이블TV 관련 탈규제 정책들은 이미 문민정부 시절 제안된 것들로, 김대중 정부기에 들어와서 입법화되었다. 구 질서기의 규제들은 구조규제에 초점이 맞추어져 있었기에 국민의 정부가 추진한 탈규제 정책들은 주로 시장구조의 개선에 역점을 두었다.

산업 초기 공보처가 만들었던 시장구조가 한계에 식번하사, 방송위원회는 종합유선방송법의 개정과 방송법의 제정으로 부진한 시장성과의 원인으로 꾸준히 지적되었던 시장구조를 크게 개선하였다. 새로운 질서의 특징은 주로 신규사업자들에 대한 시장진입 장벽을 낮추고 소유규제를 완화한 것이 특징이었다.

그동안 산업발전에 주요한 구조적 장애요인으로 제기되었던, 삼분야 사업자간의 수직적 결합의 허용, 중계유선방송 사업자의 종합유선방송 전환승인, 프로그램 공급업의 등록제 실시 등에서 나타나듯이 시장구조와 관련된 주요규제는 규제완화가 이루어졌다. 이 결과 새로운 질서가 2000년 전후해서 형성되었다.

새로운 정책들 역시 그 시행에 있어 적지 않은 갈등을 초래하였다. 참여정부를 표방한 노무현 정부가 출범하면서 방송정책과 관련하여 다양한 이해집단들이 제 목소리를 높였지만, 정부는 이러한 다양한 이해를 조정하는 데 그다지 성공적이지 못하였다. 법적인 정책권한이 과거 구공보처, 문화관광부로부터 반관반민 형태의 방송위원회로 이양됨에 따라 방송위원회는 과거 어느 때보다 막강한 방송정책 권한을 법적으로 가지고 있었으나, 이러한 권한을 행사할 수 있는 제도의 미비로 인해 사업자들간의 갈등을 조정하는 데 역할은 제한적이었다. 방송위원회는 시장경쟁 체제를 지향하도록 규제완화를 하였으나 시장행위와 관련된 공정한 경쟁규칙을 미처 마련하지 못한 점과 분쟁조정 기능이 제대로 작동되지 못한 점 등이 한계였다.

통합방송법에 의해 새로운 질서가 만들어졌던 2000년 초에 출범한 통합방송위원회는 탈규제 정책의 결과 새로운 사업자를 선정하는 데 진력하였다. 이 과정에서 사업자간의 과당경쟁으로 인한 갈등이 사전에 예견되었으나, 이러한 갈등을 조정하기에 방송위원회의 전문성과 인력구조는 힘에 부쳤다. 과거 시장의 특성을 고려하지 않고 정치적으로 추진한 새로운 매체의 도입으로 인한 혼란한 시장상황을 방송위원회가 해결해야 하는 부담을 안고 있었다. 내용규제가 주된 역무였던 방송위원회가 점증하는 경제적 규제도 담당해야 했다.

방송위원회는 법적 권한을 가지고 있었지만 불공정행위와 관련해서는 공정거래위원회가 시장에 중재자로 나서게 되었으며, 이로 인해 양 위원회간에 경제적 규제를 두고 갈등이 발생하기도 하였다. 종합유선방송과 전환된 중계유선방송사 간에 가격인하 경쟁, 중계유선사들의 불법 채널송출, 중계유선사들의 전환승인 신청 시 경쟁사업자의 시장진입 봉쇄 등이 나타났으며 MSP사들이 경쟁 PP를 배제하기 위한 시도 등이 나타났다. 그렇지만 통신분야와 같이 통신위원회와 공정거래위원회 간의 갈등해결을 위한 근본적 법 개선 노력은 이루어지지 않았기에 향후 보다 빈번히 발생할 경제적 규제를 둘러싸고 양 위원회간에 갈등의 소지가 여전히 남아 있다.

새로운 질서를 향한 방송정책—특히 종합유선방송의 전국적 복점화 정책은 세계에서 유례를 찾아볼 수 없는 또 하나의 한국형 모델로 기존 사업자들로부터 강한 저항에 직면하였다. 과거 문민정부 시절 정부에 대한 물리적 저항은 권위주의적 방식으로 해결되었다. 탈권위를 강조하던 국민의 정부 시절 중계유선방송의 종합유선방송 전환승인 과정에서 나타난 사업자들의 법률적 대응은 이러한 경험이 별로 없었던 방송위원회를 당혹스럽게 만들었다.

새로운 정책들은 새로운 질서를 만들어내고 있고 구질서에 비해 훨씬 좋은 시장성과를 나타내고 있다. 높은 가입자 비율, 많은 채널의 수와 다양성, 나아지고 있는 경영실적, 저렴한 가격, 케이블TV HFC망의 광대역통신을 위한 NGcN망으로 활용 등 어떠한 기준에서 보더라도 10여 년이라는 짧은 기간 동안 달성했다고 보기에는 믿기 어려울 정도의 놀라운 실적을 보이고 있다.

시장규모는 지속적으로 확대되어 2000년 들어 전체 방송시장에서 차지하는 케이블TV 시장비율이 40%에 달하였다. 가입자 규모는 총 시청가구를 기준으로 지속적으로 증가했다. 총 시청가구 대비 유료가구의 비율 역시 크게 증가한 것으로 나타났다. 그러나 PP에게 수신료를 배분하는 유료가구는 1997년 이후 거의 증가하지 않았다는 점은 시장성과의 한계로 남아 있다. 경영실적은 SO들은 비교적 안정된 모습을 보여준 반면, PP들은 MPP나 MSP들을 제외하고 여전히 어려운 상태이다.

외형적 성장에도 불구하고 SO와 PP의 차별적 시장성과의 문제점을 설명함에 있어 정부의 정책, 시장구조, 시장행위에 대한 종합적 이해를 필요로 한다. 정부가 전 채널 의무 재송신 규제를 폐지하고 SO의 채널편성권을 법적으로 보장한 결과, SO와 PP 사이 힘의 균형이 깨지면서 SO로 무게중심이 옮겨지는 계기가 되었다. 시장구조 측면에서 종합유선방송과 중계유선방송의 이원화 구조로 인해 SO들은 중계유선방송과 과당경쟁을 펼치지 않을 수 없게 되었고, 이는 시장행위에 영향을 미쳤다. 즉, SO들은 중계유선방송과 경쟁하기 위해 주로 저가의 보급형 티어 상품을 제공하는 데 역점을 두었다. 이 결과 전 채널을 제공하는 기본형 가입자의 증가는 둔화되기 시작하였고, 중계유선방송 가격 수준의 티어 가입자를 중심으로 유료시장이 확대된 것이다.[2] SO들이 다채널 상품을 저가로 판매함으로써 수신료 수입을 PP에게 제대로 배분하지 않는 결과를 초래하였다.

2000년 중반 들어 케이블TV는 국내외적으로 강한 도전에 직면한다. 지상파방송, 위성방송, 통신사업자, 그리고 해외사업자 등과 같은 거대한 사업자들과 무한경쟁에 직면해 있다. 지상파방송의 MMS 시험방송, IP TV의 전단계인 TV 포털서비스의 상용화 실시, 위성방송의 SMATV 등이 대표적 예이다. 이에 케이블TV SO 사업자들도 디지털 방송 추진 가속화, VoIP의 실시 등으로 맞대응하고 있다. 한편 국외적으로는 미국과의 FTA가 체결됨으로 인해 외국기업들의 투자나 프로그램, 그리고 채널의 유입이 활성화

---

2) 이상식(2002), "한국 케이블TV 산업에 대한 역사적 평가", 한국방송학회 주최 학술세미나 발표논문, p. 40.

될 것으로 전망된다. 기존 케이블TV PP들은 가뜩이나 힘겨운 채널송출 경쟁상황에서 외국 프로그램 전문업체들과 힘겨운 경쟁을 벌여야 한다.

다매체 다채널 경쟁시대에 케이블TV는 사면초가의 상황에 처해 있다. 아날로그 케이블TV에서 디지털 케이블TV로 도약해야 할 시점에 처해 있지만 디지털 확산이 순조롭지 못하다. 중계유선방송 가입자들이 종합유선방송으로 자연스럽게 전환되었으나 종합유선방송은 기존 중계유선 수준으로 전락하고 있다는 지적도 있다. 외연적 시장확대는 이루어졌지만 방송사업자들의 공익성, 다양성, 지역성과 같은 공적 책임은 소홀히 다루어지고 있다. 이는 향후 방송통신위원회의 주요과제로 남아 있다.

2. 케이블TV의 미래전망

이미 국내 다채널 유료매체 시장은 케이블TV와 위성방송을 중심으로 시장 포화상태에 도달하였다. 케이블TV는 다양한 경쟁매체로부터 무한경쟁에 직면할 것으로 예상된다. 특히 고정형 시청 시장에서 케이블TV SO와 IP TV 사업자는 TPS 등과 같은 상품 시장을 두고 심각한 경쟁을 전개할 것이다.

단기적으로 볼 때 높은 가입자 기반과 풍부한 콘텐츠를 선점한 케이블TV가 경쟁우위를 점할 것으로 예상된다. 장기적으로 IP TV가 활성화될 경우, 디지털 전환을 추진 중인 케이블TV 사업자들의 경쟁우위를 장담할 수 없다. 플랫폼간 가입자 및 콘텐츠 확보를 위한 치열한 경쟁이 예상되며 이 결과 'MSO 집중화', 'MSO의 MSP 현상 가속화'는 물론 '플랫폼과 PP와의 구도 변경' 등 다양한 지각변동이 뒤따를 것이다.

케이블TV와 IP TV 간의 경쟁을 통해 유료매체 시장이 확대되는 결과보다는, 기존 초고속인터넷 가입자(1,200만 가구)와 케이블TV 가입자(1,400만 가구)를 두고 양 매체간 가입자 전환을 위한 경쟁이 이루어질 것이다. IP TV는 위성방송과 통신사업자들이 자사 가입자들을 대상으로 TPS 상품을 이용한 마케팅을 전개할 경우 초기 확산에서는 일정 정도 가입자를 유치할 수 있을 것으로 전망되나, 대부분의 케이블TV 가입자들이 저가 티어 상품에 가입해 있어 통신사업자들이 덤핑과 같은 가격인하를 하지 않는다면 잠재적인 디지털 케이블TV 가입자들의 IP TV 전환은 쉽지 않아 보인다. 한편 케이블TV 사업자들의 경우, 지역전화 사업자로 허가받았고 케이블TV 가입자들을 대상으로 한 제한된 전화서비스가 가능할 뿐만 아니라 통신사업자로부터 높은 접속료 비용을 요구받고 있기 때문에 VoIP를 통한 TPS 서비스의 경쟁력 역시 통신사업자들에게 그다지 위협적이지 않을 것으로 보인다.

3. 케이블TV 발전을 위한 정책방향

새로운 방송법에서는 케이블TV의 이념으로 '방송의 자유와 독립을 보장하고 방송의 공적 책임을 높임으로써 시청자의 권익보호와 민주적 여론 형성 및 국민문화의 향상을 도모하고 방송의 발전과 공공복리의 증진에 이바지함을 목적'으로 규정하고 있다.[3] 화려하고 추상적인 목적과는 달리, 이러한 목적을 구체적으로 달성하기 위한 제도적 장치는 미흡하다. 다매체 다채널 시대의 무한경쟁 상황에서 방송의 산업성이 강조되면서 공익성이라는 방송이념의 중요성은 점차 약화되고 있다. 이러한 방송목적을 제대로 달성하기 위해서 다음과 같은 정책제안을 하고자 한다.

첫째, 방송의 공적 책임 혹은 공익성에 대해서 보다 분명한 정의가 내려져야 한다. 다양성이나 지역성과 같은 케이블TV와 관련된 주요이념도 마찬가지이다. 지금까지 이러한 개념들은 너무 추상적이어서 허가나 재허가 시에 이러한 기준들을 구체적으로 반영하는 데 어려움이 많았다.[4] 향후 재허

3) 방송법 제 1조(목적).

4) 미국의 경우에도 정책 연구가인 Napoli는 FCC의 정책을 비판하면서 이러한 문제를 제기하였다. 보다 자세한 내용은 Napoli, Philip M. (2003), *Founda-*

가를 앞두고 보다 구체적인 평가기준을 마련함과 동시에, 사전에 그 기준을 예고함으로써 사업자들로 하여금 이러한 사회적 책임을 제대로 이행하도록 계몽해야 한다.

둘째, 방송의 독립을 보장하기 위해서는 제도적으로 방송정책 결정과정이 탈정치화하도록 해야 한다. 이를 위해서 방송통신위원회 위원 선임에 있어서 정당별 나눠 먹기 식의 정치적 결정은 지양되어야 하며, 방송통신 분야의 전문성을 겸비하고 있는 자를 위원으로 선임해야 한다.

셋째, 케이블TV가 민주주의를 실현하기 위한 자유의 기술(*Technologies of Freedom*)로 활용될 수 있도록 해야 한다. 케이블TV의 주된 장점은 협송(*narrowcasting*)이다. 수많은 채널과 함께 비교적 저렴한 비용으로 다양한 형태의 서비스를 제공하는 협송매체이다. 사상의 시장이 케이블TV 방송국에 의해 통제되어서는 안 된다. 채널 대여를 통해 공중 누구나 원하는 프로그램을 전송토록 제도를 정비해야 할 것이다. 이러한 채널들의 사용을 원하는 소집단들이 접근할 수 있도록 해야 한다. 직접사용채널이 제대로 활용되지 못함으로써 국가의 귀중한 전파가 낭비되었다는 비판을 면하기 어렵다. 소집단들에게 이러한 유휴 채널들을 저렴한 비용으로 대여함으로써 수익성을 확보함은 물론, 보편적 접근의 이념을 구현토록 하여야 할 것이다. 교육, 고급문화, 종교, 취미활동, 다양한 이념집단, 원격회의, 전자메일 등에 활용토록 할 수 있을 것이다.[5)]

넷째, 합리적 정책을 수립하기 위해 정책에 대한 평가가 제대로 이루어져야 한다. 시장의 변화를 과학적으로 분석하고 정책효과를 실증적으로 평가하기 위한 정책 평가연구(*evaluation research*)들이 보다 많이 이루어져야 할 것이다. 경제적 효과와 사회적 효과는 서로 영향을 미친다는 점을 감안할 때 경제적 효과뿐만 아니라 사회적 효과에 대한 과학적 측정이 제대로 이루어져야 할 것이다.[6)] 규제기구 내에 경제적 규제 전문가는 물론 사회과

---

tions of Communications Policy, NJ: Hampton Press 참조.

5) Pool, Ithiel de Sola(1983), *Technologies of Freedom*, Cambridge: Belknap Press of Harvard University Press, pp. 181~183.

학의 다양한 분야를 포함한 전문가들을 영입할 필요가 있다. 정부정책의 전문성을 강화하기 위해 전문가들을 영입하기 위한 다양한 채용방식의 도입이 필요하다.

다섯째, 규제 패러다임의 변화가 요구된다. 디지털기술은 혁명적(*revolutionary*)이다. 점진적(*evolutionary*)으로 변화하고 있는 케이블TV 정책도 이에 걸맞게 다음과 같은 정책 패러다임이 요구된다. ① 과거 규제자나 사업자의 시각에서 정책을 수립하던 것에서 소비자의 시각에서 정책수립,[7] ② 과거 개별매체 위주의 정책에서 통합정책에 역점, ③ 케이블TV의 국내정책에서 세계 차원으로 정책의 관심을 확대할 필요가 있다.

여섯째, 다양한 매체간의 경쟁이 심해져갈 것에 대비하여 매체간 경쟁정책에 역점을 두어야 할 것이다. 새로운 질서기의 케이블TV는 고화질, 다기능, 이동 서비스를 두고 무한경쟁에 직면해 있다. 케이블TV는 디지털 지상파방송, 다채널 디지털 위성방송, 통신사업자들과의 초고속통신 사업, 이동 다채널매체인 지상파와 위성 DMB 사업자들과 경쟁해야 한다. 어느 때보다 경제적 규제의 중요성이 부각되고 있으며, 이에 유료매체 전반에 걸친 공정경쟁의 규칙이 보다 구체적으로 마련되어야 할 것이다. 만약 공정거래위원회가 일반 공정거래법으로 영상시장을 규제하려면 영상분야에 대한 전문성을 키워야 할 것이며, 방송통신위원회가 경제적 규제를 하려면 공정경쟁 부서를 신설하고 경제적 규제 전문가를 보강함과 동시에 보다 구체적인 법제도적 뒷받침이 뒤따라야 할 것이다.

---

6) Napoli, *op cit.*, p. 282.

7) 미국은 FCC에서 1992년 케이블법 제 8조에 근거하여 1993년 7월 1일부터 서비스 기준(*Customer Service Standards*)을 제정하여 시행하고 있으며, 캐나다도 1994년 9월 1일부터 케이블TV 소비자 서비스 기준을 마련하여 시행하고 있다. 그 주요내용으로는, ① 근무시간과 전화접속, ② 설치, 중단, 서비스 요청 전화, ③ 커뮤니케이션, 요금 징수, 환불 등의 사안과 관련하여 서비스 수준을 향상시키기 위한 자세한 규정을 담고 있다. 국내 케이블TV 이용약관에서 일부 내용들에 대해서 명시하고 있으나, 소비자 권리를 보장하기에는 턱없이 부족하다. 이에 별도의 서비스 기준을 제정하는 것이 요구된다.

일곱째, 이러한 정책 패러다임 변화를 수용하기 위해 정부 내에서 강도 높은 내부혁신이 필요하다. 방송과 통신의 융합에 효율적으로 대처하기 위한 정부조직 개편은 물론이고, 탄력적 조직운영 방식의 도입,[8] 정책결정과정에서 사업자, 전문가, 시민단체와 같은 다양한 이해집단들의 이익을 조정하는 정부의 역할이 과거 어느 때보다 중요하다.

8) 참고로 2004년 출범한 영국 OFCOM의 경우 방송과 통신의 융합에 대비하여 매우 탄력적인 조직운영 방식을 취하고 있다. 과거 수직적 조직운영 방식과 함께 업무의 성격에 따라 부서간을 가로지르는 수평적 운영방식, 팀 프로젝트의 강화 등을 통해 융합에 대처하고 있다.

참고문헌

1. 한글 자료

강대인(1997), "한국방송 70년의 정치 · 경제적 특성", 한국방송학회(편), 《한국방송 70년의 평가와 전망》, 커뮤니케이션북스.

강인규(2005. 3. 16), "초고속인터넷시장 동향", 〈정보통신정책 동향〉.

강재원(2005), "IP TV의 기술적 특성과 규제정책방향", 한국방송학회 '쟁점과 토론' 세미나.

강태영 외(2006), 〈외국인 자본투자 및 콘텐츠가 방송산업과 수용자에 미친 영향 분석〉, 방송위원회 자유연구과제 2006-19.

공보처(1995), 〈선진방송 5개년 계획(안)〉.

______(1995), 〈국정감사요구자료 Ⅰ, Ⅱ〉.

______(1995), 〈종합유선방송 부가가치세 한시면세 협조 요청〉, 1995. 6. 28일자 공문.

______(1995), 〈불법중계유선방송에 대한 단속 실시〉, 보도자료.

______(1996), 《케이블TV백서》.

______(1996. 3), 〈케이블TV 출범 1년의 주요성과〉, 보도자료.

공보처 방송지원과(1997. 2. 28), 〈케이블TV 출범 2년의 성과와 전망〉, 보도자료.

공정거래위원회(2006), 〈케이블TV 시장구조/가격 경제분석 결과〉, 기업결합팀 경제분석팀 미간행보고서.

______(2007. 11. 22), 〈인터넷 멀티미디어 방송사업법안 관련 공정위 의견〉.

국무조정실(2006. 12. 11), 〈방송통신위원회 설립법안 공청회 자료〉.

국회(1998), 〈국정감사요구자료집〉.

국회 방송사업 활성화 대책 정책기획단(1998), 〈케이블TV 산업 활성화

방안〉, 미간행 보고서.

권장원 · 김무곤 · 이수범(2008. 1), "방송 정책에서의 규제 완화와 공정경쟁 논의에 대한 소고", 방송학회 주최 새 정부의 방송정책 방향성 모색: '방송구조 개편, 방통 융합, 탈규제 공정경쟁'에 관한 세미나 발제문, 한국외국어대학교.

권호영(2002), "케이블TV 7주년 시장 평가와 전망", 〈방송21〉 제23호.

______(2003), "다매체 시대의 위성방송 시장과 공정경쟁", 방송학회 주최 학술세미나.

권호영 · 김도연(2005), "케이블TV 시장에서의 독점과 경쟁: 동일지역 복수 SO 정책의 효과 분석", 〈한국언론학보〉 제48권 5호.

권호영 · 오정호(2005. 7. 8), "케이블TV 10년의 산업적/정책적 평가", 한국케이블TV협회/한국언론학회/한국지역언론학회 주최 케이블TV 10주년 출범 기념 세미나 발표논문.

권호영 · 이영주(2006), 〈SO 방송, 인터넷 번들링 상품 적정 수신료 연구〉, 방송위원회.

권호영 · 하윤금(2007), "유료방송시장 개방이 PP와 콘텐츠 제작에 미치는 영향과 대응 방안," 한국방송영상산업진흥원 주최 세미나 발표문, 2007. 5. 28, 방송회관.

______(2007), "한미 FTA: 유료방송시장 개방의 영향과 대응방안", 〈KBI 포커스〉 07-10, 한국방송영상산업진흥원.

금융감독위원회(2005), 〈KT 재무자료〉, http://www.fsc.go.kr.

김광호(2006), "지상파방송의 미래 기술발전 방향 - 멀티캐스팅 도입의 추진", 방송학회 봄철 정기학술세미나 발표논문.

______(2006. 6. 21), "지상파 디지털전환 과제와 보편적 서비스의 필요성", 한국방송기술인연합회 주최 세미나 발제문.

______(2006), "다양한 부가서비스로 지상파DTV 활성화 기대", 〈방송문화〉.

김국진 · 주정민(1998), "종합유선방송과 중계유선방송의 경쟁구조와 정책에 관한 연구", 〈방송연구〉 겨울호.

김달진(2002), "케이블TV 프로그램 공급 계약에 관한 실증적 연구 - 불완전 계약을 중심으로", 서강대학교 언론대학원 석사학위논문.
김대호(1998), "통합방송법과 케이블TV", 한국방송학회/한국케이블TV방송협회 공동 세미나 발표논문.
김대호·김은미·류춘렬(2001), "케이블 채널 사업의 시장 성과에 관한 검토: 편성 요소, 시청률, 수입 간의 상관 관계", 〈한국언론학보〉 제 45권 3호.
김덕모(2004. 11. 18), "케이블TV와 액세스 채널 활성화 방안", 한국지역언론학연합회 주최 제 2회 지역미디어 포럼 발제문, 지역미디어로서 케이블TV의 과제와 전망, 광주 리츠컨벤션홀.
김도연(1998), "종합유선방송과 중계유선방송의 경쟁원리 정착 방안: 하나의 케이블TV를 향하여", 정보통신정책연구원 주최 정책 토론회 발제논문.
______(2003), "방송사업자의 공정거래 관련 규제 방안", 방송위원회 주최 '방송사업자의 공정거래관련 규제방안' 전문가 토론회 발제문.
______(2006), "외국의 지상파MMS 실시 현황과 시사점", 〈방송문화〉.
김명중·류춘렬, 〈디지털 위성방송과 케이블TV의 공존방안에 관한 연구 - 디지털 SCN 방식을 중심으로〉, 한국디지털위성방송 2003 연구보고서.
김민정 외(2006. 4), "IP TV 서비스 추진 동향 및 전망", 〈전자통신전망분석〉 세 21권 제 2호.
김병선·탁진영(2007), "디지털케이블TV 확산을 통한 공익성 증진 및 시청자 복지 향상 방안: 디지털 케이블 서비스 현황 분석을 중심으로", 방송학회 세미나 발제문, 방송회관, 2007. 9. 7.
김성태·김선미(2007), "방송 정책에 따른 케이블TV 장르의 집중도 변화에 관한 연구", 〈한국방송학보〉 제 21-3호.
김영덕(2006. 12), 〈방송통신융합과 콘텐츠진흥체계〉, 한국방송영상산업진흥원.
김영석·김훈(2005), 〈해외 주요국의 IP TV 서비스 및 정책/규제 동향〉, KT경영연구소.
김영수(2007), "디지털케이블TV방송과 IP TV 서비스의 동향과 분석",

〈KBI 포커스〉 07-18, 통권 37호.
김용환(2006. 6. 21), "지상파 DTV 수신환경 실태(수도권 조사 연구를 바탕으로) 조사 연구보고 및 개선방향", 한국방송기술인연합회 주최 세미나 발제문.
김유정(1995), 〈다매체 시대와 케이블TV의 경쟁력 - 미국을 중심으로〉, 종합유선방송위원회 모노그래프 95-4.
김윤화(2005. 2. 1), "국내외 VoIP 사업 러쉬 현황", 〈정보통신정책〉.
김정기(2003), 《전환기의 방송정책》, 한울아카데미.
김정수(2006. 4), "케이블TV 이용요금 체계의 현황과 문제점: 시청자 민원사항 중심으로", 방송위원회 자료.
김정태(2005), 《방송법 해설》, 커뮤니케이션북스.
김창룡(1996), "케이블TV 1년 평가", 〈월간조선〉 7월호.
김희수 · 김남심(2005), "통신서비스 결합판매 규제동향 및 개선방향", www. datanet. co. kr/archive/file/5620051201. pdf.
김희수 외(2006), 〈방송서비스의 다매체화 및 통신방송 융합에 따른 공정경쟁 이슈 연구(Ⅰ)〉, 정보통신정책연구원 연구보고서.
노기영(2001), "다채널 방송시장의 경쟁과 집중", 〈방송연구〉 2001년 여름호.
______(2007), 《방송산업과 경쟁》, 한울아카데미.
문화관광부(1998), 〈케이블TV 현안 및 회생지원대책〉.
______(2001), 〈디지털시대 방송영상산업진흥정책 추진전략〉.
______(2006), 《2005문화미디어백서》.
문화관광부 미디어국(2005. 6. 21), 〈방송통신융합과 미디어정책〉.
미디어미래연구소(2007), "디지털케이블방송과 하나TV의 가입자 추이", 미디어통계.
민영상(2007), "케이블TV 시장 전망과 SO/PP Valuation", KCTA Exhibition & Conference 2007 발제문, 제주.
박성배(2005), "유선통신/방송서비스 산업의 현황과 과제", 〈SERI 경제포커스〉 40호.
박소라(2003), "경쟁도입이 텔레비전 프로그램 장르 다양성에 미치는 영

향에 대한 연구: 1989년 이후 지상파 방송 편성표 분석을 통하여", 〈한국언론학보〉 47권 5호.

박영환(2008), "SO 인터넷 집전화의 활성화를 위한 제도 개선 및 서비스 방향 제안", KCTA 주최 Digital Cable TV Show 발표집.

방송개혁위원회(1999), 〈방송개혁의 방향과 과제〉.

방송위원회(2000), 〈2000년 TV 시청행태 연구〉.

______(2000), 〈지상파TV방송의 디지털전환을 위한 종합계획〉.

______(2000), "중계유선방송의 종합유선방송 사업 승인 방안", 공청회 자료집.

______(2001, 2002, 2003, 2004, 2005, 2006, 2007), 〈방송산업 실태조사 보고서〉.

______(2001), 〈방송정책기획위원회 종합보고서〉.

______(2001), "종합유선방송 이용약관 개선방안", 종합유선방송 이용약관 표준화방안 공청회 발제문.

______(2002), 〈케이블·라디오방송의 디지털 전환 및 데이터방송에 관한 종합계획〉.

______(2002), 〈SO 및 중계유선방송 수신자 평가 조사 연구〉.

______(2003), 〈DMB·데이터방송 및 DMC 등 디지털방송에 관한 종합계획〉.

______(2003), 《제1기 방송위원회 백서》.

______(2003), 〈전문편성의 방송분야 고시관련 공청회 자료집〉.

______(2005), 〈방송프로그램과 채널의 유통 등 방송시장에서의 공정거래질서 정착을 위한 가이드라인〉.

______(2005), 〈지상파방송 디지털전환 수요분석 연구〉.

______(2005), 〈케이블TV 가입자현황 조사결과〉, http://www.kbc.or.kr/data/part_view.asp?number=119&page=3.

______(2005.12), 《케이블TV 10년》.

______(2006.7.6), 〈TV포털 서비스 관련질의 회신〉, 공문.

______(2006.9.6), 〈PP 활성화를 위한 정책제안〉, 미간행 최종보고서.

______(2006.12), 〈2006년 TV 시청행태 연구〉.

______(2007), 〈SO의 PP수신료 지급현황 실태조사〉, 종합유선방송 사업자 대표자 워크숍 자료집.

______(2007. 11), 〈2006년도 방송채널사용사업자 경영분석〉.

______(2007. 12), 〈방송통계자료집〉.

방송제도연구위원회(1990), 〈2000년대를 향한 한국방송의 좌표〉.

배진아(2003), "주 5일 근무제 실시에 따른 텔레비전 시청패턴 변화 연구: 여가활동 및 주말의 시청패턴에 대한 영향을 중심으로", 〈방송과 커뮤니케이션〉.

손창용 · 여현철(2007), 《한국케이블TV산업론》, 커뮤니케이션북스.

송종길(2004. 6), "17대 국회의원 선거와 케이블TV 선거방송 현황과 개선방안", 한국케이블TV방송협회, 《케이블TV 선거방송 백서》.

스카이라이프(2004), "SMATV 설치, 법 위반 아니다", 〈스카이드림〉 3/4월호.

스카이라이프(2008. 2. 18), 방송위원회 '미래의 방송' 특별연구위원회 뉴미디어분과 1차 전문가 토론회 제출 자료.

오용수(2005. 7. 7), "IP TV사업과 정책방향 - Blue Ocean인가, Red Ocean인가", 방송위원회.

왕상한(2001), 〈디지털시대 방송법의 개정방향〉, 한국디지털위성방송 연구보고서, 2001-03.

위계출(1994. 1), 〈종합유선방송 운영에 관한 정부정책: 방송국 설립 및 운영방안〉, 종합유선방송국 운영 설명회 자료집, 한국종합유선방송협회.

유세경 · 김미라(2005), "지상파 방송3사의 HDTV 프로그램 편성에 관한 연구", 〈한국언론정보학보〉 29권 A.

유승관(2003), "방송환경 변화에 따른 다양성 영역에 관한 법제 및 정책 연구", 〈한국방송학보〉 17권 3호.

유의선(1994), "종합유선방송법제 발전방안 연구: 정책론적 관점에서", 〈한국언론학보〉 제 31호.

유재훈(2005), 〈IP TV 기술 및 시장동향 분석〉, 전자부품연구원 IT리포트, www. eic. re. kr.

윤석년(1994), "한국 케이블TV 수용에 영향을 미치는 경제적 요인에 관한 연구", 성균관대학교 박사학위논문.

윤석민(1996), "케이블TV의 도입이 TV시청 관련활동에 미치는 영향에 관한 연구", 〈한국언론학보〉 제38호 가을호.

______(2005), "IP TV의 국내외 도입현황과 정책상의 쟁점들", 〈IP미디어 신상품의 성공적 시장진입을 위한 전략연구〉, 한국정보법학회.

______(2005. 12), "커뮤니케이션 정책을 바라보는 두 가지 이념체계와 방송통신 융합을 둘러싼 쟁점들", 한국방송영상산업진흥원 주최 세미나 발표논문, 방송회관.

윤창호 · 이규억(1990), 《산업조직론》, 법문사.

윤충한 · 이인찬(2001), "유선방송시장에서의 경쟁권역과 독점권역의 특성 비교", 〈산업조직연구〉 제9권 4호.

윤호진 · 최세경(2007), 〈디지털 융합 환경에서 방송영상 콘텐츠의 공정접근과 보편서비스 연구〉, 방송위원회 자유과제 2007-12.

이기영(2004. 6), "TV토론과 지역매체로서의 케이블TV에 대한 기대", 한국케이블TV방송협회.

이은미 · 박창희(2004), "케이블TV 가입자의 만족도 결정요인 연구", 〈방송연구〉 2004년 여름호.

이인찬(2000), "케이블TV 산업의 이원적 시장구조와 시장성과", 〈경제학연구〉 제48집 제1호.

이인찬 · 김도연 · 고동희(1999), 〈케이블TV 산업연구〉, 정보통신정책연구원 85-91.

이상식(1995), "케이블TV 사업구조의 변화와 대응방안", 종합유선방송위원회 주최 제3차 종합유선방송 정책 수립 세미나 발제논문.

______(1996), "케이블TV 보급률에 영향을 미친 요인에 관한 연구", 〈언론과 사회〉 제13호.

______(1999), 〈종합유선방송과 중계유선방송의 효율적 통합방안〉, 한국무선국사업단.

______(1999), "종합유선방송과 중계유선방송의 법규 비교연구", 〈한국언론학보〉.

______(2002), "한국 케이블TV 산업에 대한 역사적 평가", 한국방송학회 주최 학술세미나 발표논문.

______(2002), "한국 케이블TV 산업 조직에 대한 연구", 〈방송연구〉.

______(2003), 〈방송채널사용사업 활성화 방안 연구〉, 방송위원회 연구보고서.

______(2003), "케이블TV방송 정책의 현황과 활성화 방안", 2003 케이블TV 방송 및 광고 활성화 방안 세미나 발제논문, 한국광고주협회/한국케이블TV방송협회 주최.

______(2005), "SMATV: 위성방송과 케이블TV간 경쟁", 유재천 외, 《컨버전스와 미디어 세계》, 커뮤니케이션북스.

이상식 · 김관규(2001), "케이블TV의 채널 레퍼토리에 관한 연구", 〈한국언론학보〉 제 45-3호 여름호.

이상우(2007), "케이블TV 산업의 구조가 가격 및 서비스 제공에 미치는 영향에 대한 실증적 분석", 〈한국방송학보〉 제 21-2호.

______(2007), "IP TV 성공할 것인가?", KISDI-정보통신정책학회 쟁점세미나 발제문.

이상우 · 이인찬(2005. 12), 〈다채널 유료방송시장의 경쟁에 관한 연구〉, 정보통신정책연구원.

이수복(2001), 《산업조직론: 경쟁과 규제의 경제학》, 율곡출판사.

이수영(2005), "다매체 TV간 프로그램 공정경쟁 방안: Program Access Rule을 중심으로", 디지털 컨버전스 시대의 위성방송: 대응전략과 정책과제, 한국방송학회 학술세미나 발표논문.

이완기(2006. 9. 13), "디지털방송정책의 현안과 디지털전환특별법 제안", 국회 뉴미디어 포럼 발제문.

이은미(2001), "1990년대 텔레비전방송의 다양성 분석", 〈한국언론학보〉 46권 1호.

이은미 · 박창희(2004), "케이블TV 가입자의 만족도 결정요인 연구", 〈방송연구〉 2004년 여름호.

이준호(1998), "정부정책과 방송사 경쟁구도의 변화에 따른 편성 다양성의 변화에 관한 연구: 1962~1995", 〈한국방송학보〉 10권.

이준호 · 조경섭(2003), “미국 다채널TV의 채널 다양성 결정요인에 관한 연구”, 〈미국학논집〉 제35집 2호.

이창형(2006), “지상파MMS의 기술논쟁에 대한 이해”, 〈방송문화〉.

이화진(1997), “방송규제와 시장성과: 케이블 네트워크 산업의 사례분석”, 연세대학교 대학원 박사학위논문.

______(1998), “케이블 네트워크 산업의 규제와 시장성과”, 〈언론과 사회〉 21호.

장하용 · 이순연(2004), 〈방송사업자의 불공정거래행위 실태조사 연구〉, 방송위원회.

재무부(1995), 〈부가가치세 면제 건의에 대한 회신〉, 소비 46074-152.

전혜선(2005), “독립SO와 MSO의 시장행위 및 성과분석”, 〈방송연구〉 겨울호.

정보통신부(1990), 〈방송관련 주요 현안 및 대책 보고〉, 미간행 내부자료.

______(1998), 〈중계유선방송 현황분석〉, 미간행 조사보고서.

______(1999. 2), 〈케이블TV 사업에 위성을 활용하는 방안 적극 검토: 도입시 전송망 투자비 절감효과 1조원 규모〉, 보도자료.

______(2004. 8. 31), 〈인터넷전화 정책방안 공청회 자료집〉.

정보통신부 전파방송기획단(2007. 9), 〈위성방송 공동수신설비(SMATV) 정책방안〉.

정상윤(2006), 〈SO 직접사용채널 운영 연구〉, 방송위원회.

정윤식(2004), 〈다매체, 다채널 시대의 유선방송의 위상과 발전방향〉, 한국유선방송협회 정책 세미나 발표논문, 1997.

______(2004), “IP TV 도입과 진입장벽”, 한국정보법학회 워크숍.

______(2004), “정책연구 어떻게 할 것인가”, 2004 한국언론학회 춘계학술대회 특별세션 발표논문.

______(2006), 〈방송산업 재정분석 및 요금정책〉, 방송위원회 자유 2006-07.

정인숙(1995), “방송정책결정과정에 관한 연구: 케이블TV 정책사례를 중심으로”, 한국외국어대학교 신문방송학과 박사학위논문.

______(2005), “방송과 통신의 보편적 서비스 법제 비교: 방송통신융합의 입법적 측면에서”, 한국커뮤니케이션학회 춘계학술대회 발표.

______(2005), “방송통신융합형 서비스의 도입에 따른 규제모델 연구: Ground Zero 모델”, 한국언론학회 세미나 발표논문.

______(2006), 《방송산업과 정책의 이해》, 커뮤니케이션북스.

______(2007), 《방송정책: 이론과 방법론》, 커뮤니케이션북스.

정인숙 · 정상윤(2005), “IP TV 도입에 따른 방송통신 윈윈전략연구”, 서울대 법학연구소.

정인호 · 김낙경(2004), “국내 VoIP시장과 정책동향”, 〈KT 통신시장〉.

정재하 외(2007. 12), 〈방송부문 한미 FTA의 영향평가 연구〉, 방송위원회.

정회경(1995), “한국 케이블TV산업의 구조적 특성과 경제적 효율성에 관한 연구”, 성균관대학교 대학원 박사학위논문.

정회경 · 김지운(편저) (1999), 《미디어경제학》, 나남.

정현준(2005. 9), “미국 통신시장 규제의 역사와 통신법 개정 움직임”, 〈정보통신정책〉 17권 16호, 통권 377호.

조신외(1996), 〈케이블TV 산업 활성화를 위한 정책방향〉, 통신개발연구원.

조은기(1997), “케이블TV의 경제적 특성과 규제에 관한 연구”, 〈한국방송학보〉 통권 제 8호.

______(1998), “한국케이블TV 구조적 문제점과 발전방향”, PP협의회 실무대표 워크숍 자료집.

______(2005), “케이블TV 10년 산업 정책의 성과와 프로그램 및 시청자”, 방송위원회, 《케이블TV 10년》.

조은기 · 최성진(2003), 〈위성방송의 유선전송망을 통한 재전송 모델의 문제점과 정책대안: SCN, SMATV 중심〉, 한국케이블TV방송협회.

종합법률사무소 청맥(2006. 8. 16), 〈TV포털 서비스에 대한 법적 대응방안 검토〉, 미간행 자료.

종합유선방송국협의회(1996. 11), 〈종합유선방송사업자와 중계유선방송사업자의 효율적 업무권한 부여를 위한 건의〉, 미간행 자료.

______(1996. 12. 10), 〈중계유선망의 케이블망 대체에 대한 SO 사업자의 의견〉.

종합유선방송위원회(1993), 〈종합유선방송산업 발전 5개년 전략〉.
______(1995), 〈케이블 텔레비전 시청행태 조사연구〉.
______(1995), 〈'95 수신자 고충처리 보고서〉.
______(1995. 6. 29), 〈지역채널 운용현황〉, 미간행 보고서.
______(1995. 6. 29). 〈지역채널 선거관련방송 결과보고〉, 미간행 보고서.
______(1996), 〈수신자 고충처리 현황〉, 미간행 보고서.
______(1996), 〈종합유선방송국 A/S 실태 점검결과〉, 미간행 보고서.
______(1996), 〈컨버터 기능개선방안 검토연구〉, 미간행 보고서.
______(1996), 〈'97 케이블 텔레비전 시청행태 조사연구〉.
______(1997), 〈케이블TV 당면 현안 극복 및 활성화를 위한 연구보고서〉.
______(1998. 7. 24), 〈케이블TV 위기극복과 정책방향에 관한 연구〉, 미간행 정책보고서.
______(1998. 10), 〈국정감사 요구자료〉, 미간행 자료집.
______(1999), 〈케이블 TV 산업구조 개편과 대응방안〉.
종합유선방송협회(1994), 〈수원국산기기 시범방송 평가 심포지엄〉.
______(1995), 〈케이블TV 가입 해지자 현황파악〉, 내부자료.
______(1995), 〈케이블TV 화질개선 대책〉.
______(1995), 〈종합유선방송수신료 체계에 대한 전문가 토론회〉, 미간행 자료.
______(1995), 〈종합유선방송에 대한 부가가치세 면세 건의(안)〉, 미간행 보고서.
______(1995), 《국산기기 시범방송국 운영백서》.
______(1996), 〈한국의 케이블TV사업 1년〉.
주정민(2005), "IP TV의 법적 지위와 경쟁매체 분석", 한국방송학회 '쟁점과 토론' 세미나.
주정민·김국진(2000), "지상파 디지털방송 도입에 관한 산업조직론적 연구", 〈방송연구〉 겨울호.
최선욱(2006), "지상파MMS 왜 필요한가", 〈방송문화〉.

최세경(2006. 9. 21), "미국 디지털TV 전환 촉진정책과 HDTV 산업의 성장", 〈KBI 포커스〉 통권 14호.

최영묵 · 이상훈(2006. 9), 〈SO 지역채널의 프로그램 포맷 연구〉, 방송위원회 자유연구과제.

최양수(2001), "다채널TV시대 케이블TV와 위성방송의 위상", 박홍수(편), 《디지털시대 방송의 이해》, 나남.

최양수 · 장성아(1998), "케이블 텔레비전 시청자의 채널 레퍼토리(*repertoire*) 분석", 〈한국방송학보〉 제 10호.

프로그램공급사 협의회(1998. 7), 〈통합방송법 제정에 즈음한 프로그램공급사 정책대안〉, 미간행 보고서.

______(1998. 9. 1), 〈프로그램공급사 활로모색 워크숍〉, 미간행 자료집.

______(1999. 6), "통합방송법 시행령 제정방향: 국내영상산업 기반조성을 중심으로", 〈케이블TV 실무대표 워크숍 자료집〉.

한국광고주협회(2003), 〈방송매체수용자조사〉.

한국뉴미디어방송협회(2005. 7), 〈방송통신융합에 대한 전문가 조사결과 보고서〉.

한국디지털위성방송(2001. 10. 9), 〈한국디지털위성방송의 위성방송 SMATV 수신방식 도입 관련정책 건의〉, 방송위원회 주최 방송채널 정책방안 마련을 위한 공개토론회 자료집.

______(2003. 2), 〈위성방송 SDM 방식 관련 SkyLife 입장〉.

한국방송진흥원(2001), 《방송영상산업통계백서》.

한국방송협회(2006. 4. 7), 〈지상파방송 디지털 전환 활성화를 위한 건의문〉.

______(2006. 6. 14), 〈지상파 DTV MMS 시험방송 허용내용 변경에 방송협회 입장발표 및 MMS 화질 비교시연〉, 보도자료.

______(2006. 6. 14), 〈MMS 시험방송관련 주요 쟁점에 대한 입장〉.

______(2006. 8. 25), 〈디지털TV 방송장비 관세감면 축소에 대한 한국방송협회 의견〉.

한국언론연구원(1986. 8), 〈유선방송운영실태와 발전방향〉.

한국유선방송진흥회(1996), 〈중계유선방송과 종합유선방송의 관계정립〉,

미간행 보고서.
한국유선방송협회(1994), 〈유선방송관리법 제20조 및 동법시행령 제15조에 근거한 유선방송사업자 선로망 설치 재촉구〉, 미간행 자료.
______(1995. 6), 〈김영삼 대통령께 드리는 탄원서〉.
______(1995), 〈유선방송관리법의 입법예고에 대한 우리 협회의 의견〉, 미간행 자료.
______(1996), 〈전국 중계유선방송 사업자 현황〉, 미간행 자료.
______(1998. 3), 〈중계유선방송의 실체와 위상정립〉, 미간행 보고서.
______(1999. 2. 5), 〈유선방송 쟁점사항관련 의견제시〉, 방송개혁위원회 실행위원회 제시자료.
한국전파진흥협회(2008. 2), 〈DMB 단말기 판매동향〉.
한국정보통신공사협회(2004), 〈TV공시청설비 활용방안 연구〉, 무선관리단.
한국정보통신진흥협회(1996), 《정보통신관련법령해설집》.
______(1997), 《정보통신산업통계연보》.
한국케이블TV방송국협의회(1999. 1. 18), 〈케이블TV관련 현안 해결방안: 방송, 영상산업진흥을 위한 제언(1)〉, 미간행 방송개혁위원회 제출 의견문.
한국케이블TV방송협회(1996. 11), 〈종합유선 망과 중계유선 망의 상호이용문제 검토〉, 내부자료.
______(1998. 6), 〈케이블TV 현안과 회생방안〉, 미간행 보고서.
______(1999. 3. 23), 〈SMATV방식을 통한 PP프로그램공급 문제점 검토〉, 미간행 보고서.
______(2000), 《케이블TV 5년》.
______(2001. 10. 9), 〈SMATV에 관한 케이블TV업계의 입장〉, 방송위원회 주최 방송채널정책방안 마련을 위한 공개토론회 자료집.
______(2003), 〈방송채널사용사업 활성화를 위한 현황분석 및 개선방안〉.
______(2005), 《케이블TV 10년사》.
______(2006), 〈방송통신융합 시대의 시청자복지 제고방안: PP를 중심으로〉.

______(2006. 4), 〈SO 디지털전환 추진현황 및 계획조사〉.

______(2007. 4), 〈케이블방송의 TPS사업활성화를 위한 정책연구〉, 연구보고 07=02.

______(2008), "케이블TV 가입자현황(디지털 케이블TV)", 〈Cable AD〉 봄호.

한국케이블TV방송협회 SO협의회(2006. 8), 〈케이블TV 디지털 활성화 방안〉.

______(2006. 9), 〈방송·통신융합 관련 케이블TV업계 의견〉.

한운영(2005. 7. 7), "IP-TV 사업의 바람직한 정책방향은 무엇인가? - 방송시장 공정경쟁방안에 관한 연구", 디지털뉴미디어포럼 발제논문.

한진만(1993), "텔레비전 편성의 다양성 분석", 〈방송문화진흥회 연구논총〉 3.

한태열·조은기·현진석(1997), 〈케이블TV 시장분석 및 중장기 수요모델 연구〉, 한국케이블TV방송협회.

허미영·박선옥·강신각(2007. 2), "미국의 VoIP 긴급 통화정책 동향", 〈전자통신동향분석〉 제 22권 제 1호.

황 근(2003), 〈다채널 TV 광고시장의 현황과 개선책〉, 한국케이블TV방송협회.

______(2007. 5. 28), "한미FTA 방송시장 개방이 플랫폼 사업에 미치는 영향", 한국방송영상산업진흥원 주최 세미나 발제문.

황상재·정영주(2005), "방송채널 사용사업자 등록제 이후 케이블방송의 다양성 변화에 관한 연구", 〈한국방송학보〉 19권 2호.

황현탁(1983), 《유선방송개설》, 집문당.

ITFind(2006. 2. 15), "VoIP 시장경쟁 현황", 〈주간기술동향〉.

ITFind(2006. 5. 31), "VoIP 동향 및 전망", 〈주간기술동향〉.

KCT(2007. 2), 〈인터넷전화(VoIP) 및 방송통신 융합시장 동향분석〉, 미간행 내부자료.

KCT(2007. 2), 〈인터넷전화 활성화를 위한 제도개선 사항〉, 미간행 내부자료.
KT(2005. 7), <통신사업자 입장에서의 IP-TV 사업과 정책방향>.

2. 영문 자료

Ahn, Hoekyun & Litman, Barry R. (1997), "Vertical Integration and Consumer Welfare in the Cable Industry", *Journal of Broadcasting and Electronic Media* 41.

Bae, H. S. (1999), "Product Differentiation in Cable Programming: The Case in the Cable National All-News Networks", *Journal of Media Economics* 12.

Bae, H. S. & Baldwin, T. F. (1998), "Policy Issue for Cable Startup in Smaller Countries: The Case in South Korea", *Telecommunications Policy* 22(4/5).

Bain, J. S. (1959), *Industrial Organization*, NY: John Wiley.

Barrett, Marianne (1995), "Direct Competition in Cable Television Delivery: A Case Study of Paragould, Arkansas", *Journal of Media Economics* 8(3).

Bates, Benjamin J. (1990), "Information as an Economic Good: A Reevaluation of Theoretical Approaches," *Mediation, Information, and Communication Information and Behaviour* Vol. 3.

Benjamin, S. M., Lichtman, D. G. and Shelanski, H. A. (2001), *Telecommunications Law and Policy*, NC: Carolina Academic Press.

______(2004), *Telecommunications Law and Policy* (2004 Cumulative Supplement), NC: Carolina Academic Press.

Carlton, Dennis W. & Perloff, Jeffrey M. (2000), *Modern Industrial Organization* (3rd ed.), NY: Addison-Wesley.

Chan-Olmsted, S. M. (1996), "From Sesame Street to Wall Street: An Analysis of Market Competition in Commercial Children's Television", *Journal of Broadcasting & Electronic Media* 40.

Chan-Olmsted, S. M. & Albarran, A. B. (1998), "A Framework for the Study of Global Media Economics", in A. B. Albarran and S. M. Chan-Olmsted (eds.), *Global Media Economics: Commercialization, Concentration, and Integration of World Media Markets*, Ames: Iowa State University Press.

Cuilenburg, Jan van and McQuail, Denis (2003), "Media Policy Paradigm Shifts: Towards a New Communications Policy Paradigm", *European Journal of Communication* Vol. 18(2), pp. 181~207.

Davis, Matthew (2003), "Telcos Prepare for Video: A New Era of Competition", The Yankee Group.

De Jong, A. S. & Bates, B. J. (1991), "Channel Diversity in Cable Television", *Journal of Broadcasting & Electronic Media* 35.

Dennis, W. C. & Perloff, Jeffrey M. (2000), *Modern Industrial Organization* (3rd ed.), NY: Addison-Wesley.

Einstein, M. (2004), "Broadcast Network Television, 1955-2003: The Pursuit of Advertising and the Decline of Diversity", *Journal of Media Economics* 17.

Emmons, William M. Ⅲ. and Prager, Robin A. (1997), "The Effects of Market Structure and Ownership on Prices and Service Offerings in the U.S. Cable Television Industry", *Rand Journal of Economics* Vol. 28(4).

Forrester, Chris (2000), *The Business of Digital Television*, Oxford: Focal Press.

Gartner (2006. 7), *Forecast: IP TV Subscribers and Service Revenue*, North America 2004-2010.

Goldberg, Alan M. (1987), "The Constitutionality of Pole Attachments Legislation: Not a Taking, But a Valid Regulation of Cable Television", *Southwestern University Law Review* Vol. 17.

Gomery, D. (1989), "Media Economics: Terms of Analysis", *Critical Studies in Mass Communication* 6(1).

Grant, A. E. (1994), "The Promise Fulfilled? An Empirical Analysis of Program Diversity on Television", *Journal of Media Economics* 7(1).

Greer, Douglas F. (1992), *Industrial Organization and Public Policy* (3rd ed.), New York: Macmillan Coll. Div..

Heeter, C. (1985), "Program Selection with Abundance of Choice: A Process Model", *Human Communication Research* Vol. 12.

Iosifides, P. (1999), "Diversity versus Concentration in the Deregulated Mass Media Domain", *Journalism and Mass Communication Quarterly* 76.

Jacobs, R. (1995), "Exploring the Determinants of Cable Television Subscriber Satisfaction", *Journal of Broadcasting & Electronic Meida* 39(2).

Katz, Yaron (2005), *Media Policy for the 21st Century in the United States and Western Europe*, NJ: Hampton Press, Inc..

Kleisnsteuber, Hans J. (1986), "The Industrial Imperative," in Denis Mcquail and Karen Siune (eds.), *New Media Politics: Comparative Perspectives in Western Europe*, London: SAGE Publications.

Komiya, Megumi (1989), "The Japanese Computer Industry: An Industrial Policy Analysis", *The Information Society* Vol. 6.

Larribeau, Robert & Schultz, Gary (2003), "IP/Broadband Video Business Case and Global Forecast - 2003 to 2006," Multimedia Research Group, Inc..

Levin, Stanford L. and Meisel, John B. (1991), "Cable Television and Competition", *Telecommunications Policy* Vol. 15.

Li, Shu-Chu & Chiang, Chin-Chih (2001), "Market Competition and Programming Diversity: A Study on the TV Market in Taiwan", *Journal of Media Economics* 14(2).

McQuail, Denis and the Euromedia Research Group (1990), "Caging the Beast: Constructing a Framework for the Analysis of Media Change in Western Europe", *European Journal of Communication* Vol. 5.

McQuail, Denis, de Mateo, Rosario & Tapper, Helena (1992), "A Framework for Analysis of Media Change in Europe in the 1990s", in Karen Siune and Wolfgang Truetzschler (eds.), *Dynamics of Media Politics: Broadcast and electronic media in Western Europe*, London: Sage.

Multimedia Research Group (2005. 9), "IP TV Global Forecast - 2005 to 2009".

Nam, Siho (2005), "The Politics of 'Compressed Development' in New Media: Cable Television, Diversity, and New Challenges for Korean Democracy", Unpublished Ph. D thesis, Penn State University, State College, PA.

Napoli, P. (2003), *Foundations of Communication Policy: Principles and process in the regulation of electronic media*, Cresskill, NJ: Hampton.

NCTA v. Brand X, 2 125 S. Ct. at 2695, 2702 10.

NCTA (2004), "Balancing Responsibilities and Rights: A Regulatory Model for Facilities-Based VoIP competition".

Neilsen Jr., Arthurs C. (1982), "The Outlook for Electronic Media", *Journal of Advertising Research* Vol. 22.

Oba, Goro and Chan-Olmsted, Sylvia M. (2005), "The Development of Cable Television in East Asian Countries: A Comparative Analysis of Determinants", *Gazette* Vol. 67(3).

OECD (2006), *Multiple Play: Pricing and Policy Trends*, DSTI/ICCP/TISP (2005) 12/FINAL.

Ovum (2004), "VoIP: the Regulatory Issues".

OVUM (2005. 7), "IP TV and VOD Forecasts".

Parsons, Patrick R. & Frieden, Rober M. (1998), *The Cable and Satellite Television Industries*, Boston: Allyn and Bacon.

Pool, Ithiel de Sola (1983), *Technologies of Freedom*, Cambridge: Belknap Press of Harvard University Press.

Ramstad, Georg O. (1997), "A Model for Structural Analysis of the Media Market", *The Journal of Media Economics* 10 (3).

Scalapino, Robert A. & Lee, Hong Koo (1988), *Korea - U. S. Relations*, Berkeley: University of California.

Schejter, A. & Lee, Sahangshik (2007), "The Evolution of Cable Regulatory Policies and Their Impact: A Comparison of South Korea and Israel", *Journal of Media Economics* 20 (1).

Schultze, Charles L. (1983, Fall), "Industrial Policy: A Dissent," *The Brookings Review.*

Shepherd, W. (1990), *The Economics of Industrial Organization* (3rd ed.), NJ: Prentice Hall.

찾아보기

ㅊ~ㅎ